Maria Helena P. T. Machado
Antonio Alexandre Isidio Cardoso

GEMINIANA E SEUS FILHOS

Escravidão, maternidade e
morte no Brasil do século XIX

© dos autores, 2024
© Bazar do Tempo, 2024

Todos os direitos reservados e protegidos pela lei n. 9610, de 12.2.1998.
Proibida a reprodução total ou parcial sem a expressa anuência da editora.

Este livro foi revisado segundo o Acordo Ortográfico da Língua Portuguesa de 1990, em vigor no Brasil desde 2009.

EDIÇÃO Ana Cecilia Impellizieri Martins
COORDENAÇÃO EDITORIAL Joice Nunes
ASSISTENTE EDITORIAL Bruna Ponte
COPIDESQUE Paula Carvalho
REVISÃO Luiza Cordiviola
CAPA, PROJETO GRÁFICO E DIAGRAMAÇÃO Estúdio Insólito

CIP-BRASIL. CATALOGAÇÃO NA PUBLICAÇÃO
SINDICATO NACIONAL DOS EDITORES DE LIVROS, RJ

B876a

    Brito, M132g
        Machado, Maria Helena P. T.
Geminiana e seus filhos : escravidão, maternidade e morte no Brasil do século XIX / Maria Helena P. T. Machado, Antonio Alexandre Isidio Cardoso. - 1. ed. - Rio de Janeiro : Bazar do Tempo, 2024.

ISBN 978-65-85984-28-7

1. Brasil - História. 2. História social - Brasil. 3. Escravidão - Brasil. 4. Racismo Brasil. I. Cardoso, Antonio Alexandre Isidio. II. Título. Luciana da Cruz
O avesso da raça : escravidão, racismo e abolicionismo entre os Estados Unidos e o Brasil / Luciana da Cruz Brito. - 1. ed. - Rio de Janeiro : Bazar do Tempo, 2023.
320 p.

ISBN 978-65-84515-65-9   CDD: 306.3620981
                                    CDU: 326(09)(81)

Gabriela Faray Ferreira Lopes - Bibliotecária - CRB-7/6643

BAZAR DO TEMPO
PRODUÇÕES E EMPREENDIMENTOS CULTURAIS LTDA.

Rua General Dionísio, 53 - Humaitá
22271-050 Rio de Janeiro - RJ
contato@bazardotempo.com.br
www.bazardotempo.com.br

**EM MEMÓRIA DAS LUTAS
DE GEMINIANA E SIMPLÍCIA.**

*[...] indagando da causa de seu
pranto, esta lhe disse que o fazia
pela morte de seu filho Inocêncio.*

Autos crimes, fala de Simplícia
sobre sua filha Geminiana

SUMÁRIO

Prefácio	6
Introdução	10
1 A morte de Inocêncio	20
Inocêncio e os anjos	25
A compra dos "escravinhos"	33
A morte dos inocentes	38
Sem bilhete nem registro não se enterra ninguém	47
No cemitério: as mulheres de balaio na mão vociferam	53
2 Uma senhora escravista no ocaso da escravidão	62
Raízes senhoriais em contexto	63
À guisa do poder dominial	70
Os gritos de Carolina	80
Distintas e violentas guardiãs do lar	98
3 Geminiana e seus filhos nas malhas da escravidão	110
Geminiana, sua mãe e sua irmã	118
Maria Thereza, Geminiana, seus filhos e seus destinos	125
A separação	134
Jacintho e Inocêncio: escravidão, infância e morte	145
Simplícia, a avó; Geminiana, a mãe	159

4	**Aos olhos do público, na boca do povo**	164
	A imprensa e a morte dos "escravinhos"	172
	Celso Magalhães entra em cena	188
	Razões e contrarrazões	209
5	**Geminiana, de mãe enlutada a perigosa pajé**	218
	O julgamento	231
	As razões da apelação	245
	O alvorecer da vingança	255
6	**Quem foi supliciada na pajelança? Geminiana no ritual da vingança**	266
	Uma pajé na cidade	272
	Joana, a supliciada	283
	A encenação	293
	O círculo de mulheres	300
	A pajé na pajelança	305
	Notas	312
	Fontes documentais	344
	Bibliografia	346
	Agradecimentos	356

PREFÁCIO

Terror sob o sol da ordem escravista
Wlamyra Albuquerque

Quem nos dera esta fosse uma daquelas obras de ficção sobre crimes hediondos, daquelas escritas para tirar o fôlego do leitor graças ao enredo cheio de tramas, palavras bem-postas, suspense e personagens que vão se revelando a cada página. Quem nos dera. Se assim fosse, o leríamos pensando apenas na investigação sobre a morte de uma criança de nove anos que abalou a cidade de São Luís do Maranhão, em 1876. Seria mais uma história do tempo do cativeiro, que encontramos aos montes nos arquivos, com senhoras mal contidas dentro de vestidos bufantes e cortejadas por criadas à mercê das suas vontades; senhores entrincheirados em suas fazendas cercados de serviçais e correligionários. Quem nos dera este fosse um texto ficcional.

É verdade que o nome da criança, Inocêncio, nos pareceria um tanto óbvio; artifício para assinalar a condição de vulnerabilidade do escravizado morto por sua senhora, a poderosa baronesa Ana Rosa Viana Ribeiro, já famosa pelas maneiras requintadas e reiteradas com que afligia, especialmente, mulheres e crianças dentro do seu sobrado. É preciso dizer: não espere escapar da realidade social brasileira abrindo estas páginas; o livro não nos oferece refrescos tropicais, diante das paisagens azulejadas da linda São Luís, sob o sol da ordem escravista.

O mote do livro é a morte de Inocêncio, três meses depois de ter sido comprado por Ana Rosa junto com seu irmão, Jacintho, com quem compartilhou o destino macabro no sobrado estabelecido numa das mais importantes esquinas da rua São João, na cidade de São Luís, no Maranhão. Este é um trabalho de dois historiadores desafiados a nos contar a partir de um texto sensível, mas sem rodeios e eufemismos, um caso sobre escravidão doméstica, condição racial, maternidade e famílias escravizadas, poderes locais, partidos políticos, direito e economia no mundo Atlântico da segunda metade do século XIX, tendo como tema central a morte do inocente Inocêncio. Há gentes variadas nessas páginas: fidalgos portugueses, um médico formado em Yale, senhoras francesas enamoradas, padres e juízes cúmplices de criminosos, mas os autores nos levam a prestar atenção, em especial, às trabalhadoras – mulheres de balaios de roupa – que reagem diante das evidências de mais uma morte violenta no currículo daquela senhora. As protagonistas são Geminiana e Simplícia, mãe e avó de Inocêncio, três gerações de uma família escravizada enredada à lógica de dominação e violência do escravismo no Brasil.

Os autores evidenciam do princípio ao fim: este é um livro do campo da História Social, atento às dinâmicas entre as instituições monárquicas, as expressões do poder senhorial e as estratégias dos subalternos dentro dos limites da ordem vigente; também é um estudo que evidencia a hipocrisia de uma sociedade que se mostrou chocada diante do crime da baronesa, tal como a história passou a ser romanceada. As práticas de controle e tortura protagonizadas por ela ou sob seu mando, nos contam os autores, encheram as páginas dos jornais, processos crime, relatos médicos e folhetins, e desde modo, ironicamente, a eternizaram na memória local. Já as histórias das crianças assassinadas que, em geral, eram mencionadas como "escravinhos" foram sendo enterradas junto a elas e a seus parentes. A notoriedade da senhora e a invisibilidade das crianças é uma questão que o livro enfrenta subsidiando-se em um conjunto documental substantivo.

Mais do que isso, o tormento dos meninos, a denúncia da mãe e da avó, a desfaçatez de Ana Rosa, os detalhes do cotidiano violento por dentro dos sobrados avarandados, a resignação de um ou outro empregado, os argumentos do promotor e da defesa, os depoimentos e até os detalhes do corpo delito aparecem inscritos em duas dimensões que atravessavam aquele tempo e lugar. Uma é da vida cotidiana dos escravizados e, principalmente, das escravizadas na província do Maranhão; a outra é da grande máquina de produzir riquezas e desigualdades que foi o capitalismo oitocentista no mundo Atlântico.

Enfim, o convite é para uma leitura que nos ajuda a entender a realidade brasileira tão secularmente habituada a desumanizar corpos negros, a negar cuidados aos vulneráveis, a proteger proprietários brancos mesmo quando eles torturam pessoas, assim como a subestimar habilidades de quem luta por justiça e igualdade.

Wlamyra Albuquerque é professora do departamento de História da Universidade Federal da Bahia (UFBA).

INTRODUÇÃO

Este livro foi escrito a quatro mãos, por uma historiadora e um historiador de diferentes gerações que compartilham de uma mesma visão de História. O que nos aproximou, tornando possível a realização deste livro, foi o desejo de narrar a história de mulheres e crianças cujas vidas foram atravessadas por escravização, emancipação, tutela e constrangimentos impostos pelo gênero e pela raça que vigoraram tanto antes como depois do acesso à liberdade. Embora o episódio escolhido pudesse facilmente ser narrado como uma estória, o que se segue baseia-se em ampla pesquisa documental e bibliográfica. Como estudiosos da História, nosso objetivo é o de recuperar um contexto, o da sociedade escravista brasileira da década de 1870, impactada pelas políticas de emancipação gradual, e, dentro desse recorte, determinadas histórias de vida marcadas pela escravidão em seu declínio. O espaço geográfico é o do Maranhão, e o ambiente em que se desenrola a trama é a cidade de São Luís nos anos seguintes à promulgação da Lei do Ventre Livre.

Essa lei, de 1871, estabelecia que todas as crianças nascidas de ventres escravizados após a data de sua promulgação seriam de condição livre, ou ingênuas. Embora o objetivo fosse libertar o ventre e, dessa forma, impedir a reprodução natural da escravidão, os legisladores não tiveram ousadia suficiente para declarar que os ventres-livres eram realmente livres por direito natural.[1] Indecisos sobre a condição em que nasciam essas crianças, os legisladores resolveram que elas viriam ao mundo sob o status "de condição livre" – sugerindo que este era adquirido –, podendo, assim, ser tuteladas até a idade dos 21 anos pelo senhor de suas mães, as quais – possuidoras dos ventres – mantinham-se escravizadas. As condições de implementação da lei, gerando a tutela dos frutos do ventre, produziram uma experiência social de excepcional importância para a compreensão do processo de abolição e delineamento da sociedade pós-abolição no Brasil.

Na década de 1870, no ocaso da escravidão de crianças, explode o terrível assassinato de dois meninos pequenos. Essa é a história que vamos contar.

O episódio que narramos no livro gira em torno de três gerações de uma família escravizada. A da avó Simplícia, que compra sua alforria, mas deixa suas duas filhas, Geminiana e Florência, sob o jugo da escravidão. A da filha, Geminiana, doada como dote de casamento à filha de seu senhor e que, mais tarde, também se liberta. Finalmente, a geração dos filhos dela, Zaira, Inocêncio e Jacintho – e pelo menos mais uma criança nascida livre após a alforria da mãe e que não aparece nomeada nas fontes.

Segundo os registros, ambos os meninos – Inocêncio e Jacintho – nasceram antes da promulgação da lei de 28 de setembro de 1871; Inocêncio, o mais velho, teria nascido entre 1867 ou 1868; e Jacintho, o mais novo, entre 1869 ou inícios de 1870. Embora o fato de Jacintho ter sido matriculado como nascido apenas poucos meses antes da Lei do Ventre Livre pudesse sugerir manipulação de seu registro, nenhuma fonte nos autorizou a questionar a lisura da data.

Aceitamos assim que ambas as crianças nasceram sob o jugo da escravização. E os dois foram, após a alforria da mãe, vendidos a uma senhora da mais alta estirpe da província do Maranhão. A história dessa família testemunha como a alforria das mulheres – sempre mais comum do que a dos homens – podia redundar na separação de mães e filhos e filhas, vulnerabilizando as crianças deixadas sob o domínio senhorial.

Ana Rosa Viana Ribeiro, a senhora que adquiriu Jacintho e Inocêncio, era uma conhecida torturadora de escravizados. Ela submeteu as duas crianças aos mais terríveis suplícios, assassinando-as lentamente. Os dois meninos já estavam mortos três meses após sua aquisição. Condições excepcionais, resultantes da revolta popular que se abateu sobre a cidade quando da morte do mais velho, levaram à abertura de um inquérito e de um processo criminal de grande envergadura. Esse documento é a fonte na qual se baseia este livro.

Mas, sejamos claros, o episódio alcunhado como o "crime da baronesa" é já bastante conhecido. O que reclamamos como qualidade deste livro é uma abordagem nova. Por meio de uma narrativa atenta, informada pela História Social da escravidão e do pós-emancipação, recuperamos a vida e a morte dessas crianças no contexto da sociedade escravista após a libertação do ventre.

Desde a década de 1970, com a localização do processo criminal e sua utilização no romance de Josué Montello, *Os tambores de São Luís*, que o caso da "baronesa do Grajaú" passou a ser divulgado.[2] Não que São Luís tivesse esquecido o bárbaro assassinato de Jacintho e Inocêncio; desde sua ocorrência, em 1876, a morte das duas crianças nas mãos de uma senhora cruel foi amplamente conhecida e comentada. Na época, a divulgação do terrível crime alimentou paixões e discussões políticas acaloradas entre liberais e conservadores, que apoiavam as diferentes partes envolvidas no processo. Nas barras do tribunal se opuseram o promotor Celso Magalhães – hoje patrono do Ministério Público do Maranhão – e o advogado de defesa, dr. Paula Duarte. O episódio gerou uma batalha jurídica inédita na cidade e foi amplamente divulgado pelos jornais.

Como qualquer escândalo, o ocorrido foi comentado no boca a boca por todos, sobretudo pelas mulheres livres e escravizadas que trabalhavam nas ruas com o balaio nas mãos e eram mães e avós de crianças vulneráveis. "Negrinhas", "moleques" e "escravinhos" atravessavam a infância nas mãos de um e de outro, com pouca chance de usufruir de cuidados mínimos. Tornavam-se, desde muito cedo, crianças trabalhadoras.[3] Por isso, o caso tornou-se assunto de comentários veementes, sobretudo daqueles que se mantinham sob as rédeas da classe senhorial, ainda como escravizados, libertandos, libertos e ingênuos. O crime de Ana Rosa fora hediondo e havia colocado em pauta a crueldade da classe proprietária.

Depois da discutível absolvição de Ana Rosa e da morte precoce de Celso Magalhães, o episódio foi paulatinamente esvaziado de seu conteúdo mais candente, sem nunca ser esquecido. O crime da baronesa – como é vulgarmente conhecido – permaneceu na memória local, alimentando lendas diversas. Até hoje, o sobradão da rua São João, onde ocorreu o crime, é considerado morada de almas penadas.

Se a memória local se manteve assombrada pelas histórias de horror da escravidão, na qual residem Jacintho e Inocêncio, mais recentemente, surgiram novos trabalhos. Romances, estudos jurídicos sobre o andamento do processo criminal e teses acadêmicas foram produzidos.[4] Alguns deles mergulharam em pesquisas e apresentaram um quadro detalhado da batalha gerada pelo crime de Ana Rosa Viana Ribeiro no ambiente polarizado das disputas políticas locais, delineando os confrontos ocorridos nos tribunais, onde essas querelas foram travadas. Um dos traços marcantes dessa produção é o protagonismo que se construiu em torno da figura do promotor Celso Magalhães.

O ponto de vista assumido por *Geminiana e seus filhos*, como já indica o título, é outro. O que se pretendeu foi recuperar a história dessa família escravizada, colhida pela violência do mando senhorial, da escravidão e do desprezo mais absoluto à vida.

Para realizar tal tarefa, partimos do processo criminal *Autos do Processo do Crime da baronesa de Grajaú* (1876-1877)[5], ampliando a pesquisa com levantamento de outros processos criminais que envolveram Carlos Fernando Ribeiro e sua mulher, Ana Rosa, os testamentos e inventários dos senhores originais de Simplícia, Geminiana e de seus filhos, os contratos de compra e venda de escravizados, as cartas de alforria, certidões de óbito, documentação policial, jornais, entre muitas outras fontes.

Mais ainda, a narrativa que consta deste livro inclui o processo localizado pelo pesquisador Flávio Gomes no Arquivo do Tribunal de Justiça do Maranhão e publicado por Mundicarmo Ferretti, sob o título *Pajelança no Maranhão no século XIX. O caso de Amélia Rosa*.[6] Isso porque, passado apenas um ano da morte de Inocêncio, sua mãe, Geminiana, foi levada às barras do tribunal, acusada de participar de supostos rituais de pajelança que haviam provocado lesões corporais graves em uma mulher escravizada de nome Joana. A análise desse documento aponta que o caso de Amélia Rosa pode ter sido construído para incriminar a mãe enlutada. Vingança e desconstrução da imagem da mãe sofredora com o filho supliciado em seus braços – que evocava uma Nossa Senhora –, que havia sido impressa no imaginário popular, parece ter sido o objetivo buscado por aqueles que manipularam o processo em questão.

Cabe aqui um alerta aos leitores e às leitoras. Diante do desafio de recuperar visões de mundo de senhores e senhoras de escravizados, foram utilizados, de maneira estratégica, conceitos e termos da época. No caso deste livro, tal vocabulário emerge atravessado por extrema violência simbólica, constituinte do universo mental da sociedade maranhense e brasileira escravista do período.

Um dos conceitos mais sensíveis com o qual tivemos de nos defrontar foi o de "escravinho". O termo surgiu nas décadas finais da escravidão em referência a crianças escravizadas, sendo utilizado com certa constância em documentos legais e na imprensa. Sublinhe-se seu uso extensivo em referência aos filhos de Geminiana, Jacintho e Inocêncio. Alguns autores consideram que a presença do termo "escravinho" no processo de Inocêncio funcionou como recurso de sensibilização a respeito da infância escravizada, que raramente ou nunca merecia adjetivos que denotassem sua condição infantil ou carente de cuidados especiais.[7] Uma leitura crítica, entretanto, aponta que o termo está imbuído de um tom condescendente e paternalista, trazendo em si uma apreciação do limitado valor social dessa criança. Além disso, o uso do diminutivo remete a uma certa fantasia – de ontem e de hoje – sobre a existência de uma escravidão doméstica, marcada por laços afetivos e intimidade benigna entre senhores e seus escravizados. A utilização desse denominativo na narrativa busca desvelar a terrível contradição entre discurso e prática. Frente ao crime hediondo e ao contexto no qual foi julgado, o termo "escravinho", sempre utilizado entre aspas, choca e nos mantém em alerta para a indesculpável hipocrisia de seu uso.

O ponto de vista abraçado por este livro é de uma História Social da escravidão e do pós-emancipação, orientada pela abordagem de raça, gênero e maternidade, tendo em mente que as mulheres escravizadas passaram por processos de exploração específicos. Enquanto trabalhadoras, as escravizadas geraram a riqueza escravista; enquanto ventres, possibilitaram a reprodução da escravidão.[8] Seus corpos, nas Américas ou ainda na África, foram instrumentalizados como reprodutores e sob tais condições sofreram terríveis constrangimentos e violências. Como mulheres, foram violadas, conceberam e deram à luz em condições de inominável controle e trabalho excessivo. Amamentar seus bebês foi sempre tarefa árdua e difícil, pois desde logo, ainda no puerpério, seus trabalhos voltavam a ser requisitados; isso quando não eram enviadas para amamentar crianças brancas como amas de leite. Nesses casos, na maioria das vezes, eram separadas de seus próprios filhos e filhas. A separação, no entanto, podia ocorrer em qualquer momento – por venda, doação, morte ou incapacidade. As mães escravizadas sabiam que o laço maternal era provisório, podendo ser violado a qualquer momento e por qualquer motivo. Esse foi o caso de Geminiana. Como se verá, seu senhor, de família poderosa, havia prometido não a apartar dos filhos. Debalde, Zaira, sua filha mais velha, Inocêncio e Jacintho foram vendidos e separados da mãe liberta.

Chamamos atenção para o desafio que nos moveu ao longo da escrita: nosso objetivo foi construir uma narrativa capaz de traduzir o horror e a brutalidade da escravidão, ao mesmo tempo respeitando a agência histórica e mesmo a integridade pessoal de cada membro dessa família escravizada. Queríamos que o nosso compromisso com a narração dessa história não resvalasse em um espetáculo de violência por si mesmo, carimbando as pessoas envolvidas – Geminiana, sua mãe e seus filhos – apenas como vítimas desamparadas da brutalidade escravista, embora mostremos que, de fato, Inocêncio, Jacintho, Zaira, Geminiana e sua mãe, Simplícia, e diversas outras mulheres retratadas nas fontes foram, de fato, vítimas da brutalidade, do desprezo e da hipocrisia da sociedade escravista maranhense.

Tivemos também a ambição de, por meio de uma leitura muito minuciosa das fontes e de uma ampla pesquisa bibliográfica, nos tornarmos capazes de reconstruir a história dessa família do ponto de vista da mãe, Geminiana, e da avó Simplícia, porém sabendo que, como historiadores, não seríamos capazes de atingir a compreensão total. Assim, mantivemos nossa posição de muita empatia, mas conscientes do limite epistemológico da nossa posição como pesquisadores e historiadores. Assim, esperamos, que em nenhum momento tenhamos ultrapassado nossas próprias possibilidades. Como diz Saidiya Hartman em "Vênus em dois atos", há no arquivo da escravidão espaços de silenciamento tão opressivos que são incomensuráveis, inatingíveis, e frente a eles só nos resta o vazio e um silêncio respeitoso.[9]

Embora a história de Geminiana e seus filhos tenha sido escrita a partir de abundantes fontes disponíveis, sabemos que residem nela vivências que não pudemos atingir, devido ao absoluto desprezo à vida, ao horror que ela testemunha e ao sofrimento inenarrável contidos nessas trajetórias. Este é o espaço teórico e simbólico no qual preservamos nosso respeito às vidas que foram atravessadas pela violência física e simbólica, assim como preservamos nossas possibilidades como narradores.

Seguindo as possibilidades narrativas e os limites do documento, também recorremos a uma certa imaginação histórica e à fabulação crítica, o que não quer dizer que inventamos algo. Pelo contrário, narramos histórias recompostas a partir de contextos e as reapresentamos por meio de pontos de vista não canônicos, ou perspectivas divergentes, inserindo novos horizontes interpretativos.[10] Utilizamos um campo inteiro de saber histórico para tecer contextos e possibilidades. No entanto, nossos limites ficaram bem delineados nas bordas documentais. Procuramos também nos valer do campo historiográfico da História das Emoções, e, seguindo Monique Scheer e outras autoras, pensamos em emoções como manifestações coletivas e culturais, e ousamos avançar nesse território em aberto, campo importante a ser desbravado pela História Social da escravidão.[11]

Finalmente, este é um livro sobre a vida de uma família afrodescendente atravessada pela escravidão, pela alforria e pelas limitações do gozo da liberdade em uma sociedade escravista e racista como a brasileira e, especialmente a maranhense. É, portanto, também uma história da sociedade escravista, de seus códigos, posturas, alianças familiares e políticas, suas formas de pensar, viver e oprimir aqueles sob seu domínio. Assim, a história que contamos é uma história de opressão e escravidão, que continua a nos assombrar. Essa é, portanto, a história de toda a sociedade brasileira.

Apesar das terríveis adversidades, Geminiana e Simplícia estavam entre tantas mães e avós que lutaram como podiam para manter seus filhos vivos; protestaram, fizeram denúncias, empenharam suas únicas joias para comprar pão para as crianças, que morriam à míngua nas mãos da matrona cruel. Lutaram como podiam, imprimindo agência histórica à suas figuras.

Geminiana e seus filhos pretende narrar a história dessa família escravizada e em vias de libertação, composta de mulheres e de seus filhos. No entanto, a ambição do livro foi, por meio da narração do caso de Inocêncio, a de compor um panorama da inserção da sociedade escravista brasileira numa História Global, atravessada pelos parâmetros de raça e gênero, que enseje a compreensão do impacto do contexto internacional, nacional e local no momento do declínio da escravidão. Sabe-se que o fechamento do tráfico atlântico na década de 1850 implicou uma profunda transformação dos parâmetros escravistas por ter, entre outras questões, repercutido fortemente na reprodução natural. Até então realizada majoritariamente no continente africano, e, portanto, sem acarretar em custos senhoriais, passava a ter que se realizar *in loco*, justificando a emergência de políticas senhoriais nitidamente generificadas. Cuidados com a maternidade e com a sobrevivência das crianças foram respostas ao desafio da migração da reprodução exógena para o contexto interno da sociedade escravista brasileira.[12] A libertação do ventre, entretanto, ao sinalizar os marcos finais da reprodução da escravidão, embaralhava novamente os parâmetros senhoriais, impactando a maternidade de mulheres escravizadas e libertandas. Impunha, igualmente, à classe senhorial, a produção de novas estratégias de controle do trabalho e de subordinação. Gerava profundos ressentimentos naqueles que não admitiam viver em um mundo no qual o mando senhorial estivesse ausente.[13]

Este livro foi escrito também com muita paixão e sentimento. Mais de uma vez, a autora e o autor, separados por milhares de quilômetros, sofreram com Geminiana e seus filhos, e choraram juntos.

O livro que se segue é produto desse esforço.

1
A MORTE DE INOCÊNCIO

Não tendo visto seu filho em vida,
queria vê-lo na morte.

PROTESTO DE GEMINIANA

Nas primeiras horas da manhã do dia 14 de novembro, quando corria o ano de 1876, Geminiana saiu de sua casa, situada na rua do Mocambo, em direção à rua de São João.[1] Como aludido pelo nome, o local onde ela morava era considerado na São Luís da época como valhacouto de escravizados fugidos, habitado como era por todo o tipo de figura social marcada pela escravidão ou por uma liberdade que só podia ser relativamente usufruída.[2] Embora escravizados e escravizadas já fossem minoria da população naquele ano, São Luís era uma cidade onde havia uma segregação informal bastante estrita.[3] As ruas do Mocambo funcionavam de abrigo para africanos e seus descendentes, que só ousavam vagar nas ruas centrais dos sobrados azulejados e prédios faustosos do governo para servir. Jovem preta recém-liberta, de trinta anos de idade ou ainda menos, Geminiana dirigia-se ao trabalho.

Apesar do horário ainda matutino, por volta das 8h o sol já escaldava, como sempre acontece em novembro, parecendo chamar a chuva benfazeja que desanuvia o ambiente, avisando da chegada de dezembro. Vinha, muito provavelmente, carregando às costas seu filho (ou filha) de quatro meses. Este seria o motivo de ela, que costumava empregar-se como criada de aluguel ou cozinheira, ir em direção ao portão do sobrado velho do Largo de São João, em frente à igreja homônima, para montar tabuleiro de vendeira e assim poder ganhar o dia e manter a criança junto a si. Não sabemos quais produtos a liberta ofertava, se quitandas, frutas de tabuleiro ou outros víveres, mas nessa atividade Geminiana mimetizava milhares de outros trabalhadores da cidade, sobretudo trabalhadoras de rua, que na falta de oportunidades mais vantajosas mercadejavam a céu aberto, mesmo burlando a vigilância das autoridades, que perseguiam vendeiras e vendeiros de rua sem licença ou que atuavam fora das áreas delimitadas. O trabalho de rua era, em São Luís, estruturante da vida dos pobres, apesar das constantes tentativas encetadas pela municipalidade para controlar a venda ambulante. A saída da escravidão conjurava o destino das libertas a servir nos sobrados ou arrancar ganho do dia das ruas.[4]

Tendo sido apartada de seus três filhos mais velhos há poucos meses, a jovem mãe sofria o trauma da separação, ao qual se sobrepunha a tragédia que lhe sobreveio em seguida. Ainda mais ela que, como mãe, pôde ver seus filhos e sua filha crescerem juntos até pouco meses atrás. Geminiana, quando escravizada, havia usufruído da presença de todos eles, assim como de outros familiares, enquanto foi mantida sob o domínio de família poderosa e estável. Fosse vivendo em São Luís em casa de sua senhora, fosse no Engenho Recurso, na localidade de Rosário, próxima à capital, de propriedade do comendador, a vida sob o poderio dos Tavares Belfort parecia seguir certas regras. Tal fato poderia ter oferecido a ela a ilusão de que as coisas poderiam transcorrer sob certa estabilidade.

O horror da separação e da morte, no entanto, havia mostrado que qualquer segurança não passava de pura ilusão. Sob o peso da tragédia que engolfou seus dois meninos, Geminiana poderia estar decidida a dar um jeito de manter o recém-nascido que tinha nos braços sob sua guarda, mesmo tendo que palmilhar as ruas de São Luís com um bebê nas costas e sem garantia de ganho certo. Nessa ocasião, ela certamente se recordava de sua filha mais velha, Zaira, que poderia ajudá-la a cuidar do recém-nascido, permitindo-lhe trabalhar com mais tranquilidade. Mas a "negrinha de doze anos", como a menina aparece descrita, havia sido vendida para família estranha.[5] Pelo menos Zaira continuava viva, embora não saibamos em que condições se encontrava, ainda mais distante da mãe e dos irmãos e em casa estranha. Se recebia alimentos suficientes, se sua parcela de trabalho lhe parecia acima de suas forças, se sofria de saudades dos seus e de solidão. Nem ao menos temos ideia do quanto Zaira sabia do destino dos seus irmãos mais novos. Como menina e pré-adolescente, tivera venda rápida, arrematada por uma família de posses para assumir o papel de negrinha faz-tudo, podendo desempenhar mil funções, inclusive a de pajem.

Atravessada por dúvidas e em luto, Geminiana buscava o ganha-pão nas ruas, agarrada ao seu bebê recém-nascido, mantendo-se ativa, embora remoesse muitas apreensões. Era isso que fazia a jovem liberta naquela manhã, embora se possa supor que ela estivesse com o coração na mão, sentindo-se impotente e amedrontada com o destino de seu menino sobrevivente.

O endereço ao qual ela se dirigia, o portão do sobrado velho da rua São João, guardava também um outro objetivo. Postando-se a menos de dois quarteirões do sobradão dos Viana Ribeiro, Geminiana alimentava a esperança de acompanhar, mesmo de longe, as notícias sobre o que se passava com seu filho Inocêncio, mantido sob a guarda implacável de dona Ana Rosa Viana Ribeiro. Embora distante apenas algumas centenas de metros do seu rebento, a mãe nada sabia do estado em que se encontrava a criança. Porém, temia o pior.

Da rua do Mocambo, a jovem mãe com o filho nas costas pode ter dobrado a rua do Passeio, mas mais provavelmente atravessou a Praça da Alegria, que, sejamos fiéis, naquela altura e por iniciativa da municipalidade tornara-se Praça Sotero dos Reis. Cercado de moradias suntuosas, o local impunha certo ar de solene distanciamento, justificando o nome pomposo. O novo denominativo era uma homenagem ao filólogo maranhense – por sinal, parente da escritora Maria Firmina dos Reis – cuja maior notoriedade provinha do fato de pertencer ao círculo de intelectuais fundadores da Atenas Brasileira.[6] Tal grupo se dedicava a cultuar símbolos, léxicos e estilos o mais lusitanos possíveis, assim fugindo da "ignorância" das manifestações culturais africanas que pululavam na cidade.[7] Mas a ralé nunca se importou com a homenagem aos bem-pensantes e continuou se referindo à praça pelo antigo nome: Praça da Alegria – que de alegre não tinha nada, uma vez que tal nome não passava de uma ironia que não convencia ninguém. A tal Praça da Alegria não era nada mais nada menos que a antiga Praça da Forca, local de sacrifício de muitos condenados, em sua maioria escravizados. Erigida em 1815 no correr da administração do governador Paulo José da Silva Gama, conhecido como Coruba ou Lentilha, devido à profusão de cicatrizes no rosto, foi denominada, a partir de 1849, como Praça da Alegria, sem por isso deixar de recordar aos locais o peso da mão do Estado e da Justiça contra os pobres e escravizados.[8] Coisas assim ninguém esquece.

Naquele horário, nas horas mais frescas da manhã, o local, que sediava um mercado de víveres, fervilhava de barracas improvisadas, com vendeiros e vendeiras apregoando suas frutas e hortaliças. Criados e criadas, livres e escravizados, transitavam por ali, escolhendo as melhores ofertas do dia, que iriam alimentar, dali a poucas horas, as mesas fartas dos sobrados. Atarefados, não deixavam de se inteirar das novidades da cidade, trocando informações sobre o que acontecia nas casas e quintas abastadas. Os mais pobres também por ali trafegavam em busca de ocupação ocasional ou de se abastecer a preços módicos.[9]

Em seguida, Geminiana atravessou um pequeno trecho da rua do Norte ou da de Santa Rita, o que lhe permitiu enveredar pela rua Grande em direção ao sul, que daria acesso à São João. Já achou a Grande movimentada pela presença de quituteiras, carregadores de pipa e mulheres negras atarefadas, muitas portando potes, balaios ou tinas na cabeça, em busca das fontes de água para abastecer as casas e lavar roupa, pintando o cenário com muitas cores e ruídos. Algumas carregavam junto a si seus filhos e filhas, com os pequenos amarrados às costas e os maiorzinhos tateando o caminho com passos ainda inseguros. Também se podia escutar claramente o pregão dos peixeiros, que, vindo das praias, subiam para o centro da cidade, descumprindo o código de posturas, que proibia a venda de pescado fora de determinados locais.[10] Foi quando palmilhava essa que era uma das principais vias de comunicação da cidade que Geminiana divisou o saimento de um enterro, que caminhava em direção contrária.

Não havia cortejo, apenas quatro escravizados carregadores sustentavam o modesto féretro, e em passo apressado e silencioso, palmilhavam a rua Grande. Embora o caixão fosse fechado, notou logo Geminiana que o esquife era pequeno, do tamanho que se faz para os anjos,[11] e que vinha com cadeado e chave à vista.[12] Tudo ali parecia fora do lugar; embora o dia fosse o tempo certo para enterrar crianças – já que os adultos deviam ser sepultados apenas ao cair do sol –, o caixão vinha fechado, em pleno desacordo aos costumes.

Inocêncio e os anjos

Nada poderia explicar a existência de uma procissão fúnebre tão desleixada e solitária, ainda mais quando se tratava do funeral de uma criança.[13] Tal situação não se justificava nem se fosse o caso do enterramento de uma criança escravizada, isto é, de um "escravinho" ou "escravinha", segundo o vocabulário da época. Repetidamente utilizado, o denominativo "escravinho" – mais do que o termo "escravinha" – circulou abundantemente em documentos judiciais ao longo do século XIX, distinguindo-o nitidamente da criança ingênua, liberta pela Lei do Ventre Livre.

Isso porque um enterramento infantil, entre a população livre e mesmo escravizada, exigia consideráveis investimentos. Como notaram muitos, os ritos mortuários dos párvulos, como eram chamadas as crianças pequenas, não eram nunca negligenciados.[14] Tradicionalmente, os cortejos de anjos eram encarados como importantes momentos de sociabilidade, com a massiva participação comunitária. Embora os cortejos não contassem com a presença de mulheres, nem mesmo da mãe, amigos, vizinhos, conhecidos e até transeuntes eram convidados a se engajar. Viajantes das mais diferentes nacionalidades, como James Wetherell, Daniel Kidder, M. J. Arago, John Luccock, Thomas Ewbank e Ferdinand Denis, entre muitos outros que viajaram pelo Brasil sobretudo na primeira metade do XIX, não deixaram de descrever o tom vistoso e condescendente com que se festejavam os funerais de anjos, cercados de música e apresentando uma exposição aparatosa do cadáver e uma sociabilidade mundana que chocava os estrangeiros.[15] Tais espetáculos efusivos, no entanto, entendidos como excessivamente festivos aos olhares dos viajantes, refletiam mais a preocupação em oferecer ao pequeno defunto uma nítida demonstração de valor social do que o desprezo ou a ausência de sentimentos.

Embora as regras de enterramento estivessem em franca transformação desde que as municipalidades passaram a proibir o sepultamento em igrejas, e catacumbas e carneiros[16] a partir de meados do século XIX, ainda vigorava uma sensibilidade barroca da morte, descrita muitas vezes com um tom de surpresa crítica pelos viajantes.[17] Decerto a secularização dos cemitérios promovia a expulsão dos mortos da comunidade dos vivos.[18] No entanto, em São Luís, os costumes tradicionais perduraram. O primeiro cemitério extramuros foi inaugurado apenas em 1855, na Quinta do Gavião, onde se aportava atravessando vias pobremente calçadas e esburacadas, talvez ilustrando o mal-estar coletivo quanto à exclusão dos mortos. Ainda assim, consta que esse mesmo cemitério apresentava uma catacumba que provocava uma admiração temerosa por parte dos visitantes.[19]

Inaugurado em 1855, havia sido criado no bojo do avanço do sanitarismo sobre antigas crenças e práticas dos locais. A grande epidemia de varíola, que grassou na cidade naquele ano, justificou a vitória dos médicos sobre as práticas funerárias tradicionais.[20] Localizado na periferia da cidade, o Gavião era cercado por casuarinas seculares que ciciavam ao vento, emprestando ao local um ar solene e sombrio.[21] Apesar da saturação do antigo cemitério da Santa Casa, que teria justificado a fundação do Gavião, tem-se notícia de que pobres, indigentes e escravizados ainda recebiam a última acolhida em alguma cova rasa da antiga morada dos mortos.[22]

Desde meados do século XIX, fundaram-se cemitérios que passaram a ser instalados extramuros, nas áreas periféricas das cidades.[23] Ensejando uma organização tumular orientada pela família nuclear – disposição certamente estranha aos enterramentos em igrejas e carneiros –, essas medidas impuseram profundas transformações nos ritos e costumes que determinavam os relacionamentos entre viventes e desencarnados, e decerto impactaram a sensibilidade com relação à morte de crianças.[24] No entanto, as alterações que tornaram os funerais de crianças como um momento de tristeza e introspecção a ser vivido discretamente pela família tardaram a se enraizar na sociedade brasileira.

Ainda na segunda metade do século XIX, velórios de crianças exigiam cortejos visualmente atraentes com exibição elaborada do cadáver em mortalha colorida, alusiva a santos e santas. Se o costume de amarrar o pequeno corpo a cadeirinhas ou mastros para melhor expor os detalhes de suas vestes e das faces coloridas por pinturas deixou de vigorar na maior parte das regiões em torno da década de 1830, o hábito de apresentar os pequenos em caixões abertos persistiu, atravessando a segunda metade do XIX. Tal sistema permitia que os participantes gozassem de uma visão completa da elaboração e das flores que ataviavam o corpo. As fotografias de anjo realizadas no avançado do século assim o comprovam. Nessas imagens pode-se observar a apresentação cuidadosa dos pequenos defuntos, eternizados em poses planejadas.[25]

É esse quadro que estudiosos dos enterramentos infantis na Bahia, no Rio de Janeiro, em Minas Gerais e em São Paulo sublinharam. Constam relatos que, na passagem do cortejo sempre barulhento, os vizinhos abriam as janelas, jogavam flores ou desciam à rua para mostrar sua solidariedade ao anjo que partia e à família que ficava à espera do momento de se juntar aos seus. Na maioria das vezes, os sinos dobravam uma vez, sem repique, é verdade, anunciando a passagem do préstito. O rito estabelecia um congraçamento coletivo ruidoso, com a presença de música, flores e rezas. O mínimo que se esperava era que a criança falecida em estado de inocência portasse palma e capela. Se as *Constituições primeiras do Arcebispado da Bahia* não legislavam a respeito dos ritos mortuários infantis, distinguindo apenas os pagãos dos batizados, o ritual prescrito pela Igreja Católica para o adequado enterramento de uma criança de até sete ou oito anos ressaltava a presença desses dois itens, palma e capela.[26] Esta última referindo-se ao uso de uma coroa de flores, símbolo de inocência da primeira infância.[27] Já a palma se conectava ao renascimento, sendo a mais notória a palma do Domingo de Ramos, associada à ressureição de Cristo. Os enterramentos também exigiam ao menos a presença de um padre de sobrepeliz carregando a cruz para acompanhar o féretro.[28] Jacintho, filho mais novo de Geminiana, que falecera sob circunstâncias suspeitas quarenta dias antes no sobradão de dona Ana Rosa, havia sido sepultado amortalhado em hábito branco, em caixão aberto, portando palma e capela e com acompanhamento do padre com a cruz.[29]

Atestando a importância do cumprimento dos ritos funerários adequados mesmo para os filhos e filhas menores de africanos livres ou escravizados e seus descendentes, as irmandades de negros apresentavam resoluções que garantiam à prole dos afiliados funerais compatíveis.[30] São também abundantes os relatos que atestam que pais, parentes ou padrinhos de crianças cativas se mobilizavam para levantar fundos para oferecer um funeral minimamente adequado à criança, às vezes esmolando na rua com o corpo da falecida à vista.[31] Descrito por Debret, o enterramento do filho de um rei negro escravizado no Rio de Janeiro na década de 1820 mobilizava a comunidade africana e afrodescendente cativa e liberta para o acompanhamento do cortejo. A aquarela alusiva a esse evento ressalta o comparecimento de numerosos participantes, o cortejo portentoso e a presença de um manto com cruz cobrindo o corpo do pequeno falecido.[32]

A visão daquele espetáculo melancólico de um caixão de anjo furtivo, sem cruz estampada e com tranca à mostra, em plena luz do dia, sobressaltava os transeuntes. Sobretudo alarmava as "mulheres de balaio na mão" – trabalhadoras das ruas, parceiras de tabuleiro, comadres das pesadas tarefas de lavagem de roupas ou carregamento de água, mães ou avós de crianças pequenas e maiorzinhas, sempre preocupadas com a sobrevivência. Olhavam o espetáculo inesperado da passagem de um funeral solitário com desconfiança e revolta. Corria já há muitas semanas nas ruas, praças e praias, as notícias do sofrimento dos dois meninos pequenos escravizados do sobrado das Rosas. A quebra do costume, a de que em cortejo de anjo a urna fosse aberta, imediatamente passou a alimentar os comentários alarmados. Afinal, apenas nas grandes epidemias, como a de varíola que assolou São Luís entre 1854 e 1856, é que caixões fechados foram tolerados como forma de evitar a dispersão de exalações malsãs que poderiam contaminar os vivos.[33]

Embora constatasse de imediato a ausência de qualquer adereço que distinguisse quem lá jazia, Geminiana deve ter sentido calafrios de pânico. Na verdade, como viria a descobrir mais tarde, a urna havia sido montada às pressas, ainda antes do amanhecer, tendo como único enfeite um paninho azul como forro.[34]

Não havia cortejo, apenas quatro escravizados carregadores sustentavam o modesto féretro nos ombros, buscando chegar o mais rapidamente possível na Capela de São João, pertencente à Santa Casa de Misericórdia e contígua ao cemitério. Era com esse intuito que se dirigiam da rua Grande à do Passeio. Para Primo (ou Firmo, como sugerem parte dos depoimentos), Geraldo, Anísio e João, a tarefa parecia pesada demais, não pelo peso em si, levado ora nos ombros, ora na cabeça, mas pelas circunstâncias excepcionais – e de todo escusas – que cercavam a morte da criança que carregavam. Alarmada, como não podia deixar de se sentir, Geminiana parou os carregadores perguntando de onde saíra o féretro, e escutou o que já temia: vinha da casa de dona Ana Rosa. Com seus piores temores confirmados, saiu apressada em busca de sua mãe e, já acompanhada de Simplícia, uma mulher forra que esteve sob o domínio da casa dos Teixeira Belfort e que vivia de jornais,[35] correu para o cemitério. Logo confirmou-se que quem jazia no esquife era seu filho Inocêncio, de oito anos, que havia sido adquirido por Ana Rosa Viana Ribeiro há pouco mais de três meses.

Chegando à capela, buscou pelo caixão onde jazia o corpo da criança. Encontrou-o no depósito, uma vez que o capelão ainda não havia chegado, e, mesmo que lá estivesse, nada podia ser feito uma vez que faltavam os documentos necessários para legalizar o sepultamento. O status cativo do pequeno falecido não eximia sua senhora de apresentar os papéis para o enterramento: o atestado de óbito assinado por um médico e a autorização da inumação pela polícia. Afinal, a criança havia morrido na casa de sua senhora. As únicas testemunhas eram uma criada livre e um escravizado emprestado, que se mostraram muito pouco inclinados a falar.

Decerto, o arraia-miúda que circulava pelas ruas centrais da cidade, comprando, vendendo, esmolando ou servindo, já tinha passado à frente a informação da morte de mais uma infeliz criança nas mãos da senhora do sobradão, cuja fama era conhecida. A notícia se espalhou feito rastilho de pólvora, atraindo a curiosidade dos passantes, alimentando o diz-que-diz das vendeiras – parceiras de tabuleiro e de rituais de pajelança que compartilhavam com a mãe do infeliz. Motivados pela curiosidade e pela revolta contra a cruel senhora, a plebe começou a afluir ao cemitério. Horas depois, como se o enterramento tardasse e as notícias circulassem com velocidade crescente, começaram a se dirigir ao local tipos de melhor colocação social, funcionários públicos, militares, moradores vizinhos ao cemitério, todos interessados em assistir ao desenrolar do caso que colocava na berlinda a mais alta aristocracia escravista. Assim, por exemplo, declarou um tipógrafo e ajudante de sacristão que, estando na janela, viu passar o enterro de caixão fechado com chave e fechadura à mostra. Intrigado, seguiu para a cemitério.[36] Na Capela de São João, a mãe pediu para que os carregadores abrissem o caixão. No entanto, eles resistiram: dona Ana Rosa havia ordenado claramente que só o destrancassem na presença do capelão, na hora da encomenda do corpo; em seguida, deviam fechá-lo novamente e devolver a chave para ela. Geminiana protestou dizendo que "não tendo visto seu filho em vida, queria vê-lo na morte". O esquife foi então aberto, e as versões sobre quem foi o responsável por tal decisão aparecem de forma contraditória nos autos. Alguns testemunhos afirmaram que os carregadores abriram o caixão por vontade própria, ainda que tenham negado essa versão; outros, que foi o capelão quem mandou abrir o caixão. É mais provável que ambas as situações sejam verdadeiras: o escravizado Primo, portador da chave, pode ter permitido à mãe, à revelia das ordens recebidas, uma visão rápida e discreta do cadáver do filho; em seguida, a mando do capelão que chegava para a cerimônia de encomendação do corpo, os carregadores abriram oficialmente o esquife, deixando que a mãe pudesse ver com mais vagar o corpo do filho.[37]

A visão da criança morta chocou mais ainda Geminiana e Simplícia, a avó. Conta-se que foi a mãe quem encontrou o corpo do filho amortalhado. Nada sabemos a respeito da cor escolhida. Esse detalhe tinha muita importância, pois o hábito eleito para ataviar qualquer cadáver servia para enviar um recado imediato aos céus. Mortalhas especiais e elaboradas, expressando simbolismos específicos com relação à identidade da criança, direcionavam o anjo diretamente para as portas da bem-aventurança. Jamais se deveria enterrar uma criança com as roupas do dia a dia. Mortalhas infantis de santos – como a de São João com a pena na mão para os meninos e a de Nossa Senhora da Conceição para as meninas – ou mortalhas brancas, a preferida dos africanos, expressando a pureza dos falecidos sem pecado, ou ainda coloridas – vermelhas ou azuis –, que ilustravam o regozijo de uma subida aos céus imediata, foram as mais comuns no período.[38]

Por baixo do hábito, no entanto, Inocêncio estava vestido de calça e camisa de riscado, sinal de que o corpo não havia sido adequadamente preparado, sendo a mortalha apenas acrescentada por cima das roupas diárias. Tal era o desmazelo daquele enterramento, que parecia que aqueles que prepararam o corpo não se preocuparam com sua trajetória no além. Queriam apenas se livrar dele o mais rápida e sorrateiramente possível. Como foi revelado em seguida, a presença dos trajes comuns servia para encobrir uma terrível realidade.

Geminiana imediatamente constatou que o menino mantinha os braços pendendo ao lado do corpo – e não enclavinhados acima do peito como é o costume. Quando procurou acomodar as mãos da criança na posição correta, a mãe notou que os pulsos estavam machucados como se tivessem sido amarrados por cordas. Despindo o cadáver, as duas mulheres puderam comprovar que o corpo de Inocêncio estava coberto por cicatrizes e hematomas – alguns mais antigos e outros muito recentes – de castigos, sendo possível ver ferimentos nos braços, costas e cotovelo.[39]

A mãe e a avó não estavam sozinhas na cena. A abertura da urna e a inspeção do corpo foram acompanhadas por muitos curiosos. Como já se comentou, entre a passagem do cortejo pelas ruas centrais da cidade e o devassamento do caixão havia se passado tempo suficiente para que muitos populares tivessem acorrido à capela, onde se guardava o cadáver do pequeno Inocêncio, que estava à espera do envio dos documentos por parte da sua senhora para a liberação do seu corpo. Tal demora servia apenas para aumentar o zum-zum do povo.

Um pouco mais tarde, o exame de corpo de delito atestou que a criança portava um número significativo de queimaduras, cicatrizes e escoriações provocadas por cordas, chicotes e outros instrumentos, além de ter sofrido uma hemorragia cerebral, apresentar pés e mãos inchados, estar visivelmente subnutrida e apresentar prolapso do reto e feridas no ânus.[40]

A compra dos "escravinhos"

Se na morte de Jacintho a senhora conseguira contornar a situação, evitando maiores problemas, o falecimento de Inocêncio, ocorrido logo em seguida, definitivamente despertou olhares intrometidos e perguntas desconfortáveis. Apesar da pressa com que Ana Rosa Viana Ribeiro havia planejado encerrar "o incômodo" – que foi como ela conceituou a morte da criança sob seu domínio –, as circunstâncias não a favoreceram.[41] Desde que constatou que o falecimento de Inocêncio era iminente, passou a fazer de tudo para se livrar de qualquer aborrecimento.

Descendente das principais famílias escravistas do interior do Maranhão e casada com uma importante liderança política da província, ela devia estar convencida de que a morte da criança não passaria de mais um inconveniente a ser encoberto – como já havia ocorrido em diversas outras ocasiões, inclusive com o falecimento de Jacintho, irmão mais novo de Inocêncio, de apenas cinco ou seis anos, há poucas semanas, também sob seu domínio. Entretanto, o enterramento deste ocorrera sem ensejar procedimentos legais.

Abundantes notícias de maus-tratos e assassinatos de escravizadas e escravizados ocorridos sob o domínio dessa senhora circulavam há décadas. Isso tornava dona Ana Rosa figura hostilizada mesmo em uma cidade em que a escravidão urbana e a linha de cor compunham um sistema social de exclusão tão consolidado que já havia sido naturalizado. O mais antigo registro de maus-tratos infligidos pela matrona se refere à morte de Carolina em 1856, quando dona Ana Rosa ainda era uma jovem senhora recém-casada. A escravizada teria sido tão brutalmente espancada, que, por isso, teria desenvolvido uma "alienação mental". Trancada sob vigilância estrita da senhora em um dos quartos do andar superior do sobrado, teria tentado se jogar pela janela.[42]

Em 1858, um dos irmãos de Ana Rosa – José Antonio Lamagnère – respondeu a inquérito, sendo posteriormente absolvido, a respeito de sua responsabilidade na morte da escravizada Maria Nathalia, a qual, na verdade, se encontrava sob o domínio da irmã.[43] Na década de 1870 consta que, em diferentes ocasiões, duas escravizadas, Ignez e Andreza (e também um escravizado de nome Feliciano), saíram às ruas em desespero, pedindo socorro, por estarem recebendo surras homéricas.[44] Em um dos casos, Ana Rosa teve de assinar um termo de responsabilidade junto ao chefe da Polícia e, em outro caso, a vítima foi enviada para a fazenda dos Viana Ribeiro em Alcântara.[45]

Menções esparsas reportaram o episódio da escravizada Militina, cujos dentes teriam sido arrancados por ter sorrido para o marido da senhora ou por ele ter elogiado os dentes da escravizada.[46] Em 1874, foi aberto um inquérito na delegacia da cidade que redundou em processo criminal relativo às queixas de maus-tratos registradas pela escravizada Carolina, pertencente a Raimundo José Lamagnère Viana, um dos irmãos de Ana Rosa, que, na época, estava hospedada na casa dele. O proprietário assumiu a reponsabilidade legal do caso, que culminou com sua absolvição. A voz geral da cidade, no entanto, reconhecia Ana Rosa como a verdadeira perpetradora dessa violência.[47]

Com esse histórico, espanta que dona Ana Rosa Viana Ribeiro pudesse adquirir duas crianças pequenas, separadas de uma mãe que se alforriara meses antes. Certamente a legislação assim o permitia; desde 1869 existia legislação interditando a venda em separado de mães e filhos e filhas menores de 15 anos, proibição reiterada pela Lei do Ventre Livre, a qual apenas corrigia a idade da prole a ser mantida junto a mãe para 12 anos. Contudo, a realidade contradizia o espírito da lei, cuja função era proteger menores escravizados. O aumento constante das alforrias de escravizadas nas últimas décadas de vigência da escravidão, por meio de apresentação do valor monetário ao senhor ou senhora ou por contrato com terceiros para cumprimento de cláusulas de serviço entre as partes, impunha a separação das famílias, com a concomitante alienação materna. Isso porque a liberdade da mãe, em quase todos os casos, estabelecia a diferenciação do estatuto jurídico da recém-liberta com a prole, que permanecia na escravidão ou sob a denominação de ingênuos – isto é, nascidos após a promulgação da Lei do Ventre Livre – em poder do antigo senhor da mãe ou até, em casos raros, do Estado, até a idade de 21 anos. O certo é que, na maioria dos casos, à exceção de crianças ingênuas menores de oito anos no momento da libertação da mãe, a sua alforria redundava em separação.[48] Nenhuma lei resguardava, de fato, o direito à maternidade de mulheres africanas ou afrodescendentes, escravizadas ou libertas.

E foi exatamente esse o caso da família de Geminiana, que havia se fracionado devido a sucessivas mortes ocorridas na família proprietária e à concomitante abertura de inventários e partilhas. Como sabemos, mesmo em propriedades estáveis os falecimentos, inventários e partilhas de bens costumavam ser vivenciados com terror pelas famílias escravizadas, que sabiam da possibilidade muito concreta de serem separadas.[49]

Na ocasião de sua alforria por apresentação de valor monetário, Geminiana certamente não possuía dinheiro suficiente para adquirir seus três filhos remanescentes. O plano dela, assim como o de milhares de outras mães escravizadas e libertas do período, era usar a liberdade para amealhar aos poucos um pecúlio para pagar o valor da prole.[50] No entanto, a consecução da empreitada exigia, além de tempo, paciência, sorte e muita resiliência. Fazer pecúlio não foi nunca tarefa fácil para as mulheres saídas da escravidão, uma vez que tinham que arrancar a subsistência das ruas e das cozinhas senhoriais.[51] Restava torcer para que as crianças acabassem em mãos dos antigos proprietários ou de seus familiares, e que estes honrassem a etiqueta paternalista oferecendo um tratamento minimamente razoável que permitisse a sobrevivência das crianças vindas das antigas escravizadas da família. Nada disso, porém, estava sob controle de Geminiana. Tendo deixado três filhos, ela deve ter sentido um gosto bem amargo ao sair da escravidão.

Mais doloroso ainda foi o desenrolar dos eventos em torno do destino dos seus filhos mais jovens. A pouca idade das duas crianças dificultava a consecução de uma boa venda. Em 1876 não faltavam sinais de que o regime escravista se evaporava. Ninguém garantia que o investimento em crianças pequenas daria algum lucro, uma vez que o proprietário só começaria de fato a se beneficiar dos pequenos em um horizonte ainda longínquo, talvez quando o regime escravista já estivesse superado. Mais fácil era alugar um ingênuo ou solicitar tutela legal de alguma criança liberta já mais crescida, da qual se poderia tirar proveito sem investimento inicial algum. Foi por isso que os irmãos tardaram a ser vendidos. Alguns meses depois, uma dupla de padeiros/negociantes de escravizados comprou Inocêncio e Jacintho. Sem ingenuidade, eles foram comprados para serem revendidos; os padeiros certamente sabiam que Inocêncio e Jacintho eram muito pequenos para ajudá-los na padaria e só serviam para permanecer junto ao balcão pedindo doces. Mas vender para quem?

Apenas Ana Rosa quis comprá-los. Tendo adquirido os dois "moleques", isto é, os filhos de Geminiana, no dia 9 de agosto daquele ano, da firma Silva & Ferreira, a transação foi testemunhada por diversas pessoas. O marido de Ana Rosa, o qual, por sinal, era médico e advogado, formado na exclusiva Universidade Yale, nos Estados Unidos,[52] seu procurador, o médico particular da senhora, um vizinho e despachante de papéis de compra e venda, os dois padeiros traficantes de escravizados e os proprietários da firma Silva & Ferreira presenciaram a transação. Embora os que participaram do fechamento da negociação tenham afirmado que não havia sido feito um exame corporal completo das crianças – talvez devido ao constrangimento de, em meio a uma reunião tão seleta da fina flor da sociedade ludovicense, desnudar dois meninos pequenos para inspeção de seus corpos com fins de se avaliar seu correspondente valor de mercado –, todas as testemunhas afirmaram que as crianças pareciam saudáveis e bem tratadas.[53] Alguns chegaram a dizer que os meninos eram "bonitinhos".[54]

No entanto, menos de três meses depois, ambas as crianças estavam mortas. Jacintho, o mais novo, morreu em 27 de outubro sem ter reencontrado sua mãe. Desde que os "moleques" haviam sido adquiridos, poucas pessoas ingressaram no sobradão. Servida apenas por ocasionais criadas livres ou escravizadas alugadas, a senhora não contava mais com escravaria própria alocada na casa da cidade. Seu marido, desde o dia fatídico da compra dos dois meninos, havia se retirado para a fazenda – um engenho modernizado de última geração de nome Gerijó – em Alcântara, e não mais retornara à cidade.[55] Todos os escravizados da família estavam sob o poder exclusivo de Carlos Fernando Ribeiro, certamente devido à impossibilidade de deixá-los a salvo sob a guarda da senhora. Embora Ana Rosa declarasse que o motivo de viver no sobradão servida apenas por criadas eventuais se justificasse pela necessidade de toda a escravaria ser empregada no engenho, a cidade toda sabia que a verdade era bem outra.[56] E, afora as servidoras eventuais, Ana Rosa havia recebido apenas um punhado de visitas, que sempre iam em resposta a um chamado seu e ficavam pouco tempo na casa. Imagine o que teriam passado os dois meninos nas mãos dessa senhora cruel, praticamente sem nenhum controle externo.

A morte dos inocentes

Segundo declarou Geminiana, ao saber do falecimento de seu filho mais novo, ela se dirigiu à casa de Ana Rosa pedindo para que deixassem vê-lo. A senhora, no entanto, não a deixou entrar, respondendo que se quisesse ver Jacintho que fosse ao cemitério, pois que "quando o comprou não sabia que tinha mãe...".[57] A morte do menino, embora tivesse levantado suspeitas por suas circunstâncias nebulosas, não redundou em maiores problemas para a senhora. Por um lado, desde que comprara as duas crianças de aparência saudável, Ana Rosa passara a disseminar a notícia de que fizera uma má compra, muita cara, uma vez que ambos os "moleques" tinham o "vício de comer terra" e, por isso, estavam apresentando problemas de saúde.[58] Esta suposta constatação foi realizada em conluio com seu médico particular, o dr. Antônio dos Santos Jacintho. Tanto que o falecimento do menor dos irmãos, aparentemente de diarreia, foi creditado a esse "terrível costume", como era considerado na época a geofagia.[59]

Segundo o que repetidamente asseverou o médico particular da senhora, Inocêncio também sofria de hipoemia intertropical, doença hoje vulgarmente conhecida como amarelão, e desinteria, que teriam sido causadas pelo vício da criança de comer terra. O diagnóstico de um médico que frequentava os mais abastados ambientes senhoriais certamente se impunha. Desde a época da colônia os senhores acreditavam que o "hábito" de comer terra, comum entre os escravizados e escravizadas, era decorrente de um vício danoso, capaz de levar à morte e que podia ser conscientemente exercido com fins de prejudicar os proprietários. Desconfiavam que os escravizados planejassem se suicidar por vingança aos seus detentores, engolindo grandes quantidades de terra. Senhores e senhoras, administradores de fazenda, feitores, boticários, doutores e práticos em medicina, desde há muito, se dedicavam a experimentar medidas que impedissem o "terrível vício", para evitar vultosas perdas monetárias advindas de uma possível morte. O castigo da máscara de flandres surgia assim como um dos mais notórios aplicados aos escravizados devoradores de terra – e também um dos mais dolorosos.[60]

No entanto, apenas a partir de meados do século XIX os senhores puderam confirmar suas crenças a respeito dos comedores de terra. Embora houvesse algo de real no diagnóstico da nova doença – a hipoemia intertropical –, a má compreensão dos fatos que explicassem por que uma pessoa engolia terra persistiu, certamente mantendo a culpabilização dos escravizados que a isso recorriam. Hoje é de conhecimento quase corrente que a carência de nutrientes alimentares, vitaminas e sais minerais é o real fator que justifica a geofagia, que surge como estratégia alimentar. No entanto, a prática era compreendida como um vício que deveria ser prontamente combatido.

Além do mais, a identificação da doença por médicos da Faculdade de Medicina do Rio de Janeiro, em meados do século, havia fornecido uma moldura oficial e científica para o conhecido mal que causava enormes prejuízos aos senhores. Isso ofereceu um vocabulário científico àquilo que era temido e vigorosamente reprimido pelos senhores, o ato de comer terra. Em 1835, o dr. Cruz Jobim caracterizou a hipoemia intertropical como uma doença derivada do clima úmido, que, atacando as classes mais baixas, sobretudo os escravizados, apresentaria sintomas como disenteria, anemia, geofagia. Mais tarde, outros médicos estabeleceram a conexão dessa pretensa doença com a presença do verme *Ancylostoma duodenale* no intestino dos doentes. O hábito ou "vício" de comer terra, adotado por muitos escravizados, aparece ora como causador, ora como sintoma da verminose, oferecendo uma explicação ainda imprecisa para tal prática, considerada por senhores como extremamente danosa.[61] Dr. Xavier Sigaud alude também ao máculo como uma doença própria dos negros, provocando disenteria e dilaceração do reto e ânus.

Escapava aos doutores, no entanto, a conexão entre a carência de vitaminas e sais mineiras e a urgente necessidade experimentada por muitos escravizados de comerem terra. Ao mesmo tempo, eles não detinham clareza sobre a cadeia dos fatos que podia provocar a geofagia; seria a verminose a causadora da geofagia ou o contrário? A compreensão incompleta desse ciclo de desnutrição e anemia ainda alimentava a certeza de que comer terra era um defeito grave de africanos e seus descendentes.

No entanto, mesmo nesse quadro médico ainda incerto, todos os sintomas sugestivos de anemia e verminose não haviam sido notados na época da aquisição dos dois meninos, no início de agosto de 1876. Poucos meses depois, ambos foram repetidamente acusados de comerem terra e sofriam de terríveis diarreias. O que se sabe do caso de Inocêncio é que a criança, no período em que esteve em poder de Ana Rosa, além de ter sofrido de forte disenteria, passou a apresentar prolapso de reto e fissura anal.

Acusado de ter falecido devido ao ato de comer terra, o enterramento do pequeno Jacintho tinha atendido a todas as circunstâncias exigidas. O jacente portou palma e capela, foi conduzido em cortejo de caixão aberto, segundo os registros, com o padre com a cruz de acompanhamento, como mandava o figurino da época.[62] Embora ninguém esperasse que uma criança escravizada recebesse grandes honrarias, o atendimento aos ritos mínimos funcionou como um recado da senhora, que assim afirmava nada ter a esconder.

Apesar de ter se safado de uma investigação, a morte de uma criança pequena em suas mãos mostrou-se como o limite da tolerância pública. Mesmo em uma cidade aferrada ao racismo e à etiqueta de uma absoluta distância social entre os bem-nascidos e os populares, o assassinato de crianças quebrava as regras mínimas do protocolo senhorial. Por diferentes razões e motivos, tanto os populares como mesmo os bem-nascidos pareciam prestes a se manifestar. Enquanto isso não acontecia abertamente, como comprovam diversos depoimentos, falava-se muito à boca pequena das malvadezas de dona Ana Rosa. Informações circulavam pelas praias, ruas e vielas. Fosse na rua Grande ou na de São João dos ricos, fosse na do Mocambo ou ainda no beco da Bosta, onde trafegavam os pobres, todos mantinham os olhos pregados no sobrado da rua São João, se perguntando o que se passava com o irmão sobrevivente.

Mas o que ocorria por trás das portas e janelas do sobradão? A reconstituição do dia da morte da criança e da manhã seguinte, quando a senhora tentou realizar o enterramento rápido, podem esclarecer muitas questões.

Na manhã do dia 13 de novembro, Inocêncio apresentou visível piora de saúde. Pelo menos havia recebido um banho naquele dia, embora não conste que esse cuidado fosse corriqueiramente ofertado a uma criança sofrendo de disenteria com evacuação de fezes com sangue. Como declarou Zuraida Guterres, escravizada de dona Maria Clara Guterres, prima da Ana Rosa, no dia 12 de novembro à noite, a pedido da sua parente, que se encontrava sem serviçais, foi enviada por sua senhora para o sobrado da rua São João. Chegando por volta das 8 ou 9 h da noite, já encontrou a matrona recolhida, dizendo-se adoentada. A mando dela, retirou uma rede de um balaio, armando-a na varanda e ali dormiu.

Pela manhã, ao acordar, se deparou com Inocêncio sujo de fezes à porta do quarto onde dormia, que era contíguo ao da senhora. A mando de Ana Rosa, levou-o ao quintal. Consta que Inocêncio para lá se encaminhou por seus próprios pés, mas de mãos dadas com Zuraida. Em um alguidar velho, a escravizada lavou-o, inclusive o ânus dilacerado, secando-o com um pano; em seguida, vestiu-o com uma camisa limpa de riscado, um pouco mais longa do que aquela que ele portava. Zuraida ainda afirmou que alimentou a criança com um angu de farinha e o colocou de volta no quarto. Por volta das 7 ou 8h da manhã, após assar um frango para o almoço de Ana Rosa, retirou-se.[63]

Mais tarde, ainda no mesmo dia, Inocêncio foi encontrado quase desacordado no quintal sob o sol inclemente. Segundo narrou a seu médico, Ana Rosa escutou gemidos da criança e olhou pela janela, vendo o garoto caído no quintal. Como estava sem serviçais e pelo fato de não ser de sua alçada socorrer uma criança escraviza-da, pediu ajuda ao seu vizinho, major Carlos Augusto Nunes Paes. Este enviou-lhe "duas pretinhas" para resgatar a criança que se de-batia em fezes, sem conseguir se levantar. Sebastiana Nunes Paes, uma menina de nove anos de idade, filha de Faustina, mulher livre e moradora na casa do major, confirmou que foi ela quem buscou Inocêncio. Contou que, na ocasião, Ana Rosa lhe disse que havia dado a Inocêncio duas colheres de vinho quinado prescrito pelo médico.[64] Afirmou a menina que ia todos os dias àquele sobrado – provavelmente para prestar pequenos serviços –, mas que só ti-nha autorização para entrar no quarto da senhora e na varanda. Por isso, desde a morte de Jacintho, não havia mais se deparado com Inocêncio, que ficava fechado no primeiro quarto no correr da va-randa. Perguntada se ela, Sebastiana, gostaria de viver com dona Ana Rosa, a menina respondeu incontinente que não, pois os pretos da senhora costumavam dizer que ela era má.[65]

Naquela mesma tarde, na presença do vizinho, a senhora man-dou chamar o dr. Antônio dos Santos Jacintho para atender a crian-ça. Conforme relatou o médico, ao chegar à casa de Ana Rosa por volta das 5h da tarde, foi encaminhado à varanda onde encontrou o menino Inocêncio deitado do lado direito do corpo. Observou o doutor que a criança vestia apenas uma camisa de riscado sem cal-ças. Levantando a camisa, o médico constatou que o prolapso do reto se apresentava muito volumoso, e logo abaixo, depositado na coxa esquerda, notou existir uma matéria fecal de cor amare-lada e sólida. O médico tornou a cobrir as partes da criança, sem mencionar que tivesse solicitado que Inocêncio fosse higienizado. Ao perguntar à criança como ela se sentia, Inocêncio respondeu, segundo o doutor, que estava incapacitado de se levantar, com ton-turas e muitas ânsias. Tomando um dos pulsos do pequeno, o mé-dico verificou a existência de uma ferida circular. Perguntado sobre o machucado, afirmou o dr. Antônio Jacintho que Inocêncio decla-rou que havia se queimado ao assar uma carne em um fogareiro.

Ainda afirmou que não verificou o resto do corpo da criança por não haver nada que indicasse essa necessidade.

De acordo com o médico, a criança estava com a pulsação fraca, a língua descorada e as faces emaciadas, sugerindo um mau prognóstico. Vaticinou então que Inocêncio morreria em poucas horas. Porém, para não deixar de medicá-lo, receitou algumas colheradas de vinho chalibiado, prescrição que foi aviada na botica do Abreu por uma escravizada do major.[66] Após oferecer ao vizinho uma conveniente amostra de seus cuidados com relação ao "escravinho", consubstanciada pela presença do médico, dona Ana Rosa declarou que temia que o enterro saísse de sua casa, "porque o povo estava muito prevenido contra ela". Declarou ainda que pretendia enviar a criança para a casa de Rosa Ribeiro ou de uma mulata conhecida sua, ao que o médico replicou que ninguém ia aceitar um moribundo em casa, ao que Ana Rosa argumentou que conseguiria o favor.[67]

Decerto, a morte do menino mais velho viria a confirmar todas as suspeitas. Incomodada com a curiosidade que despertaria a morte de Inocêncio, Ana Rosa tentou manobrar para se livrar dos olhares atentos que analisavam o sobradão. Essa situação é claramente percebida nesse momento. Naquela tarde do dia 13 de novembro, no momento que o médico deixara claro que a morte de Inocêncio era iminente, solicitou que o doutor lhe pusesse à disposição um escravizado seu, mais velho e de confiança, chamado Sebastião dos Santos Jacintho, para auxiliar nas tratativas que planejava executar para se livrar do problema o quanto antes.

Ela tentou, em primeiro lugar, enviar a criança que agonizava para fora de sua residência. Escolheu a casa da mulata Olímpia, que por vezes trabalhava como criada alugada no sobrado. Para tal tratativa, enviou o velho Sebastião. Olímpia, porém, declinou, dizendo que estando com achaques, "um doente não pode cuidar de outro".[68] Além disso, a senhora mandou chamar Gregória Rosa Salustiana, mulher negra e criada alugada que havia trabalhado no sobrado semanas antes, e que entrou para o serviço da casa quase na hora do falecimento. Sebastião e Gregória tornaram-se, assim, as únicas testemunhas da morte e do preparo do corpo de Inocêncio. No entanto, ambos apresentaram depoimentos vagos e inconsistentes, embora tenham deixado escapar alguns detalhes bastante sugestivos do que ocorria no sobrado. Por exemplo, de que Inocêncio, quando morreu, vestia apenas uma camisa curta azul e encontrava-se deitado em sua cama habitual, que se resumia a um pano no chão colocado no primeiro quarto no correr da varanda do sobrado e contíguo aos aposentos de Ana Rosa.[69]

Além disso, Gregória ofereceu algumas informações pontuais importantes. Declarou que havia escutado de Inocêncio o "roncor da morte", tendo presenciado o momento do falecimento da criança, sem entrar em maiores detalhes. Apesar disso, ela garantiu que não teve oportunidade de ver o corpo da criança, já que, após o passamento, fora mandada comprar café. Já Sebastião, escravizado do médico particular da senhora, declarou que, no momento do óbito, estava a caminho da casa de Olímpia e achou, em seu retorno, a criança estendida no chão, morta.[70] Sebastião, no entanto, admitiu que havia sido ele a vestir o cadáver com calça e camisa, sem, porém, ter tido condições de notar qualquer particularidade ou marca no jacente.[71] Assim, os dois subalternos garantiram não terem condições de determinar a situação do corpo da criança. Manteve-se o mistério a respeito das reais condições do cadáver no momento da morte.

Além disso, contou o escravizado ao médico que Ana Rosa, após o óbito, queria que ele pusesse o cadáver nas costas e o levasse para fora da casa, o que ele recusou. Sebastião, embora surja na maioria dos relatos como dócil e fiel, mostrou que também tinha limites. Mais tarde, depois de enviar o velho escravizado para outras tarefas, Ana Rosa mandou-o para a sua casa para buscar outro escravizado para carregar o corpo da criança em uma rede. Não se sabe para onde, pois Olímpia havia declinado e a tal da Rosa Ribeiro aventada à tarde não deu as caras no processo. No entanto, o médico declarou-se incomodado com a situação e mandou Sebastião fechar as portas da casa e ir descansar.

Detalhes importantes, no entanto, revelam os estratagemas colocados em prática por Gregória, certamente a mando da senhora, para encobrir a real situação da criança falecida. Perguntada sobre como estava vestida a criança quando morreu, Gregória Rosa declarou que Inocêncio portava uma camisa azul. No entanto, segundo seu testemunho, ao voltar da rua, aonde fora a mando da senhora comprar café, uma pessoa, que não soube identificar, havia vestido o cadáver com uma calça e uma camisa de riscado. A explicação é obviamente imprecisa e fantasiosa. Na São Luís da década de 1870, ninguém saía à rua à noite para comprar café, muito menos minutos depois da morte de uma criança. Além do que, não havia mais ninguém na casa para executar as ordens da senhora, apenas Gregória Rosa e o escravizado Sebastião, que admitiu ter vestido o cadáver com sua roupa final, sem ter observado o corpo. Por distração ou por cálculo, o inquérito não se aprofundou nessa questão.

Foi esse o traje, camisa e calça de riscado, que Geminiana e Simplícia – e, mais tarde, o médico legista – encontraram por baixo do hábito de Inocêncio. Se Gregória Rosa se safou de testemunhar a respeito do estado da criança, coisa que ela teria de fazer se houvesse vestido o menino *post-mortem*, melhor ainda fez o médico, que garantiu que às 5h da tarde, quando examinou Inocêncio, já o encontrou vestido com a camisa de riscado, embora sem calças. Lembremos que Gregória Rosa admitira que, no momento de passamento, a criança vestia uma camisa azul e não a de riscado. Assim declarando, o dr. Jacintho se livrou de descrever o estado do corpo da criança no momento anterior e posterior à morte, quando ele mesmo assinou o atestado de óbito. A contradição sobre que traje Inocêncio vestia quando morreu sugere que os responsáveis pela criança – a senhora e o médico – evitaram descrever o estado do corpo do menino na ocasião, afirmando que desde aquela tarde

Inocêncio vestia a mesma camisa com a qual faleceu. Já o pobre Sebastião apenas afirmou que nada podia dizer a respeito do corpo. No entanto, como mostraram os legistas, o grosso das cicatrizes de sevícias que a criança apresentava se localizavam no dorso, nos braços e na cabeça. Isso sem mencionar o enorme prolapso de reto e as fissuras anais. Aqui também o dr. Jacintho, que repetidamente declarou-se como médico isento e correto, contradiz os fatos, mostrando que sabia muito mais do que admitiu em juízo.

Dona Ana Rosa tentou se livrar da criança de todas as maneiras possíveis: não apenas mandou Sebastião à casa de Olímpia para convencê-la a receber a criança quando esta começava a expirar, como, logo após a morte de Inocêncio, reenviou o mesmo mensageiro agora com o pedido de que ela acolhesse o cadáver para os ritos fúnebres, o que, novamente, Olímpia declinou. Concluiu então que o melhor seria realizar um enterramento às pressas, logo no amanhecer, às seis horas da manhã, com caixão fechado de forma a evitar olhares curiosos. Permitindo apenas a celebração de uma rápida cerimônia final que cumprisse os ritos mínimos exigidos, realizando um enterramento sem maiores delongas e longe das vistas do público, pretendia evitar o clamor do povo, que já há bastante tempo se perguntava o que acontecia com os escravizados do sobrado da rua São João.

Não que dona Ana Rosa tenha dado mostras de estar particularmente preocupada com o assunto – se estava apreensiva a respeito das consequências da morte de uma segunda criança pequena em sua casa em tão pouco tempo, fez questão de não o demonstrar. É o que se depreende do comportamento dela no volumoso inquérito que sucedeu a morte da criança. Ela não respondeu às convocações da polícia, mesmo sob pena de sanções jurídicas extremas. Alegando estar adoentada, acabou conseguindo ser interrogada em sua casa. Na ocasião, ofereceu apenas declarações vagas e inconclusivas e, ao fim, negou-se a assinar o auto do interrogatório, pedindo que seu advogado o fizesse a rogo, justificando que não se sentia bem.[72]

A pessoas como ela, de famílias abastadas e poderosas que haviam ocupado áreas do interior da província com fazendas escravistas e que se tornaram proprietárias de extensa mão de obra escravizada muito rapidamente, tudo parecia permitido. Natural de Codó, a futura baronesa do Grajaú provinha de uma das regiões mais dinâmicas do interior do Maranhão, na qual a expansão da lavoura algodoeira havia andado de mãos dadas com o rápido incremento na formação de plantéis escravistas, adquiridos a crédito ou em consignação ao pagamento na colheita.[73] A pressão senhorial pela produtividade se concretizou com a adoção de altos índices de castigos e exploração brutal do trabalho. Além disso, Ana Rosa era casada com o dr. Carlos Fernando Ribeiro, chefe do Partido Liberal e possuidor de propriedade escravista em Alcântara.[74] Apesar do poderio de ambos os clãs, que se impunha na província e em São Luís de maneira peremptória, o casal não conseguiu silenciar o falatório do povo, que desempenhou papel estratégico no estouro do escândalo, que resultou na abertura de inquérito policial a respeito da morte de Inocêncio.

Impossibilitada de se desvencilhar do cadáver impondo-o a terceiros, dona Ana Rosa concluiu que o melhor a fazer era tomar as providências o mais brevemente possível, contando com alguns aliados – principalmente seu médico particular, dr. Antonio dos Santos Jacintho – para amordaçar a boca do povo. Felizmente, para a História, nada disso ocorreu.

Sem bilhete nem registro não se enterra ninguém

Aquela noite, a de 13 para 14 de novembro, foi bastante agitada para todos no sobrado. Quando o relógio badalava 3h da manhã, uma "preta do serviço de dona Ana Rosa", isto é, Olímpia, espancava a porta da moradia do tenente-coronel José Marcelino Romeu, armador (de caixões para defuntos e provedor de itens relativos ao enterro), trazendo ordens. A senhora mandava dizer que fosse ele à sua casa imediatamente para tratar do enterro de um "moleque" seu. O armador, dono de estabelecimento próprio e portador de posto do Exército, retorquiu com altivez que "tua senhora não sabe que não me abalo a essa hora para fazer enterro de moleque, ainda mais porque antes das 6h não é possível fazê-lo" e prometeu se apresentar no sobrado da São João a essa hora. Às 5h da manhã, aproveitando a fresca, saiu o armador para seu passeio habitual. Na volta, entrou no seu estabelecimento comercial e já encontrou o sócio terminando a confecção de um caixão forrado com um paninho azul.[75]

Acontece que, na noite anterior, também a pedido da senhora, Sebastião, o velho escravizado emprestado pelo médico, que havia vestido o corpo da criança sem reparar em suas múltiplas lesões, também havia tirado as medidas do cadáver e as levado ao sócio do tenente-coronel. De fato, logo que avistou seu parceiro de negócios terminando de armar o caixão com paninho azul, compreendeu que a senhora havia se adiantado, enviando as medidas e a ordem expressa de urgência ao parceiro menos ilustre do negócio.

Antônio Gonçalves Silva declarou que no dia 13 mesmo, às 9h da noite, na rua do Sol, onde residia e mantinha seu negócio, apareceu em sua casa um mulato velho de nome Sebastião que lhe pedira para armar o caixão e arranjar o hábito, pois a senhora queria que o enterro saísse às 6h da manhã. Antônio retorquiu que o enterro só poderia sair às 8h, mas passou a confeccionar os itens necessários. De fato, um pouco antes do horário, o armador enviou o hábito e o caixão com chave e fechadura, que foi carregado por quatro escravizados, Primo (ou Firmo), Geraldo, Anísio e João. Perguntado se era costume fazer enterramentos de anjo de caixão fechado, Silva respondeu que "o costume é serem enterrados com o caixão aberto os anjos, os militares, as donzelas e os padres...".[76]

No entanto, Romeu, ao voltar para sua casa, que era também anexa ao negócio de armação, deu de cara com o "mulato velho que é do dr. Santos Jacintho", isto é, com Sebastião, que mais uma vez transmitia as ordens de que o enterro deveria sair incontinente.

Eram 6h da manhã. Romeu respondeu que necessitava de certificado de registro e bilhete de sepultura, sem os quais estava impossibilitado de enviar o caixão. Informado, Sebastião correu para buscar o atestado de óbito que já havia sido assinado pelo dr. Santos Jacintho naquela manhã, quando Gregória Rosa havia batido à porta do médico, solicitando o atestado e, mais uma vez, a ajuda de Sebastião. Quando o armador teve em mãos o documento, reparou que faltavam o visto da polícia e o bilhete de sepultura. No entanto, nesse ínterim, a urna já havia sido despachada.

A pedido de Ana Rosa, o caixão ia com chave e fechadura. A partir desse ponto, toda a sequência de eventos que redundou na suspensão do enterro e abertura de inquérito policial com a realização do auto de necrópsia é confusa e contraditória. Frente às circunstâncias da morte do inocente, as exigências feitas pela senhora para acelerar a inumação, passando por cima não apenas dos horários e das regras de enterramento, mas, sobretudo, das exigências legais, e o aumento do clamor público fizeram com que todos os participantes das tratativas de enterramento tentassem se eximir de qualquer responsabilidade pelo caso.

Contou Primo, cativo da viúva dona Inez Jansen Lima (pertencente a uma família tão lendariamente poderosa quanto violenta, como a de Ana Rosa), jornaleiro e a serviço da firma Romeu & Silva naquele dia, que chegou à casa de senhora na manhã do dia 14 e foi recebido por uma "cafuza já querendo pintar e uma criança" (certamente a própria Gregória e o filho). Pediram que Primo conduzisse o caixão pelas escadas e pelo corredor, depositando-o no andar de cima, e que voltasse para esperar na rua. Momentos depois, foi chamado para carregar o caixão, tarefa que necessitou da ajuda de seus parceiros, que chegaram ao local um pouco depois. Quando Primo e João saíram da casa, a senhora apareceu na varanda ordenando que o caixão fosse fechado, só podendo ser aberto na hora da encomendação do corpo. Exigiu ela que, posteriormente ao ato religioso e antes de o caixão baixar à terra, a chave deveria ser retirada e devolvida a ela.[77]

Seguindo as ordens da senhora, Primo, João, Anísio e Geraldo carregaram, pelas ruas da cidade, o pequeno fardo, que pesava muito, não tanto pelo peso da criança morta, mas devido aos olhares enviesados do vulgo que assistia à cena melancólica. Ao chegar ao cemitério, entretanto, não encontraram o padre capelão, deixando-os esperando com o caixão trancado no depósito. Acontece que uma outra dificuldade se antepunha aos planos da senhora Viana Ribeiro, atrasando o encerramento do "incômodo" e atraindo a atenção de cada vez mais gente. Ora, se havia corpo, hábito e caixão, faltavam ainda certificado do registro e bilhete de sepultura, isto é, atestado de óbito visado pela autoridade policial com autorização de enterramento. Já João Francisco Carlos Barbosa, reverendo beneficiado e capelão do cemitério, declarou que o caixão, que havia chegado às 9h, permanecesse trancado no depósito. Não totalmente inacessível, porém, pois vimos que a mãe e a avó tiveram, nessa ocasião, oportunidade de verificar o estado do corpo da criança enquanto o povo se amontoava na capela quando disso tomou conhecimento. Perguntado por quanto tempo o cadáver permaneceu insepulto devido à falta de papéis e à abertura de averiguação de sevícias, o capelão respondeu que às 11h o subdelegado chegava ao cemitério para inteirar-se da situação.

Apenas uma hora antes, às 10h da manhã, a senhora, que havia sido avisada da falta da documentação legal para o enterro, enviou ao cemitério o bilhete de registro. No entanto, o visto da polícia ainda não havia aparecido. Ao constatar a ausência da autorização para liberação do corpo, Antônio Gonçalves Silva, o sócio do tenente-coronel, foi à casa de dona Ana Rosa para avisá-la que o enterro não ocorreria enquanto ela não apresentasse o outro documento. A senhora mandou sua criada ao chefe da Polícia para colher a assinatura que salvaria a situação, mas ele não foi localizado. O próprio armador saiu, então, em busca da autoridade, que, quando encontrada, negou-se a assinar, mandando-o solicitar a liberação do corpo ao subdelegado do Segundo Distrito, Antônio José da Silva Sá. Ao procurá-lo, Antônio Gonçalves Silva descobriu que, àquela altura, o próprio chefe da Polícia havia notificado o delegado a respeito da situação anômala que havia se delineado, mandando abrir averiguação sobre o caso. Eram 5h da tarde, o enterro não apenas continuava suspenso como o subdelegado já se encontrava no cemitério levando a cabo as investigações a respeito daquela morte, conforme exigia o povo barulhento nas ruas.[78]

Ainda assim, a senhora e seu colaborador direto, seu médico particular, mantinham-se nas sombras, fazendo-se de desinteressados, mas tentando se manter bem-informados sobre o desenrolar de um caso que colocava ambos em perigo. No dia seguinte, 15 de novembro, logo cedo, a senhora mandou chamar o armador Antônio Silva para questioná-lo a respeito do andamento das averiguações do caso de Inocêncio. Ansiava por saber se o menino havia sido finalmente enterrado, ao que Silva colocou-a "com franqueza" a par da situação: que os boatos a respeito da morte de Inocêncio haviam se propalado velozmente e que haveria exame de corpo de delito. Ana Rosa não só contestou as ilações do público como reafirmou que a criança havia morrido por comer terra, conforme atestara o dr. Jacintho. Em seguida, a senhora enviou Romeu para conversar com o médico, colocando-o a par da perigosa situação que se delineava. O sócio armador foi encontrar o médico, que aplicava exames orais no Liceu.[79]

Chamando-o discretamente de lado, Romeu contou-lhe a respeito do iminente exame de corpo de delito, ao que o dr. Jacintho redarguiu ter tratado da criança e dado o atestado em boa fé. Porém, pediu para Romeu trazer-lhe as notícias depois que a necrópsia tivesse se realizado. Voltando horas mais tarde, o mesmo encontrou-o aplicando exames escritos. Chamando-o à parte, relatou ao doutor que a necrópsia havia encontrado o corpo coberto de sevícias e contusões, marcas de "amarradilhos", queimaduras e, quando abriram o ventre, foi constatado que nada havia ali, tendo a criança sucumbido por falta de alimentação.[80] Mesmo frente a esses achados, o médico reafirmou nessa e em outras ocasiões que Inocêncio havia falecido devido à hipoemia intertropical causada pelo seu hábito de comer terra; portanto, tivera morte natural.

Não que ele negasse que a criança havia sido castigada – afinal, era parte essencial das prerrogativas senhoriais o direito à correção das faltas dos escravizados por meio do castigo moderado. E, segundo o médico, o hábito de comer terra era nefasto, exigindo vigilância senhorial constante. O doutor ainda reconhecia que havia faltado a Inocêncio a oferta de uma alimentação substancial e em horas apropriadas, coisa que dona Rosa falhou em realizar. Dizia ele, em palavras suaves, que a criança havia passado fome. Mas, na visão do dr. Jacintho, tratava-se ambas – a ocorrência de castigos e a carência de alimentos – de questões privadas que sempre haviam ficado limitadas à esfera da classe senhorial, sem que ninguém em sã consciência devesse se intrometer nas relações entre senhores e escravizados. A própria definição de poder senhorial baseou-se sempre na prevalência do mundo privado sobre o público.[81] Para senhores e senhoras escravistas, como dona Ana Rosa e dr. Jacintho, a mera menção à penetração do mundo público na regulamentação das relações escravistas soava como anátema.

A despeito de, ao final, o médico ter se safado de qualquer consequência legal, o povo que a tudo acompanhava não engoliu essa: embora o dr. Jacintho fosse figura carimbada da sociedade local, o escândalo que se seguiu destruiu sua reputação. Chamado a partir dali pejorativamente de dr. Ancilóstomos (nome do verme causador da hipoemia intertropical), o dr. Jacintho foi obrigado a se demitir do Liceu devido à pressão dos estudantes. Suas propriedades foram pichadas com seu novo apelido. Desesperado, o doutor fechou casa e consultório e mudou-se para o interior da província, onde adquiriu uma propriedade a qual denominou "Boa Fé". Mas por mais que o dr. Ancilóstomos tentasse se desvencilhar da acusação de cúmplice de tortura de crianças, a pecha grudou nele como cola pelo resto de sua vida.[82]

Já a matrona, ao ser informada dos achados da necrópsia, mostrou-se assustada, exclamando: "Quem me há de valer. Não está aqui meu irmão nem meu marido." Ainda tentou a senhora constranger a "preta que trabalhava em sua casa" (Gregória Rosa) a garantir que havia sido ela a encarregada de alimentar a criança e que Inocêncio era tratado apenas com comidas de boa qualidade. A criada, apesar de ter colaborado com a versão senhorial em muitos aspectos, respondeu nessa ocasião que nada sabia, pois ficou fora do serviço da casa por 22 dias e retornou apenas na noite do falecimento.[83] Já então ela havia acionado seu marido e o dr. Paula Duarte, importante advogado da cidade, que tudo fizeram a partir daquele momento para abafar o caso.

As revelações da necrópsia, no entanto, tornaram o amordaçamento do escândalo uma tarefa mais do que inglória. Dona Ana Rosa foi exposta a um inquérito policial, tornou-se ré de processo e teve sua vida estampada nas páginas dos jornais. Seu nome andou na boca de todos, sobretudo entre o povo da cidade, pois suas maldades foram bastante comentadas, além de ter sido muito insultada, assim como seu marido, seu médico e seu advogado. Contra todas as possibilidades, a elite escravista ludovicense teve seus dias na berlinda.

No cemitério: as mulheres de balaio na mão vociferam

No dia 14, não foi possível realizar o exame de corpo de delito. Isso porque, apesar dos inúmeros convites expedidos pelo subdelegado, nenhum dos cinco médicos notificados aceitou a incumbência. Todos temiam realizar a inspeção do corpo da criança. Como portadores do diploma de medicina, provinham das elites e, assim, receavam a retaliação política que poderia advir de quem assinasse um laudo que implicasse uma senhora das mais altas elites maranhenses em um crime tão desprezível quanto gratuito. Temiam igualmente, porém, a fúria dos populares, caso a necrópsia não encontrasse – ou encobrisse – os crimes cometidos contra a criança. Ninguém queria se expor a situação tão delicada quanto explosiva.

Apenas no dia 15 pela manhã, às 8h, é que dois médicos se apresentaram. Eram ambos tenentes-cirurgiões do Exército. O exame se iniciou com presença do público. Nessa altura, ninguém mais segurava o diz-que-diz na cidade. Conta o alferes José Maria da Rocha Andrade, que atuava como testemunha do corpo de delito, que o clima no local era tenso, com muita gente presente. Notou ele em meio ao público a participação de algumas "figuras de certa ordem" – quer dizer homens brancos, funcionários públicos, militares e pequenos negociantes locais –, mas, segundo o alferes, o grosso dos presentes era formado por "negras de balaio de roupa, que levantaram tal vozerio que o subdelegado deu ordem ao sacristão para fechar os portões do cemitério[...]". Vociferavam que a senhora da criança que ali jazia era acostumada a castigar barbaramente os escravizados e que este era mais um de seus maus feitos.[84]

Declarou ainda o alferes que pôde ver detalhadamente o corpo de Inocêncio antes do início do exame e que notou que a criança portava uma série de lesões e contusões, tais como três ferimentos na cabeça, uma no alto e as outras duas nos lados; no pulso direito uma ferida um tanto profunda com a extensão de uma polegada, parecendo feita por instrumento perfurante; sinais de ataduras de cordas em ambos os pulsos e também nos braços próximos aos ombros; o reto se achava de fora com três rupturas, sendo duas pequenas e uma mais considerável, parecendo que o reto saía por uma abertura não natural; além disso, nas nádegas, viam-se manchas e sinais que pareciam provenientes de castigos. Trazia também os pés e mãos inchados. Ele ainda testemunhou que os médicos, utilizando uma serra cirúrgica, abriram o crânio da criança e aí encontraram um pequeno derramamento de sangue.[85]

O que o alferes viu foi confirmado pelo laudo do corpo de delito, no qual os dois cirurgiões militares comprovaram a ocorrência de um crime. O lamentável estado em que encontraram o corpo de Inocêncio não deixou dúvidas. Na cabeça, acharam indícios de hemorragia cerebral; encontraram igualmente escoriações nas orelhas e feridas nos lábios e no pescoço. No tronco, nos braços e nas pernas, registraram a existência de marcas de castigos antigos, já quase cicatrizados, e outros recentes, além de equimoses compatíveis com o recebimento de pancadas no ventre. Concluíram os peritos que todo o corpo da criança havia sido maltratado com castigos repetidos. Indicaram que, embora naquela ocasião o estado da criança não sugerisse completa ausência de cuidados, era certo que, se tivesse recebido cuidados adequados, não teria sucumbido. Inocêncio havia morrido em razão dos castigos – se não imoderados – repetidos, executados com corda e chicote, frente aos quais a vítima não pôde suportar.[86]

Ao primeiro laudo seguiu-se outro, executado a partir da exumação do cadáver, no dia 16 de novembro.[87] Sublinhe-se que esse segundo laudo havia sido solicitado por uma pessoa incógnita, ao mesmo tempo que o chefe da Polícia se declarava impedido de presidir o inquérito. Essas ocorrências não eram produto de mera coincidência. Descobre-se pela leitura dos jornais – que a essa altura dedicavam suas páginas principais à discussão do crime, inclusive reproduzindo partes inteiras do processo – que havia sido o próprio chefe da Polícia o solicitador do segundo laudo, tornando-o parte do processo. Denunciava a coluna:

Vergonha no Maranhão!
A população em peso se acha abalada com o crime cometido contra uma infeliz criança!
Dois corpos de delito foram praticados: o primeiro por dois médicos militares, o segundo por quatro médicos civis. No primeiro assistia um subdelegado. No segundo – a requerimento de terceiro – incógnito, teve como

assistente a primeira autoridade policial. Esta que deveria ir assistir ao ordenado pela lei, e não em favor de parte suspeita! Como se pode explicar este fato? [88]

A manobra servia para livrá-lo de enfrentar a tarefa de tal forma espinhosa como seria a continuidade do inquérito, passando-a para o subdelegado. Não só a chefia da polícia de São Luís possuía experiência pregressa em intervir no tratamento que Ana Rosa dispensava a seus escravizados e escravizadas, como o próprio chefe da Polícia havia recebido denúncias a respeito dos maus-tratos a que eram submetidas as duas crianças sob seu domínio. Mas, frente ao fato, não fizera quase nada.

Como sugeriam as matérias de jornal assinadas por médicos, o segundo laudo de necrópsia estava eivado de aspectos problemáticos. Em primeiro lugar, a atitude do chefe da Polícia indicava uma composição política com o objetivo de esvaziar ao máximo a denúncia. Além do mais, compunha a equipe de legistas o próprio dr. Jacintho – o qual, já temos claro, tudo fazia para referendar seu atestado de óbito, que era, no mínimo, discutível. O segundo convocado para o exame também suscitava dúvidas. O dr. Fábio Augusto Bayma era parente em terceiro grau da acusada. Embora não houvesse impedimento legal, sua presença conspurcava a neutralidade necessária para a execução do segundo exame. Além dos quatro peritos, acompanharam o segundo laudo os dois legistas que executaram o primeiro exame.

O cadáver foi exumado sessenta horas após o falecimento, já em estado de decomposição, fato que, aparentemente, não colocou obstáculos à análise do corpo da criança. Os achados da segunda necrópsia, como já era esperado, atestam a ocorrência de morte natural, ocasionada principalmente pelo estado de fraqueza anêmica produzida pela anteriormente diagnosticada hipoemia intertropical. Para corroborar tal tese, os médicos registraram que encontraram no duodeno da vítima certa quantidade de *anquilóstomos* ou ancilóstomos, mas recolheram apenas quatro, deixando em dúvida se os órgãos da criança estavam realmente infestados de vermes. No estômago, localizaram depósito recente de grande quantidade de farinha, alguns pedaços de carne e uma porção de terra vermelha, o que comprovaria que a criança comia terra. Além disso, os peritos questionaram as conclusões do primeiro laudo, que atestava a existência de uma hemorragia cerebral, afirmando que o pequeno machucado encontrado na cabeça do corpo examinado não justificaria tal ocorrência. As inúmeras marcas de castigos e sevícias aparentes na necrópsia original também foram quase complementarmente descartadas. Embora o corpo apresentasse visível tumefação causada pela decomposição, dificultando a perícia, os médicos declararam que as marcas existentes poderiam ser produto de castigos, mas não impunham gravidade tal para causar o óbito.[89] Mais tarde, o dr. Jacintho aventou a possibilidade de as lesões serem resultado de manipulações do cadáver *post-mortem*, quando se retirou o corpo da criança do caixão.[90]

Os facultativos também não negaram o estado anêmico em que se encontrava a criança, mas o diagnóstico foi considerado como consequência da verminose. A intromissão mais do que óbvia do dr. Jacintho se traduziu na afirmação de que, embora o corpo não apresentasse indícios de que a criança tivesse sofrido abandono absoluto, certamente não havia recebido a prescrição alimentícia correta. Pode-se supor, assim, que foi o fato de a criança não ter sido alimentada de modo adequado, com carne, café, pirão e pão, seguindo as recomendações do médico, é que a teria levado à morte, e não as constantes surras que havia sofrido.[91]

A análise do segundo laudo provoca muitas perguntas; suas conclusões se mostraram dúbias e evasivas. Como os quesitos – isto é, as perguntas a serem respondidas pelos peritos – foram numerosos e, além do mais, cada médico respondeu às questões em separado, nota-se que no laudo final as disparidades nas respostas são bastante sensíveis, embora todos os doutores da equipe encarregada do segundo laudo concordassem com a ocorrência de morte natural. Isso levantou mais dúvidas do que forneceu respostas. Além do mais, os dois médicos legistas iniciais também responderam aos quesitos, reafirmando seus achados.

Entretanto, a dubiedade das descobertas da segunda necrópsia foi extensamente discutida nos jornais da cidade. Em suas páginas, o dr. Augusto Belfort Roxo sistematicamente analisou o segundo laudo, desacreditando-o completamente. Um dos principais argumentos do médico escorava-se no fato da assim denominada hipoemia intertropical só ser capaz de levar o doente a óbito a longo prazo, sendo impossível que Inocêncio sucumbisse a uma verminose em apenas três meses. Outros detalhes a respeito do estado de saúde não apenas de Inocêncio, mas de ambos os irmãos, foram aventados nas páginas dos jornais, desafiando frontalmente os achados do segundo laudo.[92]

Um dos registros do laudo, a presença no estômago do pequeno de farinha com terra, suscitou diferentes interpretações. Segundo os médicos, a única justificativa para explicar esse achado seria a de que a criança teria engolido uma certa quantidade de alimento com terra vermelha pouco tempo antes de falecer e que não teria havido tempo para que este fosse processado pelo estômago. Entretanto, os doutores concordavam que, horas antes de morrer, a criança não tinha mais forças para comer. Como explicar tal situação? Em seu relatório final da fase do inquérito preliminar, o subdelegado, que, lembremos, havia sido recrutado pelo chefe da Polícia para eximi-lo de assumir o caso, impondo-o a uma autoridade menor e politicamente inexpressiva, teve coragem suficiente para sugerir mais um aspecto da trama urdida por dona Ana Rosa e seu médico para encobrir o crime. Após cuidadosa reflexão sobre o andamento das investigações, que implicou o confronto com diferentes versões dos fatos, o relatório conclui que a única explicação possível é que os responsáveis teriam forçado a criança moribunda a engolir farinha com terra para justificar a existência da propalada hipoemia intertropical.[93]

O contexto do conhecimento médico existente à época, a ausência de protocolos estabelecidos na realização das necrópsias, além, obviamente, da cortina de fumaça lançada pelo segundo laudo, dificultam que se chegue a uma compreensão da causa da morte de Inocêncio. Entretanto, o confronto de ambos os laudos comprova que há neles uma série de concordâncias importantes. Todos os peritos que realizaram as autópsias registraram que a criança sofreu inúmeros castigos, foi parcamente alimentada e se encontrava em profundo estado de anemia quando faleceu.

No entanto, a *causa mortis* continuou indefinida. Diante das dificuldades de se estabelecer com maior certeza o motivo que provocou a morte da criança, os laudos foram avaliados por duas médicas pediatras que, gentilmente, colaboraram com a pesquisa. A dra. Francy Reis da Silva Patricio, que coordenou o Setor de Patologia Pediátrica do Departamento de Patologia da Universidade Federal de São Paulo, em que foi professora adjunta, e a dra. Magda Maria Carneiro-Sampaio, professora titular de Pediatria e diretora do Instituto da Criança do Hospital das Clínicas da Faculdade de Medicina da Universidade de São Paulo, leram e analisaram conjuntamente os dois exames de Corpo de Delito, assim como confrontaram os laudos com um dos artigos de autoria do dr. Augusto Belfort Roxo, publicado no jornal *Diário do Maranhão*. As conclusões de ambas as médicas indicam os seguintes aspectos:

1. Mesmo que se comprovasse cabalmente que Inocêncio sofresse de verminose com infestação robusta de *Ancylostoma*, esta não poderia ser determinante de sua morte, devido ao caráter progressivo da doença;
2. As descrições do estado geral do corpo da criança comprovam que ela havia sido submetida a maus-tratos;

3. O prolapso retal poderia ter contribuído para o óbito, embora não o tenha provocado. Tal condição é normalmente produto da associação de carência alimentar com reincidentes diarreias. As pancadas no ventre da criança, conforme anotado pelos peritos médicos no Auto de Corpo de Delito, também podem ter contribuído para a ocorrência do prolapso retal.

4. O mais provável fator determinante da morte foi a hemorragia cerebral registrada no primeiro corpo de delito.

As conclusões contraditórias constantes dos laudos, com o primeiro atestando a ocorrência de morte violenta e o segundo de morte natural, tornaram-se o principal ponto de discussão entre a promotoria e a defesa. Entretanto, constata-se que a discussão jogava uma cortina de fumaça nas reais questões que envolviam a morte lenta e excruciante de duas crianças pequenas aparentemente saudáveis em curto espaço de tempo.

Ambos os laudos concordavam que as crianças haviam sido submetidas à fome e a castigos, além de terem sido impedidas de receber socorro de sua mãe e de sua avó. A responsabilidade da senhora na morte de seus "escravinhos" é, desde sempre, tida como líquida e certa. E, entretanto, a batalha jurídica que se desenrolou a seguir mostra a ausência de sensibilidade com a questão principal do caso: que sociedade era essa que permitia a venda em separado de duas crianças vulneráveis a uma senhora reconhecidamente cruel?

A morte de Inocêncio – e de seu irmão mais novo, Jacintho – se apresenta como uma janela para deslindarmos concepções, formas de ver e lidar com a escravidão e com os escravizados e escravizadas em uma sociedade senhorial historicamente muito violenta e em declínio. Ana Rosa, apesar de surgir como especialmente cruel, representa o momento de esfacelamento de certo poder senhorial, acompanhado de concomitante temor de perda de controle sobre os quais as prerrogativas do mando se escoravam. A Lei do Ventre Livre, que começava a produzir ingênuos e libertandos, ameaçava duramente o mando senhorial.

Os pequenos inocentes pagavam ali o preço da quebra da hegemonia senhorial e do furor que tal fato provocava em alguns. À medida que a cidade passava a ser povoada por homens e mulheres negros, livres, libertos, libertandos ou ingênuos, o mundo dos sobrados se ressentia, se fechando em práticas declinantes. Apesar das discussões que envolveram a morte de Inocêncio em seus aspectos jurídicos, políticos ou sociais, a questão fundamental do caso girava em torno de uma questão: senhores e senhoras podiam fazer o que quisessem com seus "escravinhos"? O processo jurídico e social detonado pelo crime da futura baronesa do Grajaú procurou responder a tal pergunta.

2

UMA SENHORA ESCRAVISTA NO OCASO DA ESCRAVIDÃO

> *[...] as suas mãos, ou por ordem dela, vários*
> *escravos sucumbiram ao relho, ao tronco, à*
> *fome, à sede, e ao ferro em brasa.*
>
> ALUÍSIO AZEVEDO, O MULATO (1881)

Raízes senhoriais em contexto

No domingo, 19 de novembro de 1876, a delegacia de polícia de São Luís teve expediente. A cidade em trajes de missa presenciou um movimento incomum das autoridades policiais, que saíram em diligência aos olhos do público. Na ocasião, o subdelegado Antônio José da Silva Sá seguiu juntamente com o promotor público substituto e o escrivão para a rua São João, na direção do sobrado de Ana Rosa Viana Ribeiro.[1] No caminho, convidaram duas testemunhas para afiançar os trabalhos, um caixeiro e um empregado público. Os passos da comitiva foram registrados no *Diário do Maranhão*, que vinha publicando notícias sobre o escândalo.[2] O trajeto do grupo não passou despercebido pelo povo que estava nas ruas, que se tornou testemunha das tentativas encetadas para o enterramento clandestino do menino Inocêncio, observado poucos dias antes. Àquela altura já se sabia que a abastada matrona da família Viana Ribeiro figurava como principal suspeita do crime.

Ao chegarem ao sobrado, foram recebidos pela proprietária, que se encontrava acompanhada do major Carlos Augusto Nunes Paes, amigo da família. Os ritos da Justiça impunham que fosse lavrado o auto de qualificação e interrogatório da acusada. Logo de início, a senhora teve que responder a perguntas nada usuais para sua posição na sociedade ludovicense, acatando formalidades processuais que solicitavam a declaração de seu nome, estado civil, idade, naturalidade e filiação. A fama de sua família, espalhada entre linhagens aristocráticas, normalmente dispensava tais apresentações.

Ao iniciar a execução da investigação, o delegado fez as perguntas de praxe.[3] Visivelmente incomodada, a senhora respondeu que se chamava Ana Rosa Viana Ribeiro, de quarenta e tantos anos, casada com o dr. Carlos Fernando Ribeiro. Afirmou ser natural do Maranhão, nascida na fazenda Quebra Anzóis, comarca de Codó, filha do comendador Raimundo Gabriel Vianna e de dona Francisca Izabel Lamagnère, salientando que sabia ler e escrever. O escrivão tomou nota das respostas e as leu para conferência dos presentes. A senhora se negou a assinar o termo do depoimento, repassando a tarefa ao major, que atuou como seu representante legal, já que o marido estava na fazenda em Alcântara.

O início do trabalho da polícia no sobrado dava o tom da tensa inquirição de uma das famílias mais poderosas das classes abastadas da terra. Os nomes do pai, da mãe e do marido da suspeita se conectavam com redes de poder que iam muito além do núcleo Viana Ribeiro. Os parentes citados tinham atrás de si vultosos cabedais familiares entrelaçados em vantajosos casamentos que vinham ocorrendo há várias gerações, concentrando há mais de duzentos anos riquezas e posições de comando nas hierarquias sociais locais. As linhagens de Ana Rosa tiveram participação direta na conquista e expansão das fronteiras coloniais no interior do antigo estado do Maranhão e Grão-Pará, com antepassados que figuravam entre os "desbravadores" da terra.[4]

Seu bisavô por parte materna foi Pierre Lamágnere, nascido em Bayanne, sul da França, em 1711, filho de um capitão de navio que aportou em São Luís em 1735.[5] Ao assentar seus interesses na capitania, possivelmente agregado ao oficialato naval português,[6] o jovem estrangeiro se envolveu com poderosas parentelas locais. Pierre se casou com a fidalga Isabel Lopes de Sousa, que tinha ascendência recheada de aristocratas e militares fiéis à conquista lusitana desde idos do século XVII, quando os "homens bons" enfrentaram incursões holandesas na região. Do casamento nasceram vários filhos e filhas, que também se uniram mais tarde a outros importantes ramos familiares de fazendeiros e comerciantes, multiplicando seu patrimônio no correr da primeira metade do século XVIII.[7]

Um dos filhos de Pierre Lamagnère e Isabel Lopes de Sousa foi Pedro Miguel Lamagnère, avô da suspeita de assassinato, nascido por volta de 1745. Este seguiu a tendência familiar e não tardou a ocupar destacado posto na burocracia colonial, assumindo a posição de Almoxarife da Fazenda Real.[8] Ainda jovem se casou com Ana Rosa Araújo Cerveira, moça rica oriunda de Alcântara. A estratégia patrimonial do casal esteve assentada na expansão da posse de terras no interior maranhense por meio da conquista de concessões de sesmarias às margens do rio Itapecuru, principal via de penetração a partir do golfão que espreita a ilha de São Luís.[9] Na área, em consonância com o processo de interiorização da colonização, vinham sendo feitas tentativas de estabelecimento de engenhos, roçados para consumo interno, plantações de algodão e arroz, corte de madeira e extrativismo em geral, tudo isso ladeado pela criação de gado, que se consolidava em conexão com rotas sertanejas que margeavam o rio Parnaíba.[10]

Embora houvesse esforços de exploração voltados aos lucros das cadeias da agroexportação, a ancoragem anual de navios de carreira oceânica no Maranhão e no Grão-Pará ainda era pouco numerosa na primeira metade dos setecentos, se comparada com outros dinâmicos portos do Estado do Brasil. Tal problemática gerava descontentamento entre as elites locais, ciosas por mais conexões com rotas comerciais atlânticas, que poderiam estimular a economia local e sobretudo a vinda de tumbeiros. As aquisições de escravizados africanos vinham de raros assentamentos de ações de companhias de comércio de pequeno vulto estimuladas pelo Conselho Ultramarino, que geravam constantes reclamações por parte de setores das elites que protestavam contra os altos preços praticados, além de objetarem pela escassez recorrente da oferta de *tapanhunos* (negros escravizados) e outras mercancias, vide o caso da barulhenta Revolta de Beckman, em 1684-85.[11]

Nesses termos, a expansão dos interesses colonialistas conservou durante largo período facetas mais endógenas, com uma expansão alinhada a outras rotas de interiorização oriundas do Piauí, do Ceará, de Pernambuco, da Bahia, territórios de difícil alcance a partir do Maranhão via cabotagem devido às correntes oceânicas e aos ventos contrários. Esses circuitos internos cruzavam com numerosos povos *gentios*, que encaravam constante violência e grande mortandade em epidemias trazidas pelos invasores, além dos recorrentes apresamentos e tentativas de escravização, amplamente difundidos e estimulados por autoridades e homens de negócios, que desde longa data se batiam com religiosos inacianos contrários à caça aos "selvagens".[12]

Os "resgates" e a venda de indígenas eram ramos muito concorridos, fontes de longevas disputas entre exploradores do interior, entre os quais figuravam vários antepassados da senhora investigada pelo tenso delegado naquela manhã de domingo de 1876. Duas irmãs de Pedro Miguel Lamagnère (ou seja, tias-avós de Ana Rosa) casaram com filhos de Loureço Belfort, tratante de escravizados que prosperou negociando "negros da terra", auferindo também privilégios em cargos da burocracia e na exploração de monopólios régios.[13] Natural de Dublin, Irlanda, nascido em 1708, o distinto estrangeiro aportou em São Luís por volta de 1739, sendo mais tarde naturalizado português. O patriarca dos Belfort no

Maranhão ocupou o posto de capitão-cabo da tropa de resgate de índios, empreendendo lucrativas tratativas sobre "peças" capturadas na capitania, além de atuar na devassa de territórios mais tarde incorporados como fronteiras agrícolas.[14] Seu cruzamento com os Lamagnère veio a calhar num contexto de expansão dos negócios das duas linhagens, ambas interessadas em terras e escravizados.[15] A estruturação desses dois clãs familiares e seus diversos conchavos parentais coincidiram com um período de significativas mudanças nos ritmos da produção econômica e do perfil demográfico da porção norte da América Portuguesa. A partir da segunda metade do século XVIII, Grão-Pará, Maranhão e suas áreas de influência interiorana finalmente estabeleceram conexões mais volumosas e contínuas com o almejado tráfico atlântico. A força de trabalho de homens e mulheres africanas tomou parte nas paisagens sociais de vilas, povoados e fazendas de modo mais massivo a partir do estabelecimento da Companhia Geral de Comércio do Grão-Pará e Maranhão, empresa mercantil constituída em 1755, que teve entre seus acionistas fundadores o traficante Lourenço Belfort. Tudo isso foi organizado sob os auspícios da Coroa portuguesa, regida por D. José I, orientado em seus investimentos por Sebastião José de Carvalho e Melo, o futuro Marquês de Pombal.[16]

O escoamento da produção e o intercâmbio de mercadorias transacionadas no Atlântico posicionou, de modo mais destacado, as praças de São Luís e Belém como pontos de embarque e desembarque de grandes navios. A produção local já existente ganhou mais vazão, com suas toneladas de atanados, gengibre, cacau, cravo grosso, anil, copaíba, tartarugas, entre outros gêneros, alcançando maior número de consumidores europeus.[17] Cumpre notar que eram tempos de crescente demanda internacional por algodão, esquadrinhado pelo capitalismo industrial produtor de tecidos, cujas matérias-primas advinham de *plantations* mundo afora, agora também fomentadas grandemente no Maranhão com significativa oferta de escravizados africanos.[18] Lavouras algodoeiras avançaram sobre as ribeiras maranhenses de maneira veloz e, em poucas décadas, estavam na proa dos interesses econômicos senhoriais locais.[19] O aumento da entrada de trabalhadores cativos esteve diretamente atrelado ao crescimento da produção, o que fomentou a aceleração da abertura de novas frentes agrícolas.[20]

Outro gênero com destacada presença na pauta das exportações da capitania era o arroz, cereal de larga entrada no mercado europeu à época. Inicialmente, houve cultivo predominante de um arroz vermelho, já conhecido na terra graças ao contato prévio com povos da África Ocidental, que exibiam expertise nas técnicas de cultivo do grão em clima semelhante ao encontrado no interior maranhense. Com a massificação do tráfico, o arroz vermelho, que já figurava como um dos produtos básicos das lavouras de subsistência locais, foi sendo substituído pelo arroz do tipo *carolina*, de grão branco e alongado, lavrado por escravizados que vinham chegando em grande número no último quartel do século XVIII.[21]

A travessia atlântica desses novos personagens, responsáveis pela sedimentação de grandes lavouras, teve início em portos da Alta Guiné, como Bissau e Cacheu, e em menor procedência de Angola,[22] de onde zarparam tumbeiros com mulheres, homens e crianças apresadas pelo tráfico, que transformaram em poucas décadas o perfil demográfico do Maranhão.[23] Mesmo com o término das atividades da Companhia de Comércio pombalina em 1778, houve continuidade do tráfico com rotas ampliadas para portos da Costa da Mina, com base em acordos comerciais que aproveitaram a estrutura erigida pela empresa monopolista, que abriu finalmente caminho para a consolidação de uma abastada sociedade senhorial e escravocrata na capitania.

Na virada do século XVIII e nas primeiras décadas do século XIX, a cidade de São Luís já havia subido vários degraus na escala de importância portuária no Império lusitano, tendo sido elogiada por viajantes e cronistas de época que destacavam seu casario e ares burgueses, ao mesmo tempo que era vista como uma praça comercial emergente.[24] Henry Koster, que esteve na urbe em 1811, enfatizou em seu relato a prosperidade econômica local, estimando a existência de 12 mil almas na parte mais urbanizada da capital, composta da freguesia de Nossa Senhora da Vitória. A população branca era minoria diante da grande proporção de indígenas, mestiços e negros, entre os quais se destacavam africanos e seus descendentes. A esse respeito, o testemunho de Henry Koster destacou a grande desigualdade econômica de São Luís, afirmando que as principais riquezas estavam nas mãos de poucos homens, com residências "limpas e bonitas" que contrastavam com o grande número de pequenas casas cobertas de palha, sem alinho, de aspecto "humilde e triste", espalhadas em ruas, becos e pequenos sítios que davam no largo ajardinado defronte ao Palácio episcopal confinante à catedral dedicada à Nossa Senhora da Vitória.[25]

A população da cidade cresceu com a presença de escravizados, adquiridos por famílias de fazendeiros e comerciantes que viviam em trânsito entre casas-grandes no interior e seus sobrados elegantes recém-construídos ou em vias de construção na capital. A pequena elite se notabilizou na cena urbana entre miríades de carregadores, vendeiras, lavadeiras, aguadeiros, tigreiros, mucamas, que atravessavam caminhos de piçarra enlameada até os novos passeios calçados com pedras de cantaria para cumprir os mais diversos afazeres. Nesse cenário foi edificada uma sociedade altamente segregada, violenta e racista, cheia de escrúpulos de pureza de sangue à moda da nobiliarquia portuguesa. Novos hábitos e regras do convívio urbano foram impostos através de códigos de posturas municipais e fiscalizações da circulação de negócios de escravizados e libertos, pensados em sintonia com medidas de disciplinarização do perímetro de uma cidade que assistia às suas praças, vielas e praias serem tomadas por trabalhadores e trabalhadoras negras.[26]

À guisa do poder dominial

A São Luís dos sobrados azulejados, teatros e fontes vicejou sobre ombros escravizados. Suadas senhoras brancas, em vestidos de musselina bordada, joias e penteados arqueados, eram abanadas por cativos nos dias de calor, sentadas em ricas cadeiras de palhinha a contemplar o movimento das ruas pelas janelas ou frestas de palanquins a caminho das inúmeras igrejas. O Teatro União (mais tarde nomeado como Arthur Azevedo), construído entre 1815 e 1817, passou a abrigar temporadas de espetáculos para deleite de senhores e senhoras abastadas em veraneio na cidade, que se acusavam mutuamente por falta de trato social e requinte, sequiosos em copiar o público de rapsódicas *turnées* à moda europeia.[27] Na capital do Maranhão a abastança e a ociosidade senhorial ganharam impulso e sustentação. A exemplo de outras cidades que floresceram em rotas coloniais atlânticas, a ilha ludovicense também normalizou a escravidão de africanos e de seus descendentes.

Os pais da matrona dos Viana Ribeiro nasceram nesse clima efusivo de crescimento econômico das elites senhoriais. A quadra de prosperidade era amparada pela economia sertaneja que pulsava com a agricultura de exportação. A mãe da senhora do "escravinho" Inocêncio, Francisca Izabel Lamagnère,[28] nascida em 1802, já veio ao mundo quando sua aristocrática família era detentora de uma das maiores fortunas do Maranhão. Seu pai, o já citado Pedro Miguel Lamagnère, falecido em 1816, deixou grande patrimônio, dividido entre fazendas, casas, mobília, ouro, prata, escravizados, ferramentas, gado, dinheiro em espécie, dentre outros itens, totalizando fabulosos 131:090$175.[29] Antes da divisão do espólio, Francisca Izabel já aparecia como detentora de terras na ribeira do Itapecuru, no distrito de Pastos Bons, que somavam aproximadamente 3 léguas de comprido por uma de largo, na área conhecida como Vazante da Barriguda, contemplada pela carta de sesmaria solicitada em seu favor quando ainda era criança.[30] A rica órfã do clã Lamagnère se casou poucos anos depois da perda do pai. Em 1818, contraiu matrimônio com um abastado fazendeiro da região de Codó, Raimundo Gabriel Viana, com quem erigiu família na fazenda Quebra Anzóis.[31]

Ana Rosa Lamagnère Viana, nome de solteira da proprietária do sobradão da rua São João, foi a quinta filha do casal, nascida em 1823. Naquele ano, as elites maranhenses finalmente aderiram à independência do Brasil, depois de meses relutando e desconfiando dos novos termos da estruturação política trasladados para o Rio de Janeiro. Historicamente, a vinculação do Maranhão com Portugal era muito estreita, e os interesses econômicos dos inúmeros portugueses na terra pesaram contra o corte do vínculo colonial com Lisboa, que era social e economicamente mais próxima de São Luís do que a capital do Brasil independente.[32] Mesmo diante do clima político conturbado, nos sertões a produção de gêneros de exportação seguia dando lucro,[33] gerando e concentrando riquezas entre as centenárias famílias colonialistas que passavam a adentrar o terreno do Império sob o governo de D. Pedro I.

Antes da Independência, nas duas primeiras décadas do século XIX, o Maranhão experimentou seu pico agroexportador dos tempos da escravidão. A crescente quantidade de algodão e arroz embarcada em São Luís ganhou mais fôlego com a abertura dos portos às nações amigas, decretada por D. João VI em 1808. A produção local, além de Portugal, chegava à França, à Inglaterra, aos Estados Unidos, dentre outros países, com milhares de toneladas que enchiam navios e bolsos dos fazendeiros. Como era de se esperar, concomitante à prosperidade econômica dos grupos familiares que monopolizavam a maior parte dos dividendos, continuava crescendo a população escravizada. Essa parcela da sociedade servia como viga mestra da expansão da produção, seguida de indígenas e mestiços livres, que eram alvos de regimes de trabalho dependentes e recrutamentos compulsórios também presentes no cotidiano da labuta maranhense.[34] Segundo dados levantados pelo fidalgo luso Antônio Bernardino Pereira do Lago, membro do Real

Corpo de Engenheiros no Maranhão, em 1821, as mulheres e os homens cativos alcançavam a cifra de 84.532 pessoas, contabilizados entre "negros e mulatos". Estes também apareciam entre os dados da população livre, mas em números mais modestos, com o indicativo de 34.419 indivíduos. Somados aos indígenas contabilizados pelo censo, que alcançavam o número de 9.687 (cifra que seguramente excluía os não aldeados), a população não branca chegava a 128.638, ou seja, 84% dos habitantes do Maranhão, que totalizava 152.893 pessoas.[35]

O retrato demográfico revelado nas vésperas da Independência indicava a existência de uma minoria branca que mal alcançava 1/6 do percentual total da população. Quando as lentes do visor saíam das vilas e freguesias para áreas sertanejas com maior densidade rural, a proporção de brancos caía ainda mais. Das janelas do casarão da fazenda Quebra Anzóis, esse era o mundo enxergado pela menina Ana Rosa, com sua unidade familiar aferrada ao poder dominial de várias gerações sobre numerosos escravizados e trabalhadores dependentes, gente negra, indígena e mestiça. Seus bisavôs, avós, pais, tias, primos e apaniguados vinham edificando modos de ver e interpretar a vida estruturados a partir do exclusivismo branco que rodeava a todos. A jovem sinhazinha crescida na fazenda, rodeada de serviçais, acabaria também se transformando numa reprodutora do longevo sistema, visto com naturalidade pelos bem-nascidos e que, por volta de 1820, esteve no auge da sua pujança econômica, com forte fluxo de entrada de escravizados africanos.

Sobre a vivência na Quebra Anzóis, a memória da futura baronesa talvez tenha guardado detalhes das majestosas palmeiras de babaçu que circundavam a área da fazenda, na Trizidela de Codó, espalhadas a perder de vista como tapetes matizados entre tons de esmeralda e cor de palha, visíveis do alto dos vários morros da região, cheios de nascentes de riachos perenes afluentes do Itapecuru. A paisagem, exuberante na visão de incautos visitantes, perdia encantos sob o viés da experiência dos fazendeiros escravistas de sua parentela.

Estimativa da importação de escravizados para o porto de São Luís

Período	Quantidade	Percentual (%)
Até 1755	3.000	2,3
1755-1777	12.000	9,1
1778-1800	35.000	26,5
1801-1811	26.000	19,7
1812-1820	41.000	31,1
1821-1846	15.000	11,3
Total	132.000	100

Adaptado de: M. R. Assunção, op. cit., p. 450.

A área de Codó, coração da Mata dos Cocais, era conhecida como asilo de escravizados em fuga e indígenas bravios embrenhados nos espessos babaçuais e carnaubais, esconderijos de comunidades clandestinas guardadas no verde variegado da floresta de palmeiras, espraiada por milhares de quilômetros pelos sertões.[36]

Codó nomeia um riacho, afluente do Itapecuru, visitado por jesuítas no início do século XVIII. A localidade, distante cerca de 60 léguas da capital por via fluvial, entrou na rota da devassa com tentativas de aldeamento e contatos com os povos guanaré, caicai e barbados, alvos de cerrada guerra de conquista.[37] A instalação de fazendas e a lenta sedimentação da povoação ganharam fôlego como parte da frente de expansão contra ameríndios, que, à revelia dos interesses coloniais, permaneceram ameaçando a ordem senhorial por longo tempo. A localidade foi elevada à categoria de vila em 1833,[38] em forte conexão com a povoação de Caxias,[39] encruzilhada dos fluxos econômicos do leste maranhense, que congregava os cobiçados gêneros de exportação e também diversos circuitos da produção de consumo interno, ligados à pecuária e aos roçados de alimentos comercializados como excedente de pequenos sitiantes, acrescidos da quarteação do gado bovino, a cargo de vaqueiros.[40]

A grande população escravizada agregada aos empreendimentos das duas vilas se somou ao tecido social forjado no deslocamento da fronteira agrícola da ribeira. A formação de quilombos não tardou a gerar alarde entre autoridades e fazendeiros, que viam suas "peças" se esvaírem mata adentro, refugiadas em áreas já habitadas por sociedades indígenas. A situação misturou rotas de ameríndios e de africanos desterrados, que colocaram o mundo senhorial de ponta-cabeça, posto que, ao escaparem da situação de subalternização, esses personagens incutiam temor entre as centenárias famílias colonialistas.

Nas frestas da economia escravista foi se constituindo um campesinato majoritariamente não branco, formado por descendentes de indígenas aldeados, populações negras livres, fugitivos de fazendas e migrantes de áreas semiáridas vizinhas do Piauí e do Ceará, considerados rebotalhos sociais, e por isso eram alvos constantes de vigilância e medidas de controle. O cenário explosivo foi agravado pela radicalização da perseguição dessas populações seguindo as baixas das exportações de algodão e arroz, que depois do pico nas décadas iniciais no século XIX não mais conseguiram sustentar a mesma performance, perdendo fôlego no decorrer do Período Regencial. Não por acaso, sertanejos eram constantemente atingidos por políticas de arregimentação para trabalhos forçados e recrutamentos militares compulsórios, piorados com o ocaso das grandes lavouras.[41] O ápice desse cenário se desenhou na irrupção da Balaiada, grande rebelião de matiz popular, que se espalhou pelo Maranhão e Piauí de 1838 até 1841, paralisando a economia local e gerando pânico entre as velhas famílias mandatárias.

Raimundo Gabriel Viana, pai de Ana Rosa, era juiz de paz em Codó na época da deflagração do conflito. No cargo, presenciou o acirramento dos ânimos da localidade, que ganhou ares trágicos para as elites com o assalto à vizinha vila de Caxias. O abastecimento dos rebeldes, que se apoderaram das armas e dos provimentos da cidade, sinalizou a irradiação da desordem por toda a Mata dos Cocais. Os desclassificados sociais e os deserdados das benesses da agroexportação causaram terror e fugas apressadas de senhores escravistas, momentaneamente ameaçados pela quebra da ordem na ribeira do Itapecuru. O cenário caótico referente a Codó era um dos mais preocupantes da província, que calculava a possibilidade da soma dos rebeldes balaios com o já conturbado território de quilombolas e indígenas "bravios", registrados repetidas vezes pela nascente imprensa maranhense, que acompanhava com ansiedade a escalada da violência contra fazendeiros e suas famílias:

> Não é só a Manga, o Codó também não goza de tranquilidade. Os quilombos, de cuja destruição tratam essas mui verídicas felicitações, existem no mesmo pé em que estavam; e além disso, o índio bravio tem assaltado várias fazendas, e causado inumeráveis estragos, matando escravos, roubando crianças, e destruindo gados e sementeiras.[42]

O jornal *Chronica Maranhense* em 1839 registrou efeitos da rebelião em Codó, citando a sobrevivência de comunidades de fugitivos mesmo após o início das refregas oficiais, somadas ao acirramento das retaliações indígenas. Curiosamente, um importante cronista da Balaiada calculou em 1840 a população da província em cerca de 217 mil almas, separadas entre "brancos, mesclados e negros", desconsiderando no cômputo os inumeráveis povos indígenas que aterrorizavam os vigias do colonialismo.[43] Estava em curso uma radicalização da situação de fronteira, com grave instabilidade da ordem senhorial. A segurança e a produção da Quebra Anzóis foram fatalmente atingidas, forçando a retirada dos Lamagnère Viana para São Luís, onde possuíam prédios comerciais e casas de residência, vide exemplos de outros abastados fujões, como descreveu o cronista legalista da revolta.[44] A essa altura, Ana Rosa tinha dezesseis anos, e pode ter se abrigado no rico sobrado deixado por seu avô, Pedro Miguel Lamagnère, sediado na rua do Sol,[45] ou ainda no piso superior das casas de comércio que seu pai conservava na capital.[46] Na cidade, a elite refugiada tramou o revide em conexão com o poder central. Mesmo já dividida entre tendências partidárias, separadas entre Bem-te-vis (liberais) e Cabanos (conservadores), todos receavam o poder popular, que não coadunava com planos de conservação dos exclusivismos brancos, realizáveis somente com a permanência da condição servil, imposta a partir da submissão de pobres livres e escravizados.

Depois de violentos combates com flagrante desigualdade de poder bélico, as forças legalistas derrotaram a rebelião em 1841, comandadas sob os augúrios de um presidente da província especialmente escolhido para bater o levante, Luís Alves de Lima e Silva, o futuro Duque de Caxias. Com o alcance da vitória sobre os "facínoras", o lento restabelecimento do poder no interior não foi suficiente para reerguer a economia agroexportadora devastada pela rebelião. O cenário externo, já anos antes da Balaiada, apresentava sinais desfavoráveis, encarando grossa concorrência da rizicultura e da cotonicultura do enriquecido Sul escravista dos Estados Unidos, que, somado a outras áreas produtoras, impunha difíceis condições de concorrência para fazendeiros maranhenses. Não por acaso, após a Balaiada, no caminhar da segunda metade do século XIX, as tradicionais famílias locais mergulharam num período de menor projeção econômica, com episódicos momentos de recuperação.

Diante do cenário de *debacle* houve tentativas de melhorar o desempenho econômico do Maranhão com projetos de núcleos coloniais agrícolas, que vinham engajando debates em esfera oficial na tentativa de assentar colonos nacionais e estrangeiros, pensados como base possível de trabalhadores livres.[47] Mesmo diante de tentativas de sintonizar o Maranhão com tendências de modernização econômica, a atualização da velha estrutura era dificultada pela renitente visão servil do trabalho. O grosso da maneirosa fidalguia da capital, que em 1860 já possuía dez praças, 72 ruas, dezenove becos, 2.903 casas e 24 edifícios públicos,[48] enxergava a população escravizada, liberta ou pobre livre não branca, como naturalmente passível de subjugação. Com o inconstante alcance das exportações e a perda de poder sobre plantéis de escravizados que se esvaíam, restava para muitos o reforço da brutalidade do sistema.

Os ecos da Balaiada nunca deixaram de ser incômodos, especialmente aos que tinham de lidar com sociedades aquilombadas pelos sertões, com escravizados fugidos e indígenas à espreita, atuando como contrapontos permanentes do sistema. O desgaste vinha aumentando ainda mais com as rebeliões de escravizados, vide o caso emblemático ocorrido em Viana em 1867, com cativos atacando diretamente proprietários de fazendas, insuflando fugas de seus parceiros de infortúnio. Durante a contenda, os rebeldes justificaram a revolta exigindo garantias de liberdade, destinando uma carta às autoridades requerendo alforrias, ameaçando usar as armas de fogo pilhadas de fazendeiros para conservar o estado de guerra contra seus algozes.[49] As refregas oficiais não demoraram, como consta nas trocas de correspondência entre autoridades alardeadas, que somente numa ocasião enviaram "500 cartuchos embalados, dois barris de pólvora e seis arrobas de chumbo" para tentar bater a ruidosa insurreição de escravizados.[50] Tal situação de conflito aberto e direto tinha base no cotidiano altamente coercitivo e violento enfrentado historicamente pelas populações escravizadas na província, que muitas vezes se atrelavam às renitentes e longevas comunidades quilombolas que vinham reconstituindo sua liberdade em gerações nascidas nas matas, com circuitos produtivos próprios, refugiados das agruras do eito.

Sem o destaque dos tempos áureos das exportações e enfrentando crescente e severa resistência das populações subalternizadas, a província foi palco de movimentações não somente no âmbito de possíveis reformas econômicas e medidas de disciplinarização dos despossuídos, mas também no campo das representações de uma elite ameaçada em sua posição intocável de privilégios. O quinhão embolsado ao longo da trajetória de conquista e sedimentação da sociedade senhorial começou a ganhar outras roupagens, trajado de um certo tradicionalismo, apreciado na pavulagem da classe escravista orgulhosa de suas raízes europeias. Gerações de filhos e apadrinhados das elites atravessavam o Atlântico em direção à Europa e aos Estados Unidos, ou seguindo em direção a outras províncias, como Pernambuco, Bahia e Rio de Janeiro, para concluir o ensino superior. Lentamente foi sendo formada uma destacada geração de médicos, advogados, professores e literatos que ganharam fama por todo o Império. Estes foram os fiadores da "Atenas Brasileira", alcunha atribuída à cidade de São Luís por ela se destacar como terra natal de benquistos intelectuais e homens de letras.[51]

Sinais do ocaso da escravidão no Brasil tornavam a lenda de Atenas ainda mais necessária aos proprietários de senzalas cada vez mais vazias, que viam o crescente número de libertos como nódoa a ser depurada na sociedade maranhense.[52] O encerramento definitivo do tráfico em 1850 era acrescido da incômoda presença cada vez mais massiva de populações negras livres. O mundo estava mudando irremediavelmente, e diante da derrocada do cativeiro as relações de dominação no Maranhão entraram em processo de recomposição, buscando meios de conservar sua estrutura desigual e excludente, mas com perfumaria e performances europeizadas.[53] Diante de sua iminente queda, promoviam concorridos saraus e reuniões rebuscadas de homens de letras vestidos com fraques, ostentando *pince-nez* e pontudos bigodes.

Os escravocratas reconstituídos se orgulhavam de seus bacharéis. Carlos Fernando Ribeiro, o marido da matrona acusada de assassinato, foi um dos mais destacados representantes dessa faceta mais moderna dos defensores do trabalho dependente e servil. O distinto esposo vinha de família enredada em muitas e violentas contendas políticas, com longo histórico de brigas resolvidas por mortes e atentados contra inimigos. Nascido em

Alcântara em 1815, filho do fazendeiro Carlos Pedro Ribeiro e de Ana Rosa Diniz Pereira de Castro, teve uma formação muito esmerada, obtendo diplomas de Direito em Olinda, de Medicina na Filadélfia (EUA) e em Agronomia na Universidade Yale, em Connecticut.[54] Não tardou a tomar lugar nas fileiras do debate político local, filiando--se ao Partido Liberal, no qual alcançou fama como duro adversário do bloco conservador e de inimigos dos interesses de sua parentela. Herdou o engenho Gerijó, em Alcântara, onde implementou melhoramentos e uma maior mecanização da produção açucareira, conectado com tendências internacionais da comercialização do gênero.

Na condição de destacado fazendeiro, médico e político famoso (e temido), Carlos Fernando se casou com Ana Rosa em 1853. O casal foi morar no sobrado da rua São João, em uma área da cidade que começava a ser mais densamente habitada pelas famílias ricas, nas cercanias do Largo da Igreja de São João e não muito distante do Largo da Fonte das Pedras. A cidade já não era a mesma vila colonial acanhada e com poucos edifícios imponentes. São Luís se espalhava pelo perímetro da ilha, rasgando novas ruas que passaram a abrigar residências requintadas, com fachadas elegantes tomadas de variegados azulejos portugueses. A planta da urbe levantada em 1853 indicava tal expansão, que contava com vários tipos de sobrados, como os característicos solares, de dois pavimentos, com térreo destinado para áreas de serviço e piso superior disposto com dormitórios e compartimentos privativos dos proprietários.[55]

Essa foi a opção arquitetônica do casal, que na cidade passou a morar num vistoso solar com várias portas e grandes janelas. Apesar da beleza da edificação, ela não era observada pelos passantes somente por sua imponência e bom gosto. À boca miúda corria a fama da violência com que a senhora do benquisto bacharel tratava seus serviçais. Em 1856, uma vizinha ouviu gritos vindos do pavimento superior da casa. Era Carolina, jovem escravizada, que corria pelo sobrado com mãos, joelhos e costas em carne viva, tentando se jogar pela janela para fugir dos castigos.

Os gritos de Carolina

A morte grassava todos os dias em São Luís, principalmente entre escravizados. Havia registros impressos semanais que identificavam os falecidos, mencionando nome, idade, origem, moléstias e também a nomeação dos proprietários. Numa quinta-feira, 26 de junho de 1856, o *Publicador Maranhense*, como de costume, noticiou os últimos enterramentos. Foram listados sete mortos, totalizando cinco escravizados e duas pessoas livres. Entre os que não tinham senhor constava um súdito português, José Pereira Botelho, de 42 anos, morto por "hidropezia", que figurava ao lado de uma jovem de 22 anos, chamada Elena Maria de Barros, natural de Granja, acometida por "espasmos". Encabeçando a lista dos que foram escravizados em vida estava Felipe, africano de quarenta anos, morto por "moléstia interior", propriedade de Antônio Cândido da Cruz Machado, presidente da província naquele ano. Depois aparecia outro africano também chamado Felipe, de setenta anos, morto igualmente por uma "moléstia interior", cujo senhor era Manoel José Teixeira. Aos malungos do mundo do trabalho se juntou a jovem Ermelinda, mulata de quatorze anos, acometida por febre tifoide, cativa de José Joaquim Teixeira Vieira Belfort. Esta foi seguida pela pequenina Maria, recém-nascida, com oito dias de vida, morta por "inflamação", "escravinha" do dr. Macedo. Finalizando a lista dos finados, aparecia a preta Carolina, com cerca de 25 anos de idade, escravizada pelo dr. Carlos Fernando Ribeiro e família, acometida por tétano.[56]

No jornal, o descanso dos moribundos era noticiado junto com o movimento do matadouro, já disposto a sotavento de São Luís.[57] Nessa altura, o cemitério administrado pela Santa Casa de Misericórdia, abarrotado após o surto epidêmico de varíola de 1855, havia sido interditado, o que levou muitos a trasladarem os sepultamentos para o novo campo santo no sítio do Gavião. Sobre a morte de Carolina não houve no jornal nenhuma menção às condições do enterramento. A ideia da publicação era somente prestar contas à sociedade e virar a página da vida, deixando registradas pequenas informações sobre os mortos.

Uma cortina de normalidade e um certo fatalismo melancólico projetavam sombras sobre o passado dos que morriam, escondendo uma cruenta realidade. Os silêncios eram bem mais eloquentes do que as sucintas informações que discretamente noticiavam o encerramento da vida dos escravizados. Por trás da classificação genérica das enfermidades mortais dos servos, havia todo um sistema de cumplicidade, com julgamentos que legitimavam a violência inerente ao cotidiano escravista. A destruição dos corpos, através de jornadas de trabalho extenuantes, má alimentação, doenças curáveis, maus-tratos e torturas, era escamoteada num tecido social no qual a escravidão era normalizada. Essa era a ambiência e o caldo sociocultural nutriente do distinto casal formado por Ana Rosa Viana Ribeiro e Carlos Fernando Ribeiro, que formavam um consórcio padrão das elites locais, festejado como mais uma geração exitosa em seus clãs. Ambos, desde o berço, viviam cercados de serviçais e compunham peças do tabuleiro do jogo dominial.

A vida do casal era dividida entre a capital e a engenho Gerijó, em Alcântara. Nessas idas e vindas, Ana Rosa, com cerca de 31 anos de idade, teve seu primeiro filho em 1854.[58] O menino ganhou o nome do pai, Carlos Fernando Ribeiro, acrescido do sobrenome Viana, do avô materno. Com seu primeiro bebê nascido, a aparatosa mãe viveu a rotina do resguardo cercada de escravizadas, que moravam com a família no sobrado recém-construído. A disposição do espaço da residência foi planejada para abrigar a escravaria em alcovas sem contato com o exterior na parte térrea, com acesso apenas ao pátio interno aberto ao quintal e à cozinha, de onde se divisava uma escada para o piso superior, no qual estavam os quartos de uso dos proprietários.[59]

Tal espacialidade abrigava ordinariamente os serviçais da casa, entre os quais esteve a jovem Carolina, anunciada como morta no jornal em fins de junho de 1856. Ela era crioula oriunda da ribeira do Itapecuru, provavelmente enviada do plantel das fazendas da família Lamagnère para servir na casa nova da representante do clã com filho recém-nascido. Para além desses detalhes presumíveis, o silêncio impera sobre a vida da jovem.

Com relação à morte de Carolina, várias questões ficaram sem resposta. Não sabemos se ela deixou seus filhos em Codó para cuidar do bebê de Ana Rosa, servindo como cozinheira, arrumadeira, lavadeira, ou mesmo como ama de leite da pequena criança branca. Desconhecemos se deixou laços familiares para trás, se gozou da companhia da mãe, do pai, dos irmãos, se teve marido. Não sabemos se em São Luís teve tempo de observar a urbe a caminho dos afazeres, se parou para conversar com outras mulheres pretas que mercadejavam e carregavam trouxas de roupa, se fez amigas. A única coisa que sabemos é que a rotina de Carolina no sobradão a levou à morte rapidamente.

Para além da confirmação de sua aparição na nota dos finados do *Publicador Maranhense* sabemos que, a despeito do poder de seus senhores, foi instaurado um inquérito policial para apurar as causas de seu falecimento. Estranhamente, o casal modelo se viu imbricado numa trama incomum para pessoas de sua posição social. Tal fato não ocorreu por acaso. Como se sabe, o vistoso solar da rua São João vinha chamando a atenção da vizinhança não por sua bela fachada ou pelo eventual choro do bebê pequeno de Ana Rosa, mas pelos constantes gritos de horror de Carolina, acompanhados pelo vozerio de sua senhora. Eram barulhos de pancadas acompanhadas de correria e súplicas de socorro. Não demorou até que os testemunhos sobre o martírio de Carolina extrapolassem o mundo privado e ganhassem a boca do povo, em comentários que devassavam a vida particular de um dos ramos das famílias mais ricas da cidade. O silêncio cúmplice da São Luís escravista foi momentaneamente quebrado.

Na cidade, o discurso paternalista impunha pelo menos a aparência de oferta de tratos humanitários aos escravizados. Essa era uma etiqueta que a classe senhorial não deveria ultrapassar em nome do bom tom e das regras de convivência social entre pares, que garantiam também a subserviência dos subalternos. Passar a linha desse protocolo causava espécie e abria espaço para o perigoso protesto público. Foi o que aconteceu no caso das pancadas em Carolina, que geraram denúncia sobre os castigos imoderados seguidos da morte da jovem.

Não tardou até o chefe da Polícia, Antônio Marcelino Nunes Gonçalves, dar encaminhamento à investigação, convocando possíveis testemunhas do caso. A origem da inquirição havia sido baseada na circulação pública de comentários sobre os castigos desmedidos causadores da gritaria testemunhada pela vizinhança. Três meses após a morte de Carolina foi iniciada uma série de interrogatórios de pessoas que habitavam as imediações do sobrado. E nesse ensejo, no dia 29 de setembro de 1856, compareceu à delegacia uma senhora de nome Anna Raimunda, que morava numa casa térrea com "parede-e-meia" colada na residência dos Viana Ribeiro.[60]

A autoridade policial iniciou sua inquirição questionando se a vizinha havia conhecido Carolina. A senhora prontamente identificou a finada como uma "preta crioula" pertencente ao sobrado contíguo à sua casa. Depois, a autoridade perguntou se a depoente sabia quando havia morrido Carolina e qual a causa de sua morte.[61] A partir desse ponto, a interrogada começou a relatar os castigos sofridos pela jovem, que se repetiram cotidianamente até as vésperas de seu falecimento. Segundo seu relato, as torturas se davam por meio de violentas palmatoadas nas costas, nas mãos, nos pés e nos joelhos, que a testemunha afirmou saber detalhar não somente por ter ouvido os gritos, mas por ter conversado com outros escravizados da casa, que comentavam e davam notícias do suplício.

Certo dia após ter levado uma surra à tarde, Carolina, a mando de sua senhora, saiu de casa para comprar manteiga. A depoente afirmou que viu a moça caminhando com muita dificuldade, com pés e joelhos machucados. Andava com a roupa descomposta, sem conseguir atar o vestido nas costas por ter o dorso dilacerado e as mãos machucadas por causa das palmatoadas recentes. Tal fora a violência dos castigos, que o tecido de sua roupa se encontrava pregado nas feridas inflamadas, que estavam com uma cor azulada, indicando o estado de inflamação e necrose da área atingida pelas pancadas.

As torturas vinham se repetindo. A rotina de tormentos levou a vizinha a acrescentar que Carolina manifestava sinais de "alienação mental", vista em desespero querendo arrancar as roupas do corpo, na tentativa de aliviar suas dores. A referida cena teria sido vista não só pela depoente, mas também por outras testemunhas anônimas, pessoas que viam e comentavam acerca do agravamento do estado físico da jovem. No ápice do suplício, Carolina teria tentado por vezes se atirar de uma das janelas do andar de cima do sobrado, o que aumentou ainda mais o alarde da vizinhança. Nessas circunstâncias, certamente antevendo o escândalo que estouraria aos olhos do público se uma de suas serviçais cometesse suicídio, Ana Rosa passou a conservar a jovem trancada em um dos quartos do andar superior da casa.

Segundo consta, o martírio de Carolina continuou na clausura, levando à indignação da vizinhança "a ponto de atirarem sobre a casa de Dr. Carlos grande quantidade de pedras para ver se continham os excessos dos castigos".[62] A interrogada não detalhou quem teria apedrejado o sobrado, mostrando que houve uma ação direta de anônimos. Não sabemos se o ato ocorreu de dia ou de noite, mas a segunda opção é mais plausível, tanto pelo menor policiamento quanto pela baixa iluminação envolta no declínio da luz da lua que minguava, nos últimos dias de junho de 1856. Vale ressaltar que era recente o fato da rua São João ter se transformado em reduto das elites, ainda avizinhadas por famílias remediadas em casas térreas e áreas de lotes vazios cobertos pelo mato, que podem ter servido de esconderijo aos justiceiros.[63] Muito provavelmente os autores do apedrejamento estavam interligados nas redes de comunicação que sabiam das duras rotinas no sobrado, incluindo os vizinhos e as pessoas escravizadas que conheciam Carolina e que agiram numa refrega sorrateira, mas de grande repercussão.

Após o distinto casal ter sua casa atingida por pedradas, houve uma breve e estéril mudança de atitude. Segundo a depoente, a partir desse ponto, a senhora começou a buscar tratamento para as feridas do corpo da moça, que passou a viver sob sua estrita vigilância no andar de cima do sobrado. Primeiramente, Ana Rosa chamou um barbeiro, de nome Luís Carlos, e mandou aplicar ventosas nas costas de Carolina. A dor lancinante causada pelo procedimento se converteu em mais gritos de desespero, novamente ouvidos pela vizinhança. Ao observar a ineficácia do paliativo para tratar a inflamação espalhada pelo corpo, em parte já com gangrenas, Ana Rosa chamou um médico amigo da família, dr. Paulo Saulnier de Pierrelevée, que, ao constatar o estado lastimável da jovem, afirmou que ela teria no máximo mais três dias de vida. Em pouco tempo, Carolina, de fato, veio a óbito.[64]

Anna Raimunda, após descrever todas essas cenas cruentas, foi questionada pelo delegado se sabia de mais algum detalhe importante sobre o tema da investigação em causa. Respondeu que não poderia aditar mais nada acerca do caso, mas acrescentou, por fim, que não era somente a finada que vinha sofrendo castigos severos na casa, confidenciando ao delegado que todos os escravizados eram periodicamente fustigados pela senhora. A última resposta não deixava dúvidas sobre a autoria dos castigos: Ana Rosa Viana Ribeiro era a responsável pela violenta condução de espancamentos.

No dia seguinte, após os questionamentos à Anna Raimunda, foi convocada outra moradora das imediações do sobrado, Clara Maria da Conceição. A depoente foi bem mais econômica nas palavras, resumindo em suas declarações que havia conhecido Carolina e que esta havia morrido de tétano. Foi evasiva quando questionada sobre a autoria e as circunstâncias dos castigos, declarando que não tinha ciência de detalhes.[65] Essa foi a mesma tônica de outra testemunha, Sophia Rosa Gonçalves, interrogada no fim de setembro, que também conheceu Carolina e sabia de sua morte, mas não forneceu mais indícios sobre o caso.[66]

Depois de um intervalo de cerca de duas semanas, foi interrogado o dr. Silvestre Marques da Silva Ferrão, cirurgião-diretor da enfermaria de Santa Rita e médico da casa de recolhimento de Nossa Senhora da Anunciação e Remédios, que morava próximo da senhora escravista.[67] O distinto cidadão ludovicense afirmou que sabia da morte de Carolina por ter visto a saída do enterro na rua. Relatou ao delegado que "ouviu dizer pela voz do povo e por pessoas que perguntavam a ele respondente que a morte da preta tinha sido determinada por castigos".[68] Ao ser questionado sobre o apedrejamento da casa, afiançou que tinha ouvido falar do ocorrido, relatado por sua filha, Ermelinda Marques da Silva Ferrão. O chefe da Polícia não tardou a chamar a filha do médico para prestar depoimento. Ela compareceu à delegacia e assegurou que conheceu Carolina e que sabia que tinha falecido. Quando questionada sobre os espancamentos, afirmou que ouvia "fazer-se castigos" no sobrado, mas não conseguia pormenorizar quais os meios utilizados para administrar as surras e nem em quem eram infligidas. Respondeu ainda que ouviu comentários sobre a ocorrência do apedrejamento da casa do dr. Carlos, e que o dito proprietário parecia estar ausente. Tal detalhe complementou outro trecho de seu testemunho, que fez menção à voz solitária de Ana Rosa fustigando escravizados em ocasião dos castigos.[69]

No seguimento das investigações, outro vizinho foi convocado, o tenente do 1º Batalhão da Guarda Nacional, João Luíz da Rocha Compasso.[70] O militar compareceu à delegacia e resumiu seu conhecimento sobre o caso afirmando ter visto sair o caixão com "o corpo da preta" meses antes.[71] Esse parece ter sido o detalhe que desencadeou o aumento dos comentários sobre a agonia da jovem escravizada, ponto de interseção dos depoimentos e desfecho da trama acompanhada pela vizinhança. A visão da saída do enterro e do corpo da jovem confirmava as suspeitas daqueles que tinham "ouvido falar" do tratamento dos cativos do sobrado. A coragem dos vizinhos em relatar o caso impôs uma afronta pública à poderosa matrona e à sua família, também atingida pela ousadia e revolta dos que apedrejaram sua residência. Informações do testemunho mais detalhado da primeira depoente, dona Anna Raimunda, que morava em casa térrea colada no solar dos Viana Ribeiro, foi referendado de maneira discreta pelos demais interrogados, com o uso de palavras comedidas, por vezes evasivas, mas afirmativas das práticas de violência.

Entre todos os depoimentos houve apenas uma voz totalmente dissonante. Em 18 de outubro de 1856, compareceu à delegacia o dr. Paulo Saulnier de Pierrelevée, médico convocado para tratar as moléstias de Carolina quando esta já se encontrava em seus estertores finais. A autoridade policial foi direto ao ponto e perguntou se Saulnier havia estado no sobrado para tratar de uma escravizada e, em caso positivo, qual seria a enfermidade da paciente, que morreu pouco tempo depois. O depoente afirmou que foi até o sobrado a pedido do dr. Carlos Fernando Ribeiro (e não de Ana Rosa) tratar de uma escravizada doente. Segundo o médico, a enfermidade que encerrou a vida de Carolina foi uma fratura transversal na rótula do joelho esquerdo, que apresentou infecção aguda causada pela bactéria do tétano (*Clostridium tetane*). A trinca no osso foi indicada como resultante de uma presumível queda do alto de uma escada quando a jovem levava a cabo suas tarefas cotidianas, provavelmente carregando um pote d'água na cabeça. Outros efeitos da suposta queda encontrados pelo corpo, como "traumas e contusões esporádicas nos beiços e ligeiramente nos membros", foram posicionados como não determinantes para a morte.[72]

Saulnier afirmou que a causa da morte não poderia ser explicada através de pancadas ou outros castigos violentos desferidos contra Carolina. Sem fazer referência ao conjunto de feridas, inchaços e lacerações, centrando somente a fratura do joelho esquerdo, afirmou que a quebra da rótula em duas partes só poderia ter sido ocasionada por uma queda, afastando a hipótese da contusão ter sido originada por pauladas concentradas nas pernas da jovem. Quando perguntado se outro ferimento ou contusão "na sola dos pés, nas mãos e nas costas" poderiam ter contribuído para o falecimento da paciente, o médico respondeu negativamente, enfatizando mais uma vez a inflamação aguda no joelho como explicação solitária da morte. Na continuidade do interrogatório, a autoridade policial ainda questionou ao médico se ele detectou indícios de "alienação mental" no comportamento da finada. Saulnier, em resposta, afiançou que a jovem escravizada durante a consulta "não podia nada falar, podendo quando muito ter o delírio próprio das febres traumáticas que sofria por efeito do ferimento", anulando a possibilidade de que presumíveis surras e maus-tratos pudessem ter levado ao estado aviltante em que a moça se encontrava. Foi perguntado, por fim, se houve a aplicação de ventosas nas costas já purulentas de Carolina, no que retrucou que simplesmente não recordava.

Em suma, o médico deixou em suas palavras uma justificativa para a morte que dispôs um acidente como razão fundamental do óbito, isentando o casal Viana Ribeiro de qualquer responsabilidade. Não sabemos o peso de tal argumentação dentro dos desdobramentos da investigação, já que a documentação do inquérito se cala inconclusa. Somente o termo dos depoimentos se conservou inteiro, fornecendo detalhes que permitem reconstituir parte da dolorida sina de Carolina, cujos gritos de dor atravessaram mais que as paredes do sobrado, mais que as soturnas janelas dos vizinhos, cruzando também o tempo, e chegando até aqui, como denúncia de sua tortura e assassinato.

Apesar dos esforços contrários, os ecos de seu protesto e agonia não foram totalmente emudecidos, conservados na memória dos que a conheceram e também nos papéis "sobreviventes" da investigação. A incômoda saída do seu enterro, forçosamente presenciado pelo público, levou a vizinhança a ouvir novamente seus gritos, que ecoavam nas lembranças de quem presenciou seu suplício.

A menção à sua morte no jornal *Publicador Maranhense,* explicada como decorrência de uma inflamação aguda ocasionada por tétano, decorrente de um suposto acidente, colocou todos os que testemunharam seu martírio na berlinda. A abertura da investigação e os depoimentos coligidos compõem índices dos limites da cumplicidade com o poder dominial. A trama se encaminhava para o envolvimento do casal Viana Ribeiro, especialmente Ana Rosa, como os acusados pela morte de Carolina. No entanto, ao que consta, prevaleceu a nota dissonante da autoridade médica, em vez das falas dos vizinhos. Ao indicar o tétano como *causa mortis,* dr. Paulo Saulnier de Pierrelevée publicamente encobria as sessões de tortura afirmadas pela vizinhança.

Para reforçar sua argumentação, o médico redigiu ainda uma carta publicada no *Diário do Maranhão* em 31 de outubro de 1856, poucos dias após o encerramento dos depoimentos. A missiva foi elaborada em resposta a uma lista de perguntas feitas por Carlos Fernando Ribeiro, que advogava em causa própria e tentava desfazer o "invento satânico" sobre a reputação de sua família. As questões redimensionavam as indagações policiais, atenuando ainda mais as possíveis implicações do casal na trama da morte.[73]

Em resposta aos questionamentos do colega, Saulnier começou confirmando que já tinha tido a "honra" de consultar diversas vezes Ana Rosa, seu filho pequeno e vários escravizados do sobrado. Ao mencionar especificamente a morte da jovem, disse que visitou Carolina no escritório do dr. Carlos, situado no piso superior da casa, na presença de parentes e amigos que estavam hospedados no solar. A audiência presente teria assistido ao exame e podia asseverar o estado da escravizada, referência não aludida no testemunho registrado dias antes na delegacia. No que se refere à causa da morte, o médico foi ainda mais objetivo do que no depoimento, centrando detidamente sua argumentação na inflamação de tétano, elidindo as outras lacerações encontradas no corpo de Carolina. Sem rodeios, assegurou que examinou minuciosamente a doente e que não achou nela nada mais que uma "ligeira lesão num dos joelhos", e que o resto do corpo "não tinha traço algum de ferimento". O trauma ósseo foi reiterado como consequência de uma queda, que explicava solitariamente a morte, apagando as outras escoriações citadas previamente ao chefe da Polícia. Como encerramento, Saulnier autorizou o uso da carta pelo colega, marido de Ana Rosa, e se regozijou em servir e ajudar a preservar com a mais distinta consideração a honradez do amigo.

Como complemento da peça de defesa extraoficial publicada no jornal, Carlos Fernando Ribeiro acrescentou um preâmbulo atacando ações de seus adversários políticos, tomando o espaço de uma coluna inteira da publicação. Seu alvo principal foi o presidente da província, o mineiro Antônio Cândido da Cruz Machado, do Partido Conservador, que governou o Maranhão entre 1855 e 1857. Justificou sua argumentação afirmando que os ataques sofridos eram consequência de sua aguerrida atuação na arena política, pois debatia e se posicionava como enérgica voz de oposição à administração louca e desregrada do adversário. Como retaliação, o inimigo e seu séquito teriam hipoteticamente arquitetado a trama acusatória sobre a morte de Carolina, espalhando o boato de que próprio dr. Carlos teria assassinado sua escravizada com castigos inomináveis.

Ao explicar as razões da ofensiva dos adversários, o proprietário de Carolina clamava ao bom senso dos que haviam ouvido falar da morte em sua casa, que não passava do desdobramento de um asqueroso diz-que-diz que tentava destruir sua ilibada reputação. Foram incluídos também no rol de seus mais ardorosos inimigos o barão de São Bento, Francisco Mariano Ribeiro Sobrinho, figurão das hostes conservadoras, e o sr. José Joaquim Teixeira Vieira Belfort, adversário dentro das próprias trincheiras liberais. Segundo Carlos Ribeiro, ambos financiavam mensalmente escritos nos jornais com "impropérios e torpezas" no intuito de enfraquecê-lo politicamente.

O marido de Ana Rosa garantiu que o enterro de Carolina foi o primeiro a sair de sua casa desde que o casal passou a residir na capital. Esse seria um indicativo de que não eram senhores violentos e que cumpriam os ritos necessários para que sua "boa e pobre escrava" fizesse uma passagem digna para o mundo dos mortos, pelo menos aos olhos do público. Ao se esquivar de qualquer menção de culpa, reforçava sua posição entre os senhores cristãos beneméritos e exemplares. A leitura da coluna escrita pelo proprietário deixa ainda escapar um detalhe bastante eloquente, na verdade, um apagamento loquaz de qualquer implicação de sua esposa na morte. Isso reforçava sua intenção de escamotear uma das pistas mais elucidativas da trama. O futuro barão de Grajaú não indicou em sua defesa que esteve ausente do sobrado durante o período de martírio de Carolina, pois isto confirmaria testemunhos que apontavam Ana Rosa como principal autora das sessões de tortura. Toda o enredo persecutório elaborado pelo senhor recaía sobre ele mesmo, afastando qualquer sombra de desconfiança sobre Ana Rosa.

Devido à incompletude nos autos, não sabemos exatamente se as justificativas de Carlos Fernando e de seu colega, Paulo Saulnier de Pierrelevée, conseguiram desanuviar a atmosfera de tensão que pairava sobre o casal. No entanto, ao que tudo indica, não houve maiores consequências, já que seu protagonismo na arena das elites ludovicenses continuou intacto, inclusive com indicativos de aumento de influência e poder. Já no ano seguinte, 1857, o marido de Ana Rosa assumiu a redação do prestigioso jornal *A Imprensa*, órgão do Partido Liberal. Índices de diversificação dos negócios da família também podem ser encontrados no ramo da navegação, como na referência à atuação de Carlos Ribeiro como acionista da nova companhia de embarcações a vapor do Maranhão, envolta nas rotas do comércio fluvial para os sertões.[74]

A rotina do solar continuou seu curso nos trilhos da escravidão urbana, bem ajustados à cumplicidade das elites e seus centenários clãs. O barulho gerado pelo inquérito parece ter sido abafado pela contraofensiva da família, que não somente se esquivou dos olhos do público, como manobrou os negócios para conservar sua notoriedade. Atrás da roupagem socialmente aceitável que sustentava a pose fidalga, continuava sendo escamoteada a violência. Nas camarinhas sem janela, nas cozinhas, nos quintais, nos porões, mulheres, crianças e homens escravizados continuavam sendo alvo de toda sorte de ameaças à sua integridade física e psíquica.

A recorrência de casos envolvendo o nome de Ana Rosa teve continuidade nas décadas seguintes. A morte de Carolina foi apenas o primeiro episódio atribuído à matrona. Ao que consta, o marido e os irmãos de Ana Rosa passaram a manobrar para abafar homicídios, auxiliados por médicos e outros amigos poderosos instalados na imprensa e nas instituições oficiais do Maranhão. Essa aliança familiar, que buscava preservar a reputação do clã, livrou a senhora de várias contendas judiciais. Um caso exemplar ocorreu em 1858, quando sob seu domínio morreu Maria Nathália, escravizada de propriedade de José Antônio Lamagnère Viana, seu irmão. Poucos papéis restaram sobre tal morte, apenas algumas correspondências dos promotores públicos que conduziram a denúncia, sem mais indícios do inquérito ou detalhes de depoimentos de testemunhas. Ficaram registradas nos relatos das autoridades apenas as manobras do irmão, que assumiu a culpa pela morte da escravizada, levando à impronúncia imediata de Ana Rosa, em pouco tempo absolvida de qualquer encargo com a Justiça. Em que pesem os indícios envoltos na suspeita do assassinato, diante do Tribunal do Júri, o irmão também foi igualmente inocentado pouco tempo depois. Pela falta de detalhes da investigação judicial, nada sabemos sobre a vivência de Maria Nathália, nem a natureza dos castigos que levaram à sua morte.[75] Tal aparato de silenciamento não era uma especificidade na família do sobradão da rua São João.

A despeito da fachada de normalidade, inadvertidamente, casos de maus-tratos e sevícias permaneciam no noticiário da cidade. O médico Paulo Saulnier de Pierrelevée, inclusive, continuava sendo acionado como fiador de outros senhores e senhoras envolvidas em denúncias de torturas. Em maio de 1862, por exemplo, uma outra carta do médico foi divulgada ao público, dessa vez referente ao exame feito em Narcisa, descrita como uma "preta fula de trinta e tantos anos", escravizada por Trajano Cândido dos Reis, morador da rua dos Remédios.[76] No início do referido mês, Narcisa havia cometido uma suposta tentativa de suicídio se atirando num poço. Pessoas da vizinhança ajudaram a retirá-la e presenciaram seu estado, o que imediatamente gerou o falatório sobre o caso, com repercussão no editorial do *Publicador Maranhense*.[77]

Semelhante à tática de Carlos Fernando, o senhor envolvido na trama se defendeu ocupando espaço no jornal para divulgar sua justificativa, afirmando que Narcisa se jogou no poço por estar embriagada, e não por sofrer castigos físicos. Os escritos do médico afiançaram que a escravizada não apresentava sinais de sevícias, somente lacerações decorrentes da queda, isentando Trajano Cândido dos Reis e sua senhora de qualquer culpa. As justificativas de Saulnier se juntaram ao rol de testemunhas ouvidas pelo delegado, Tibério César de Lemos, que abriu investigação. Foram chamados depoentes que ajudaram a retirar Narcisa de dentro do poço, e essas declarações foram transcritas na íntegra no jornal. Todos asseveraram as mesmas lacerações sublinhadas por Saulnier, repetidas igualmente no exame de corpo de delito anexado nos autos, feito pelos médicos José Ricardo Jauffret e César Augusto Marques. Após a referida acareação, a versão defendida por Trajano Cândido dos Reis foi confirmada oficialmente, e as escoriações nas costas de Narcisa foram tidas como sinais da queda e não de castigos e pancadas. O caso foi encerrado com a total absolvição dos senhores.[78]

O escândalo sobre a trabalhadora escravizada que se jogou no poço na rua dos Remédios aditava mais uma ocorrência no contexto das tensões que tomavam o poderio dominial. Era preferível para as ricas famílias escravistas que esses assuntos fossem tratados em conversas privadas e discretas, resolvidas à sombra das mangueiras de seus sítios de veraneio. Mas, àquela altura do século XIX, estava cada vez mais difícil preservar tais ritos íntimos, pois havia uma arena pública de debate na imprensa que recebia irradiações das ruas, sintonizada com as encarniçadas brigas políticas locais.

São Luís vestia um tecido social da escravidão cada vez mais puído, pisando em bases de sustentação econômicas endógenas, episodicamente conectadas com os grandes fluxos de capital oriundos das exportações de gêneros agrícolas. Não por acaso, a fidalguia da capital ensimesmada em maneirismos e devaneios de casta impoluta alimentava um indisfarçável ódio voltado à crescente população livre não branca, que representava mais um índice do colapso do sistema, com famílias negras, caboclas e/ou cabras[79] que se avolumavam em humildes residências e cortiços. Estas correspondiam, de acordo com o censo de 1872, a cerca de 40% dos 31.604 habitantes da ilha, já superando largamente o contingente de escravizados, que correspondia a cerca de 22% da população total.[80]

Carlos Fernando e Ana Rosa, do alto de sua residência, observavam a cidade se encher de pretos e pretas livres, que continuavam sendo fustigados e perseguidos como párias, tratados como rebotalhos no seio de uma sociedade moldada para subjugá-los. Mesmo assim, muitos escravizados vinham se articulando em suas redes de solidariedade justamente para alcançar a liberdade (mesmo que precária) para si e para os seus, seja atacando e ameaçando seus algozes, seja labutando longos anos e agenciando a simpatia cristã pretensamente benemérita de seus senhores. Talvez esse tenha sido o juízo de Elísea, também escravizada pelos Viana Ribeiro, que vinha assistindo a amigas e conhecidas entrarem na conta das pessoas livres do arrolamento demográfico de 1872.

A jovem investiu muito tempo, suor e paciência, para também alcançar sua alforria. A essa altura, Ana Rosa tinha dado à luz Francisca Izabel Viana Ribeiro, sua segunda criança, que cresceu entre a fazenda e a capital vendo as senzalas se esvaziarem. A menina veio ao mundo pouco tempo depois do irmão, nascido em 1854, e provavelmente cresceu tendo Elísea como mucama. Tal inferência pode ser afirmada por causa de uma menção encontrada numa coluna de jornal em 1875, que trata do envio dos herdeiros dos Viana Ribeiro à Europa na companhia de Elísea, já apresentada como uma "criada crioula liberta". Na época, o mano mais velho havia completado 21 anos, idade suficiente para se responsabilizar legalmente pela irmã solteira, ainda menor, mas em idade casadoura. Contudo, na viagem, a intimidade da sinhá moça Francisca Izabel certamente não foi compartilhada com o irmão e sim com Elísea, sua mucama, confidente e talvez protegida. O destino final da viagem à Europa dos irmãos e da crioula liberta não é indicado no anúncio. Sabemos, contudo, que fizeram uma primeira parada em Lisboa, escala prevista na viagem do vapor inglês *Brunswick*.[81] Outras referências asseveram que se dirigiram à França, onde Ana Rosa tinha familiares,[82] sendo o primogênito mais tarde encaminhado à Bélgica, país no qual iniciou e concluiu seus estudos superiores, se tornando bacharel em Ciências Naturais pela Universidade de Bruxelas.[83]

Elísea, portanto, estava entre as mulheres não brancas que engrossavam os números da população liberta em São Luís, o que implica afirmar que até mesmo no soturno sobradão houve gente que conseguiu astuciosamente sua alforria. Não sabemos quais percalços enfrentou e nem quais espertezas ou sortilégios acionou nos caminhos pela busca da liberdade. Provavelmente, atuando no serviço exclusivo de Francisca Izabel, se tornou cúmplice da sinhazinha, modulando cuidadosamente seu humor, resiliência, afeição e amizade na direção de sua alforria, numa tensão permanente na qual qualquer passo em falso poderia resultar em violentas reprimendas. Uma vez ligada à filha de Ana Rosa, continuou no trabalho de mucama da moça branca, merecendo tomar parte na viagem transatlântica como dama de companhia liberta.

Antes de viajar à Europa, Elísea deve ter presenciado a agonia de outras criadas e escravizadas da casa, que não tiveram a mesma sorte. Pode ter sido amiga de Ignez, crioula de dezesseis anos de idade, que, em 12 de agosto de 1872, fugiu do sobrado debaixo de pancadas e buscou socorro no quartel de polícia mais próximo. Em desespero, a jovem suplicou ao chefe da Polícia da província à época, João Hircano Alves Maciel, que não deixasse sua senhora espancá-la novamente. A autoridade, então, recolheu a jovem no xadrez do quartel dos pedestres para averiguar o caso. Em pouco tempo, como era esperado, Ana Rosa foi requerer a devolução de sua escravizada refugiada na delegacia. Ao constatar a ocorrência dos castigos imoderados, o delegado afirmou à senhora que deveria dar garantias de que não mais castigaria Ignez de modo desmedido. Dona Ana Rosa foi obrigada a assinar um termo de responsabilidade assegurando que não mais fustigaria a garota, sob as penas da lei, tendo que apresentar Ignez periodicamente na repartição policial sempre que fosse exigido.[84]

Ao que consta, o sofrimento de Ignez não acabou com a assinatura do termo. Pouco tempo depois, a jovem crioula voltou a se refugiar na delegacia. Em 10 de janeiro de 1873, Carlos Fernando articulou a saída da jovem do xadrez do quartel, autorizando representantes da firma Almeida Jr. & Companhia para recolherem-na e enviá-la diretamente à Alcântara, onde ficaria longe da senhora.[85] A retirada dos escravizados do sobrado dos Viana Ribeiro parece ter sido uma prática recorrente do dr. Carlos, que, com os filhos crescidos, passou a viver muito mais tempo distante de São Luís e de Ana Rosa, ocupando-se mais dos seus afazeres de ardoroso político liberal e do seu trabalho como "lavrador".

Outra escravizada que viveu agruras semelhantes às de Ignez foi a preta Andreza, que, certo dia, às 6h30 da manhã, quando provavelmente iniciava os preparativos para garantir o almoço da casa, saiu apavorada rua afora, aos gritos, pedindo socorro na vizinhança. Na ocasião, Ana Rosa estava lhe preparando uma surra, e esta havia pedido que outros escravizados a trouxessem para dentro da casa para ser castigada. Andreza correu até o mesmo quartel de pedestres onde Ignez ficou refugiada, e lá também conseguiu guarida temporariamente. O dr. Carlos, tempos depois, também retirou Andreza do xadrez e a remeteu para as propriedades da família em Alcântara, longe de Ana Rosa.[86]

Com o marido passando longas temporadas fora de São Luís, levando consigo as escravizadas espancadas, o sobrado foi sendo esvaziado de serviçais. Ana Rosa buscou o auxílio de seu irmão, Raimundo José Lamagnère Viana, também morador de São Luís. Certa feita, Raimundo lhe cedeu uma cozinheira de nome Carolina, de cerca de quarenta anos, que passou a servir a senhora. A rotina de torturas não tardou a se manifestar, aditando ainda mais elementos no quadro aflitivo já enfrentado sob a tutela de seu senhor, também violento. A própria Carolina denunciou seu estado em uma ação de liberdade em 1874, que colocou em evidência os constantes castigos, maus-tratos e horrores vividos, esmiuçados em juízo para tentar justificar e reivindicar sua alforria. A mulher de mais de quarenta anos apresentava lacerações nas nádegas, padecia de problemas pulmonares e de uma hérnia inguinal, certamente decorrente dos pesados labores combinados com pancadas.[87]

O caso ficou famoso em São Luís, levando Raimundo José Lamagnère Viana às barras dos tribunais do Maranhão, que o consideraram em primeira instância culpado pelas sevícias e pelos maus-tratos denunciados pela escravizada. Cumpre notar que o irmão de Ana Rosa assumiu todo o peso do processo sozinho, isentando totalmente a irmã de qualquer traço de culpa, mesmo com notória existência de provas contrárias. Com a chegada do processo no tribunal da relação, o irmão de Ana Rosa manobrou com seus advogados, e não tardou até ser inocentado pelo júri por unanimidade. A notícia mereceu destaque numa das colunas do *Publicador Maranhense*, somando-se ao repertório e à casuística sobre torturas de escravizados no Judiciário maranhense.[88]

A estratégia de retirar a senhora do alvo da Justiça tornou-se um artifício recorrente. Mesmo diante desses logros, a essa altura do século XIX, a fama da senhora já alcançava toda a cidade. Casos eram comentados não somente à boca miúda, mas também nas rodas de conversas de praças, mercados e passeios, servindo de artilharia para os inimigos políticos da família. Muitos ouviam falar e espalhavam narrativas de ocorrências grotescas. Como no caso da infeliz sorte de uma jovem mulata chamada Militina, escravizada por Ana Rosa, que tivera seus dentes arrancados "a torquês", banhada em sangue, por ter se atrevido a sorrir numa situação indesejada.[89]

A acumulação de casos documentados de violência não deixa dúvidas sobre as malvadezas da senhora, indício de uma situação permanentemente tensa e envolta em códigos de conduta cruéis, parcamente moderados pela lei. Dentro da sociedade ludovicense, Ana Rosa Viana Ribeiro não estava solitária no papel de torturadora de escravizados, posto que havia toda uma organização societária pactuada com o sistema opressivo, que silenciava e defendia senhores e senhoras de acusações de espancamentos contra seus escravizados. Para ela, tudo isso fazia parte da ritualística do poder dominial, cada vez mais corroído e por isso passível de reafirmação para tentar conservar suas bases de reprodução. Outras mulheres da cidade também partilhavam a fama de severas e implacáveis com seus fâmulos. A mais conhecida entre todas foi Ana Joaquina de Castro Jansen Albuquerque, uma lenda de São Luís, uma das mulheres mais abastadas da cidade no século XIX.[90] Ações de Ana Rosa, Ana Jansen e de outras sinhás da cidade, nascidas em fazendas no interior ou em sobrados na capital, são parte integrante do tabuleiro do ocaso da escravidão no Maranhão, tanto quanto seus maridos, irmãos, cunhados, igualmente violentos e pactuados com o silenciamento de seus crimes.

Distintas e violentas guardiãs do lar

As badaladas do sino da torre da Igreja de São João marcavam a passagem da rotina de trabalho do sobrado da família Viana Ribeiro, com a lida doméstica comandada por Ana Rosa. As ordens eram dadas logo na alvorada, pois era preciso esvaziar as tinas e os penicos, abastecer os tonéis de água, trocar colchas, panos de mesa, varrer o chão, acender o fogareiro, ferver o café e começar o preparo do almoço. A cozinheira, acordando com as galinhas e os bem-te-vis, se incumbia da alquimia dos guisados, respondendo ocasionalmente aos mandados de compras nas quitandas, oportunidade para trocar ideias com as pretas vendeiras das vizinhanças, do Largo de São João ou da Fonte das Pedras, onde se concentravam tabuleiros de frutas e quitutes.

As portas e grandes janelas voltadas para a rua deixavam o interior do solar sempre suscetível às lufadas de poeira levantada do chão batido do passeio, cujo pó avermelhado se esgueirava por todas as frestas e móveis, cobrindo também a prataria, as vidraças e as cortinas. Por isso os cuidados com a limpeza tomavam grande parte das horas do dia. A faxina poderia ser ladeada pelos trabalhos de costura, com jovens empunhando agulha e linha em mãos hábeis para cerzir os furos das calças e camisas gastas dos escravizados. Já o cuidado com os trajes da senhora provavelmente ficava a cargo de modistas que já povoavam a praça de São Luís com toda sorte de consertos, ajustes e peças de tecidos finos para fazer vestidos, acompanhados de acessórios vindos de Paris, como anunciado pela casa de costura J. Balieco, situada no Largo do Carmo.[91]

As ricas indumentárias de senhoras de alta classe eram acompanhadas de enfeites encontrados em casas de importação, como a Cunha Machado & Braga, na rua de Nazareth, que ofertava sortimentos de laços de fita, chapéus, véus, fivelas de madrepérola, lenços de cambraia, cortes de veludo, sedas, leques e botinas. No meio das quinquilharias grã-finas, é preciso dizer, estavam também os chicotes do tipo curto, usados para fustigar cavalos e escravizados. Em meio aos badulaques europeus estava disponível o utensílio para castigar mucamas, cozinheiras, moleques, ou outros serviçais, alvos preferenciais daquele instrumento de tortura vendido na *boutique*.[92]

Ana Rosa talvez fosse uma das freguesas da loja que ofertava chicotes para senhoras abastadas. Assim como outras mulheres de sua classe, sua rotina estava submetida aos enlevos da sociedade patriarcal, estruturada pela prevalência masculina, que delegava às senhoras o comando do funcionamento da casa e a criação dos filhos.[93] Não por acaso, todas as ocorrências de castigos que envolveram seu nome estavam situadas em eventos domésticos, com cenas de violência no quintal, na cozinha e nos quartos, ouvidas e relatadas pela vizinhança. As atitudes da herdeira dos Lamagnère não eram necessariamente pontos fora da curva numa sociedade violentamente estabelecida com base escravista, com homens e mulheres de elite empenhados em manter a ordem senhorial e o poder de suas famílias. Destacadas "Senhoras Donas", muitas vezes submetidas pelos maridos à reclusão em seus sobrados, eram também partícipes do sistema espoliativo, que atingia elas próprias, mas sobretudo mulheres negras trabalhadoras.

Às mulheres da elite escravista eram voltadas expectativas de comportamentos comedidos e submissos aos maridos, como mães extremosas, caridosas e chefas do trabalho doméstico escravizado.[94] Boas e reclusas cristãs, como Ana Rosa, tinham participação direta no sistema brutal que se espraiava por toda a sociedade. Na edificação de sua posição social como mulher de elite, a senhora do sobradão, mesmo afamada por sua conduta violenta, não deixava de se envolver em questões beneméritas aos olhos do público. Em 1875, por exemplo, teve seu nome estampado no *Publicador Maranhense* como uma das caridosas doadoras de recursos em dinheiro para acudir vítimas de enchentes do rio Itapecuru, que atingiram as povoações de Codó, Coroatá e Urubu. A esposa de Carlos Fernando Ribeiro apareceu ao lado de outras senhoras abastadas, como Esthephania Moon Wilson da Costa, Maria Thereza Muniz Salazar, Custódia Barreiros Maia e Rita Clara Salgado Muniz, que somadas aos seus familiares, amigos e alguns anônimos listados na folha, conseguiram arrecadar 2:000$000 para assistir aos desvalidos.[95] Caridosas senhoras, com suas gordas esmolas os pobres e aos santos, buscavam exalar respeitabilidade e demonstrar grandeza diante dos menos favorecidos pela fortuna. Mas nas alcovas de seus sobrados reinava o mando escravista, com a conservação de práticas violentas enraizadas e naturalizadas no cotidiano.

A literatura produzida sobre o Maranhão oitocentista guarda alguns perfis dessas matronas, que inspiraram personagens bastante incômodas para as velhas linhagens da época. Isso aparece na obra de Aluísio Azevedo, *O mulato* (1881), publicada como uma sátira dos costumes conservadores e racistas da elite ludovicense da época.[96] O romance posicionou na trama dona Maria Bárbara, narrada como típica senhora oriunda de fazendas no interior, que comandava a vida doméstica com requintes de crueldade e tratava os pretos como "os sujos" e os mulatos como "os cabras". A dita personagem foi descrita como "cheia de escrúpulos de sangue" e extremamente religiosa. Em sua capela, em Alcântara, obrigava seus escravizados a rezar todas as noites, "em coro, de braços abertos, às vezes algemados".[97] O autor ainda alinhavou na narrativa outra matrona, sra. Quitéria Inocência de Freitas Santiago, muito rica e também fervorosamente cristã. Sob as ordens desta senhora muitos escravizados "sucumbiram ao relho, ao tronco, à fome, à sede e ao ferro em brasa". Na trama, ela igualmente aparece como dona de uma capela, na qual os serviçais, "com as mãos inchadas pelos bolos, ou as costas lanhadas pelo chicote, entoavam súplicas a Virgem Santíssima, mãe dos infelizes".[98]

Ainda sobre o perfil de proprietárias, existe o relato de uma senhora abastada registrado por Dunshee de Abranches na década de 1880. A mulher, na casa dos 45 anos, cujo nome não foi mencionado pelo autor, era esposa do Comendador Cazuza Lopes e recebeu Abranches em sua residência para um almoço. Na ocasião, a anfitriã falou sobre a fama de mulheres torturadoras de escravizados em São Luís, educadas em contato direto com as estruturas do mandonismo. Muitas cresciam recolhidas sob a ordem dos pais no interior, preparadas para o casamento, alegadamente sem acesso à educação formal. Geralmente se casavam com homens de formação esmerada oriundos de outras famílias escravistas ricas, vide o caso de Carlos Fernando Ribeiro, e após o consórcio matrimonial passavam a conservar residência em São Luís. Apesar de afamadas pela crueldade, segundo a interlocutora de Abranches, essas personagens não podiam servir como amostra representativa das mulheres maranhenses de alta classe, posto que havia também muitas senhoras abnegadas, piedosas e generosas. Ela atribuía o comportamento violento de algumas às poucas luzes existentes nas fazendas, cheias de "gente viciosa sem a menor educação religiosa e moral".[99] Tal argumentação buscou ilustrar o comportamento dessas mulheres a partir da formação aferrada ao âmbito doméstico das propriedades nos sertões. A instituição escravista em si e seus efeitos sociais deletérios tiveram pouco peso entre as referências explicativas da senhora. A lida com trabalhadores cativos foi apresentada com naturalidade, matizada por uma espécie de gradação entre o interior da província, tido como atrasado, e a capital, vista como culta e civilizada. Os forçosos vínculos de subordinação e violência inerentes ao cotidiano de trabalho escravizado não aparecem como representativos. Nessa perspectiva, se em São Luís havia ocorrências de castigos "imoderados", estes tinham vinculação com práticas incultas das ribeiras sertanejas, ecos da má e parca instrução de algumas matronas.

Existe nessa interpretação de época um silenciamento dos vínculos materiais de exploração do trabalho escravizado na cidade, elididos como elementos de peso na estruturação das práticas de violência. Sabemos que a tirania senhorial, em suas diversas gradações, era instrumentalizada tanto nos sertões como na capital, por homens e mulheres. Historicamente, a territorialidade ludovicense, mesmo em vias de aburguesamento, estava também jungida ao poder dominial, tanto no âmbito doméstico como na arena pública. A violência era legitimada como parte do direito de senhores e senhoras que poderiam ocasionalmente castigar trabalhadores. A despeito da educação e do esmero na etiqueta de algumas requintadas moradoras de São Luís, subjazia a exploração que formatava as várias formas de imposição e disciplinarização do trabalho cativo. Isso pode ser observado em copiosas referências disponibilizadas em colunas de periódicos cheias de informações da "Repartição da Polícia", que noticiava a entrega de escravizados e escravizadas aos seus proprietários e proprietárias para serem exemplarmente punidos.

Em tais referências, eram prescritos castigos pelas mais diversas e leves infrações. Entre os muitos exemplos, podemos citar o "preto Benedito", entregue ao seu senhor para ser castigado por ter tentado furtar um pão.[100] A "preta Maria Victória", retornada à sua senhora para ser castigada por ter sido acusada de furtar uma galinha.[101] O "preto Cândido", devolvido ao seu senhor para receber corretivo por ter sido pego dormindo na frente da porta de uma casa.[102] O "preto Luíz", remetido à sua senhora para ser castigado por andar na rua embriagado.[103] O "cafuzo Raimundo", entregue à sua proprietária para receber corretivo também por estar ébrio.[104] O "preto Benedito", recambiado à sua senhora por ter sido apanhado andando na rua após o toque de recolher.[105]

Casos semelhantes se multiplicam numa infinidade de ocorrências policiais diárias, que convocavam senhores e senhoras a cumprirem seus papéis de comando e vigilância. Entretanto, quando notícias de violência infligidas aos escravizados manchavam o verniz paternalista da ação disciplinadora, a repercussão dos casos muitas vezes ganhava peso e projeção na arena pública. Isso colocava proprietários sob o crivo do julgamento de vizinhos e outros observadores, provocando fraturas momentâneas no pacto de proteção da vida privada das elites senhoriais.

Esta não era uma peculiaridade da Província do Maranhão. Alguns desses episódios podem ser lidos nas anotações de viajantes em outras áreas do Império, como no caso dos escritos da britânica Maria Graham, que em passagem pelo Rio de Janeiro em 1823 ficou escandalizada diante de uma "mulher branca, ou antes um demônio, surrando uma pobre negra, e torcendo seus braços cruelmente, enquanto a pobre criatura gritava angustiadamente".[106]

Ainda no que se refere às leituras sobre a violência feminina durante sua estadia no país, Graham, que atuou como educadora particular da princesa Maria da Glória, filha de D. Pedro I, mencionou dificuldades em conduzir a pequena nobre, que tinha por hábito tratar com bofetadas crianças escravizadas no palácio imperial.[107] Ao contrário de muitas interpretações do comportamento feminino violento, o relato de época da viajante não apareceu descrito sob o filtro de pretensos acessos nervosos, emoções exacerbadas, fragilidades de temperamento ou instrução.[108] Era sim um indício de que tal postura não foi lida como decorrente de patologia ou parca educação, pois estava conectada com a estruturação dos poderes materiais e simbólicos conservados por proprietários, proprietárias e suas velhas famílias. Nessa perspectiva, voltando ao Maranhão, ao centrarmos o poder senhorial de mulheres, pode ser citada a figura emblemática de Ana Joaquina de Castro Jansen Albuquerque, ou simplesmente Donana Jansen, poderosa matrona, proprietária de numerosos cativos, rica fazendeira e dona de diversos sobrados em São Luís e em Belém. Nascida em família fidalga em 1787, na freguesia de Nossa Senhora da Vitória, sua vivência não foi enredada inicialmente nos ritos esperados para uma jovem de sua classe. Diversos relatos dão conta da ruína econômica de sua família e de sua gravidez na juventude, fruto de uma relação "ilícita" que levou seu primeiro filho à roda dos expostos.[109] Mesmo "desonrada", casou-se com um rico português, Isidoro Rodrigues Pereira, de quem mais tarde herdou enorme fortuna. Donana Jansen investiu seus recursos em diversos ramos da economia maranhense, conseguindo multiplicar os dividendos herdados do marido.

Na condição de detentora de grande poder econômico na praça de São Luís, sua influência também alcançou a arena da política local. Tornou-se entusiasta e partícipe das trincheiras do Partido Liberal após a independência e, nesse meio tempo, continuou dando à luz filhos e filhas fora de uniões oficiais.[110] Anos depois, já em idade avançada, casou-se novamente com um comerciante paraense,

Antônio Xavier da Silva Leite, com quem não teve filhos.[111] Sua aguerrida atuação nas disputas partidárias do Maranhão lhe custou a inimizade de diversos figurões de grande estatura econômica e influência política. Sua conhecida e firme posição de mando entre os liberais, que se reuniam tradicionalmente em seu sobrado azulejado na rua Grande, colocava na berlinda o padrão esperado para o comportamento de uma mulher de sua posição social.[112]

Segundo o recenseamento de São Luís de 1855, somente na sua residência na capital habitava um total de 43 escravizados.[113] Homens e mulheres cativos que se ocupavam dos mais diversos misteres nas ruas a mando da matrona, com grande atuação na venda de água pela cidade, carregada em carroças e vendida diariamente aos inúmeros fregueses.[114] Os trabalhadores que multiplicavam a fortuna de Ana Jansen, seja na faina do ganho ou no âmbito doméstico, também eram alvos de castigos e retaliações. Embora nunca tenha sido implicada criminalmente, como Ana Rosa, ficaram relatos sobre sua conduta violenta contra escravizados, que serviram de fonte de narrativas sobre sua crueldade. Memórias dão conta de diversas ocorrências, casos de "costas retalhadas e cortadas em todos os sentidos; beiços que faltavam pedacinhos pelo trabalho inédito de uma tesourinha que nunca a abandonava; mãos deformadas pela palmatória... coisa banalíssima".[115]

Após sua morte em 1869, a fama da personalidade de Donana Jansen atravessou o tempo e continuou ecoando no imaginário popular, que ritualizou os possíveis dilemas da alma penada da rica proprietária, condenada a vagar eternamente para purgar seus pecados. A lenda narra uma saga de expiação, cuja maldição impôs à senhora a travessia da cidade todas as noites de sexta-feira, sem descanso, numa grotesca carruagem puxada por cavalos sem cabeça, comandada por um homem negro coberto de feridas e decapitado.[116]

Como Donana Jansen, legendárias matronas marcaram e ainda marcam recordações sobre a São Luís oitocentista, com a seleção de memórias que sopesam muito mais a violência das mulheres de elite, que estavam longe de encarnarem sozinhas a brutalidade da ordem senhorial, comandada por homens brancos de posses, estes sim os principais responsáveis pelas cruezas do sistema. O papel das mulheres brancas ricas estava posto entre as diversas camadas de sentido da violência urbana contra trabalhadores, sobretudo contra trabalhadoras negras escravizadas e/ou libertas.

Com o avançar das décadas do século XIX, casos de espancamentos ganharam ainda maior notoriedade, insuflados pelo debate público dos noticiários de impressos e do diz-que-diz das ruas da cidade em crescimento. Nesse contexto, quando incluímos a problemática do gênero, o peso do julgamento de mulheres envolvidas em tramas de castigos "imoderados" era maior do que ocorrências que envolviam ações violentas de homens, como se a explicação para a violência passasse por episódicas situações de descontrole, e não pela própria estruturação brutal do sistema, eminentemente masculino. Alegadas características naturais femininas, como temperança, parcimônia, resignação e mansidão, eram posicionadas em contraste ao comportamento de senhoras envolvidas nos crimes.

A conduta de mulheres escravistas serviu de chamariz, inclusive, para a propaganda abolicionista na década de 1880, que utilizou casos de violência que envolviam matronas abastadas como mote para alardear a necessidade do término do cativeiro. Nesse sentido, para além das fronteiras do Maranhão, uma ocorrência ganhou a boca do povo no Rio de Janeiro em março de 1886, envolvendo uma senhora chamada Francisca da Silva Castro, de 35 anos de idade. Ela ficou famosa por torturar em sua casa duas jovens escravizadas, Eduarda e Joana, que sofriam pesados castigos e viviam trancadas num quarto na casa da senhora na praia de Botafogo. Somente após três longos anos de martírio, uma das garotas, Eduarda, conseguiu fugir da casa de sua proprietária, pedindo ajuda nas ruas, sendo conduzida até o prédio da *Gazeta da Tarde*, onde relatou detalhes de seu suplício e também das graves torturas enfrentadas por sua companheira de infortúnio, que morreu pouco tempo depois.[117]

A notícia ganhou as páginas do jornal, e a senhora Francisca da Silva Castro foi denunciada em seguida.[118] O resultado da acareação, que incluiu o relato de outras testemunhas e os exames de corpo de delito feitos em Eduarda e Joana, levou a proprietária a ser considerada incursa em primeira instância, autuada pelo homicídio de Joana e pelas sevícias em Eduarda, que acabou perdendo a visão de um dos olhos devido às pancadas no rosto.[119] Após a autuação, a senhora foi conduzida temporariamente à prisão. Seus advogados recorreram da decisão alegando que a proprietária estava louca, imaginando que a comprovação da falta de domínio de suas faculdades mentais poderia inocentá-la em juízo. A estratégia não convenceu totalmente o magistrado, que pediu para examiná-la e recebeu laudos médicos atestando a plena sanidade física e mental da acusada. Mesmo diante da negativa, a defesa impetrou recurso sustentando a argumentação da corrosão das faculdades mentais da senhora, levando o caso ao Tribunal do Júri. Após longo julgamento que varou a madrugada, com aguerrida defesa da ré feita pelo senador Ignácio Martins, Francisca da Silva Castro foi absolvida pela maioria dos votos dos jurados, tendo seu nome riscado do rol dos culpados.[120]

As argumentações da acusação e da defesa salientaram, cada uma ao seu modo, um comportamento desviante da ré. Os promotores da denúncia leram a conduta da indiciada como violenta e pouco afeita à comiseração esperada de uma mulher casada ante seus escravizados; já os advogados de defesa compuseram uma peça que pintou a senhora como desprovida de sanidade mental, obcecada, desajuizada, na tentativa de torná-la inimputável perante a Justiça. As alegações de ambas as partes deixaram indícios da arquitetura do poder que tentava enquadrar a proprietária mais pela sua conduta feminina "atípica" do que propriamente pelas sevícias em Eduarda e pelo assassinato de Joana. Isso jogava uma cortina de fumaça sobre os princípios basilares dos poderes senhoriais estruturantes da violência contra escravizados. Pouco ou nada é dito sobre o lastro familiar que articulava redes de proteção e pactuação com autoridades em defesa da integridade da parentela e seus apaniguados, incluso a senhora absolvida.

Décadas antes do famoso caso de Francisca da Silva Castro no Rio de Janeiro, Ana Rosa Viana Ribeiro já se destacava como acusada de castigos imoderados em São Luís, escapando igualmente da condenação na Justiça em todas as ocorrências. A herdeira da família Lamagnère, semelhante à senhora da Corte, teve suas demandas aplacadas pelo grande poder de seu clã, que se espalhava pelos mais diversos territórios de influência na Província do Maranhão. Sua trajetória como senhora de linhagem antiga, casada com um poderoso político e fazendeiro local, viabilizou manobras que retiraram de suas costas o peso de torturas contra escravizados, pelo menos no âmbito da Justiça.

Como se sabe, no sinistro ano de 1876, ocorreu o maior dos escândalos de maus-tratos e sevícias envolvendo seu nome, com a morte de Inocêncio e Jacintho, filhos de Geminiana. A senhora escravista à essa altura já tinha mais de 50 anos de idade[121], com longo histórico de violência conhecido em São Luís, sobretudo contra trabalhadoras negras. Por isso, aos olhos dos observadores da época, certamente o fato não foi lido como uma novidade, posto que já eram copiosos os casos de torturas atribuídos à Ana Rosa. Mesmo com a acumulação de torpezas, com assassinatos e diversos casos de castigos "imoderados", a senhora do sobradão permaneceu incólume como personagem da elite, chegando a receber a graça do título de Baronesa de Grajaú em 1884.[122]

Mesmo com os inomináveis suplícios vividos por Carolina, Ignez, Andreza, Maria Nathália, Militina e tantas outras trabalhadoras e trabalhadores escravizados, ainda houve gente capaz de vender duas crianças, Jacintho e Inocêncio, para uma afamada torturadora. Antes da fatídica venda para Ana Rosa, a breve história de vida dos garotos teve base em vivências comunitárias numa grande fazenda, com trabalhadores aparentados, parceiros de labuta e brinquedos de tambor. As duas crianças viveram no

Engenho Recurso e gozaram da companhia da mãe e da avó, que fizeram parte do plantel da poderosa família Teixeira Belfort, detentora de grande quantidade de terras, escravizados e imóveis. Para além da ação nefasta de Ana Rosa, é preciso compreender a complexidade de acontecimentos prévios ocorridos sob a tutela dessa outra antiga parentela maranhense, cujos desdobramentos levaram à separação dos meninos escravizados de sua mãe liberta, tendo como desfecho a terrível morte dos pequenos.

3

GEMINIANA E SEUS FILHOS NAS MALHAS DA ESCRAVIDÃO

> *[...] fazendo ver que era avó daquelas*
> *crianças, digo escravinhos. [...]*
>
> DEPOIMENTO DE SIMPLÍCIA MARIA
> DA CONCEIÇÃO TEIXEIRA BELFORT

Em 1861, quando Maria Thereza Teixeira Vieira Belfort, contando então com dezenove anos de idade, entabulou casamento com o recém-doutor Luiz Miguel Quadros, toda uma engrenagem se movimentou. Nada sabemos a respeito das tratativas preliminares do enlace, nem da corte que o médico deve ter feito à jovem casadoura, embora possamos suspeitar que o casal nutria certa simpatia mútua. Isso porque a jovem Maria Thereza, por nome, família e posses, deveria ter à sua disposição diversos pretendentes provenientes das principais famílias da terra, sugerindo que a escolha de Luiz Miguel correspondesse a algum desejo pessoal. Empreendedor, dinâmico e de ousada inteligência como foi descrito, e ainda formado na Faculdade de Medicina, os qualificativos do noivo, ao não ressaltar seu nome de família e poderio econômico, mal escondem sua origem social inferior, tendo Luiz Miguel casado para cima.[1] Não que a família Quadros fosse desprovida de posses, proprietária de uma fazenda no interior, com o pai, Luiz Miguel Quadros, ocupando o cargo de inspetor do tesouro. Ele parece ter amealhado o suficiente para viver em um sobrado azulejado em São Luís.[2] Mas sua fortuna de forma alguma corresponderia ao poderio dos Belfort. Além do mais, pairava sobre a família certa desconfiança. Diversas vezes, dr. Luiz Miguel, o filho, polemizou no jornal com detratores de seu pai, que o acusavam de inepto, sugerindo que fazia olhos míopes e ouvidos moucos em seu trabalho de funcionário público.[3] Em um de seus artigos de defesa do nome da família, o filho chegou a afirmar que a "família era podre de rica". A expressão, superando os protocolos da elegância, esclarecia a necessidade de afirmação familiar e pessoal do dr. Luiz Miguel.[4]

Nada, porém, que indicasse que o jovem bem relacionado não pudesse preencher em alguma medida as expectativas dos Belfort. Um médico bem situado não era, afinal, de todo mal, sobretudo quando a capital se urbanizava com a chegada dos bem-nascidos que, abandonando a vida rústica das fazendas, buscavam abrigar-se em sobrados e solares azulejados de uma São Luís de ares modernizadores. Além do que, pelo que consta, não pairava sobre os Quadros qualquer suspeita a respeito da raça, já que nessas famílias, como certa vez comentou Graça Aranha, o "cruzamento com negros e mulatos seria uma abominação".[5]

Já com relação à nubente, ninguém em sã consciência poderia objetar. Descendente de Lancelot/Lourenço Belfort, originário das mais antigas famílias da Irlanda, proveniente do Castelo de Kelru ou de Quilrã (nominativos certamente já aportuguesados), sua proeminência era líquida e certa.[6] Desde que, na primeira metade do século XVIII, Lancelot/Lourenço subiu o Itapecuru, e de posse do título de sesmaria, fundou grandes engenhos de arroz e algodão, fazendo fortuna, que cresceu com adição de vultosos negócios comerciais e cargos públicos, os Belfort consolidaram seu nome na terra. Sem sombra de dúvida, grande parte da legendária riqueza do nobre irlandês escorava-se na captura de indígenas, no tráfico atlântico e na exploração do trabalho de balantas, mandingas, papels e bijagós, povos que haviam alimentado a diáspora atlântica forçada das costas da Alta Guiné para o Maranhão no correr do século XVIII. Mantidos sob estrito controle disciplinar do trabalho, o que havia exigido a utilização de altos índices de violência, os grandes plantéis de africanos haviam amanhado a fortuna de Lancelot com o suor de seus rostos e o sangue de suas veias.[7] O cultivo do *brown rice*[8] – arroz crioulo desenvolvido na região por meio da interação de saberes, técnicas e sementes indígenas, africanas e portuguesas – e do arroz carolina, realizado majoritariamente por mulheres, ou do algodão, recaía em costas africanas, cujo trabalho se desenrolava de sol a sol. Seus ganhos, por seu turno, calçaram rápida ascensão dos primeiros Belfort maranhenses, que receberam títulos – Lancelot/Lourenço nobilitou-se como Cavaleiro da Ordem de Cristo –, prebendas e brasões do rei. Na virada do século XIX, a casa dos Belfort já havia se enraizado por meio de laços de casamento com os maiorais da terra, como com os Lamagnère, os Maia e os Vieiras da Silva, formando extenso clã de interesses e negócios.[9]

O comendador José Joaquim Teixeira Vieira Belfort e sua mulher, Rita Tavares da Silva, pais da noiva, eram possuidores de extensa fortuna em terras, escravizados e imóveis urbanos. Em primeiro lugar, no leque de bens do casal, encontrava-se alto investimento na produção de açúcar e pinga, realizada em engenho mecanizado, acompanhado, ainda, pela presença de dezenas de outras atividades e cultivos: gado, mandioca, feijão e até gengibre preto.[10] A variedade de produtos de suas terras mostra que, embora a cana-de-açúcar fosse o carro-chefe da propriedade, o comendador apostava na diversificação voltada para o abastecimento do mercado local, como forma de escapar do fantasma da decadência, cuja sombra perseguia a monocultora escravista maranhense.[11] Entre os anos de 1860 e 1870, o Engenho Recurso, localizado em Rosário, associava-se à Fazenda Recreio e aos sítios Timbotiba e Laranjeiras, propriedades em terras adjacentes, abrigando mais de uma centena de escravizados, além de dezenas de trabalhadores livres.[12] Em seu conjunto, as terras do comendador se estendiam por mais de 2.800 hectares ou

113

2.800 campos de futebol. Máquina a vapor, bombas para retirar água dos diversos poços existentes, casa de ferreiro muito bem equipada, muares, carroções e barcos testemunham a complexidade da operação para a produção e distribuição do açúcar e da pinga, bem como de outros produtos de menor monta. Ratificando o caráter modelar do Engenho Recurso e terras adjacentes, a casa de morada principal da fazenda dispunha de dezesseis quartos assoalhados e mobiliados em madeira de lei. Cristais, faianças, joias e oratórios trabalhados compunham o ambiente aristocrático. Apesar de tudo, e atestando uma visão bem atenta às oportunidades econômicas de seu tempo, o maior poderio da família provinha de seus imóveis urbanos.

O casal detinha alguns dos mais magníficos imóveis de São Luís. O solar do Largo dos Remédios – hoje conhecido como Palácio Cristo Rei –, erigido pelo comendador em 1838, figura com uma das mais notáveis construções de São Luís do período, juntamente com outros edifícios suntuosos, como o Palácio Gentil Braga, o Palácio dos Leões e o Palácio das Lágrimas. Construído em estilo barroco tardio e composto de dois pisos e um mirante, o solar apresenta uma entrada principal grandiosa, que leva a um deslumbrante jardim e uma escadaria para o segundo piso, toda em pedra de cantaria trabalhada e ornada com uma escultura da deusa Diana. No andar térreo e no mirante repetem-se os pisos trabalhados, gradis de ferro, balcões e janelas de vergas em arco batido. No inventário do casal do comendador, realizado entre 1875 e 1876, esse imóvel responde a quase um terço do valor do monte.[13] Embora tenha sido construído para moradia, o solar estava alugado, ao menos na década de 1870.

À época, a casa de morada do casal situava-se à rua Grande, uma das principais vias comerciais da cidade, próxima ao solar original da família Belfort, erigida pelo fundador do clã, Lancelot/Lourenço Belfort. Com dois pavimentos e mirante, pedras de cantaria e detalhes de lioz, a construção impunha-se nessa que era uma das áreas mais elitizadas de São Luís na segunda metade do século XIX.

Há também menção da existência de um sobrado à rua do Sol, outro endereço aristocratizado na São Luís do período, onde residiu o casal.[14]

Senhores de terras e escravizados, o comendador José Joaquim Teixeira Vieira Belfort e sua mulher faziam parte de uma nascente economia capitalizada que emergia no Maranhão na segunda metade do século XIX. Proprietários de imóveis urbanos, acionistas de bancos, ativos participantes da modernização da produção açucareira em engenhos mecanizados, empregadores de dezenas de colonos livres, os Belfort surgiam tanto como escravistas ferrenhos quanto na condição de lumiares de uma economia moderna.[15] Tal trajetória permite que se vislumbre uma direção oposta à tão decantada ideia da decadência maranhense, descrita por muitos como inescapável.[16] Monopolizando ao mesmo tempo a produção escravista e iniciativas econômicas integradas ao novo mercado urbano de São Luís, os Belfort mostravam-se sobretudo antenados ao seu tempo e às suas circunstâncias, sem, no entanto, renunciarem à escravidão. Além disso, ao acrescentar uma colônia de homens e mulheres livres trabalhadores a essas propriedades, o comendador garantia a oferta de braços em um momento que o valor do cativo no mercado atingia os mais altos preços.[17]

A futura dona Maria Thereza Quadros havia de levar em seu enlace dote polpudo em enxovais de linho, pesadas cômodas de jacarandá, ricos oratórios, porcelanas com monogramas do brasão da família, talheres de prata e marfim, joias, dinheiro e, claro, escravizados ou escravizadas para seu serviço pessoal em seu novo endereço. Como se pode imaginar, com a noiva proveniente das principais famílias, o consórcio representava muito mais do que um mero acerto de moradia e convivência, requerendo visitas sociais demoradas entre ambas as famílias envolvidas, trocas de gentilezas e acertos econômicos. De fato, entre os muitos ritos sociais e as regras de polidez a serem seguidas, discutia-se, embora não abertamente, o dote da noiva. Como a futura dona Maria Thereza Quadros casava-se com noivo de menor posse, tendo como único trunfo seu canudo de doutor em medicina, expedido pela faculdade do Rio de Janeiro, além de muitas ideias, projetos e ganas de se projetar politicamente em cargos públicos, é natural que o dote espelhasse essa realidade. Decerto, a família da noiva esperava que o genro prosperasse em São Luís, ocupando o crescente espaço aberto aos profissionais liberais, sobretudo aos médicos. A urbanização e aristocratização das freguesias centrais, a tradicional insalubridade e as recorrentes epidemias que grassavam em São Luís tornavam a medicina um bom negócio.

O dote de Maria Thereza foi registrado logo após o enlace e refletia essa realidade. Frente às posses do comendador, o quinhão acordado não foi tão vantajoso quanto poderia ser, não perfazendo 10% da fortuna da família avaliada quando do falecimento do casal na década de 1870.[18] Alcançando o valor de 12 contos de réis, a família da noiva ofertava enxoval, mobília, joias, além de mulheres e crianças escravizadas – mas não terras, nem imóveis, nem escravizados homens. Ficava claro que o doutor teria que ganhar o pão na cidade. Dizia o acerto:

> Declaro eu José Joaquim Teixeira Vieira Belfort, que dei como de fato tenho dado adiantamento da legítima paterna ou materna do Dr. Luiz Miguel Quadros por cabeça de sua mulher Maria Tereza Tavares Belfort Quadros, a quantia de doze contos de reis, 12:000$00, em escravos, dinheiro e objetos abaixo declarados, e por isso desde já lhes transfiro todo o direito de tais bens...

> Todo o enxoval 1:11464400
> 20 meias cômodas de mogno, com tampos de mármores .... 180$000
> 1 guarda-vestidos de mogno .... 200$000
> Cama de angico .... 120$000

Mesa de angico para centro de sala .... 50$000
Castiçais de vidro, candeeiro de globo, duas serpentinas galvanizadas .... 110$000
Total 1:806$4001 baguete rico de brilhantes ....
.... 1:600$000
1 broche dito e dito .... 650$000
1 par de pingentes dito .... 350$000
1 aparelho rico de prata para chá .... 900$000
1 bacia e jarro de prata .... 200$000
1 faqueiro em sua caixa de madeira fina polida compreendendo duas dúzias de facas e garfos para mesa, 2 ditas de dito, para sobremesa tendo de cabo de marfim guarnecido de prata, duas dúzias de colheres para sopa, duas ditas de dita para sobremesa, duas ditas para chá, com sua respectiva concha e tinaz, colher grande para sopa, dita para arroz, tudo de prata, e finalmente um par de trinchantes .... 800$000
Em dinheiro, moeda corrente 2:193:600

Escravos
Marcelina, crioula, 22 anos .... 900$000
Geminiana, dita, 17 anos .... 900$000
Florentina, mulata, 8 anos .... 700$000
Emiliano, crioulo, 4 anos .... 500$000
Perpétua, dita, 45 anos .... 500$000
Total em escravos 3:500$000
Total 12:000$000

Maranhão, 8 de agosto de 1862
Assinam
José Joaquim T T Belfort
Luiz Miguel Quadros[19]

Três escravizadas adultas iriam servir a senhora-moça na cidade: entre elas Geminiana, uma jovem de dezessete anos, que, ao que tudo indica, vivera a sua vida inteira no engenho do comendador, ladeada de sua mãe, irmã e sobrinhos. Marcelina e Perpétua, com seus dois filhos, também foram destinadas ao novo casal. Todas foram deslocadas do Engenho Recurso para enfrentar a vida na cidade sob o domínio de um novo senhor. Se dona Maria Thereza devia estar contente com o enlace de sua escolha e o noivo doutor, na mesma ocasião e pelos mesmos motivos, Geminiana e suas companheiras tiveram que enfrentar o trauma de um destino incerto e nebuloso. Para elas, a vida havia dado uma virada radical.

Geminiana, sua mãe e sua irmã

O susto de Geminiana – de Perpétua e de Marcelina – pode ser avaliado quando confrontado à vida que as três mulheres escravizadas haviam experimentado até ali. Isso porque o Engenho Recurso era uma dessas propriedades escravistas estáveis, em que a vida dos cativos e cativas poderia correr por diversos anos sem grandes sobressaltos. Nas fazendas do comendador Belfort, isto é, o engenho e terras adjacentes, viviam e labutavam mais de 120 escravizados e escravizadas. Do conjunto, apenas se nota a existência de uma minoria de escravizados jovens provenientes das províncias vizinhas e/ou sem filiação reconhecida, sugerindo terem sido adquiridos mais recentemente. No entanto, a vasta maioria dos escravizados e escravizadas possuía filiação conhecida e laços familiares na comunidade de senzala do engenho. Como sugerem os inventários, o casal deslocava escravizados e escravizadas do engenho para a cidade, e vice-versa, mantendo, porém, um padrão de domínio marcado pela estabilidade.

Vale mencionar que o conjunto de propriedades rurais do casal contava com exatamente 125 escravizados e escravizadas, sendo que apenas 33 deles não tinham nenhum laço familiar. No entanto, entre os 92 cativos e cativas restantes havia 22 famílias ou grupo de pessoas aparentadas sobressaindo, sobretudo, mães com seus filhos. Nota-se igualmente a existência de irmãos e irmãs, primos e primas, isso sem contar um viúvo e uma viúva africanos, ambos de mais de oitenta anos de idade, mostrando que esses anciãos haviam se casado e constituído família em algum momento do passado e continuavam presentes na vida de seus filhos e filhas, netos e netas. Embora a maioria dos núcleos familiares fosse composta de mãe e seus filhos, algumas famílias contavam com três gerações, com avós africanos ou nativos, filhos e filhas, netos e netas maranhenses. Mariana, uma mulher africana de 88 anos, vivia no engenho com seus filhos, Maria da Conceição, de 48 anos e Barnabé, de 44, e seus netos: Clementina, de 36 anos, e Januário, de 22. Já Cândida, nascida no Maranhão e filha de Luíza, de filiação desconhecida, vivia com sua irmã, Maria Benedita, de 51 anos, seu sobrinho, Adão, de sete, seus filhos, Domingos, de dezessete anos, Lino de catorze, João, de doze, e seus netos; Marcelino, de três, e Camila, de dois anos.[20]

E embora a comparação entre os escravizados listados na matrícula de 1872 e os arrolados nos inventários de Rita Belfort, morta em 1875, e de seu marido, o comendador, falecido em 1877, apresente algumas diferenças, estas se explicam tanto pela morte de um certo número de cativos quanto pelas possíveis alforrias, fato que aparece explicitamente mencionado no inventário do casal. Não consta da lista dos escravizados elencados a menção a fugidos ou vendidos. São esses indícios sugestivos de que, ao longo de sua vida econômica, o casal manteve seu patrimônio em escravizados, sem nunca os vender. A estabilidade do grupo escravizado e os laços familiares sólidos testemunham que o casal Belfort desenvolveu ao longo de sua gestão uma política paternalista baseada na estabilidade familiar, conhecida ferramenta senhorial na acomodação de conflitos com seus escravizados, uma vez que qualquer confronto poderia redundar em venda, cuja consequência gerava a separação da família.

Reveladora foi a fala do filho do comendador, encarregado, após as sucessivas mortes da irmã e cunhado, mãe e pai, de finalizar os inventários, quando chamado a depor no processo movido contra Ana Rosa, acusada do assassinato do pequeno Inocêncio. Quando perguntado sobre as marcas de castigos mais antigas encontradas no corpo da criança, o filho do comendador negou veementemente que os escravizados do Engenho Recurso fossem submetidos a qualquer violência. De fato, em seus depoimentos apresentados ao inquérito e ao processo crime relativo à morte de Inocêncio, o dr. José Joaquim Tavares Belfort, que, além de filho e inventariante do casal do comendador era lente da Faculdade de Direito do Recife, declarou que, embora fosse primo em terceiro grau de Ana Rosa Viana Ribeiro, não mantinha relações próximas com ela. Negava peremptoriamente ilações que estavam sendo feitas por pessoas próximas à senhora acusada de que a criança tivesse sofrido maus-tratos no período em que Geminiana e seus filhos voltaram a viver no engenho, após o retorno do casal Quadros à Rosário e, principalmente, após a morte de dona Maria Thereza em 1868. Dentre os muitos argumentos que o lente da Faculdade de Direito apresentou na ocasião, a maioria laudatórios do tratamento humanitário dispensado pelo engenho a seus cativos, um deles, inadvertidamente, caminha em outra direção, testemunhando a solidez dos laços familiares existente no engenho. Afirmou que "durante o tempo em que estiveram os referidos moleques no Engenho Recurso, onde eles têm muitos parentes, aí sempre estiveram com sua mãe, que não consentiria que fossem seviciados por parceiros".[21]

A estabilidade econômica dos proprietários ao longo de toda uma geração permitiu a formação de uma comunidade de senzala estável, baseada em uma sólida rede de parentesco e amizade. No entanto, fica bastante óbvio que o tratamento paternalista dos Belfort não escondia uma política de gestão escravista usual, isto é, voltada para a obtenção de sobretrabalho de seu plantel com os menores índices possíveis de conflito e resistência. Assim, por exemplo, no massivo inventário do casal do comendador Belfort, cujo monte atingiu o estratosférico valor de 173 contos de réis e uns quebrados, composto de terras, imóveis e maquinário vultosos, a rancharia dos escravizados aparece mencionada em conjunto com o curral dos bois, valendo apenas 200 mil réis. A pergunta que fica é como 125 homens, mulheres e crianças habitavam – o que se pode deduzir – terem sido apenas precárias choupanas e choças sem nenhuma melhoria e ainda ladeadas pelos currais. A comprovação da ausência de preocupação com as condições de vida dos escravizados também desfaz a ilusão de que os Belfort fossem "bons senhores".

Mas o principal indício da insensibilidade dos Belfort com relação aos seus escravizados e escravizadas aparece no tratamento dispensado à família cativa, especialmente desastroso no caso de Geminiana e seus filhos. Filha de Simplícia, Geminiana nasceu em São Luís, mas deve ter vivido largos períodos no engenho.[22] Sua mãe era escravizada pelos Belfort e pode ter passado sua vida como escravizada ora no mesmo engenho, ora em uma das moradias urbanas da família em São Luís, se alforriando em data imprecisa, porém anterior a 1872. Isso porque, na matrícula de escravizados realizada naquele ano, seu nome já não aparece.[23]

Forra, ela passou a defender seu ganha-pão empregando-se nos trabalhos à jornal nas ruas da capital, assumindo o nome completo de Simplícia Maria da Conceição Teixeira Belfort. Natural de Alcântara – outra região densamente escravista da província do Maranhão – e tendo por volta de sessenta anos em 1876, quando depôs no inquérito relativo ao assassinato de seu neto Inocêncio, a mãe de Geminiana deve ter se alforriado na década de 1860, quando poderia ter cinquenta anos ou mais.[24] O mais provável é que sua liberdade tenha sido adquirida após décadas de poupança, duramente amealhada. Uma possibilidade é que Simplícia tenha servido os Belfort, ao menos em parte de sua vida, em um dos seus solares citadinos, o que lhe teria proporcionado as condições de formar pecúlio, sempre mais fácil de ser levantado por escravizadas urbanas. É certo, entretanto, que seus laços com o Engenho Recurso se mantiveram fortes; em 1872, lá viviam suas filhas, Geminiana listada como tendo 32 anos e Florência com 28, com seus netos, Zaira, de nove anos, Constança, de seis, Inocêncio, de quatro, e Jacinto, de dois para três anos, filhos da primeira; e Etelvina, doze anos, Rachel, de nove, Raimunda de sete e Alexandre de cinco, filhos de Florência. Embora ambas estivessem carregadas de filhos pequenos, em nenhuma das listas de escravizados disponível há menção a maridos ou pais das crianças.

Tanto na matrícula de 1872 quanto na lista de arrolamento dos escravizados constante no inventário do comendador e sua mulher, todos – com exceção dos africanos que, àquela altura, eram anciãos – foram registrados como solteiros, sendo reconhecido o laço apenas da mãe com seus filhos. Embora as listas disponíveis tenham desprezado a nominação do pai, supõe-se que a maior parte das crianças fosse filha de homens registrados como solteiros e sem vínculos familiares ou com vínculos apenas com suas mães. O desconhecimento da paternidade é aspecto corriqueiro no mundo da escravidão, movido pelo princípio do *partus sequitur ventrem*, isto é, que os filhos seguem o status materno, inviabilizando a observação de laços maritais e paternais. Filhos e filhas de mães cativas são também escravizados. Mesmo após a Lei do Ventre Livre, o princípio do ventre materno ainda se manteve como elemento fundante da descendência, já que os nascidos de ventre escravizado adquiriam, após a lei, o status de ingênuos, e não mais de escravizados.[25]

As filhas de Simplícia, Geminiana e Florência, assim como os filhos delas, foram registrados nas listas de escravizados a partir do mesmo princípio, que era o da ausência da definição do pai. O que não impede que os maridos e companheiros de Geminiana e Florência estivessem fisicamente presentes na propriedade e que constassem na mesma lista na qual foram elas arroladas. Nota-se também que, em 1872, Geminiana tinha quatro filhos; Constança, no entanto, desaparece dos registros subsequentes, sugerindo que ela tenha falecido nos anos seguintes.

Em 1861, doada à sua senhora-moça, Geminiana deve ter tido que se despedir dos seus e deixar o Engenho Recurso, indo morar na cidade, para servir ao jovem casal, retornando nos anos seguintes, mesmo antes da morte de sua senhora-moça.

O casamento de Maria Thereza com o dr. Luiz Miguel Quadros mostrou-se logo atribulado e marcado por grandes decepções. Entre os anos de 1862 e 1868, o casal residiu em diferentes endereços da cidade, com o marido metendo-se em todo o tipo de aventura e negócios. Se o poderio familiar dos Belfort pressionou e, ao mesmo tempo, facilitou que Luiz Miguel se sobressaísse na sociedade local, é também verdade que ele, mesmo antes do casamento, assim como seu pai, já havia vislumbrado os caminhos para a nobilitação social via inserção na burocracia estatal e nas letras. Quadros estudou na Faculdade de Medicina da Bahia, porém formou-se no Rio de Janeiro. De volta à terra natal, envolveu-se em múltiplas atividades, fez parte do quadro de diretores da Escola Agrícola do Cutim, cujos fins visavam à modernização da agricultura maranhense; no mesmo ano, aparece distribuindo, em nome do governo, mudas de cana caiena para os interessados, publicando duas peças cômicas e um vade-mécum e vendendo apólices e letras, além de dedicar-se à medicina.[26]

A partir do enlace com Maria Thereza, talvez no afã de mostrar aos sogros e à aristocrática e excludente sociedade maranhense que fazia por valer o status que conseguira, Luiz Miguel imprimiu à sua vida uma febril atividade. O jovem doutor montou diversas clínicas médicas tanto para ricos como para remediados e pobres; durante a Guerra do Paraguai abriu uma clínica médica militar; passou a realizar cirurgias no Pará; tornou-se inspetor de saúde do porto; lançou o já citado vade-mécum para o povo com foco no *cholera morbus*; fundou e dirigiu companhias, como a Prosperidade, que se reunia na sua casa; envolveu-se em inúmeros projetos, entre os quais o de fundar uma colônia de confederados estadunidenses no Maranhão às suas custas, empreendimento que, embora não tenha prosperado, foi efetivamente iniciado.[27] Ao lado disso, envolveu-se em inúmeras polêmicas ácidas nos jornais, sobretudo devido a ataques contra a honra do pai.[28]

Em um desses ataques e contra-ataques veiculados pela imprensa, o doutor é francamente ridicularizado; o autor do artigo o avalia como médico ignorante, que faz tanto, mas, na verdade, mais mata os pacientes do que os salva, em amputações violentas e malsucedidas, péssimo escritor que comete inúmeros erros de português, inculto e, acima de tudo, apenas um aproveitador dos bens da família Belfort. Afirmava R. B. G. de Souza, em 1862, que, de fato, Luiz Miguel limitava-se a desempenhar os seguintes papéis: 1. Sócio efetivo em um terço da gadaria da fazenda da Cruz; 2. Membro terção das rapaduras e cachaças do Engenho Recurso; 3. Parte integrante do Palais Royal do Largo dos Remédios; 4. Terti baronete[29] das casarias das ruas do Sol e Grande; 5. Capelão do Sítio dos Anjos.[30]

O autor concluía, assim, que o jovem doutor não passava de um sujeito pouco preparado e arrogante que, usufruindo dos bens do sogro, presumia-se poderoso. Porém, não passava de um pulha. Embora as acusações de Souza tenham sido apresentadas em uma polêmica nos jornais, com troca mútua de acusações, bem ao gênero comum do século XIX, os fatos certamente deram razão ao acusador. Já em finais de 1866, alegando necessidade de uma licença-saúde, o jovem médico, com esposa, filhos e escravizados, retirou-se para Rosário, indo viver no Engenho Recurso.

Entre os anos de 1861 e 1868, quando da morte da esposa, Luiz Miguel Quadros fez dívidas milionárias, tomou empréstimos variados com negociantes, donos de armazém, agiotas e bancos, que serviram para financiar seu projeto de ascensão social. Sem controle, as dívidas foram se acumulando até o sogro fechar as torneiras e tomar as rédeas do inventário da falecida filha.

Maria Thereza, Geminiana, seus filhos e seus destinos

Naqueles anos, enquanto o marido procurava consolidar um espaço nobilitante junto à aristocracia ludovicense às custas do sogro, Maria Thereza gerava filhos. Seguia assim o destino traçado às mulheres, enfrentando em cada parto os riscos de complicações que poderiam levar à morte a mãe e a criança. Apesar da posição e da profissão do marido, nada garantia à Maria Thereza o sucesso naquilo que era denominado como a guerra das mulheres. Casada com um médico cuja tese de formatura, apresentada em 1858 à Faculdade de Medicina do Rio de Janeiro, se intitulava *Das modificações que a prenhez pode ocasionar na inteligência e na moral da mulher*, certamente as gravidezes de Maria Thereza foram altamente observadas e medicalizadas.[31]

Em tese defendida em 1858, mesmo ano de formatura de Luiz Miguel Quadros, e com título similar, o dr. Bonsucesso afirmava que "acreditando na influência poderosa, no império, por assim dizer, absoluto do útero, em todas as épocas importantes da vida da mulher, é fácil, particularizando, ver que nos nove meses gestadores, nos quais a vida parece concentrar-se no aparelho uterino, as faculdades intelectuais e morais, perdendo sua atividade, devem sofrer modificações importantes".[32]

Nada poderia fazer supor que a tese do candidato Luiz Miguel se opusesse a essas ideias, ainda mais porque títulos e conteúdo de diversas teses médicas sobre a condição feminina, o parto e a amamentação do período se sobrepõem, repetindo pensamentos derivados do nascente sanitarismo. Ao longo da segunda metade do século XIX, a emergência de discursos a respeito da "maternidade científica" elevou a discussão a respeito do papel da mãe à questão central da vida da família. Enfocando o tema da suposta fragilidade da mulher e de seu destino biológico inescapável como mãe e dona de casa, papéis a serem realizados no restrito âmbito da domesticidade, os discursos médicos do período refletiam os desejos de modernização alimentados pelas classes letradas, que, apesar de se manterem escravistas, ansiavam por instituir modelos aburguesados de família no Brasil.[33] Claro está que tais concepções mantinham-se restritas às mulheres das elites, uma vez que escravizadas, libertas e mulheres pobres negras trabalhavam de sol a sol, como "homens", sofrendo, assim, constantes degenerificações.[34]

No período, a ginecologia e a obstetrícia começaram a invadir o espaço doméstico das elites. No entanto, suas intervenções e técnicas eram perigosas e dolorosas, e os doutores eram pouco experientes na lida prática, a qual, por sinal, dependia de treino adquirido em corpos menos valorizados, como o das escravizadas em partos laboriosos ou difíceis. Em casos complicados, parteiras formadas e sobretudo médicos, mesmo os que atendiam as mulheres de elite, podiam realizar a dolorosa manobra da versão, com o médico inserindo o braço no útero, de forma que pudesse modificar a posição do feto e extraí-lo. Porém, quando a extração do feto mesmo por fórceps tornava-se impossível, os doutores executavam a embriotomia ou craniotomia, cortando o crânio do feto de forma a extraí-lo em pedaços, salvando, assim, a mãe. Em tais casos, os médicos tomavam o cuidado de expor fora do útero algum membro ou fragmento de membro do feto ainda vivo para batizá-lo, honrando assim as prioridades da Igreja.[35] Em alguns casos, uma analgesia na forma do clorofórmio podia ser aplicada.[36]

Entre fevereiro de 1862 e inícios de 1867, Maria Thereza pariu cinco meninos. Os três primeiros vieram em intervalos regulares de dois anos: José Luís em 1862, Luiz Miguel em 1864, Manoel em 1866, que nasceu vivo, mas faleceu duas horas depois; já Eurico Luís chegou também em 1866. Antonio, o último dos meninos, nasceu em 1867.[37] Com quatro filhos pequenos, dois pelo menos ainda em idade de amamentação, certamente D. Maria Thereza se fiou em amas de leite. Afinal, ainda na década de 1860, dificilmente uma criança sobreviveria na ausência de leite materno.

Embora desde o início da década de 1840 já estivesse disponível nos Estados Unidos um modelo primitivo de mamadeira com o bico de borracha, e já se conhecesse desde finais da década de 1850 a pasteurização do leite, na sociedade brasileira tais novidades demoraram para pegar. Embora a mamadeira deva ter chegado ao Brasil na década seguinte ao seu invento, muitas dificuldades continuavam a se antepor na alimentação artificial de recém-nascidos. O desconhecimento e/ou o descaso quanto à esterilização desses objetos e à necessidade de ferver o leite tornavam bebês desprovidos de leite materno presas fáceis da gastroenterite e outras doenças similares.[38]

Os doutores, por seu turno, não se cansavam de publicar teses e artigos sobre os malefícios do que denominavam de "amamentação mercenária", condenando especialmente aquela realizada por escravizadas – africanas ou brasileiras. Tidas como mulheres más, de sangue corrompido e moral condenável, as escravizadas foram, ao longo de toda a segunda metade do século XIX, acusadas de contaminar as famílias brancas com seus fluidos corporais e sua convivência social.[39] Tal movimento aliou-se à crescente intromissão dos médicos no âmbito feminino, que passavam a discorrer sobre menstruação, gestação, parto e menopausa, sempre reforçando a fragilidade física e psíquica das mulheres, bem ao gosto dos nascentes padrões burgueses da domesticidade. Incluía-se nesse processo a emergência de regras sanitárias de puericultura, as quais, ao alardear suspeitas sobre o papel nefasto das escravizadas junto à família, sobretudo no caso das amas de leite, alçaram a amamentação a tema de constante preocupação para as camadas de elite. E, certamente, elevaram o nível de vigilância sofrido por essas mulheres, submetidas a um constante escrutínio de seus corpos e intimidade.[40]

O irônico é que tais medidas, embora tenham sobremaneira dificultado a vida das mulheres escravizadas que se viram cada vez mais oprimidas, não baniram, nem ao menos diminuíram, o arraigado hábito das famílias ricas, e mesmo das remediadas, a comprarem ou alugarem amas de leite. Embora em termos retóricos o aleitamento materno tivesse passado a ser vangloriado como o mais nobre ofício da mãe, a verdade é que a exposição das funções corporais afrontava os padrões senhoriais, assentados na ideia de que apenas mulheres negras deveriam expor seus corpos. Mulheres brancas, mães amorosas e anjos do lar eram, entretanto, consideradas frágeis demais para se desincumbir de tarefa tão extenuante e quase "indecorosa", a de expor os seios para dá-los ao bebê.[41] Além do mais, mulheres como dona Maria Thereza, que geravam numerosos filhos, certamente não tinham condições de manter seus bebês amamentados por muito tempo, como foi o caso de Luís Eurico, que havia nascido em 1866 e cujo irmão chegou no ano seguinte. A ausência da amamentação poderia explicar a precoce fertilidade de Maria Thereza, e, se não fosse o caso, sua gravidez certamente a obrigou a suspender a amamentação de seu filho ainda em idade de peito.

Em todos os casos, dona Maria Thereza deve ter recorrido a uma ou mais de uma ama de leite. Entre os bens de seu dote, figuravam três escravizadas, estando duas delas, Geminiana e Perpétua, em idade fértil. Ambas podem ter exercido a função de amas de leite. Geminiana, no momento da oficialização do dote, foi registrada como tendo dezessete anos, portanto deve ter nascido em 1845. Embora as idades atribuídas a ela variem nos papéis oficiais, a avaliação constante do documento de dote pode ser a mais acurada, isso porque, como já se mencionou, sua mãe, Simplícia, era também escravizada da família do comendador, podendo o próprio ter mantido a memória do nascimento da filha de sua escravizada.

Quando doada à sua senhora-moça, Geminiana não tinha filhos, porém, nos anos seguintes, teve sucessivas gravidezes, gerando Zaira em 1865; Constança, que teria nascido em 1867 – mas faleceu precocemente, antes do registro do inventário de Maria Thereza realizado em 1873 –; Inocêncio, que nasceu entre 1867 e 1868; e, finalmente, Jacintho, que teria vindo ao mundo entre 1869 e 1870, antes da Lei do Ventre Livre.[42] Nada consta sobre o pai ou os pais das crianças; como usual na filiação de escravizados, a paternidade se mantém obscura. As duas primeiras filhas foram certamente geradas na cidade de São Luís; Inocêncio e Jacintho, porém, é mais provável que tenham sido concebidos no Engenho Recurso. Teriam os cinco filhos de Geminiana pais diferentes? Não há como conjecturar, mas há duas pistas sobre a cor e o corpo de Inocêncio. Antônio de Quintero Ferreira, dono da padaria e negociante de escravizados responsável por comprar e revender os filhos de Geminiana, declarou que Inocêncio era de cor "preta retinta". A mesma avaliação de cor aparece em uma declaração da mãe e nos dois corpos de delito anexados ao processo criminal que sucedeu à morte da criança.[43] Pode-se, assim, especular que o pai de Inocêncio fosse algum companheiro de senzala da mãe, morador do engenho e provavelmente escravizado do mesmo senhor. O companheiro poderia ser também alguém da cidade. Se em algum momento de sua permanência na capital Geminiana estabeleceu contato com os ritos da pajelança e tornou-se íntima do famoso grupo de mulheres pajés lideradas pela notória Rainha da Pajelança, Amélia Rosa, conhecida também como Leopoldina, a rainha de Toba, então o pai de Jacintho e Inocêncio poderia ser um companheiro de ritos de magia e cura.[44] Teria o companheiro de Geminiana surgido por causa de seus laços com a pajelança de negros?

Após esfalfar-se por anos em contínuas atividades, nos finais de dezembro de 1866, dr. Quadros declarou aos jornais estar sofrendo de estafa e pediu licença para ir para o interior, a princípio por apenas um curto período.[45] No entanto, os préstimos médicos do doutor só voltaram a aparecer anunciados nas páginas dos periódicos de São Luís em janeiro de 1868. Nesse período de pouco mais de um ano e à exceção de uma viagem a Lisboa, o casal Quadros residiu em Rosário, no Engenho Recurso.[46] Se Geminiana gerou e deu à luz as primeiras duas filhas na cidade, os dois meninos – Inocêncio e Jacintho – certamente foram concebidos e nasceram em Rosário, na fazenda do comendador.

Em dois de abril de 1868, dona Maria Thereza, então com 26 anos de idade, faleceu. O atestado de óbito, lavrado na freguesia de São João Batista da capital naquela data, atesta que a senhora havia "falecido da vida presente por moléstia interior".[47] Teria Maria Thereza sofrido de um tumor ou câncer? Seria este consequência de um parto difícil, o qual resultou em laceração dos órgãos internos? Nada sabemos, mas fica a pergunta sobre que moléstia interna poderia dizimar uma jovem mulher de 26 anos. Ao desaparecer da vida presente, a senhora deixou para trás quatro filhos, sendo os dois menores – Luís Eurico de dois anos e Antônio de um, ainda em idade de amamentação. Nesse mesmo ano, Geminiana dava à luz Inocêncio, podendo, portanto, ter amamentado os filhos pequenos da falecida sinhá-moça. No ano seguinte, em maio de 1869, Antônio, uma das crianças da senhora, então com dois anos, faleceu de gastroenterite.[48]

O inventário de Maria Thereza foi aberto apenas em fevereiro de 1870 e andou lentamente, com o viúvo mantendo a guarda dos filhos, mas postergando a avaliação dos bens. Em novembro daquele ano, o viúvo apresentou uma petição em juízo exigindo que o comendador Belfort fosse compelido a entregar os bens de sua falecida esposa que haviam sido apropriados pelo sogro já antes da morte de Maria Thereza, sob a argumentação de mantê-los em depósito.[49] A petição começa a escancarar o longo conflito familiar que se desenrolava na intimidade do clã dos Belfort. Há anos o dr. Quadros, não era segredo, se metia em constantes empreitadas grandiosas.

Se dr. Quadros era, antes do casamento, um jovem ambicioso e empreendedor, após o enlace, meteu-se em negócios milionários. Alguns exemplos podem ilustrar a ousadia desse médico recém-formado e sem patrimônio próprio. A fundação, em São Luís, de uma enfermaria militar no decorrer da Guerra do Paraguai ilustra só uma delas e foi acompanhada por doações em armas e curativos aos batalhões que partiam do Maranhão para o teatro da guerra. A tentativa de organização de uma colônia de confederados na província com financiamento do próprio doutor deve ter custado, igualmente, centenas de contos de réis, apenas para ser abandonada em seguida. Os negócios do doutor haviam feito soar o sino de alarme na família Belfort já antes do falecimento de Maria Thereza. A licença médica solicitada em 1866 e a volta da família Quadros ao Engenho Recurso, certamente, já representavam tentativas de frear a mão larga do genro.

Foi nesse momento que Geminiana e suas duas filhas – Zaira e Constança – foram enviados de volta para o Rosário. Afinal, se o comendador resolvera obstar a dilapidação dos bens, o lote de escravizadas e crianças passados ao casal Quadros pelo dote se apresentava não apenas como a parte do leão que dona Maria Thereza levou para o enlace, como se revelava o bem de mais fácil comercialização. Já no engenho, entre 1868 e 1870, nasceram Inocêncio e Jacintho.

Poderoso como era, o comendador conseguiu impedir o acesso do genro aos bens remanescentes, composto basicamente de escravizadas que eram mães, assim como seus filhos. A partir de março de 1871, começam a pipocar nos registros do inventário cobranças das dívidas tomadas pelo doutor, que haviam ido a protesto pelo pagamento não ter sido honrado. A lista de letras protestadas e das dívidas com particulares e comerciantes locais é extensa, ilustrando o descontrole das finanças e dos negócios de Luiz Miguel. O rol inclui desde os gastos com o enterramento do filho Antônio, de 181 mil réis, a letras bancárias que perfazem muitos contos de réis. No total, a soma dessas dívidas ultrapassava 4 contos de réis, obviamente impagáveis pelo devedor, que há anos tomava empréstimos na praça sem honrá-los e que havia entrado em licença médica em 1866, retornando em inícios de 1868, sem renda fixa. Os ganhos de um doutor, mesmo quando este atuava freneticamente na praça como médico e inspetor de saúde, não poderiam fazer frente aos seus ambiciosos projetos e modo de vida.

Em abril de 1873, o comendador volta à carga solicitando a transferência dos encargos de inventariante e de tutor dos netos para si.

Isso porque o dr. Luiz Miguel havia embarcado para Lisboa em busca de tratamento mental. Consta no inventário um laudo psiquiátrico atestando a incapacidade mental do doutor, que, segundo os médicos do Hospital de Alienados de Rilhafoles, depois de observar atentamente e entrevistar o paciente, lhes pareceu completamente abalado:

> [...] se acha afetado de perturbação muito grave de suas faculdades mentais, perturbação que se denuncia desde suas primeiras palavras, por inteiro desconhecimento de seu próprio estado de saúde física e moral e das circunstâncias de tempo, lugar e condições que vive, bem como pela absurdidade e incoerência de ideias, de juízos e de desejos, que concebe a cada momento e que incessantemente exprime, com a mais desarrozoada e inesgotável loquacidade [...][50]

O diagnóstico final do paciente é que ele sofre de mania aguda. Livre do genro, o comendador, ainda em 1873, no mês de setembro, faz o louvado dos bens. Além dos escravizados, que o próprio havia se apropriado em momento ainda anterior à morte da filha, sobraram apenas algumas poucas pratarias e móveis de menor valor. Na lista de bens, constam Geminiana e seus filhos: a mãe escravizada, registrada como tendo 33 anos, foi avaliada em 650 mil réis; Zaira, de dez anos, foi dada como valendo trezentos mil réis; Inocêncio, de seis anos, precificado em duzentos mil réis, e Jacintho, então recém-nascido, cinquenta mil réis. Zaira, do sexo feminino e por já ter por volta de dez anos de idade, foi a única dos filhos a apresentar algum valor comercial; já os dois meninos, pela idade que tinham, receberam avaliações verdadeiramente irrisórias. No louvado foi também avaliado Emiliano, que aparece sem menção à filiação, de treze anos, por 450 mil réis.

O andamento do inventário ilustra como o comendador tentou de todas as maneiras diminuir os grandes prejuízos deixados por

Luiz Miguel, não importando o quão irrisórios fossem os valores angariados. Em 1874, o comendador pôs à venda instrumentos cirúrgicos, livros e prateleiras do genro, levantando um pouco mais de setecentos mil réis. Essa mesma decisão, a de diminuir o máximo possível o passivo do inventário, impactou enormemente a vida e as possibilidades de sobrevivência dos escravizados, de forma dramática no caso de Geminiana, Zaira, Inocêncio e Jacintho.

Um ano mais tarde, em dezembro de 1875, os jornais noticiam que o dr. Luiz Miguel Quadros, recém-retornado de Lisboa, falecera vitimado por encefalite crônica. Anunciava o jornal:

> Terminou seu infeliz peregrinar na terra o desditoso Luiz Miguel Quadros. Cheio de vida e dotado de inteligência robusta, quando começava a ser útil à humanidade com os recursos da medicina, apagou--se-lhe a luz da razão. Sua família, no intuito de readquirir--lhe a saúde perdida, fê-lo transportar à Europa, onde, porém, foram baldados todos os meios empregados. Restituído à sua terra natal, sucumbiu e foi sepultado ontem, tendo lugar o saimento da Igreja de Nossa Senhora dos Remédios.[51]

O ano de 1875 não foi fácil para o comendador. Já em maio ele havia perdido sua mulher, Rita da Silva Belfort.[52] Além dos lutos que tais perdas impunham, o comendador agora tinha que conduzir dois complexos inventários.

Entre 1874 e 1876, dois escravizados da posse de Luiz Miguel e Maria Thereza apresentaram seus valores em juízo e se alforriaram. A mulata Florentina, que consta no documento de dote como de idade de oito anos e que aparece aqui com 22 anos – lembremos que as datas de nascimento são meramente aproximativas –, recebe de sua madrinha, Selina Rosa Melo, registrada como mulher livre (quer dizer, livre e negra), a alforria, no valor de 550 mil réis. Em inícios de 1876, o comendador, prevendo o fim do inventário, transfere o lote de escravizados remanescentes para sua casa em São Luís, a fim de vendê-los. Constam do grupo a escravizada Brígida, acompanhada de seus três filhos, sendo uma menina mais velha alforriada pelo dr. Quadros e dois meninos ventre-livres; Emiliano; Geminiana e seus filhos. Emiliano, de treze anos, apresenta em março daquele ano seu valor, recebendo então sua carta de alforria.

A separação

Ao chegar à capital, Geminiana e seus filhos ficaram, inicialmente, abrigados na casa do comendador. Enquanto esperavam o desfecho do inventário, Geminiana e Zaira, que então já era uma menina de doze anos e, portanto, considerada apta para o trabalho, devem ter começado a prestar serviços a quem as abrigava. Já os dois meninos pequenos, ainda sem serventia, podiam desfrutar um pouco da infância, sem nem ao menos imaginar o que lhes estava por sobrevir. Em uma passagem de seu depoimento, o dr. Tavares Belfort, quando negava que Inocêncio e Jacintho fossem viciosos (isto é, que tivessem o "hábito" de comer terra) e sofressem castigos nas propriedades de sua família, relembrou um momento especial na vida dessas crianças cujas vidas estavam sempre sob ameaça. Rememorou o momento em que viu os dois meninos tomando banho na água da chuva desnudos, na área externa da casa de seu pai, correndo livremente, brincando e aproveitando a água fresca em um dia de calor de São Luís. Essa cena surge como uma passagem memorável em meio às incertezas de uma infância escravizada. Asseverou também que as crianças tinham corpos sãos e sem sinal de castigos.[53]

No mesmo março de 1876, prevendo um desfecho rápido com a sua venda e de seus filhos, Geminiana apresentou judicialmente seu valor de avaliação, de 650 mil réis, obtendo assim, sua carta de alforria.[54] Nada sabemos sobre como a escravizada levantou o valor requisitado. Teria sido sua mãe, mulher forra há anos e que trabalhava à jornal nas ruas de São Luís, a responsável por amealhar o pecúlio de Geminiana? Ou teria o valor sido poupado por Geminiana em trabalhos extras nas ruas de São Luís e apresentado no momento crítico, quando a venda rapidamente se aproximava? Teria sido ainda o montante de 650 mil réis ganhos como remuneração dos – talvez, apenas hipotéticos – trabalhos de pajelança que Geminiana integrava junto ao grupo de Amélia Rosa, ou teriam suas companheiras de trabalho nas ruas ou de brinquedo de cura emprestado o valor para ser ressarcido no futuro?

Embora não possamos recuperar como Geminiana levantou seu valor nos últimos trâmites do inventário, as decisões dela podem ser compreendidas no contexto da aquisição da liberdade por mães escravizadas. Cabe perguntar por que a escravizada apresentou os 650 mil réis relativos ao seu valor em vez de alforriar seus três filhos pelo valor de avaliação constante do inventário, que dava apenas 550 mil réis pelas crianças. É verdade que esse valor aparece corrigido para 750 mil réis na avaliação de 1876, mas ainda assim a quantia não era tão mais alta do que o valor da mãe.

Ao adquirir, em primeiro lugar, sua própria alforria, o comportamento dessa mãe se coadunava com a de milhares de outras escravizadas. Isso porque a compra da alforria por uma mulher escravizada correspondia, na maior parte dos casos, a anos de trabalho duro e poupança, exercido normalmente nas ruas das cidades. Vendendo em tabuleiros, negociando por vintém os itens de primeira necessidade, iguarias, frutas, água ou qualquer outro produto, a mãe escravizada havia de poupar diligentemente por anos para amealhar seu valor de mercado. Estudos sobre a alforria já demonstraram que as negociações que envolviam a compra da liberdade, seja por prestação de serviços por tempo determinado aos próprios donos ou a terceiros, seja por poupança do valor amealhado com trabalhos extras, exigia dos escravizados em geral, mas principalmente das mulheres, que tendiam a conviver na intimidade das casas senhoriais, longas negociações, com demonstrações de fidelidade e obediência.[55]

Para a mãe escravizada, o dilema da alforria se tornava ainda mais doloroso. Comprar a liberdade dos filhos significava que eles, embora libertos, teriam que seguir vivendo sob a guarda dos senhores da mãe. Dificilmente uma escravizada conseguiria acumular o suficiente para a compra da liberdade de todo o grupo familiar ao mesmo tempo. Assim, o mais lógico do ponto de vista da mãe era o de adquirir a própria alforria, podendo assim trabalhar para poupar e adquirir a liberdade dos filhos em uma segunda etapa.[56]

Embora todos os decretos e leis de melhorias da condição escravizada promulgados pós-1850, interessando especialmente o de 1869, que proibia a separação de mães e filhos escravizados menores de quinze anos, e a Lei do Ventre Livre, que, entre outras decisões, tornava os nascidos após a lei ingênuos (e não mais escravizados) e proibia a venda em separado de mães e filhos escravizados menores de doze anos, se propusessem a preservar o laço materno, a realidade contradizia os objetivos da lei.[57] Ainda que a letra da lei demonstrasse a intenção, de modo formal, de obstar a separação das famílias, a complexidade da situação das mães escravizadas muitas vezes impedia a implementação da lei e, às vezes, até criava efeitos contrários.

Em primeiro lugar, o ingênuo ficava sob a guarda do senhor até a idade de oito anos, mas, nesse período, não deveria ser separado da mãe. Se a mãe adquirisse sua alforria nesse período, a Lei do Ventre Livre estabelecia que a criança a acompanharia. Estudos têm mostrado que isso acontecia raramente, já que o senhor dispunha de outros instrumentos legais – como a tutela e a soldada – para manter a guarda da criança.[58] Após essa idade, o ingênuo passava à tutoria legal do senhor de sua mãe e assim permanecia até os 21 anos. Em todos os casos, se a mãe fosse vendida, doada ou emprestada, os filhos não acompanhavam a mãe, ou seja, não havia nenhuma provisão legal que exigisse a manutenção do laço materno. Mesmo que a mãe se alforriasse, os filhos ingênuos permaneciam sob a guarda do seu antigo senhor.[59] Ora, como a própria Lei do Ventre Livre facilitava a compra da alforria por meio de acordos legais intermediados pela Justiça entre senhores e escravizados e tendo em conta que o número de mulheres alforriadas sempre excedeu o de homens, conclui-se que a lei, em seus efeitos sociais, facilitou a separação de mães e filhos.[60] O incremento do número de tutelas e soldadas de crianças libertas ou trezes-de-maio, sobretudo de meninas, por "famílias de bem" também expressam a rejeição do modelo familiar vivido por mães negras, não importando o seu status. O descrédito nos sentimentos maternos e na moral familiar das mães empobrecidas, sobretudo daquelas egressas da escravidão, era, de fato, generalizado.[61]

Certo é que adquirindo sua própria liberdade, a mãe ficou sem meios para alforriar a prole. Dessa forma, seus três filhos escravizados – Zaira, Inocêncio e Jacintho – tiveram que permanecer sob o domínio dos senhores. No entanto, como eles haviam falecido e se fazia o inventário, com lista de escravizados a serem vendidos para pagar os custos legais, as crianças seriam anunciadas em hasta pública, isto é, em leilão, e comercializadas a quem oferecesse melhor preço. Apesar da iminente separação que ocasionaria a venda dos filhos, a mãe parece ter acreditado que as crianças seriam acomodadas de maneira aceitável. Em primeiro lugar, Geminiana tinha vivido sob o domínio da política paternalista do comendador e sua família, experiência que pode ter alimentado as esperanças de uma solução temporária admissível até que ela pudesse resgatar os filhos. Uma das possibilidades era que o administrador do Engenho Recurso, que aparentemente havia se afeiçoado aos dois meninos, os adquirisse. Permanecendo na fazenda, a qual já empregava pessoas livres, Geminiana poderia lá trabalhar, mantendo a convivência com pelo menos dois dos seus filhos.[62] Em seu depoimento, o dr. José Joaquim Tavares Belfort, confirmou a proposta de compra pelo administrador, asseverando:

Que os referidos escravos, Inocêncio e Jacintho eram, como é geralmente sabido, bem tratados no estabelecimento Recurso, sendo que tal era a amizade que o Administrador deste estabelecimento tinha aos dois ditos moleques, tal o tratamento que a eles dava e a consciência que tinha de que eles não tinham vícios que os quis comprar para si para o que deu poderes de procuração passada em casa de um dos tabeliões desta Capital ao Senhor Luiz Correa de Loureiro, irmão do Senhor Consul Português; que tendo o referido administrador Manoel Romeiro de Gouveia contratado casamento com a filha do tenente José Victor Monteiro de Sá, vizinho do Engenho Recurso, estando este estabelecimento apenas quinhentas braças, casamento este que fala alto em favor dos sentimentos humanitários do dito Romeiro, visto ter feito este despesas com o seu casamento não pode então efetuar a compra dos referidos moleques...[63]

Apesar da recusa inesperada do administrador em efetivar a compra dos dois meninos, Geminiana ainda poderia estar se sentindo relativamente segura quanto à alocação de seus três filhos, isso porque o comendador havia prometido a duas famílias escravizadas que haviam sido postas à venda que não haveria separação de mães e filhos. No primeiro caso, Brígida, a mãe, se mantinha escravizada, mas seus três filhos já estavam libertos; Marcelina, de seis anos, havia sido alforriada pelo seu proprietário, dr. Quadros, e José de três anos e Martinho de poucos meses eram ingênuos. Como a mãe havia de ser vendida, o comendador em petição ao Juiz de Órfãos afirmava que:

como a referida Brígida deve ser vendida para pagamento dos credores do referido casal e tenham os três filhos menores de doze anos de acompanhar a sua mãe, o suplicante requer a sua Excelência que outrossim determine ao Escrivão que nos editais de preço mencione esta circunstância...[64]

Cabe observar que a proibição da venda em separado de mães e filhos menores de doze anos, prevista na Lei do Ventre Livre, na verdade não se aplicava ao caso de Brígida. Sua filha mais velha, Marcelina, era forra, e nada obrigava os compradores da escravizada a levar também essa criança, embora possamos conjecturar que para os novos proprietários valesse a pena contar com os trabalhos atuais e futuros da filha mais velha de Brígida. Já os dois filhos mais novos, menores de oito anos e ingênuos, estes sim, a lei previa a manutenção do laço materno, obrigando os novos senhores necessariamente a receber os dois meninos. A Lei do Ventre Livre explicitamente proibia a separação de mãe e filhos menores de oito anos. Isso, óbvio, na letra da lei. Na prática, a coisa era outra, e essa exigência poderia ser contornada, utilizando a estratégia da tutoria. No entanto, seguindo a tendência geral da classe senhorial pós-Ventre Livre, supomos que os compradores tivessem interesse em receber os ingênuos, contando em explorar o trabalho deles ao longo dos anos que viriam.

Já o caso de Geminiana era exatamente o contrário: a mãe era liberta, mas seus três filhos eram mantidos escravizados. Da mesma forma que Brígida, Zaira, Inocêncio e Jacintho foram anunciados em hasta pública em abril, mas meses se passaram sem que aparecessem interessados.

Em meados de março, a mãe, juntamente com os dois meninos, foi enviada a trabalhar na casa do cônsul português. Não há indícios da presença de Zaira no local, mas, como menina já crescida, seus serviços eram de valia em qualquer lugar. Supomos então que ela tenha permanecido no solar do comendador. Além disso, com doze anos, mesmo a Lei do Ventre Livre – evocada pelo comendador, embora sem efetividade legal – permitia a separação de mães e filhos. Geminiana serviu o cônsul por mais ou menos dois meses. Nesse período, Jacintho, que tinha então por volta de cinco a seis anos, caiu de uma escada e quebrou a perna. O acidente, provavelmente fruto da falta de supervisão da mãe, que deveria estar servindo à família que a empregava, resultou que o menino tivesse que ficar acamado por quarenta dias inteiros. Sabemos que seu irmão Inocêncio ficou ao lado dele, distraindo-o. A criança foi tratada pelo dr. Augusto Teixeira Belfort Roxo, que, mais tarde, assegurou que as duas crianças eram saudáveis e não tinham "vícios" – entenda-se, de comer terra.[65] Fazendo jus a essa certeza, após a morte de Inocêncio e a veiculação da segunda necrópsia, o dr. Roxo foi aos jornais para denunciar publicamente as inconsistências desse exame realizado sob os auspícios do chefe da Polícia, do advogado da acusada, dr. Paula Duarte, e do dr. Santos Jacintho, médico particular de Ana Rosa Viana Ribeiro.[66]

Em julho daquele mesmo ano de 1876, o comendador volta à carga, solicitando ao juiz que permitisse que os filhos de Geminiana fossem comercializados em particular, com a firma Silva & Ferreira. Argumentava o inventariante que os negociantes ofereciam pelas crianças valor acima do constante do inventário. A firma ofertava um conto e cem mil réis pelos "escravinhos", e, como afirmava o comendador, a quantia era muita vantajosa e, além do mais, estaria isenta de custas judiciais por se caracterizar como venda particular (e não leilão). Arrematava o comendador observando que "não podendo ser separados os ditos escravos de sua mãe, que é liberta, e esta razão tem afugentado a concorrência dos pretendentes e os proponentes aceitam esta exigência legal".[67]

O juiz, obviamente, concordou com o acerto, mesmo que soubesse que a declaração não passava de mera formalidade. Logo após a compra, como se podia esperar, as crianças foram separadas da mãe, com as boas intenções do comendador rapidamente ignoradas. Zaira foi vendida para o major Eduardo Araújo de Andrade. Nada sabemos sobre sua vida como adolescente escravizada em casa desconhecida, mas fácil não deve ter sido. Com doze anos, uma menina escravizada já podia ser considerada apta para ajudar na cozinha, fazer limpeza, atuar como ama-seca, lavar roupas em riachos ou tanques, vender nas ruas, tudo que se espera de uma mulher adulta. Além do mais, o assédio sexual tornava-se realidade palpável, a ser enfrentado todos os dias. Meses depois, quando seus irmãos faleceram sob tortura e dona Ana Rosa, a acusada do crime, passou a ser defendida pelo famoso dr. Paula Duarte, Zaira deve ter sofrido ainda mais, já que o advogado devia frequentar a casa do seu senhor. Pelo menos é isso que fica sugerido no processo de 1877, que antepõe Joana, escravizada pelo mesmo Andrade, à pajé Amélia Rosa e suas assistentes, entre elas, Geminiana, mãe de Zaira. Embora não se possa provar que a mãe dos meninos assassinados fosse – ou não – discípula da pajé, os laços entre os fatos nos fazem concluir que boa parte da trama que culminou no processo contra a pajé Amélia Rosa e sua suposta assistente, Geminiana, foi cuidadosamente urdida para macular a imagem da mãe. Ao longo do processo, ventila-se que Joana havia sido contratada por Paula Duarte para acusar o círculo de mulheres curadoras.[68] O objetivo não podia ser outro, destruir a reputação da mãe enlutada, pintando-a como feiticeira violenta. Não é difícil imaginar como a menina deveria estar sendo punida pela ousadia de sua mãe e de sua avó de denunciarem a mais fina flor da elite maranhense. Zaira deve ter passado maus bocados nessa situação.

Após a venda, os dois meninos foram imediatamente viver com os traficantes que os compraram, que eram também padeiros, com estabelecimento à rua Grande. Lá as crianças permaneceram menos de um mês, cabendo indagar se os padeiros quando compraram as crianças já tinham a venda seguinte entabulada. De qualquer maneira, Antônio de Quintero Ferreira, um dos negociantes, ao testemunhar sobre o período que teve Inocêncio e seu irmão Jacintho sob seu poder, declarou que – como traficante interessado em sua mercadoria – costumava assistir às refeições que faziam seus escravizados. Por isso podia afirmar que Inocêncio fazia suas "refeições com satisfação; e que fora das horas regulares dessas comidas, ele testemunha dava-lhe muitas vezes biscoito e pão torrado que lhe pediam quando apareciam no balcão". Afirmou também que, embora não tivesse submetido as duas crianças a um facultativo, Inocêncio lhe parecia bem de saúde, sem inchaço nas pernas ou opilação.[69]

No entanto, Inocêncio e Jacintho não ficaram nem um mês com os traficantes-padeiros. Logo após a compra, ou talvez antes mesmo de finalizá-la, Ferreira passou a entabular a negociação com dona Ana Rosa. O histórico dessa senhora da mais fina elite maranhense era sobejamente conhecido: processos por maus-tratos de escravizados e escravizadas com a vizinhança escutando gritos lancinantes de gente sendo espancada, queimada, maltratada de todas as formas. Sabido era também que, após assumir em diversas ocasiões a defesa da honra da esposa, Carlos Fernando Ribeiro havia passado a proteger seus bens, retirando escravizados e escravizadas do domínio de Ana Rosa. Isso após a cidade assistir a diversos escândalos públicos, com os cativos fugindo aos gritos pelas ruas, com a polícia acabando por tê-los de resgatar das garras da senhora, como nos casos de Ignez e Andreza. Como estratégia, o marido passou a intervir, enviando os supliciados para o Engenho Gerijó em Alcântara. A consequência é que a senhora passara paulatinamente a ser servida apenas por criados e criadas alugadas que pouco permaneciam a serviço do sobradão.

Em 1875, Carlos Fernando e Francisca Izabel, os dois filhos do casal, foram enviados para a Europa. Caracterizando-se como uma raridade, a filha do casal, ainda menor de idade, deixou o país acompanhada por uma liberta, sob a justificativa de receber educação europeia. O que faria uma jovem maranhense de dezessete anos em Paris apenas com a companhia de um irmão e uma ama? Qual o verdadeiro motivo da viagem? Seria proteger os filhos da violência materna?[70] Aos poucos, Carlos Fernando, o marido, passou a residir no engenho, deixando Ana Rosa vivendo só, sem criadas ou serviçais. Recebendo pouquíssimas visitas, o solar se tornou um lugar quase inexpugnável. Por que colocar duas crianças pequenas nas mãos de uma conhecida supliciadora de escravizados? As crianças valiam muito pouco, apesar de que dona Ana Rosa tenha coberto e mesmo aumentado o valor solicitado, ainda assim o preço dos dois meninos era menor do que o de um adolescente. Por que vender duas crianças sem a mãe para uma mulher reconhecidamente cruel? Logo após ignorar solenemente sua própria promessa de não separar as crianças da mãe, vendendo-as aos traficantes-padeiros que ofereciam valor acima do inventário, no mês seguinte, em agosto de 1876, o comendador faleceu de "insulto apoplético".[71] A partir dessa data, quem passou a responder pelo inventário e surge como testemunha no processo crime que se seguiu ao assassinato de Inocêncio foi seu filho homônimo, dr. José Joaquim Tavares Belfort. Os Tavares Belfort, pai e filho, ao longo do inventário e venda dos escravizados para pagar o passivo, repetidamente declinaram sua cartilha paternalista, assegurando que seus cativos recebiam bons tratos e eram atendidos com sentimentos humanitários. No entanto, sobre a promessa de manter unidos mãe e filhos, nem uma palavra, convenientemente, o tema nunca veio à tona.

Não apenas os Belfort venderam as crianças em troca de alguns cem mil réis a mais, como quando a situação desesperadora dos dois meninos começou a vir à tona, e o dr. José Joaquim foi chamado pela prima em terceiro grau, dona Ana Rosa, para verificar como estavam os meninos, ele participou da pantomina. O primo, lente da Faculdade de Direito do Recife e inventariante da falecida irmã, que declarou gozar apenas de um relacionamento cerimonioso com a parenta, a visitou, permanecendo o menor tempo possível no solar e pouco observou a criança que lhe foi apresentada à meia luz.

Não pôde ele nem afirmar com certeza se o menino apresentado era realmente Inocêncio, como a prima fazia crer, ou o outro, seu irmão. Depôs em juízo, notando que o "moleque" tinha a pele lixosa, que a própria prima lhe informou que Inocêncio estava sofrendo de curubas.[72] Como nada tinha a ver com o caso, ele se retirou rapidamente, sem reparar em outros sinais de maus-tratos.[73]

Já os traficantes-padeiros não demonstraram nenhum constrangimento em relatar, em juízo, a venda das crianças, abordada como uma transação qualquer, mesmo quando já sabiam que os dois meninos tinham falecido devido às torturas aplicadas pela compradora. Deviam eles conhecer igualmente o perfil da senhora; não só era voz geral, o diz-que-diz das ruas que condenava Ana Rosa, como é provável que estivesse chegado a seus ouvidos o episódio relatado por outro traficante de escravizados, Thomas de Figueredo Lima. Este afirmou que no ano anterior havia enviado dois meninos escravizados de doze anos, Raymundo e Theobaldo, para a casa da senhora para que ela pudesse testá-los e ver se gostava deles. Entretanto, devido à intervenção do irmão da matrona, Raimundo Lamagnère Viana, que fora pessoalmente procurá-lo solicitando que não vendesse os dois à Ana Rosa, porque ela os maltrataria, o traficante, no mesmo dia, recolheu os dois meninos, vendendo-os mais tarde para um intermediário, que os revendeu no Sul.[74] Decerto, ao vender as duas crianças para Ana Rosa, os traficantes Silva & Ferreira sabiam muito bem o que estavam fazendo.

Em 9 de agosto de 1876, quando se reuniram para assinar a escritura de algumas das mais notáveis figuras da sociedade ludovicense, ninguém teve o mau gosto de desvestir as crianças para examinar seus corpos. Os traficantes, o advogado encarregado de verificar a lisura dos termos de compra, o despachante que registraria os papéis, a senhora e seu marido trocaram apenas amabilidades. Na reunião, Carlos Fernando que viera do engenho para matricular alguns escravizados, embora estivesse muito atarefado, compareceu à reunião, concordando com as condições impostas pela esposa: o de que os dois "escravinhos" seriam só dela, exigindo que o nome do marido nem constasse da escritura, no que ele publicamente concordou.

Carlos Fernando sabia muito bem do que sua mulher era capaz, tendo encoberto outros crimes da esposa, enviando escravizados e escravizadas torturadas para a fazenda, embarcando os filhos para a Europa e mudando-se para o engenho. Quando a esposa exigiu a compra dos "moleques" de baixo preço e sem utilidade prática, o marido achou bom negócio, pois distrairia a esposa solitária. Nenhuma preocupação demonstrou com a proteção da vida dos dois meninos.[75]

Segundo declarou Ana Rosa, seu objetivo ao comprar os "escravinhos" era "fazer deles presentes depois de educados convenientemente a cada um dos seus filhos que se acham ausentes estudando em França".[76] Para transformá-los em serviçais modelo, a matrona desejava tratá-los com bem quisesse, sem interferência de terceiros.

Como ninguém objetou à compra, nem interpôs algum óbice com relação à entrega de dois meninos pequenos à guarda da cruel matrona, a reunião se encerrou, e Ana Rosa levou Jacintho e Inocêncio para a solidão do sobradão, para os castigos, a fome e a morte.

Geminiana se encontrava ausente porque acabara de dar à luz mais uma criança e, assim, não acompanhou a transação.[77] Simplícia, a avó dos meninos, sim, estava informada e teve à frente papel decisivo na tentativa de salvar seus netos, quer dizer, "escravinhos".

Jacintho e Inocêncio: escravidão, infância e morte

Os dias iniciais da estadia dos dois meninos sob o domínio de dona Ana Rosa passaram sem que ninguém se desse conta do que estava acontecendo no solar. Ela era servida apenas por criados e criadas eventuais, que não circulavam livremente pela vivenda, e, por isso, inicialmente nada se ouviu falar de Jacintho e Inocêncio. Apenas sabemos que, desde os primeiros dias, as crianças foram colocadas no primeiro quarto no correr da varanda e que ninguém tinha autorização para lá penetrar.[78] Podemos imaginar, entretanto, o pavor que deve ter se apoderado dos dois meninos ainda pequenos, um de seis e outro de oito anos, quando levados a viver em um casarão sem a presença da mãe nem de ninguém conhecido, nem mesmo de outros escravizados ou serviçais, capazes de minimamente se empatizar com a situação dos pequenos. A solidão e o medo devem ter sido absolutos. A expressão popular "onde o filho chora e a mãe não ouve" serve perfeitamente para ilustrar a situação.

Pior, já nos primeiros dias de estadia no solar, as crianças foram submetidas a tantas provações e suplícios, que a situação física delas se deteriorou completamente. Fome, sede, pancadas em todo o corpo, chicotadas, queimaduras, pulsos amarrados por cordas são exemplos do tratamento dispensado pela senhora às duas crianças. A matrona, no entanto, jamais permitiria comentários sobre as punições que dispensava a seus "escravinhos", que ela via como necessárias para educá-los convenientemente para bem servir no futuro, quando fossem ofertados como presentes a seus filhos, que um dia voltariam da Europa e precisariam de serviçais bem-preparados. Não foi por outro motivo que ela exigiu o total controle sobre os dois meninos indefesos.[79]

Claro está que, sendo uma senhora da sociedade, proveniente das mais altas elites provinciais, e casada com marido importante, ela deveria empregar todo o cuidado para evitar novos escândalos como os que já haviam manchado seu nome em anos passados. O fato de os dois supliciados serem crianças pequenas colaborava para a construção de uma pantomina que encobrisse o que realmente acontecia entre as paredes e os azulejos do solar da rua São João. Sendo frágeis e desamparados, a matrona não se preocupava com a possibilidade de eles fugirem à rua gritando socorro, como fizeram no passado Militina, Carolina, Feliciano e outros. Era mais fácil ameaçar, controlar e punir severamente crianças que ainda não tinham o discernimento suficiente para entender o que se passava. O isolamento em que foram confinadas ajudou a manter em segredo o que acontecia na casa.

Ainda assim, era necessário criar uma justificativa que pudesse explicar o rápido declínio da saúde de Jacintho e Inocêncio. Talvez a explicação para a deterioração física dos dois meninos tivesse surgido desde o início, quando Ana Rosa os comprou. Afinal, não era difícil apresentar argumentos para menosprezar a compra dos dois meninos, acusando os traficantes de terem vendido crianças com "vício de comer terra" e que, por causa disso, estavam sofrendo de recorrentes diarreias. Além do mais, sendo a geofagia associada à hipoemia intertropical, isto é, à presença de vermes, principalmente o notório anciióstomo, causador de distúrbios intestinais e anemia, explicava-se o rápido depauperamento físico das crianças.

No século XIX, a ausência de equipamentos sanitários urbanos e de cuidados profiláticos produzia um exército de pessoas, sobretudo de crianças, portadoras de vermes, cuja consequência se verificava em recorrentes diarreias, anemia e, nos casos mais severos e avançados, a morte. Como afirmava o famoso médico dr. Cruz Jobim em seu *Discurso sobre as moléstias que mais afligem as classes pobres do Rio de Janeiro*, "os vermes, e particularmente a tênia e as ascáridas lambricoides abundam muito, sobretudo em certas épocas, nas crianças e nos pretos".[80] Fácil é compreender que a presença de vermes no organismo das pessoas pobres deveria ser generalizada, ainda mais entre crianças libertas e escravizadas, que eram objetos de poucos ou nenhum cuidado. Suas mães trabalhadoras, atarefadas todo o tempo, elas próprias sofrendo de anemias por carências alimentares e doenças, pouco podiam garantir aos filhos alimentação saudável e abundante e cuidados higiênicos básicos. Nesse contexto, comer terra podia ser uma atividade corriqueira. A carência de vitaminas e minerais essenciais ao funcionamento do organismo explicaria o desejo de ingerir terra, argila, calcário e outros elementos não digeríveis.

Embora na segunda metade do século XIX a etiologia da hipoemia intertropical continuasse a ser tema de debate entre os médicos, que ainda não haviam estabelecido um consenso sobre suas causas e consequências, em 1874, o dr. Miranda publicou um artigo no qual enfocava o problema da geofagia, sobretudo entre os escravizados, como produto da presença de vermes no organismo do doente. Asseverava o doutor que o "hábito" ou "vício" de comer terra, argila ou outros elementos, comum entre os escravizados, continuava a ser severamente punido pela classe senhorial, porque esta não compreendia como o organismo reagia ao depauperamento orgânico produzido pelos vermes no intestino. *"É frequente ouvir-se dizer: este doente não melhora porque tem vício de comer terra, e sabe-se as torturas que são sujeitos os escravizados, aos quais o progresso da moléstia arrasta a tão disparatado elemento."*[81] Nessa linha, o médico argumentava que a geofagia não era um vício, mas uma das consequências orgânicas da presença de vermes no intestino.

Apesar dos debates médicos do período começarem a deslindar a verdadeira etiologia da geofagia, as pessoas continuavam a acreditar que tal ato era fruto de um vício a ser corrigido, prejudicial tanto para o praticante quanto, e mais ainda, aos senhores que contavam com o trabalho de seus serviçais, que se tornavam incapacitados ou faleciam. Como a doença atacava sobretudo os pobres e os escravizados, seus corpos eram percebidos como atravessados por manifestações irracionais e lesivas, o que os colocava na proximidade dos animais. Acreditava-se que os pobres, e mais ainda os escravizados, carentes de uma educação que freasse seus instintos bestiais, que manifestavam comportamentos contrários ao bom senso e próximos ao animalesco, deveriam ser severamente controlados e punidos. Tal certeza justificava a necessidade de castigos que, embora severos, mostravam-se, em sua essência, supostamente benéficos e civilizadores.

No caso dos dois "escravinhos", Jacintho e Inocêncio, a necessidade de reprimir os instintos bestiais presentes naqueles pequeninos corpos negros, purgando-os dos elementos contaminadores presentes na terra, com sujidade, vermes e impurezas, pode ter parecido à senhora uma tarefa nobilitadora. Na realidade, não sabemos se as duas crianças apresentavam o "vício de comer terra". Talvez tivessem, assim como outras milhares de crianças acometidas por todo o tipo de verminose. Embora todas as testemunhas tenham insistido na aparência saudável dos dois meninos, o mais provável é que eles padecessem de carências vitamínicas e algum tipo de verminose, talvez anciolostomíase, porém em forma leve ou assintomática. Situação que, de fato, pouco acrescenta ao quadro geral da saúde de Inocêncio e Jacintho. As verminoses, inclusive a assim denominada à época hipoemia intertropical – o amarelão –, eram, e ainda são, doenças endêmicas, de progressão lenta, que jamais poderiam ter produzido o aparecimento de manchas no corpo, diarreia, prolapso de reto e anemia em poucas semanas, levando ao falecimento dos dois meninos em um curto espaço de tempo de mais ou menos três meses, a contar entre a venda e a ocorrência das mortes. Imaginando ou mesmo comprovando o fato de as crianças ingerirem terra, Ana Rosa tomou esse artifício como justificativa para a construção de uma sentença draconiana: a de que as crianças estavam contaminadas por vícios selvagens e sujidades provenientes da terra e, por isso, precisavam ser corrigidas.

Em qualquer dos casos, a matrona, desde que estabeleceu seu domínio sobre os dois indefesos, resolveu que eles sofriam de "vícios" atávicos, característicos de sua raça e condição, e que, por tal, deviam ser purgados dessa mancha com tratamentos drásticos e violentos. Tal certeza deve tê-la levado a concluir que sua abordagem só poderia fazer bem às crianças, pois as limpariam dos vermes que elas naturalmente deveriam carregar. Pois, afora a aparência saudável e o fato de serem "bonitinhos", os dois meninos deveriam carregar em seus corpos a selvageria e a degeneração.[82] Apenas quando fossem expurgados é que poderiam se tornar servidores à altura de Carlos Fernando e Francisca Izabel, nobres representantes de sangue europeu.

A fantasia perversa que emana das justificativas apresentadas por Ana Rosa – e também implícita nos laudos emitidos por seu médico particular, Antônio dos Santos Jacintho, e nas elucubrações jurídicas de seu advogado, Paula Duarte – apenas indica em chave ampliada como pensava e se portava a elite escravista, entendendo que os afrodescendentes deveriam ser rigorosamente controlados, preocupação esta que vinha à tona em paralelo ao declínio da escravidão e ao aumento da população livre negra.[83] A própria promulgação da Lei do Ventre Livre pode ser compreendida como móvel da emergência de uma renovada necessidade de controle, concretizada nos maus-tratos e no assassinato dos dois meninos. Os dois meninos eram os últimos representantes dos "escravinhos", uma categoria de criança para a qual não se reconhecia a infância com suas necessidades específicas; ora vistos como futuros trabalhadores, ora negligenciados, doados ou presenteados, separados de suas mães, enviados para a roda dos expostos ou jogados ao léu, para permitir que suas mães atuassem como amas de leite, ou ainda tratados como pequenos animais de estimação aos quais se mima ou ignora, a depender do humor senhorial. Jacintho e Inocêncio podem ter representado para a matrona a última oportunidade de exercer o poder senhorial em toda a sua amplitude. O ressentimento que o Ventre Livre pode ter causado na senhora ciosa de seus direitos, assim como o sentimento de perda e vingança, encontrou um alvo fácil nos dois meninos.

Se dona Ana Rosa foi uma personagem exponencialmente impiedosa e violenta, as ideias e atitudes subjacentes ao seu modo de agir eram amplamente aceitas e legitimadas pelas elites escravistas. A questão dos limites do poder dominial está aqui nitidamente colocada. Até que ponto uma senhora, com o objetivo precípuo de educar seus escravizados para bem servir, poderia avançar sobre seus corpos e mesmo dispor de suas vidas? Controlar seus instintos primitivos ou degenerados, o que era, em si mesmo, um propósito altamente desejável do ponto de vista da classe senhorial, justificaria castigos imoderados e continuados, suplícios, torturas, queimaduras, chicotadas, fome, sede, dor e, caso necessário, a produção da morte? Apesar da violência extrema, dona Ana Rosa Viana Ribeiro essencialmente não se distinguia de seus pares, a não ser pelo fato de que, ao agir de forma tão extremada, acabava por expor características pouco abonadoras da classe senhorial.

Códigos de polidez e etiquetas paternalistas correntes entre as camadas proprietárias escravistas explicitavam que o controle e a correção das faltas dos escravizados e escravizadas – intrínsecas à sua raça ou extrínsecas ao seu comportamento – deveriam ser devidamente corrigidos no âmbito privado, sempre com a devida discrição. No espaço público, senhores e senhoras deveriam demonstrar um apreço cuidadoso aos códigos paternalistas, exalando uma aura de piedosa compreensão e benevolência frente aos seus subalternos. Nada podia ser considerado de pior gosto do que a manifestação ou divulgação pública de atos violentos e escandalosos. Além de embaraçosas, tais atitudes comprometiam a credibilidade senhorial, alimentando a potencial revolta dos inferiores.[84] E este era o principal defeito que acometia dona Ana Rosa; além de, no passado, ter se dedicado a destruir a crescentemente valiosa propriedade escravizada detida por sua família, com castigos imoderados e debilitadores. No caso presente, envolvendo crianças, o espetáculo de horror causou assombro e despertou sentimentos populares hostis à benemérita elite ludovicense. Em uma situação como essa, a camada senhorial reagia tomando, o mais rápido possível, uma discreta distância dos senhores que acabavam sendo alvo de escrutínio público.

Dias depois da entrega das duas crianças – certamente menos que um mês –, dona Ana Rosa mandou chamar seu despachante, vizinho e amigo, o major Carlos Augusto Nunes Paes, o mesmo que havia acompanhado a transação das crianças, argumentando que havia sido lograda no negócio que fizera com a firma Silva & Ferreira. A senhora relatou – ou supostamente relatou – ao seu amigo que compareceu ao chamado, que as crianças tinham o corpo coberto por antigas marcas de castigo e que "comiam terra", embora os negociantes houvessem garantido que eles já não se comportavam mais assim. Com essa observação estratégica, a senhora e seu amigo buscavam criar o fato que justificava o estado deplorável dos meninos: que eles eram, na verdade, inveterados viciados em engolir terra, que já haviam sido severamente punidos, aparentemente haviam se emendado, mas, em seguida, recaíram no mesmo comportamento, mostrando-se incorrigíveis. Seriam, portanto, mercadorias de baixa qualidade. Tal descoberta explicaria o péssimo estado de saúde das crianças, que estavam sofrendo com recorrentes disenterias, tinham o corpo coberto de erupções cutâneas e Inocêncio apresentava prolapso de reto. Lembremos que no exame de corpo de delito, os médicos descreveram não apenas o prolapso, mas a ruptura do esfíncter.[85]

Na sequência da explanação, declarou o major Paes em juízo, a matrona pediu que ele inspecionasse o corpo de Inocêncio, o que ele o fez, expondo um espetáculo de horror e humilhação a que as crianças estavam sendo submetidas:

> Que ainda mais, além dessas circunstâncias, o escravo Inocêncio, além de marcas antigas de castigo, estava sofrendo de disenteria, erupção cutânea e prolapso no ânus à vista do que ele testemunha passando a examinar o corpo de Inocêncio, conforme lhe pediu Dona Ana Rosa, encontrou na realidade muitas marcas antigas de castigo que pareceram a ele, testemunha, terem sido feitas com cipó em razão de serem essas marcas mais pretas que a cor da cútis de Inocêncio. Que nas virilhas achou de um lado uma glândula enfartada (enflatrada) e de outro, uma cicatriz proveniente de uma outra glândula que disse Inocêncio ter vindo a supuração. Que nas costas e

partes genitais viu uma erupção que ele testemunha não sabe se seriam impinges (impinjas) ou curubas. Que mandando Inocêncio inclinar-se um pouco para a frente viu ele, testemunha, a queda do ânus no tamanho de um ovo de galinha e bastante vermelho.[86]

Acrescentou ainda o major que o menino se encontrava em estado de magreza extrema.[87] Embora em juízo, Ana Rosa e seu séquito repetidamente afirmassem que as crianças já estavam viciadas e doentes antes da venda, nenhum depoimento de fato pôde confirmar tal asserção. Mesmo o major Nunes e o médico Santos Jacintho, colaboradores mais íntimos da senhora, declararam repetidas vezes que na época da transação as crianças pareciam saudáveis. Glândulas infartadas e supuradas na virilha, prolapso de reto do tamanho de um ovo de galinha, quer dizer, enorme para uma criança de oito anos –, magreza, marcas de castigos e presença de manchas pelo corpo, além de diarreia, sugerem os seguintes castigos: pancadas e socos violentos na área abdominal, produzindo, além da falência das glândulas linfáticas localizada nas virilhas, o surgimento do prolapso de reto pronunciado.[88]

Embora na época da ocorrência do crime muitos tenham afirmado que dona Ana Rosa introduziu um garfo no ânus de Inocêncio, produzindo o prolapso de reto, o mais factível, em termos anatômicos, seria explicar a conjunção do enfartamento e supuração das glândulas da virilha e prolapso com a ocorrência de fortes pancadas na área do abdômen.[89] Além do mais, a introdução de um instrumento pontudo provocaria perfuração intestinal e consequente infecção, o que não ocorreu. O objetivo da senhora não era necessariamente matar com rapidez seus "escravinhos", mas aproveitar a oportunidade para colocar em prática seus métodos educativos, os quais deveriam ser aproveitados em tempo dilatado, podendo ela observar cada passo de sua estratégia disciplinar. Embora só existam fontes a respeito de Inocêncio, já que a morte de Jacintho, ocorrida um mês antes do irmão, não provocou a abertura de nenhum procedimento investigativo, o atestado de óbito da criança indica a diarreia como causa da morte.[90]

A persistente diarreia sofrida pelos dois meninos, às vezes acompanhada de sangue, a presença de manchas pelo corpo e a magreza parecem sugerir a ocorrência de desidratação e certamente desnutrição. Pode-se supor que, com vistas a limpar as impurezas daqueles pequenos corpos, a matrona ministrasse constantemente purgativos às crianças. Os populares manuais de medicina do período, como os de Imbert e Chernoviz, e mesmo os tratados químico-farmacêuticos que apresentavam fórmulas mais elaboradas, estão recheados de receitas purgativas e purificantes, entendidas como necessárias tanto para limpar os humores corporais quanto para expelir vermes.[91] Glicerina, quina, cremor de tártaro, tal qual infusões de ervas, como tamarindo, sabugueiro, guaco, mamona, erva santa e tantas outras poções e cocções, eram sobejamente conhecidos e fortemente recomendados como purgantes, para crianças e adultos, de todas as classes e status. E mais ainda para os escravizados, que comiam mal e andavam descalços. Em certa ocasião, Ana Rosa comentou o uso, em Inocêncio, de óleo de bacalhau como purgante.[92]

Mantidos sob constantes punições, recebendo purgativos que provocassem a purificação de seus pequenos corpos da selvageria de sua raça e de seu status – o que explicaria a presença da diarreia e a inflamação do prolapso de reto – e sofrendo de carência de alimentos e água, os dois meninos definharam a olhos vistos. Tais fatos são eloquentes ao testemunhar que os meninos foram vítimas de abusos constantes e dilatados, aplicados com o precípuo objetivo de puni-los, mantendo-os vivos o maior tempo possível. Tal conclusão se coaduna com os achados do primeiro corpo de delito, realizado pelos médicos militares e de todo mais confiável que o segundo laudo, solicitado pelo próprio chefe da Polícia e do qual participaram tanto o médico particular de Ana Rosa, quanto um parente dela. Ao responder aos quesitos apresentados pela autoridade, os médicos do primeiro laudo afirmaram:

> Que a morte não foi causada por castigos imoderados, mas provavelmente por castigos repetidos e mau trato continuado ao que o infeliz não pode suportar [...] os castigos foram praticados provavelmente com cordas, chicote e qualquer outro instrumento contundente de maior peso [...] Pode-se dizer que todo o corpo foi maltratado com castigos repetidos e se houvesse cuidado decerto não teria havido morte.[93]

Além de vilmente torturadas, as crianças eram punidas pelo vício de comer terra de outras formas, tão ou mais cruéis do que as imobilizações por cordas e surras constantes. Foi o que depôs o tenente Valério Sigisnando de Carvalho, que afirmou que no decorrer do enterro de Jacintho, Ana Rosa teria dito ao Padre Sodré, da Capela de São João, que:

> [...] a pouco tempo tinha comprado por um conto e tanto o falecido e seu irmão Inocêncio, que já tinha perdido aquele e que havia de perder este, visto se darem ao vício de comer terra, o que ainda não tinha podido impedir mesmo botando-os dentro de uma gaiola de jabutis.[94]

Parecendo-lhe que tais punições não eram suficientemente severas para erradicar os vícios primitivos dos meninos, Ana Rosa mantinha os meninos engaiolados e negava alimento e mesmo água às crianças. Além dos machucados já citados, o corpo de Inocêncio apresentava uma queimadura localizada no pulso direito, fato explicado por diversas testemunhas – como Gregória, criada de Ana Rosa, e o médico Santos Jacintho – como decorrente do fato de a criança ter se machucado no fogareiro, ao tentar assar um pedaço de carne que havia furtado. No entanto, ambas as testemunhas asseveraram que Inocêncio era alimentado de maneira generosa, tendo procedido de tal maneira sem motivação clara. No contexto do tratamento dispensado ao menino, é fácil supor que Inocêncio tivesse tentado se alimentar tirando um bocado de carne escondido da cozinha. Descoberto, teve como punição seu pulso queimado no fogareiro onde procurava assar o quinhão.[95]

Outro indício da situação de fome e sede enfrentada pelos meninos – temos testemunhos apenas em relação a Inocêncio, embora certamente tenha sido comum a ambos os irmãos – refere-se ao episódio relatado pela interrogada, Ana Rosa, e pela criada Olímpia, que à época servia à casa. Segundo esta, durante a noite, quando ela dormia no quarto com a matrona, a criança pulou a janela do quarto que dava ao corredor e foi à varanda, onde se encontrava um garrafão de garapa azeda, a qual ele bebia. Tal bebida, isto é, caldo de cana fermentado, deve ter sido enviado do Engenho Gerijó para uso medicinal, já que era utilizada como energético e diurético no combate à enfermidade dos rins.

Sendo a garapa azeda uma bebida fermentada de sabor ácido e enjoativo, apenas a sede e a fome extremas podem justificar o fato de uma criança pequena se dispor a beber um garrafão de tal líquido. Devido ao seu estado de desnutrição e desidratação, certamente a bebida fez-lhe muito mal. Conta a criada que, ao ingerir a bebida, Inocêncio derrubou parte do líquido no chão, indo em seguida deitar-se em um sofá da varanda. Tendo ali "obrado", desceu para o quintal, onde Olímpia foi buscá-lo.[96] Se o fato ocorreu durante a noite, Inocêncio deve ter passado diversas horas fora da casa, provavelmente apavorado, com medo dos castigos que lhe seriam aplicados tanto por beber a garapa quanto por sujar o móvel. Já em seu interrogatório, Ana Rosa ofereceu a mesma narrativa, acrescentando apenas que, na ocasião, como Inocêncio sentia ânsias e suas pernas e mãos incharam ainda mais, ela aplicou nele óleo de bacalhau, que é purgante, o que certamente piorou a situação da criança.[97]

Mais surpreendente ainda é que, pelo que se revela na abundância de depoimentos oferecidos pelas testemunhas, muitos sabiam – ou pelo menos tinham indícios suficientes – que dona Ana Rosa maltratava as crianças de todas as maneiras possíveis. São variados os depoimentos de pessoas que haviam ouvido falar ou tinham escutado conversas sobre as cenas de horror que se desenrolavam no sobradão da rua São João. O major Nunes Paes e o médico Santos Jacintho haviam acompanhado a progressão das agressões; as criadas eventuais que penetravam no casarão, como Gregória e Olímpia, certamente testemunharam muitos dos castigos infligidos aos pequenos, além de saberem que eles não eram alimentados; o tenente Valério Sigisnando ouvira o relato da prisão das crianças na gaiola dos jabutis pelo sacristão, o qual, por sua vez, lhe havia sido transmitida pelo Padre Sodré.

No quartel do Campo de Ourique, onde servia o tenente, a troca de informações sobre as maldades da matrona corriam à solta nas conversas entre os militares, na ocasião em que se reuniam para assistir a um teatrinho privado. Assim testemunhou o despachante da alfândega, David Freire da Silva, que compareceu ao evento e conversou sobre o tema não apenas com o tenente, mas também com o irmão dele, o reverendo padre João Evangelista, o comandante do campo, o senhor Bacellar e o capitão Tertuliano.[98] Na ocasião, cada uma dessas pessoas conversou com algum conterrâneo, mesmo que à boca pequena, mencionando os horrores que se passavam no solar; tais conversas, mesmo que discretas, foram cuidadosamente ouvidas por serviçais e escravizados domésticos que repassavam essas informações a outros que encontravam nas vielas, becos e praias da cidade. Enfim, todos – ou a maioria das pessoas – sabia o que ocorria com os dois irmãos nas garras implacáveis da matrona. No entanto, aqueles que tinham o poder de fazer algo nada fizeram, assistindo ao definhar pavoroso das duas crianças sem ensaiar qualquer reação efetiva.

Além do mais, o próprio chefe da Polícia, José Mariano da Costa, havia estado na casa de Ana Rosa no dia da morte de Jacintho, isto é, em 27 de outubro daquele ano, e, a pedido da senhora, inspecionou o corpo do falecido, declarando que a criança tinha marcas antigas de castigo e uma fenda no pé. Nesse mesmo dia, foi-lhe mostrado Inocêncio. A autoridade mandou que o menino fosse despido, tendo sido submetido a mais um espetáculo humilhante, observou o corpo magro e machucado de Inocêncio, que, além do mais havia perdido o irmão, sua única companhia, naquele mesmo dia. O doutor encontrou a criança muito anêmica, com pernas inchadas e o reto para fora. Vaticinou então que este também faleceria em no máximo oito dias, ao que, segundo depoente, Ana Rosa chorou.

Observe-se o tom cerimonioso no qual supostamente teria ocorrido esse diálogo, com a matrona sendo denominada como a excelentíssima senhora dona Ana Rosa, que teria solicitado ao chefe da Polícia que "por bondade" verificasse o estado do cadáver e do pobre Inocêncio que morria à míngua. Derramando lágrimas compungidas, Ana Rosa garantia à autoridade que seu papel de senhora benemérita e cristã não seria abandonado em nenhuma circunstância.[99]

No entanto, a visita do chefe da Polícia, bem como as do procurador correspondente de Carlos Fernando Ribeiro, Joaquim Marques Rodrigues, e do caixeiro Luís Travassos Rosa, não foram inocentes. Os dois últimos haviam estado no solar dias antes da morte de Jacintho, ocasião em que foram instados a examinar os corpos dilacerados dos meninos ainda vivos. Expressando profundo desgosto pela espinhosa tarefa, observaram rapidamente e à meia luz uma das crianças, achando-a "upada" (inchada), sem, no entanto, serem capazes de discriminar que menino haviam visto. Foi nessa ocasião que Ana Rosa chamou também seu primo, o dr. José Joaquim Tavares Belfort, filho do senhor original da mãe das crianças, inventariante da sua falecida irmã e de seu cunhado, proprietários das crianças, cuja venda havia sido articulada por seu pai dias antes de falecer. O primo esteve rapidamente no solar, reportou extremo constrangimento quando foi solicitado a ver um dos meninos em uma lateral escura de um corredor e retirou-se com a maior rapidez possível, sob o argumento de que o chefe da Polícia havia sido notificado e que ele nada tinha a ver com isso.[100] Todas essas visitas eram, entretanto, tentativas de resposta a uma denúncia. Foi Simplícia, a avó dos meninos, que tomou à frente, tentando com todas as forças salvar seus netos, ousadamente apresentando uma denúncia de maus-tratos ao chefe da Polícia. Todas essas visitas respondiam ao empenho de Ana Rosa de negar as acusações de Simplícia, cooptando testemunhas poderosas com vistas a se eximir das acusações.

Embora os poderes da avó dos meninos fossem parcos e a despeito da sua posição social de mulher forra e pobre, desprezível, sua força se fez presente com uma coragem que excedeu qualquer expectativa. Tateando com muito temor, Simplícia denunciou Ana Rosa, colocando-se em tal posição de destaque, desafiando o *status quo* e exigindo a manutenção da vida de seus netos. Não contando com ninguém, com nenhum homem ou mulher cuja voz valesse alguma coisa, sem curador ou ajuda, Simplícia, uma pobre mulher idosa e forra, desafiou as leis do silêncio em nome da vida de seus netos. Deixou uma lição de coragem. Já Geminiana, a mãe duplamente enlutada, suscitou empatia. Com sua imagem de mãe dolorosa, colaborou para a criminalização dos culpados. Ambas, Simplícia e sua filha Geminiana, pagaram caro por tal ousadia.

Símplicia, a avó; Geminiana, a mãe

Em seu primeiro depoimento como informante, na fase preliminar do inquérito, Simplícia Maria da Conceição Teixeira Belfort declarou não havia visto as crianças desde que elas haviam sido adquiridas por Ana Rosa. A declaração certamente se chocava com a realidade dos fatos, pois todos sabiam que poucos dias antes de Jacintho falecer a avó havia se dirigido ao escritório do chefe da Polícia e aí depositado sua denúncia de maus-tratos contra Ana Rosa. Era de conhecimento geral que Simplícia havia comparecido ao negócio do alfaiate, fulano de tal Silveira, com casa à rua do Sol, tentando empenhar um par de rosetas sob o argumento de que precisava comprar um pão para cada neto, que morriam à mingua na casa da matrona.[101]

Porém, em seu depoimento seguinte, quando interrogada na fase processual, a avó tomou coragem para contar tudo que tinha acontecido desde que Ana Rosa comprara seus dois netos, quer dizer, "escravinhos". Que ela havia ido uma primeira vez à casa da senhora, tendo sido recebida do lado de fora da porta, enquanto seus dois netos lhe eram apresentados. Certamente preocupada com o que aconteceria com as crianças na mão da impiedosa senhora, Simplícia voltou à carga, visitando a casa de Ana Rosa dias depois. Dessa feita, levou um pão para cada neto. Estes lhe foram mostrados na varanda e lhe tomaram a benção. Em sua terceira visita, porém, bateram-lhe com a porta na cara, dizendo que ela já estava aborrecendo. Desconfiada, Simplícia fingiu que se retirava, mas postou-se na escada, de onde podia escutar o que ocorria no quintal do solar.

> [...] ficou na escada d'onde ouviu a mesma senhora, Dona Ana Rosa, que falava alto e parecia muito zangada chamar por um mulato de nome Feliciano e mandar que este tomasse o chicote e descesse para o quintal. Momentos depois do lugar em que disse que se achava ouviu estalidos das chicotadas que em grande número recebia seu neto Inocêncio. Logo que este acabou de apanhar, veio o outro seu neto Jacintho em quem se aplicaram o mesmo castigo que eram em tão grande número, que ela informante não pôde contar. No dia seguinte, às mesmas horas pouco mais ou menos, ela, informante, foi de novo à casa de Dona Ana Rosa e do mesmo lugar em que estivera observando no interior, ouviu aplicar-se nos mesmos seus netos castigos tão rigorosos como os da véspera,

o que sendo visto por ela, informante, que aplicou os sentidos para esse lado, arrancou-lhe lágrimas as quais lhe corriam dos olhos.[102]

Desesperada, Simplícia correu ao quartel perguntando aos guardas como podiam permitir que algo assim acontecesse, ao que responderam que nada podiam fazer. Em seguida, a avó se dirigiu à secretaria da Polícia.. Mesmo em profunda agonia, teve que não apenas esperar pela chegada do chefe da Polícia, como respeitar os possíveis melindres da autoridade, aguardando-a descansar antes de poder se aproximar. Tomando então coragem, abordou o chefe da Polícia pedindo que ele intervisse, salvando seus netos dos maus-tratos continuados que lhes eram infligidos. Ao que o doutor asseverou que assim faria, pedindo a ela que se tranquilizasse..[103] No entanto, tudo o que o chefe da Polícia fez foi enviar o correspondente do marido ao solar, com um recado a respeito da denúncia, a qual de nada serviu.

E como o Chefe da Polícia nunca mais falasse a ela informante sobre sua queixa ou a mandasse chamar para dizer-lhe o que havia feito em favor de seus netos, ela, informante, nunca mais o procurou persuadida de que o mesmo Chefe duvidava da verdade do que ela informante lhe referira.[104]

Aflitas, a avó e a mãe constantemente rondavam o solar de Ana Rosa, sabendo que seus filhos e netos morriam de fome e sede, enquanto sofriam castigos. Geminiana postava-se a poucos metros da residência da senhora, em frente à Igreja de São João, onde além mercadejar podia observar o sobradão. Simplícia buscava ajuda e denunciava a cruel senhora. Além de observar a mãe e a avó, muitos tinham conhecimento do que ocorria entre as quatro paredes do solar que passou a ser conhecido como das Rosas. A cidade prendia a respiração esperando o desfecho da tragédia.

Em 27 de outubro faleceu Jacintho, deixando Inocêncio moribundo e ainda mais sozinho nas mãos da impiedosa Ana Rosa. Em 13 de novembro, Inocêncio finalmente descansou de tão dura existência. A mãe e a avó protestaram contra o caixão fechado, queriam ver seus meninos na morte, já que não tinham podido vê-los em vida. Em polvorosa, o poviléu, as mulheres de balaio na mão, as companheiras de labuta, protestaram veementemente, invadindo o cemitério, obrigando as autoridades a saírem da letargia em que se escondiam.

Mais tarde, o advogado da senhora, o dr. Paula Duarte, tentou desqualificar Simplícia e Geminiana, acusando-as de mentirosas a soldo dos inimigos políticos do marido da matrona. Acredite se quiser!

4

AOS OLHOS DO PÚBLICO, NA BOCA DO POVO

*Ora, diga-nos uma coisa quem souber. Se um sujeito
ou sujeita (como quiserem) meter uma criança em
um quarto imundo, sem luz, cheio de lama, fétido; ou
melhor numa gaiola, não é preciso de lobos ou tigres,
de jabutis, e aí por meio de privações e misérias acabar
com ela, não comete crime? É inocente?*

DIÁRIO DO MARANHÃO, 26 DE NOVEMBRO DE 1876

O sopro úmido do Bacanga fazia suas últimas rondas no breu da madrugada espalhando-se entre os sobrados, invadindo frestas de portas e janelas, quando Ana Rosa, insone e inquieta, dava ordens e maquinava com cúmplices na tentativa de acelerar o enterramento do menino morto. Em que pesem seus esforços, somente na manhã de terça-feira, 14 de novembro de 1876, a comitiva fúnebre conseguiu sair em direção ao Cemitério da Santa da Casa de Misericórdia. Era impossível que os olhos do público não se voltassem para os portadores do pequeno esquife trancado, ainda mais quando a luz do dia já esquentava a copa das muitas mangueiras e amendoeiras dos passeios. Observadores daquele evento se espantaram com as características do estranho e soturno cortejo, totalmente fora dos padrões do costume local para o enterramento de crianças. Isto numa cidade em que as labaredas do inferno queimavam a consciência de muitos e a morte era tomada como assunto seríssimo, prenhe de significados solenes e melancólicos, ritualizados compassivamente pelos habitantes da urbe.

Nas esquinas se divisava os que haviam iniciado a labuta antes da alvorada, atarefados com a lida do dia. Além dos trabalhadores, que costumeiramente carregavam São Luís sobre os ombros, havia outros transeuntes observando os passos de Primo, Geraldo, Anísio e João, carregadores do caixão, pelas ladeiras da cidade. Naquele dia, logo cedo, beatos e beatas da Irmandade do Senhor dos Navegantes se dirigiam para a Igreja de Santo Antônio, situada poucos quarteirões da residência dos Viana Ribeiro. Estes vinham sendo convocados no *Diário do Maranhão* e no *O Paiz* em anúncios que convidavam piedosos cristãos a tomar parte na missa às 6h30 daquela manhã em sufrágio dos falecidos.[1] Na saída da celebração, senhoras em cambraia negra, com rostos cobertos de véu, podem ter se deparado com a passagem dos carregadores, elevando suas orações e fazendo o sinal da cruz, se perguntando quem jazia naquela urna mal-ajambrada e trancada.

Na mesma manhã, também circulavam pelas ruas os fiéis da Irmandade do Senhor Bom Jesus Redentor das Almas, que reservavam o mês de novembro para procissões e missas que varavam a madrugada na intenção de iluminar o caminho dos defuntos que expiavam pecados no purgatório.[2] O cortejo em favor das Almas Benditas iniciava seu giro costumeiro saindo da rua do Egito às 7h da noite, defronte à Igreja de Nossa Senhora do Rosário dos Pretos, passando pelo Largo da Sé, posteriormente entrando na rua Grande até o cruzamento com a rua São João, passando exatamente em frente à casa de Ana Rosa, de onde seguiam em direção ao Largo de Santo Antônio, e dali de volta ao templo de origem, sede das celebrações que alcançavam a manhã do dia seguinte.[3] É provável que os fiéis da "arraia miúda", tradicionais frequentadores do santuário da Virgem do Rosário, tenham alumiado no breu na noite a fachada de azulejos do sobradão com suas velas e candeeiros. Na ocasião, ao som das ladainhas dos romeiros que tomavam a rua, o menino solitário dava seus últimos suspiros. As vozes que clamavam em favor dos mortos provavelmente embalaram a passagem do menino supliciado, sobressaltando a senhora escravista, que àquela altura maquinava para tentar resolver o "incômodo".

Não houve descanso naquela madrugada na casa de Ana Rosa. A matrona, ao se deparar com a iminência da morte do menino, passou a acionar suas redes de poder na tentativa de evitar que a ocorrência chegasse às vistas do público. Entre idas e vindas, manobrou junto aos seus apaniguados na ânsia de burlar os ritos obrigatórios, com o objetivo de enterrar Inocêncio logo no raiar do dia, evitando assim atravessar o caminho de testemunhas e curiosos. Tudo em vão. A despeito de seus esforços, a saída do enterro ocorreu quando o sol já rasgava a manhã, expondo fatalmente o ocorrido ao diz-que-diz do povo.

Aquela não era a primeira vez que a senhora tentava silenciar mortes sucedidas em sua residência. Como se sabe, Inocêncio era o segundo menino morto num intervalo de quarenta dias sob o domínio da senhora. Jacintho, seu irmão mais novo, também havia morrido no sobradão em circunstâncias igualmente suspeitas. O falecimento dos dois em sequência chamou a atenção da audiência das ruas, que já conhecia bem a fama das perversidades atribuídas à senhora. O clamor popular foi sendo formado. Gritaram as lavadeiras e vendeiras, entre outras personagens anônimas, ladeadas por seus fregueses e inúmeros passantes curiosos, possivelmente egressos das celebrações ocorridas nas igrejas próximas, que clamavam aos céus desde a noite anterior em favor dos finados. Talvez ainda houvesse velas acesas nos templos e também no cemitério, levadas pelos que choravam e lembravam seus entes queridos falecidos, cultuados tradicionalmente nas segundas-feiras, dia das almas.[4]

Uma multidão foi se aglomerando diante do campo santo e também dentro da capela, onde alguns presenciaram o protesto de Geminiana ao reclamar o direito de ver seu filho falecido. Os olhos contritos da mãe diante do caixão trancado se conectaram com a visão do público que vinha acompanhando o movimento dos carregadores até a chegada do caixão ao seu destino. Após a abertura do esquife e a exposição do corpo seviciado do menino, os presentes viram a mãe enlutada, uma mulher preta liberta, segurando seu filho morto coberto de feridas, encarnando momentaneamente uma imagem estruturante do martírio materno de forte apelo entre cristãos. A experiência dolorosa da mãe foi testemunhada por muitos olhares, que inevitavelmente interpretaram a cena e começaram a comentar sobre a morte do menino, multiplicando o alcance do ocorrido rapidamente.

Ainda pela manhã, o subdelegado de polícia do 2º distrito da capital, Antônio José da Silva e Sá, foi ao cemitério e interrompeu a tentativa de enterramento de Inocêncio. Não consta que a dor da mãe tenha particularmente comovido o investigador, que em breve ascenderia à posição de delegado do termo da capital[5] e estava muito preocupado em dispersar o povo que já tomava todos os espaços, invadindo o funeral, de onde se ouviam gritos de denúncia dos castigos bárbaros. A situação turbulenta atrasou ainda mais o enterro do pequeno falecido, que permaneceu insepulto durante toda a terça-feira, 14 de novembro, primeiro dia de exposição pública da trama que devassaria a vida de Ana Rosa pelos próximos meses e devastaria por completo a vida de Geminiana e Simplícia. A senhora tornou-se alvo de protestos, principalmente das classes baixas, cujos comentários não eram menos inconvenientes do que os da gente fidalga, incomodada com aquela ruidosa morte que maculava de maneira contundente uma de suas representantes, desgastando ainda mais o já surrado tecido social da sociedade escravista local.

A criança somente foi enterrada no dia seguinte, 15 de novembro, após seu corpo ser examinado por dois cirurgiões-tenentes do Exército, acompanhados por testemunhas convocadas pelo subdelegado. Estes assistiram à autópsia juntamente com diversos curiosos, incluídas as mesmas personagens do povo que protestaram na véspera. A observação das diversas lacerações em Inocêncio, asseveradas no laudo oficial, apontaram contundentes provas de maus--tratos e torturas, que segundo os argumentos dos legistas foram determinantes para a morte do filho de Geminiana. Tais elementos reforçaram indicativos favoráveis para a abertura do inquérito, que contou com diversas testemunhas e informantes, cujos depoimentos formaram parte fundamental da denúncia lavrada no final do mês pelo promotor público adjunto, Antônio Gonçalves de Abreu.[6] Cumpre notar que a parte oficial do início da trama, esboçada acima, compõe apenas uma das camadas de sentido da ocorrência, que se desdobraria em várias frentes de discussão, ganhando amplitude através dos jornais locais, que passaram a publicar partes inteiras do processo, comentando detalhes do caso, dedicando quase diariamente espaço entre suas colunas para o assunto. Além dos significados do acontecimento em si, o alvoroço reforçava os sinais cada vez mais nítidos da crise que se abatia sobre o sistema escravista, vivamente golpeado em sua fachada pretensamente paternal e impoluta. Não por acaso, a imagem da mãe devastada junto ao seu filho morto se revelaria ameaçadora para Ana Rosa. Seria muito mais difícil mascarar ou suavizar a ocorrência já escancarada a céu aberto e presenciada por uma infinidade de pessoas, entre as quais inúmeros escravizados e sobretudo libertos que empreteciam as ruas de São Luís diariamente. Por isso, os caminhos da mãe enlutada atravessaram a ocorrência, não somente na perspectiva da sua dor, mas também a partir de sua trajetória como mulher liberta, assemelhada a uma parcela crescente das camadas populares, traduzindo parte do contexto de pressão sobre as estruturas do poder dominial aferrado ao mando de velhas famílias escravagistas. Sua condição de mulher preta trabalhadora estava jungida aos ventos de mudança que forçavam rearticulações dos interesses senhoriais nos mundos do trabalho da província do Maranhão, que enfrentavam o esvaziamento dos seus plantéis, seja em razão das lutas históricas dos escravizados, que se desdobravam no aumento da população trabalhadora liberta, seja por conta do grande número de trabalhadores cativos vendidos forçosamente para outras paragens do Império via tráfico interprovincial.[7]

Mergulhada nesse contexto, Ana Rosa vinha enfrentando uma rotina cada vez mais incômoda. Ao longo dos últimos anos, os cativos em seu poder foram sendo levados para a fazenda da família em Alcântara pelas mãos de seu marido, Carlos Fernando, que, convenhamos, não tinha nada de benemérito e buscava preservar seu patrimônio investido em escravizados. O conjunto de casos de violência abafados pelo marido e pela família se somava ao cenário desfavorável enfrentado pelo mando senhorial cada vez mais distante dos tempos áureos do escravismo no Maranhão. As razões do cenário problemático experimentado por Ana Rosa iam além de sua presumível conduta desviante ou patológica. A senhora estava dependendo do serviço de trabalhadoras cedidas e/ou alugadas por parentes e amigos. Situação aviltante para a matrona, que, nascida e criada com gente escravizada ao seu dispor, via seu poder se esvair dentro da rotina de sua própria casa, tolhendo (mas não eliminando) o *modus operandi* sádico característico dos labores domésticos à época. Tais detalhes perfaziam mais uma página do desgaste do poder dominial, cada vez mais corroído entre os poderosos da terra, que tentavam manobrar ante o cenário econômico desfavorável e paulatinamente desfalcado da presença de cativos. Além disso, alguns dos argumentos basilares que sustentavam moralmente a escravidão perante o conjunto da sociedade, como uma pretensa benevolência e comiseração de senhores e senhoras, eram atingidos fortemente pela irrupção de ocorrências públicas de maus-tratos, que se voltavam contra clãs ou personagens de elite, quase sempre cheios de inimigos mordazes no campo minado da política imperial, vide o caso de Carlos Fernando Ribeiro. A morte de Inocêncio, portanto, caiu como uma bomba na fachada paternalista e intelectualizada da "Atenas Brasileira", figurando como clímax de uma trama maior, conectada com membros da família Belfort, ex-proprietários de Geminiana e de seus filhos, que ignoraram solenemente o destino dos meninos supliciados e mortos, dispondo na dianteira interesses econômicos que se desdobraram na venda de Jacintho e Inocêncio para uma afamada torturadora.

Afinal de contas, quanto valia a vida de uma criança escravizada na São Luís da década de 1870? Ao que parece, os filhos de Geminiana em vida não eram dignos de nota para a sociedade ludovicense, figurando como mais dois "escravinhos" retintos entre os muitos que viviam espalhados pela cidade, vistos como investimentos pouco vantajosos, precariamente rentáveis no curto prazo, tornando-se mais atrativos somente se sobrevivessem até a juventude ou a idade adulta. Jacintho e Inocêncio, caso não tivessem sido vendidos para Ana Rosa, poderiam ter sido direcionados desde pequenos para tocar a vida como ajudantes na padaria de seus donos, o que demandaria certo tempo, gasto e paciência, não disponíveis na conduta de seus proprietários. Crescidos, os meninos também poderiam ter sido direcionados ao ganho nas ruas, como futuros carregadores, vendeiros, jornaleiros, trabalhadores alugados ou aguadeiros. Isso se permanecessem na cidade; caso contrário, poderiam ser encaminhados para fazendas nos sertões, para o serviço no eito ou mesmo vendidos como servos traficados para províncias do Sul. Entretanto, antes de qualquer uma dessas possibilidades se concretizarem, os dois morreram sob o domínio de Ana Rosa, e somente a partir desse ponto foram notados, quando passaram a ameaçar uma alta representante da ordem senhorial, expondo as vísceras da vida doméstica nada indulgente ou cordial de um dos mais requintados sobrados de São Luís.

Só na morte os filhos de Geminiana foram vistos pelos olhos do público. O foco incomum nas crianças escravizadas chamava atenção, pois seus nomes começaram a aparecer para além do espaço reservado aos anúncios de compra/venda/fuga ou breves dizeres de obituários, sempre cheios de anjos, meninas e meninos mortos em tenra idade. Somente depois de falecidos seus nomes começaram a atravessar as esferas de poder, sob forte pressão pelo escândalo causado pela exposição do corpo de Inocêncio nos braços de sua mãe enlutada. Os jornais da cidade começaram a acompanhar diariamente a progressão da acareação instaurada pelo subdelegado. Os editoriais dos periódicos serviram como caixas de ressonância dos passos da investigação, seguidas muitas vezes de comentários sobre a condução do caso pelas autoridades locais. Todo esse processo passou a fluir rapidamente numa arena de discussões de impressos já bastante consolidada em São Luís, com disputas político-partidárias e interesses econômicos diversos que se digladiavam há décadas. No meio do turbilhão jornalístico, a morte de Inocêncio virou manchete.

A imprensa e a morte dos "escravinhos"

As tipografias de São Luís tiveram muito assunto para renovar o noticiário naquele fim de ano. A cidade inteira demandava informações, detalhes, pistas e possíveis segredos sobre o caso da morte de Inocêncio, que vinha aguçando a curiosidade de todas as classes. O assunto estava na boca do povo nas feiras, praças, igrejas, no teatro, nas rodas de carregadores, nas conversas entre vendeiras, nas cozinhas, nas varandas, nos quintais, e a cada dia ganhava mais projeção. Não se comentava outra coisa. O sobrado da rua São João era devassado por dentro, mesmo com portas e janelas trancadas era alvo da incômoda curiosidade pública. Quem passava em frente à casa de Ana Rosa talvez se perguntasse em que parte do imóvel o menino estava na hora da passagem. Será que sofreu castigos trancado no quarto no andar superior? Foi mesmo metido numa gaiola de jabuti? Passou fome, sede e foi torturado junto com seu irmão mais novo? Questões sobre o caso se multiplicavam, mas nenhuma ação objetiva contra os maus-tratos foi feita a tempo. Nunca a morte de crianças escravizadas havia tido tanta repercussão no Maranhão.

Não por acaso, os principais jornais em circulação na capital passaram a dedicar largo espaço nas suas colunas para comentar e publicar documentos da investigação em curso. Para além do alarde das ruas, a trama veiculada na imprensa atribuiu mais elementos e projeção à morte de Inocêncio diante dos olhos do público. Apesar do maior relevo e detalhamento, cumpre notar que havia limites bem definidos para a empatia voltada ao menino vitimado e à sua família. É preciso salientar que o caso da criança supliciada foi exposto não necessariamente com debate sobre as agruras de sua infância escravizada. Nem mesmo as lutas de Geminiana e Simplícia, mulheres diretamente implicadas no caso, aparecem como objeto de discussão, tanto que são raramente mencionadas em comentários nos impressos. O interesse, portanto, estava mais assentado no escândalo envolvendo a representante de classe senhorial, o que deixava em zonas de penumbra as experiências do menino e as ações de sua mãe e de sua avó. Mulheres pretas enlutadas cujas dores não saíam nos jornais.

O *Diário do Maranhão*, veículo noticioso e ligado aos interesses do comércio, foi uma das folhas que mais deu publicidade ao caso na cidade. Fundado em 1855 pelo médico e escritor Antônio Rego, o periódico conservava um padrão semelhante a diversos outros jornais do Império, em geral com uma "parte oficial" encabeçando a primeira página, contendo também colunas dedicadas aos acontecimentos do interior da província e notícias de outras capitais, além de largo espaço para anúncios diversos que contemplavam o movimento de vapores e propagandas de casas comerciais à cata de clientes para seus produtos importados.[8] A folha, que à época do crime tinha circulação diária, também atraía sua audiência com informativos de acontecimentos cotidianos, sobretudo os ligados ao noticiário policial, o que colocou o tema do falecimento do filho de Geminiana como uma de suas principais pautas por vários meses.

No dia seguinte ao enterramento do menino, em 16 de novembro de 1876, o *Diário do Maranhão* destacou uma notícia intitulada "Morte por Civicias", que sumarizava não somente os acontecimentos da véspera, mas também sublinhava as suspeitas sobre a origem das várias escoriações encontradas no corpo de Inocêncio. A escolha do título da matéria não era fortuita, deixando nítido o intercâmbio entre a ambiência do falatório público e os comentários impressos na folha. Na data, o jornal destacou o trabalho do subdelegado Silva e Sá e publicou na íntegra o resultado do primeiro exame de corpo de delito, pedindo a punição dos culpados.[9]

No mesmo dia, *O Paiz* publicou uma matéria sobre o caso, sob o título "exame de um cadáver". O jornal à época circulava diariamente, salvo domingos e dias santos, e alcançava grande público na capital maranhense desde sua fundação em 1863. O periódico se articulava na arena da imprensa como um "órgão especial do comércio",[10] deixando também entrever uma tendência política afinada com o Partido Conservador, seguindo trilha aberta por seu fundador, o professor Themistocles da Silva Maciel Aranha.[11] *O Paiz*, na análise do caso, deu vazão às suspeitas suscitadas sobre a morte em decorrência de maus-tratos, mas reservou também espaço para a versão alegada pela defesa de Ana Rosa, que investiu na ideia de uma *causa mortis* oriunda do "vício" de comer terra. Ao sopesar tais argumentos, os escritos do jornal lembraram das circunstâncias assemelhadas da morte de Jacintho, conectando os dois casos que circulavam nas rodas de conversa da cidade. Nos dizeres do jornal, havia começado "de novo a voz pública a dizer que a morte não tinha sido natural, que o corpo da criança mostrava o que ele tinha sofrido."[12]

O alarde expresso nos jornais, cobrando pronta punição pelo crime, acendeu um sinal de alerta para Ana Rosa, que via sua situação se tornar cada vez mais delicada. Ainda mais porque estavam vindo à tona muitos indícios da ocorrência de um homicídio, reforçado pelos comentários gerais que colocavam em xeque a intenção da matrona em endereçar a culpa da ocorrência à vida pregressa do pequeno Inocêncio e de seu irmão mais novo. A proprietária, sob esse viés, buscava aparecer publicamente como vítima de um logro que a teria feito comprar, ludibriada, "escravinhos" viciosos e doentes. A senhora, desde a morte de Jacintho, vinha arquitetando esse estratagema na tentativa de desanuviar o falatório, repetindo o mesmo enredo após a fatídica morte do segundo menino, semanas depois.

Entretanto, dessa vez, os olhos do público haviam testemunhado as marcas no corpo supliciado da criança, que também passou pelo crivo de médicos alheios aos círculos de influência e poder imediatos da matrona. A primeira comitiva de doutores acabou emitindo um laudo que confirmava a morte decorrente de severas pancadas e maus-tratos, o que corroía as possibilidades de sustentação dos argumentos do alegado "vício" de comer terra e dos castigos antigos.

Diante do cenário desfavorável, houve pressão junto ao chefe da Polícia para que fosse efetuada uma segunda análise do cadáver da criança, posto que o resultado do exame foi colocado em dúvida pelo advogado de defesa, Francisco Belfort de Paula Duarte. Dessa vez, surpreendentemente, houve a inclusão de legistas íntimos de Ana Rosa, como, Antônio dos Santos Jacintho, que atuou sem nenhum impedimento na elaboração do novo laudo.

A sequência dos acontecimentos gerou estranheza. Apesar da suspeita, a exumação do corpo da criança foi autorizada, assim como a elaboração do segundo exame. O *Apreciável*, jornal semanário, publicou resumos desse encadeamento de eventos, reproduzindo inclusive trechos do *Diário do Maranhão*, acompanhados de comentários gerais sobre o caso. O periódico, fundado em 1867, era "órgão sustentador das instituições constitucionais", regido sob os auspícios do major Joaquim Ferreira de Souza Jacarandá.[13] Embora seus leitores fossem ávidos pelas novidades sobre as disputas entre liberais e conservadores na província, o jornal não deixou de informar sobre o assunto que estava mexendo com os ânimos da cidade. Após noticiar o pedido do novo laudo, O *Apreciável* ponderou que em sendo atribuída a morte da criança aos castigos, averiguados por um primeiro e criterioso exame médico, "para que esse segundo exame ou autópsia, que veio deixar *pior a emenda que o soneto?*". A matéria deixava nítida a suspeita, afirmando que o barulho da segunda necrópsia tinha a função "de iludir a verdade, desviando-a do verdadeiro caminho!".[14]

Na mesma direção, sob o título "A morte de Innocencio", O *Paiz* também divulgou referências sobre a exumação do cadáver e publicou na íntegra o resultado do segundo laudo. Na nova investida, além das sevícias já indicadas anteriormente, foram aditados novos elementos. O jornal noticiou que no estômago da criança foi detectada a presença de carne e farinha misturadas à terra vermelha, e que no duodeno foram coletados quatro vermes *Ancylostoma*. Santos Jacintho, médico próximo da proprietária, concluiu taxativamente, como era de se esperar, que a morte do menino havia sido natural, decorrente de verminose. Já os médicos oriundos do grupo que assinou o laudo anterior expressaram grave contrariedade frente a tal conclusão, asseverando estranheza diante da terra encontrada no estômago, pois parecia ter sido deglutida pouco antes da morte do pequeno, algo improvável para uma criança agonizante. Outro ponto de divergência foi a pequena quantidade de *Ancylostoma* encontrada, que não indicava infestação, ou seja, nada factível para explicar o falecimento do garoto. O redator da notícia no *O Paiz*, ao final da matéria, sublinhou a dissenção entre os envolvidos na elaboração do novo laudo, expondo ao público do jornal mais uma camada de sentido da trama que vinha sacudindo São Luís:

> Posta a questão nesse pé, temos duas opiniões bem distintas: os médicos do primeiro exame dizem que a morte foi violenta, foi ocasionada por castigos repetidos e maus-tratos; os médicos do segundo exame dizem que a morte foi natural, em consequência de ter a criança o vício de comer terra. Tomando em consideração ambos os exames, temos que a autoridade há de prosseguir nas diligências encetadas para descobrir a verdade. A ação da autoridade deve ser pronta e enérgica. [...] O exame médico, sobretudo quando há divergência, não inocenta e não (in)crimina a ninguém. Assim pensamos.[15]

Com o andamento da investigação era fundamental para a defesa da matrona semear dúvidas sobre o evento, ainda mais com a crescente circulação de notícias desfavoráveis. Dos jornais ao falatório público, e vice-versa, agregavam-se mais tintas e elementos complicadores à trama, que, inconvenientemente, permanecia com ventos francamente contrários aos interesses da proprietária. No dia seguinte à publicação do segundo exame de corpo de delito, em 18 de novembro de 1876, o jornal *Diário do Maranhão* dispôs diversos excertos acompanhados de ácidos comentários anônimos. Com foco específico no segundo laudo, vieram à tona duas breves intervenções sob os títulos "Consulta" e "Pequeno Inocêncio", respectivamente, ambas assinadas por alguém nomeado como "O curioso", cujos textos levavam questionamentos aos leitores sobre a legitimidade de um exame requerido e elaborado pela "parte" investigada, que tinha a intenção de justificar as sevícias como de "antiga data".[16]

Talvez prevendo os danosos impactos desses comentários, o advogado de Ana Rosa, Francisco Belfort de Paula Duarte, reservou na mesma edição do jornal um espaço para negar a participação da senhora no pedido de exumação do cadáver de Inocêncio, distanciando-a, pelo menos no campo discursivo, das tratativas que buscavam mudar o entendimento sobre a *causa mortis* do menino. Ainda nessa direção, em outra coluna, há menção sobre um pedido de justificação de Paula Duarte junto ao juiz da 1ª Vara Cível, cujo conteúdo buscava reforçar a ideia de "que o menor Inocêncio faleceu de *hypoemia intertropical*, vício de comer terra, que sempre foi bem tratado em casa de seu senhor e que seu corpo quando ele foi para o seu poderio já tinha sinais de antigos castigos".[17]

Sob a batuta do advogado, a estratégia de defesa tentava ganhar musculatura se fiando na legitimidade do mando doméstico da matrona, pintando sua figura como uma ludibriada compradora de crianças já marcadas pela violência e ainda por cima adoecidas. No entanto, tal mensagem não ganhou fôlego e permaneceu desacreditada aos olhos do público e na arena da imprensa, cujos editoriais a cada dia reforçavam mais o peso acusatório contra Ana Rosa.

Assim seguiu a discussão no *Diário da Maranhão*, mais especificamente em sua "Secção Geral", na qual foi publicado um artigo assinado pelo pseudônimo "A opinião pública", que engrossou ainda mais o coro dos comentários críticos sobre a morte dos filhos de Geminiana. A matéria intitulava-se "Crime" e iniciava lamentando ocorrências de episódios de uma certa "história íntima" do Maranhão, recoberta de abusos de poder e violências inauditas. Sem mencionar detalhes sobre rotinas domésticas específicas, o texto seguiu discorrendo longamente sobre ocorrências de "castigos metódicos a pau e corda", mote para introduzir em seguida o evento mais discutido na cidade naqueles dias. O autor alertava que a punição contra crimes violentos no Maranhão historicamente era "sempre forte para o pobre, para o povo ignorante, e demasiado pequenina para o rico, para o potentado".[18] Isso deixava entrever que, conforme subscrito por "A opinião pública", em São Luís era raro assistir à condenação de algum representante das camadas senhoriais, como Ana Rosa. No seguimento da exposição, o autor comentou o resultado das autópsias, expondo detalhes sobre o estado lamentável do corpo de Inocêncio, clamando em favor da execução de uma reprimenda legal para o caso.

> Ver o cadáver de uma criança com os sinais da morte, vê-lo com os vestígios das cordas que ataram os pulsos, admirá-lo com os intestinos e estômago vazios, olhá-lo com o cérebro cheio de manchas vermelhas, a boca queimada, o ânus roto, ver tudo isto perante a Justiça desta terra é eriçar os cabelos de horror, é forçosamente pedir a sociedade punição, é enfim contemplar os monstros sequiosos de maldade, engolfada na mais hedionda criminalidade,

saciando esse terrível prazer no banquete da alta imoralidade tendo por bebida sangue e por felicitações lágrimas! [...]
A opinião pública [19]

O tom utilizado pelo articulista tinha conexão com a circulação de imagens e com comentários que corriam naqueles fins de novembro de 1876, especialmente após a exposição pública do menino morto. Cabeça, cérebro, boca, pulsos, vísceras, ânus, tudo era alvo de escrutínio. O corpo de Inocêncio passou a ser esmiuçado nos jornais, espalhando impressões sobre os resultados divergentes das autópsias. Em que pesem os arrazoados médicos discordantes, o texto pressionava nitidamente um dos pratos da balança, elaborando argumentos que reforçavam a acusação contra Ana Rosa.

Tal tendência se tornou ainda mais forte em outro escrito assinado pela mesma "A opinião pública", que veio a lume poucos dias depois, em 21 de novembro, tendo a palavra "Crime" estampada novamente em letras graúdas no título. A matéria voltou a ponderar detalhes da condução do segundo exame de corpo de delito, que teria funcionado como uma "esponja benévola" para tentar apagar traços da verdade sobre as sevícias que levaram à morte de Inocêncio. Havia a intenção de chamar atenção dos leitores para detalhes do caso, fornecendo evidências que deveriam ser levadas em consideração na apreciação da ocorrência em juízo. Nesse direcionamento, o texto articulou um paralelo entre o fatídico destino de Inocêncio e o assassinato de uma garota de quinze anos alguns anos antes, que igualmente abalou a imprensa com detalhes de sevícias e circunstâncias da morte expostas e largamente discutidas, com debate amplificado pela implicação direta no crime de um figurão de alta posição no Judiciário maranhense. Assim, "A opinião pública" rememorou o caso do assassinato da jovem Maria da Conceição, brutalmente morta em 1872 em São Luís pelo desembargador José Cândido Pontes Visgueiro, réu confesso, que acabou denunciado e preso pelo homicídio.[20] Ao introduzir o assunto, a coluna apelava à "magistratura desta província que tanto se elevou na questão da Maria da Conceição e não poderá de modo algum descer perante o cadáver seviciado da infeliz criança!".

Ao traçar um paralelo entre os dois casos, colocava novamente Ana Rosa como alvo de suspeição, afirmando que "a lei, igual para os ricos, pobres, plebeus, sábios e ignorantes, não conhece sexo – não poderá sem quebra da dignidade de uma nação, ser sofismada ao belo prazer da proteção!".[21] Nesses termos, deixava mais uma vez evidente que ao juízo de "A opinião pública" a posição social da proprietária, como mulher da alta sociedade, esposa de um dos maiorais do Partido Liberal, não deveria ser razão para protegê-la ou livrá-la de uma possível condenação na Justiça, semelhante ao que havia ocorrido anos antes com o desembargador Pontes Visgueiro.

Este era mais um sinal de alerta para Ana Rosa e seu clã, que àquela altura manobravam ante a situação desfavorável potencializada pelos ácidos comentários nos jornais. A senhora escravista estava vivendo dias de execração pública, com seu nome correndo por toda a cidade, sua vida privada exposta e seu mando doméstico julgado por pessoas estranhas aos seus círculos de poder. A ambiência adversa piorava à medida que a investigação se aprofundava. Não tardou até que o inquérito chegasse à fase de convocação de depoentes, notificando pessoas diretamente envolvidas no caso, juntamente com observadores que presenciaram o desenrolar das cenas de tentativa de enterramento e da abertura do caixão trancado no cemitério. Para compor o auto de qualificação e interrogatório, o subdelegado Silva e Sá notificou, em 19 de novembro, 26 pessoas, cujos depoimentos foram peças-chaves para a consecução da denúncia.[22]

No dia 24 de novembro, o *Diário do Maranhão* publicou na íntegra todos os depoimentos. O conteúdo ocupou todo o espaço da capa e se estendeu por mais seis páginas, tomando a maior parte da edição daquele dia, que extrapolou suas quatro laudas usuais para dar vazão ao assunto alvo da "justa ansiedade pública".[23] Ana Rosa foi a primeira depoente listada. As circunstâncias da coleta de seu testemunho certamente a conduziram a uma ocasião de constrangimento inédita, impelida a responder à questões sobre a condução de sua vida privada na ausência de seu marido, que se encontrava em Alcântara.

Estava em curso uma devassa tão íntima, que colocava na berlinda o mando de sua própria casa, com pormenores de sua rotina escrutinados pessoalmente por uma autoridade policial estranha dentro de sua residência. Na ocasião, a senhora estava acompanhada apenas de seu vizinho, o major Carlos Augusto Nunes Paes, que ao final assinou o depoimento no lugar de Ana Rosa. O testemunho da senhora foi ao encontro do seu estratagema original, investindo no suposto vício fatal das crianças. Em nenhum momento ponderou sobre castigos ou maus-tratos, asseverando, ao contrário, que as crianças eram bem tratadas e alimentadas. No entanto, a despeito de sua tentativa de redesenho da trama, a sequência de depoimentos aditou diversas referências que contrariaram frontalmente seus argumentos, sobrepondo elementos que robusteciam indicativos das circunstâncias que levaram à morte do pequeno.

Um depoimento particularmente comentado na imprensa foi o do médico da proprietária, Santos Jacintho. Este insistiu na cruzada argumentativa da morte natural do menino seviciado, mesmo, inadvertidamente, afirmando que o falecimento de Inocêncio foi veloz pela "falta de alimentação fortificante e apropriada" – o que francamente contrariava o testemunho de sua ilustre cliente. O médico, sem desviar de rota em seus arrazoados sobre a *causa mortis*, afiançou ainda que o menino no sobrado nunca teve "alimentação nem suficiente nem dada a hora própria". No *Diário do Maranhão* de 25 de novembro de 1876, vieram à tona críticas ao depoimento do médico em comentário assinado por um anônimo intitulado "Torquemada", que chamou atenção para as incongruências da fala do médico e indicou referências sobre a cruel conduta doméstica e a autoria do crime, tudo com base nas informações divulgadas publicamente após a circulação dos depoimentos nos jornais.

> Lê-se no depoimento do Dr. Santos Jacintho
> "R. Que aqueles indivíduos que morrem nas privações e nas misérias não se costuma dizer que morrem de morte violenta." Logo a morte é natural. Quando a morte é natural não há crime, não há castigo do crime. À vista desta confortabilíssima doutrina, V. R. (é um simples exemplo) agarra a um indivíduo J., por exemplo, fecha-o em um quarto e mata-o a fome e sede (da morte mais medonha que se conhece) morreu de privações d'*água e alimento, e não há crime!*
> O mesmo, ou a mesma pessoa (como quiser o leitor) mete a vítima em um quarto e mata-a com a privação do ar; não há crime!
> Ora, diga-nos uma coisa quem souber. Se um sujeito ou sujeita (como quiserem) meter uma criança em um quarto imundo, sem luz, cheio de lama, fétido; ou melhor numa gaiola, não é preciso de lobos ou tigres, de jabutis, e aí por meio de privações e misérias acabar com ela, não comete crime? É inocente? Passa fora, seria uma verdadeira descoberta de uma Califórnia, não do ouro, mas do crime. Torquemada[24]

Os últimos dias de novembro de 1876 foram decisivos para o andamento da investigação e elaboração dos termos formais da denúncia na Justiça. No trecho acima, "Torquemada" apresenta a hipótese de uma pessoa V.R. (Viana Ribeiro) ter submetido um indivíduo J. (Jacintho) a fome e maus-tratos, expondo informações que já circulavam após a tomada dos depoimentos. Além disso, o autor faz uma outra sutil e afiada alusão a Ana Rosa quando atribui a autoria do crime a *um sujeito* (*ou sujeita*), ajuizando aos leitores sua intenção em denunciar a senhora como culpada a partir da flexão de gênero entre parênteses.

Como se vê, o debate sobre o teor dos depoimentos ganhou as páginas dos jornais. A proprietária, enclausurada em seu sobrado, agora estava na companhia de seu marido, que havia retornado da fazenda da família, aguardando os próximos passos da acareação, que corria acelerada. No dia seguinte à publicação da crítica assinada por "Torquemada", foram apresentadas no *Diário do Maranhão* as conclusões formais redigidas por Silva e Sá, que passa a assinar como "o delegado de polícia", indicando sua ascensão ao cargo.[25] Segundo a autoridade, não havia "dúvida nenhuma que o crime foi praticado", e que pelo teor dos depoimentos "o autor desse delito é D. Ana Rosa Viana Ribeiro".[26] A afirmação estava amparada no ganho de materialidade a partir dos testemunhos, que trouxeram não somente indícios da conduta da matrona no caso de Inocêncio, mas também rememoraram os diversos outros episódios de violência que por décadas foram enfrentados por trabalhadoras e trabalhadores escravizados no soturno solar da São João.

Paula Duarte imediatamente passou a acusar os argumentos apresentados como uma "devassa difamatória", colocando o delegado como alvo direto das críticas. Após a primeira rodada de apuração das falas de testemunhas e informantes, o defensor da matrona ainda guardou artilharia para atacar Geminiana e Simplícia, apresentadas por ele como ilegítimas *denunciantes* de sua cliente, talvez mancomunadas com a própria autoridade policial. A mãe e a avó das crianças aparecem nos escritos do advogado como suspeitas por emitirem declarações sobre o corpo martirizado de Inocêncio através de uma "inspeção ocular" ilegal. Isso porque ambas experenciaram a dolorosa visão do cadáver do pequeno ao conseguirem fazer destrancar a urna funerária, fator que alegadamente não deveria ser considerado pela autoridade, posto que tal prerrogativa era exclusiva dos médicos convocados para elaborar os laudos oficiais.

A justificativa de Paula Duarte acusava as duas mulheres de irem ao cemitério de maneira premeditada, em combinação com Silva Sá, justamente para reforçar o escândalo diante do público que se aglomerava no local.

> Mal dos nós se a reação não for pronta, viva e eficaz – verá cada uma exposta a dignidade própria, desmoralizado o poder doméstico ante a brutalidade do primeiro subdelegado de polícia, que de concerto com os escravos tramará se não a ruína a vergonha, ao menos do cidadão, de sua esposa ou suas filhas, que poderão ser arrastadas às audiências públicas, como pasto à irrisão de uma cabilda insolente, ávida de todos os escândalos.Uma semelhante conspiração, partida de indivíduos empossados de uma certa soma de autoridade, ainda que momentaneamente, tende a abalar a propriedade, animando a revolta do escravo contra o senhor, a fazer escassear os frutos do trabalho servil e finalmente dissolver os laços da família, a sua organização íntima, a sua direção natural. A autoridade legítima do pai e do senhor substituir-se-á a do agente de polícia, o inspetor de quarteirão, por exemplo, que, por intermédio do escravo terá o olhar fito no viver doméstico de cada um, no labutar íntimo da família, cujo sossego ele ameaça...[27]

A peça publicada na primeira página do O Paiz em 2 de dezembro de 1876 foi redigida com virulência proporcional ao pânico das elites ludovicenses ante a perda de seu poder dominial. Paula Duarte reforçou a linha de argumentação que já vinha sendo utilizada na defesa, pensada em primeiro plano pela proprietária e seu clã. O advogado rogava em favor da legitimidade da autoridade da senhora, que aparecia ameaçada pela condução da investigação sob arbítrio de uma autoridade policial que supostamente conspirava com escravizados para atacar não somente o domínio privado de sua cliente, ou os interesses políticos de sua família, mas também toda a sociedade escravista local. Nesse ponto, é possível auscultar sinais do grande incômodo causado pela acareação, que ao juízo do representante legal da acusada estava afinada e combinada com o protesto das pessoas escravizadas e libertas, justamente o poviléu indesejado que de longa data vinha protestando (até com pedradas) contra barbaridades de Ana Rosa.

A mãe e a avó dos meninos mortos entravam nessa conta, apontadas como informantes que declararam de maneira suspeita detalhes sobre o estado lastimável do corpo de Inocêncio. Além disso, a presença das duas mulheres na cena largamente repercutida da abertura do caixão, seguida pela impactante imagem da mãe despindo o corpo supliciado do filho, poderia ser mais um fator calculado para alimentar a alegada "devassa difamatória". Talvez até mesmo as dores do luto de Geminiana e Simplícia poderiam ter sido simuladas para incriminar Ana Rosa aos olhos do público. O artigo, portanto, buscava provar que a investigação não tinha a intenção de apurar os fatos, mas, sim, de atemorizar a proprietária, uma senhora de largos cabedais que via seu nome ganhar a boca do povo, com sua reputação chafurdando na lama, acusada injustamente de um crime bárbaro.

Três das seis colunas da primeira página do jornal foram preenchidas pela virulenta peça do advogado de Ana Rosa. Tal artifício não era incomum em situações de pressão sobre figurões locais, ainda mais quando envolvia famílias de renome e alta consideração entre os maiorais da terra. A prática vinha se revelando bastante útil no arrefecimento de escândalos, como já havia ocorrido quando Carlos Fernando, recém-casado, redigiu uma defesa de sua esposa após a morte da jovem Carolina em 1856, com argumentos reforçados pelo médico de confiança da família, Paulo Saulnier de

Pierrelevée. Este caso foi seguido por diversas outras ocorrências de maus-tratos, torturas e mortes atribuídas a Ana Rosa ao longo das décadas seguintes, sempre revidadas pela família.

Paula Duarte tentava manobrar a situação com argumentos fiados na defesa do ainda influente mundo senhorial, que preservava sua força em diversas instâncias de poder na província do Maranhão. O advogado afinou seus discursos para defender o mundo da casa,[28] que vinha tentando reestruturar seu mando diante da iminente inviabilização de suas bases de poder sustentadas por braços escravizados. O representante da acusada confiava na autoridade secular das famílias escravistas da terra, que ainda falavam alto e influenciavam caminhos decisórios da Justiça, costurando contradiscursos para defender seus interesses mesmo diante da franca situação desfavorável aos olhos do público e na arena da imprensa.

A despeito das intenções de Paula Duarte, após a consecução dos resultados da investigação conduzida pelo delegado Silva e Sá, houve a formalização da denúncia no Judiciário elaborada pelo promotor adjunto Antônio Gonçalves de Abreu, que acompanhou as investigações desde o início. O documento foi encaminhado em 30 de novembro de 1876 ao juiz substituto do 3º Distrito Criminal, Torquato Mendes Viana, e explicitou de maneira pormenorizada os detalhes do inquérito, utilizando várias informações coletadas nos depoimentos que afirmavam o cometimento do crime de homicídio por parte de Ana Rosa, agora formalmente implicada numa denúncia da promotoria, indigitada no art. 193 do Código Criminal, pelo homicídio de Inocêncio.[29] Para a acusação não restava dúvidas sobre o crime, havendo provas robustas para apontar a proprietária como única responsável pelos castigos e lacerações "reconhecidos no cadáver de seu escravizado Inocêncio, visto que este durante o tempo em que foi possuído por ela, jamais esteve em outro poder e debaixo de outras vistas, tornando-se a mesma denunciada, D. Ana Rosa Viana Ribeiro, criminosa".[30]

Toda a trama foi pormenorizada, partindo do dia da tentativa de enterramento com caixão trancando, passando pela exposição pública do corpo de Inocêncio cheio de lacerações, seguida da análise dos exames de corpo de delito e escrutínio dos depoimentos das testemunhas e informantes, tudo isso ladeado pelo contexto da comoção pública que caracterizou o caso desde o início. O promotor adjunto, Antônio Gonçalves de Abreu, juntamente com o delegado Antônio José da Silva e Sá, tiveram, portanto, papel crucial na implicação da futura baronesa de Grajaú na Justiça.

Cumpre notar que a essa altura notícias da ocorrência já estavam começando a extrapolar os circuitos da imprensa do Maranhão, se espalhando à medida que os jornais locais chegavam ao público de outras partes do Império. A correspondência dos periódicos de São Luís com outras praças, sobretudo capitais de província, levou os arrazoados sobre a morte de Inocêncio para outras cidades. O *Cearense*, jornal publicado em Fortaleza, em 6 de dezembro de 1876, anotou em sua coluna "Notícias do Norte" que "tinha-se concluído a inquirição sobre a morte do escravinho Inocêncio, que se dizia morto em açoites por sua senhora D. Ana Rosa Viana Ribeiro. Foram inquiridas 26 pessoas".[31] Em tom semelhante, o ocorrido também veio à tona em uma das colunas do *Diário do Rio de Janeiro*. Em 20 de dezembro de 1876, um excerto com notícias do Maranhão citando diretamente o promotor adjunto Antônio Gonçalves de Abreu foi publicado, afirmando as suspeitas contra Ana Rosa e o estado de comoção pública que se notabilizava no editorial dos jornais recebidos de São Luís. Segundo a folha, as autoridades reconheciam Ana Rosa como autora do delito e a sociedade pedia "punição da delinquente, às penas cominadas no art. 193 do Código Criminal".[32]

Com a movimentação do caso na Justiça e a continuação da correspondência de jornais maranhenses com outras folhas, a notícia passou a ganhar as páginas de periódicos de outras importantes cidades do Império. Além de Fortaleza e Rio de Janeiro, a morte de Inocêncio virou manchete em Manaus, Belém, Teresina e Recife, uma mostra do alcance da repercussão do escândalo que tomou os jornais, as entranhas da Justiça e se tornou assunto conhecido em várias cidades do Brasil.[33] Quando o caso já estava famoso, foi dado andamento ao processo com novas rodadas de depoimentos e escrutínios dos relatos das testemunhas no 3º Distrito Criminal, na sala de audiências dirigida pelo juiz Torquato Mendes Viana. Somente a partir desse ponto entrou em cena o promotor público titular Celso Tertuliano da Cunha Magalhães, que retornou de sua licença do cargo e substituiu o adjunto, Gonçalves de Abreu. À época, conforme exposto anteriormente, o caso Inocêncio era o grande tema de debate na cidade, chegando também a outras províncias, já contando com volumosa coleta de evidências. Todo esse árduo trabalho prévio passou às mãos do promotor titular, considerado por muitos como a peça-chave na devassa.

Celso Magalhães entra em cena

Oriundo de família abastada, proprietária de terras e empreendimentos agrícolas escravistas, Celso Magalhães, nascido em 1849, cresceu em contato direto com o poder dominial de seu clã, com graúdos representantes do Partido Conservador, já em contexto que indicava o enfraquecimento da reprodução da sociedade senhorial maranhense. Em sua juventude, quando ainda residia no interior da província, testemunhou a gravidade da insurreição dos escravizados de Viana, deflagrada em 1867, fonte de inspiração para um de seus poemas mais famosos, "Os calhambolas".[34] Na condição de intelectual conectado ao contexto das letras e do pensamento social da segunda metade do século XIX, Magalhães acompanhava a tendência vigente das críticas à escravidão, com exclamações à liberdade, esta enxergada a partir de valores mitificados à europeia, sem simpatia às demandas das próprias populações escravizadas, indesejadas em seus ideários de desenvolvimento da nação. Nesses termos, muitos personagens negros "nobres" e "honrados", com falas rebuscadas, faziam as vezes de uma luta idealizada contra o regime servil.[35] Em *Os calhambolas,* a liberdade, encarnada como "virgem feiticeira", falava apenas a quem "era negro, mas era honrado", a quem era "retinto, porém bravo", gente que combatia seus algozes como "outros gauleses", constantes na fé e na vontade.[36] O famoso poema de Magalhães foi finalizado no Recife e publicado em 1869, durante temporada em que este dava seus primeiros passos na Faculdade de Direito, da qual obteve seu título de bacharel, alcançado em 1873. À época, desenvolveu reflexões amparadas em concepções racialistas, classificando populações negras e indígenas como inferiores, distantes de princípios civilizatórios considerados adequados ao ordenamento da nação.[37] O promotor deplorava costumes ameríndios e africanos, classificados como intelectualmente medíocres, expressando suas ideias de maneira mais bem-acabada em *A poesia popular brasileira,* de 1873. Maldizia, nesse sentido, manifestações culturais das camadas populares, vistas como atrasadas e condenáveis. A título de exemplo, expressou sua visão sobre a lavagem das escadarias da Igreja do Nosso Senhor do Bonfim, em Salvador.

> Para quem não sabe o que é Lavagem do Bonfim dá-se algumas explicações. Na festa do Bonfim há o costume antigo de irem as devotas lavar o corpo e pátio da igreja. Isto tornou-se tradicional e popular. Hoje o que acontece é que há uma romaria numerosa nesse dia. Reúnem-se crioulas, os negros, tudo promiscuamente, e entre cantigas e esgares, meio nuas, com as cabeças esquentadas pelo álcool das barracas vizinhas, com os seios à mostra, lúbricas, com essa lubricidade nojenta de crioula, entre risadas e ditos obscenos, começam todos a lavagem. Isto enjoa e envergonha.[38]

Em sua formação intelectual, o ideário da hierarquização das raças dispunha os que não seguiam moldes culturais europeizantes nos mais baixos patamares civilizatórios. Tal visão tinha peso em sua percepção geral dos destinos do Brasil. Celso Magalhães se alinhava com posições antiescravidão e ao mesmo tempo antiescravo, enxergando na ascendência africana fatores que somavam na degeneração da sociedade brasileira,[39] historicamente influenciada por "raças" negras, consideradas elementos bestiais, ladeadas no panorama inferiorizante pelos remanescentes de uma "caboclada vadia e indolente".[40] Não havia da parte do autor entusiasmo com os produtos de uma pretensa civilização brasileira, cujo cenário racial era bastante desfavorável. Tal visão inadvertidamente não estava em desacordo com suas críticas à escravidão, posição bastante comum entre jovens intelectuais do Império da segunda metade do século XIX, atentos ao debate que condenava o cativeiro e seus efeitos deletérios (inclusive na suposta degeneração racial) para o amadurecimento civilizatório da nação.

A crítica de caráter racista não poupava nem mesmo os portugueses, pois ao juízo de Magalhães "se fosse outra a nação que descobrisse o Brasil, uma nação de raça germânica, anglo-saxônica, por exemplo, cremos que seria outra nossa política, a nossa arte, a nossa literatura e a nossa religião".[41] Partícipe da geração de intelectuais formada no Recife na década de 1870, o autor bebia das fontes do positivismo e do darwinismo social, que enchiam as cabeças da Faculdade de Direito, com estudos atentos a preceitos científicos biologizantes, com ideários deterministas, que muitas vezes forjaram explicações racialistas para a evolução das sociedades.[42]

De volta a São Luís, agora como bacharel em Direito, não tardou até ser nomeado promotor público da capital, contando com a poderosa influência de sua família, já atuando na cidade em 1874, com períodos no interior da província.[43] Reservando-se ao exercício de seu cargo, começou a se movimentar dentro da arena das disputas de poder na cidade. Em sua temporada inicial na promotoria, atuou, entre outros casos, no julgamento do cativo Possidônio, acusado de crime de ferimentos graves, absolvido por unanimidade pelo Tribunal do Júri, defendido pelo advogado de seu proprietário, João Martins de Carvalho.[44] Também teve participação no julgamento de José Correa d'Assumpção, indigitado por crime de morte, cujo julgamento ante ao júri teve dificuldades em fazer presentes até as testemunhas de acusação, possivelmente ameaçadas.[45]

Tomou parte ainda na acusação contra Raymundo José Lamagnère Viana, irmão de Ana Rosa, implicado judicialmente por desferir castigos imoderados contra uma escravizada de nome Carolina, cozinheira.[46] Nesse caso, conforme já exposto, havia indícios de que os castigos haviam sido infligidos, na verdade, por Ana Rosa, quando Carolina havia sido cedida pelo irmão para servir à senhora no sobradão. Para além desse fator, o caso ganhou grande projeção, inclusive fora do Maranhão, pelo arrojo das manobras de Celso Magalhães, que defendeu em juízo a classificação da ofendida como "pessoa miserável", abrindo precedente para que Carolina, representada pela promotoria, pudesse legitimar queixa contra seu senhor, prerrogativa à época vedada aos escravizados no geral. A contenda chegou ao Tribunal do Júri, que asseverou que a interpretação de Magalhães não possuía base legal, rechaçada em juízo. No final, Raimundo José Lamagnère Viana acabou absolvido. Embora tenha sido derrotado em sua acusação, a ação de Magalhães na classificação de Carolina como "pessoa miserável" teve repercussão nos meios jurídicos para além das fronteiras do Maranhão.[47]

Em 1875, o promotor foi nomeado pelo Tribunal da Relação *curador de libertos*, atuando na defesa dos interesses de Plácido, Eloy e Honorato, cuja liberdade era questionada pelo senhor Luiz Gonçalves Guimarães.[48] No mesmo ano, atuou ainda na acusação contra o desembargador Pontes Visgueiro e um de seus cúmplices, no caso da investigação da morte da jovem Maria da Conceição, torturada, morta e enterrada no casarão do magistrado.[49]

Em 1876, à época da morte de Inocêncio, Celso Magalhães estava licenciado de seu cargo, passando temporada distanciado de suas atividades, entre viagens ao interior e à capital. Ao que consta, nesse período, não teve nenhum contato com a escalada da investigação policial que amparou a denúncia, passando ao largo de detalhes do caso, sem envolvimento na discussão fervilhante dos jornais. Durante a fase prévia de inquirição, a cargo de seus predecessores, o nome de Celso Magalhães aparecia na imprensa em diversas intervenções e discussões, mas elas não tinham nenhuma relação com o processo em curso. Quando irrompeu o alvoroço no cemitério, corria um debate entre o promotor titular e o Padre Raimundo Alves da Fonseca,[50] professor de Teologia e diretor do Colégio da Imaculada Conceição, que vinha rechaçando a posição anticlerical de Magalhães, autor do prólogo do drama *O Evangelho e o silabus* (1873) de Rangel de Sampaio.[51] A contenda se desenrolava em números do *Diário do Maranhão* e de *O Paiz,* ao lado de colunas que já vinham apresentando detalhes da morte de Inocêncio.[52]

Dificilmente um representante do público leitor maranhense conhecido por seus poemas e eloquente retórica estaria completamente absorto no alvoroço em torno da morte do menino, que há semanas tomava os debates locais, ganhando até mesmo as páginas de periódicos de outras partes do Império. Quando o desenho da investigação já estava formado e os direcionamentos acusatórios consolidados, Celso Magalhães entrou em cena.

Na manhã de sábado, 9 de dezembro de 1876, o promotor compareceu à sala de audiências dirigida pelo magistrado Torquato Mendes Viana. O novo representante da acusação havia desembarcado em São Luís na véspera, vindo do Arari a bordo do *Vapor Itapecuru.*[53] Naquela altura do mês, o caso avançava na fase judicial preliminar, com uma nova rodada de convocações de testemunhas e informantes ouvidos à revelia da ré, que se afirmou impossibilitada de comparecer em juízo por estar acometida de beribéri, com febre, cólicas e fadiga. O juiz vinha dando prosseguimento aos trabalhos, e já havia colhido, juntamente com Gonçalves de Abreu, o depoimento de sete pessoas.[54] Celso Magalhães iniciou sua participação somente na ocasião do interrogatório da oitava testemunha, o alfares do batalhão de infantaria José Maria da Rocha Andrade, que foi seguido por três "informantes", quais sejam: Primo, um dos carregadores do caixão, Geminiana, a mãe enlutada, e o pequeno José Antônio, de nove anos, filho de Olímpia, que havia estado com Inocêncio pouco tempo antes do seu falecimento.

Em sua primeira atuação na investigação, Celso Magalhães se centrou em perguntas sobre a cena do cemitério e sobre o conhecimento da autoria das torturas e contusões encontradas na criança morta. Ao alferes, que esteve presente na ocasião da primeira autópsia, perguntou se no local estavam outras testemunhas, obtendo como resposta uma breve descrição do cenário de revolta instalada dentro do campo santo, dirigida por "gente do povo".[55] Para Primo, não fez nenhuma pergunta, deixando ao juiz o papel solitário de inquiridor. A Geminiana, especificamente, questionou, entre outros pontos, se esta ajuizava as causas dos ferimentos encontrados no corpo de seu filho, recebendo como resposta pormenores sobre as circunstâncias da abertura do caixão trancado, descrições dos ferimentos e assertivas que denunciavam corajosamente a "última senhora" de Inocêncio como autora das sevícias fatais. Na sequência, ao pequeno José Antônio, fez perguntas direcionadas às memórias do garoto sobre sua permanência na casa de Ana Rosa, questionando se este já havia presenciado castigos, qual tipo de alimentação tinha acesso na casa, dentre outros pontos que receberam respostas lacunares.

No dia 11 de dezembro, dando prosseguimento aos ritos da investigação, foi a vez de Simplícia comparecer em juízo, também na condição de informante. Na ocasião, o promotor foi introduzido ao testemunho da avó enlutada, que não titubeou em discorrer sobre detalhes do martírio de seus netos nas mãos de Ana Rosa, acusando-a diretamente num chocante e desassombrado depoimento na formação de culpa.[56] A fala de Simplícia, inclusive, foi referenciada no *Diário do Maranhão*, que anunciou em nota a tomada de seu depoimento naquele dia. Celso Magalhães a questionou sobre detalhes de sua queixa dirigida ao chefe da Polícia antes da morte dos netos, perguntando sobre a data de sua investida e se a reclamação tinha sido feita também a outras pessoas, arguindo se havia mais alguém presente na ocasião em que se dirigiu até a autoridade policial. Interessante notar que a fala anterior de Simplícia, na fase da investigação policial, havia sido bastante sucinta e menos detalhada, e que, na presença de Celso Magalhães, a avó dos meninos mortos teve maior desembaraço para revelar detalhes de sua luta e do martírio de seus netos. Tal índice certamente guarda referências da ação da promotoria em franquear, nessa altura da inquirição, maior liberdade aos convocados, sobretudo aos informantes.

Após tomar o depoimento de Simplícia, no dia seguinte, o promotor titular ouviu Zuraida Guterres, mulher preta jornaleira que trabalhou no sobradão na véspera da morte de Inocêncio, a quem Magalhães não fez nenhuma pergunta. Esta foi imediatamente seguida por João, um dos carregadores do caixão, a quem o acusador questionou, entre outros pontos, sobre a ocasião do transporte do pequeno falecido e se havia retornado do cemitério à casa de Ana Rosa para dar algum recado.

Após as sessões de interrogatório, Celso Magalhães participou da elaboração do termo de acareação, cujas circunstâncias foram atravessadas de forte tensão. João foi reconvocado a comparecer na sala de audiência e tentou escapar do chamamento oficial, chegando somente três horas depois da hora marcada, após repetidas investidas dos oficiais de Justiça. Diante dos presentes, aparentemente em prantos, o carregador gritou em voz alta que "nada sabia", que já havia declarado seu testemunho e que tudo aquilo "importava prejuízos para sua senhora", dona Raimunda Beckman.[57] Na cena, foi cogitada a embriaguez do depoente, mas que foi logo em seguida descartada pelos presentes. Longe de estar ébrio, o informante se mostrava em desespero por ter que revisar detalhes anteriormente já declarados sobre o transporte de Inocêncio até o cemitério. João, homem preto de 45 anos de idade, reconhecia àquela altura de sua vida que qualquer deslize ou passo em falso poderia ter consequências terríveis.

Diante do informante reticente e visivelmente apavorado, em vez de examinar os porquês da tentativa de recusa em prestar o depoimento, Celso Magalhães reconvocou outros dois carregadores, Anísio e Geraldo, para tentar preencher as lacunas deixadas por João. A situação de tensão não levou a promotoria a questionar as razões da agitação e nervosismo do homem inquirido, que provavelmente tinha por trás o assédio senhorial ou medo de represálias violentas. Sem atentar para os desdobramentos da trama, que estava completando um mês, com tempo mais que suficiente para intimidar os depoentes, conhecidos publicamente, foram ouvidos os outros dois parceiros para tentar remontar o quebra-cabeças. Assim, no dia 14 de dezembro, atendeu ao chamado Anísio, jovem cafuzo de 24 anos, escravizado por José Gonçalves de Jesus, a quem foram feitas perguntas sobre as circunstâncias do trancamento do caixão, as recomendações de Ana Rosa e o destino da chave do cadeado que trancava o esquife de Inocêncio. Questões semelhantes também feitas a Geraldo, homem preto de trinta anos, escravizado por dona Clara Gomes da Silva, que reafirmou o enredo já conhecido desde a primeira rodada de depoimentos.[58]

À essa altura da investigação, com a aproximação da finalização do exame dos depoimentos da fase judicial, o sumário crime já estava em vias de ser concluído, e ainda não havia sido efetuada a qualificação e o novo interrogatório da acusada. Esta seguia protegida em seu sobrado, sem receber nenhuma das comitivas que tiveram o dever de convocá-la, recepcionadas sempre por Carlos Fernando, que afiançava a impossibilidade do deslocamento da esposa adoentada até a sala de audiências. A investida do marido buscava evitar a situação vexatória do comparecimento de Ana Rosa em juízo, a qual dividiria o mesmo ambiente com testemunhas reconvocadas (incluídas aí gente liberta e escravizada), que vinham indicando mais pistas sobre o assassinato de Inocêncio, cuja autoria recaía unicamente sobre os ombros da matrona. Além disso, com a artimanha, os Viana Ribeiro ganhavam tempo para orientar suas contraofensivas, acionando suas extensas redes de influência e poder, na busca de alternativas para livrar a proprietária da acusação. Como efeito da enorme publicidade do caso, toda a cidade tinha acesso aos nomes das testemunhas e dos informantes, alvos sempre suscetíveis de intimidação e assédio. Com as notícias correndo pelas ruas, igualmente tinham ciência do perigo iminente de sua condenação, especialmente porque o juiz substituto dava mostra de uma condução bastante atenta aos detalhes do caso, agora compartilhados com Celso Magalhães.

A cada dia o cerco ia se fechando para a matrona, pois a investigação avançava e o seu nome permanecia na boca do povo. Enclausurada em sua casa, alegava estar doente, o que facilmente poderia ser uma informação falsa, tramada pela ré com auxílio de seu marido, Carlos Fernando, que era médico, e também com a cooperação de outros doutores próximos da família, que poderiam atestar por escrito sua delicada condição de saúde. Ao se resguardar em seu sobrado, poderia articular na surdina caminhos para tentar se livrar da culpa.

Com a demora da qualificação da ré, começaram a circular boatos de que Ana Rosa planejava fugir da cidade. O editorial de *O Paiz* fez um alerta sobre a possibilidade da senhora se evadir de São Luís antes da efetivação da inquirição da fase judicial. Na coluna "Publicações Gerais", um texto assinado por "Um do fôro", aventou que era de domínio público a razão da movimentação das forças policiais na noite do último dia 11 de dezembro em São Luís.[59] O juiz Torquato Mendes, seguramente ciente da boataria, havia ordenado que a guarda ficasse em alerta, vigilante diante do diz-que-diz sobre o provável plano de fuga de Ana Rosa, que poderia embarcar na calada da noite no vapor inglês *Brunswick*, cuja saída do porto estava marcada para às 2h da tarde do dia seguinte, com escala em Lisboa e destino final na cidade de Liverpool.[60] Na publicação, o articulista dizia que a postura do magistrado revelava "todo interesse e amor pela justiça", mas sua ação não tinha aparência de legalidade. Considerava que, em vez de reforço da vigilância, o juiz deveria requerer a prisão imediata de Ana Rosa, já que se tratava de uma ré acusada de crime inafiançável, que estava protelando sua apresentação em juízo ao máximo e ainda dava indícios de que poderia escapar da investigação rumando para um país estrangeiro.

> É notoriamente sabido haver o Sr. Dr. Juiz substituto, preparador do sumário de culpa de D. Ana Rosa Viana Ribeiro, requisitado toda a vigilância da polícia a fim de prevenir a sua fuga pelo vapor inglês. O *decreto nº* 4824 de 22 de novembro de 1871 diz no art. 43 o seguinte: "Os juízes de direito das comarcas especiais (como esta capital) e os juízes municipais dos termos das comarcas gerais, recebendo diretamente por parte da autoridade policial o inquérito dele tomarão conhecimento e o transmitirão ao promotor público ou a quem as suas vezes fizer, *depois de verificarem se do mesmo inquérito resultam veementes indícios de culpa por* CRIME INAFIANÇÁVEL contra alguém NESTE CASO reconhecida a conveniência da pronta prisão do indiciado, *deverão logo* expedir o competente mandado ou requisição". A vista de tão determinante disposição da lei, resultam veementes indícios de estar D. Ana Rosa Viana Ribeiro indiciada em *crime inafiançável e neste caso* desde que fosse reconhecida a conveniência de sua prisão, podia ser decretada pelo juiz de direito formador da culpa. [...] Podia requisitar a prisão como lhe faculta

a lei, visto como tendo notícia da fuga da criminosa, estava patente a conveniência da pronta prisão de D. Ana Rosa Viana Ribeiro.[61]

Mas Ana Rosa não fugiu de São Luís. Os planos, aventados em *O Paiz*, podem ter sido atrapalhados pela ação efetiva do juiz, que ficou de olho nas movimentações de tripulantes, passageiros e mercadorias do vapor *Brunswick*. A embarcação inglesa já era bem conhecida da matrona e de sua família. No ano anterior, o clã havia confiado a viagem dos filhos, Carlos Fernando Viana Ribeiro e Francisca Izabel Viana Ribeiro, ao comandante do mesmo vapor, que levou os herdeiros de Ana Rosa e Carlos Fernando para a Europa.[62] Portanto, é muito provável que o casal já tivesse ciência dos caminhos da embarcação com antecedência, sabendo que poderia viabilizar uma presumível rota de fuga para a ré. Se conseguisse escapar, Ana Rosa seria recebida pelos representantes do clã que viviam do outro lado do Atlântico, inclusive seus filhos, provavelmente se exilando confortavelmente entre sua parentela na França. O *Brunswick* tinha a firma Ribeiro & Hoyer como consignatária na cidade, cujos sócios eram Martinus Hoyer e João Pedro Ribeiro, o último aparentado do marido de Ana Rosa.[63] De volta a Liverpool, a embarcação levava gêneros da terra, como açúcar, algodão, arroz e, especificamente naquele 12 de dezembro de 1876, caso Ana Rosa conseguisse escapar, levaria uma senhora escravista foragida. Contudo, a consecução do pretendido plano mirabolante não deu certo.

O tempo para a senhora estava se esgotando, com todos os convocados para prestar depoimento já inquiridos. O processo corria célere. Com a possibilidade de fuga desbaratada, restava o enfrentamento do processo, com o uso das armas secularmente conhecidas da fidalguia maranhense, enredadas em suas redes de poder e influência nos mais diversos espaços decisórios. Dois dias após o apito da embarcação inglesa anunciar a partida, deixando São Luís para trás, já no limite do prazo da fase judicial preliminar, Ana Rosa enviou uma carta ao juiz do caso, justificando sua ausência e solicitando que fosse interrogada e qualificada em sua própria casa.

A ação da matrona foi rápida, acompanhada de perto pelo seu ferino advogado, Francisco de Paula Duarte. Na carta, datada de 14 de dezembro, dizia que não menosprezava o caso, e que vinha negando a ida à audiência "por impossibilidade comprovada e reconhecida". A orientação da missiva dizia que a senhora não estava fugindo do processo, pois se encontrava impossibilitada de atender ao chamado da justiça, conforme se poderia observar no atestado médico anexo ao documento, assinado pelo dr. José Maria Faria de Matos.[64] A ação parecia cronometrada, vindo à tona na última oportunidade possível para que o processo não avançasse à sua revelia.

A solicitação da carta foi acatada por Torquato Mendes, que começou a programar logo em seguida o depoimento da senhora. Mas, antes disso, seguindo os ritos oficiais, era preciso intimá-la, e a autoridade demorou grande parte do expediente do dia tentando achar quem pudesse fazê-lo, posto que era preciso enviar ao sobradão um representante da investigação, que deveria deixá-la ciente do horário da inquirição a ser feita em sua residência. O juiz inicialmente solicitou ao escrivão, que até aquele momento vinha atuando no registro dos depoimentos, Raimundo Nonato Barroso Souza, mas este se negou, afirmando que não poderia corresponder ao encargo solicitado, pois estava já engajado em outro processo.[65] Em seguida, o magistrado fez o mesmo pedido para o tabelião José Candido Vieira Martins, que igualmente declinou, afirmando sua suspeição para redigir o depoimento da acusada, sem indicar os porquês da recusa. Em outra tentativa, o juiz convocou o escrivão interino, Guilherme Alexandre de Almeida, que também respondeu negativamente, asseverando que não poderia ir até a casa de Ana Rosa por estar ocupado como secretário da junta revisora de alistamento para o exército. Após as seguidas negativas, foi registrado no processo que não havia mais nenhum escrivão oficialmente habilitado na cidade disposto a atender ao seu pedido, o que nos permite entrever o alto nível de tensão que envolvia o simples ato de ir até a casa de Ana Rosa e encarar a família da acusada e seus cúmplices, àquela altura acuados.[66] Somente na quarta tentativa, o chamado do juiz foi acatado por Péricles Antônio Ribeiro, escrevente juramentado cartorial, que aceitou a tarefa de intimar Ana Rosa e registrar seu auto de qualificação e interrogatório.[67]

Às 10h da manhã do dia 15 de dezembro de 1876, a comitiva oficial foi finalmente até a residência da proprietária. Acorreram à casa da matrona o magistrado Torquato Mendes, o promotor Celso Magalhães e o escrivão Péricles Antônio Ribeiro. A ocasião de interrogatório de Ana Rosa nessa fase, assim como ocorreu na etapa da investigação policial, permaneceu no alvo da curiosidade pública. O *Diário do Maranhão* publicou nota sobre o acontecimento, dando conta da leitura do interrogatório das testemunhas e informantes para a ré, ainda sem conseguir adiantar detalhes aos leitores.[68] Na ocasião, a senhora foi oficialmente comunicada sobre todas as falas ouvidas em juízo, e deve ter se inquietado com o registro da coragem de Geminiana e de Simplícia nos autos, que não titubearam em acusá-la diretamente do crime. Os indícios do assassinato se avolumavam. Todavia, usufruindo do privilégio de ser interrogada em sua residência, a proprietária teceu um depoimento afinado com as alegações que vinham marcando a estratégia de sua defesa desde o início do escândalo.

Ana Rosa insistiu na assertiva do vício de comer terra para justificar a morte de Inocêncio, dizendo que o garoto já se achava debilitado quando foi comprado, acometido do costume danoso, apresentando "corubas nas costas e nas pernas, e achando-se bastante magro".[69] Esse discurso, embora combatido veementemente na imprensa e negado por outras testemunhas ouvidas em juízo, mantinha a cobertura do médico Santos Jacintho, participante da elaboração do laudo da segunda autópsia. O dr. Ancilóstomos continuava dizendo nos jornais, em debate renhido com o dr. Belfort Roxo, que a morte havia sido natural, o que colocava um contraponto às críticas. Mesmo amplamente rechaçada, a versão de Ana Rosa ganhava um toque da legitimidade, amparada num controvertido e pouco crível discurso do seu médico particular.[70]

No prosseguimento do interrogatório, ela foi perguntada sobre os numerosos ferimentos e contusões encontrados no corpo do menino, respondendo que eram resultado de quedas no quintal, que Inocêncio caía no chão com tonturas, e que ela ficava olhando da janela do andar superior da casa, de onde pedia para algum serviçal levantar o garoto e levá-lo para o andar de cima. Sobre o funeral, quando questionada a respeito da pressa em enterrar Inocêncio no alvorecer, respondeu que acelerou a saída do caixão com o corpo porque queria logo se "livrar do incômodo", lembrando que fazia pouco tempo da morte de Jacintho, o irmão mais novo, e que considerava a repetição da ocorrência dolorosa. Foi interrogada ainda se conhecia algum motivo que pudesse explicar a denúncia contra ela, e em resposta afirmou que isso seria fruto de ações de "um inimigo oculto e gratuito que tem espalhado boatos", atentando contra sua conduta como proprietária. Por fim, foi indagada se possuía provas que pudessem justificar sua inocência, ao que respondeu positivamente, asseverando que seu advogado as entregaria, solicitando o máximo prazo legal para a organização de sua defesa escrita.[71]

No dia 18 de dezembro, foi finalmente entregue por Francisco de Paula Duarte uma defesa escrita de sua cliente, validada no processo.[72] O advogado iniciou sua argumentação rechaçando o primeiro exame de corpo de delito, afirmando que este não havia apresentado "respostas firmes, absolutas e positivas".[73] Colocou em dúvida as conclusões dos médicos do Exército, que haviam asseverado a *causa mortis* de Inocêncio como decorrente da aplicação de castigos repetidos, com uso de cordas, chicote e outros instrumentos contundentes, manejados para aplicar surras no menino, que enfrentava uma árdua rotina de maus-tratos. Todos esses arrazoados foram considerados de natureza "superficial, ligeira, irregular e pouco escrupulosa".[74]

Ao desacreditar a primeira autópsia, a estratégia da defesa preparava as bases para introduzir favoravelmente o segundo exame de corpo de delito. Asseverava que as marcas de castigos datavam de período anterior ao domínio de Ana Rosa, que no papel de boa senhora fornecia aos meninos "cuidados, medicação e alimentação conveniente".[75] Paula Duarte insistia que Inocêncio e Jacintho haviam sofrido maus-tratos sob o domínio do clã Belfort, e que sua cliente os adquiriu já marcados pelos castigos e viciados em comer terra, ou seja, os comprou vitimada por um logro dos traficantes. Tal argumentação já havia sido desmentida por diversas testemunhas, mas dentro da peça de defesa continuava fazendo sentido reafirmá-la.

No que tange à descrição do ápice do escândalo, referenciado pela ocasião do desleixado e acelerado funeral de Inocêncio, o advogado justificou a pressa da senhora em enterrar o menino lembrando características climáticas do Maranhão, que em sua rotina quente e úmida naturalmente aceleraria a decomposição do cadáver. A demora, portanto, poderia piorar a situação, gerando "impressões tristes e altamente desagradáveis".[76] Quanto ao detalhe do caixão trancado, Paula Duarte afiançou que não se tratava de uma falta grave, nem significativa para o processo, pois era costume o esquife seguir aberto apenas em funerais de crianças menores de 7 anos, e como Inocêncio já havia ultrapassado tal idade, o cumprimento do rito não era obrigatório. Além disso, rechaçou o argumento de informantes e testemunhas que descreveram ordens de Ana Rosa, que teria mandado trancar o caixão dizendo que este somente deveria ser aberto para a encomendação rápida e discreta do corpo, a ser feita pelo pároco no cemitério. Paula Duarte afirmou que tudo isso não passava de invencionice e ilustrou seu argumento rememorando o ponto central do escândalo, a abertura do esquife sob o olhar de Geminiana. Na versão do advogado, a última despedida da mãe enlutada diante de seu filho morto, na verdade, havia sido oferecida pela própria Ana Rosa. Se a senhora realmente quisesse esconder o crime, teria "furtado ao olhar vigilante daquela a inspeção das pretendidas sevícias".[77]

Paula Duarte deixava entrever que a matrona, mesmo ausente, havia supostamente se compadecido da mãe do "escravinho". Assim, o defensor buscava desfazer a oposição entre a mãe enlutada e a senhora cruel, pintando Ana Rosa como piedosa.

O mesmo tom de comiseração não foi devotado para Simplícia, denunciante de Ana Rosa, que alertou o chefe da Polícia antes da morte de seus netos. Paula Duarte afirmou abertamente que a avó de Jacintho e Inocêncio mentiu em juízo, destacando alegadas contradições entre seu primeiro e o seu segundo depoimentos. O defensor da senhora colocou em dúvida a credibilidade da informante, chamando atenção para o fato de que esta somente passou a descrever suas ações na tentativa de proteger os netos na etapa do sumário crime, não utilizando o mesmo tom no curso da investigação policial. Para complementar a estratégia de desprestígio da fala da avó, o advogado fez questão de asseverar seu "grau de perversidade", pois se travava de uma fala sem crédito de uma mulher preta liberta idosa, que "por seus hábitos, educação e depravada moral não pode pretender a atenção do julgador".[78]

Diante de uma denúncia feita por pessoa desqualificada, enredada a um somatório de outras falas consideradas torpes, para o advogado não restava dúvida sobre a inocência de Ana Rosa. Paula Duarte retorquiu até mesmo o testemunho do dr. Santos Jacintho, que sugeriu em seu depoimento que a matrona havia castigado os "escravinhos" para tentar corrigi-los do danoso vício de comer terra, interpretando as pancadas nas crianças como uma espécie de medida profilática. Esses atos foram apresentados pelo advogado como um direito de Ana Rosa, que na condição de senhora poderia dispor de castigos para disciplinar os pequenos. Entretanto, afirmou que sua cliente nem mesmo fez jus ao seu papel legítimo de proprietária, pois "a verdade é que Inocêncio jamais fora punido corporalmente, sendo que as marcas encontradas no seu corpo lhe foram feitas em tempo anterior ao domínio de sua última senhora".[79] Segundo tal versão dos fatos, vários dos hematomas e diversas marcas de feridas, queimaduras e lacerações já estavam presentes antes da ida do menino para o sobradão da rua São João. Assim, tudo não passava de uma devassa difamatória, que tentava macular a boa-fé de sua cliente.

A virulência dos argumentos do advogado, em ofensiva que colocava em dúvida a existência do crime e também atacava denunciantes, não convenceu o representante da promotoria. Em 21 de dezembro, poucos dias após a entrega do documento da defesa, Celso Magalhães encaminhou ao juiz Mendes Viana um pedido de prisão para Ana Rosa Viana Ribeiro. A solicitação se justificava nas diversas pistas da participação da senhora na morte de Inocêncio, alegando que era preciso recolher a ré à prisão de maneira preventiva, "a fim de que não seja burlada a ação da justiça pública".[80] Certamente, mesmo para um promotor que pegou o processo já em andamento, eram bastante eloquentes as pistas lavradas pela Justiça junto aos depoentes e informantes, alvos certeiros de intimidações e ataques, vide o caso de Simplícia, mulher idosa, chamada de mentirosa e depravada moralmente por Paula Duarte.

Mesmo diante da enumeração de motivações do pedido de prisão, o juiz não acatou a solicitação do promotor. O magistrado argumentou que não tinha competência para fazê-lo naquele momento e que somente poderia haver a efetivação de qualquer decisão sobre a acusada após a sentença de pronúncia (ou impronúncia) da ré, que poderia considerá-la (ou não) culpada, cabendo ainda recurso. Mendes Viana solicitou que o pedido não fosse divulgado em hipótese alguma, demandando ao escrivão que garantisse "o mais inviolável segredo, como se faz mister", de modo a aguardar momento oportuno.[81] Mas a solicitação do promotor não escapou da divulgação na imprensa, com o *Diário do Maranhão* referenciando o pedido de prisão na edição de 27 de dezembro.[82] Diante da recusa do juiz, Celso Magalhães passou a trabalhar nos últimos dias do ano de 1876 na redação das alegações finais da acusação, de modo a contrapor os argumentos apresentados pela defesa de Ana Rosa. Para Magalhães, que seguiu à risca argumentos já presentes na denúncia elaborada pelo promotor que lhe antecedeu no caso, não restava dúvidas que a senhora era culpada pelo crime de morte contra o menino Inocêncio.

Na réplica acusatória, assinada em 31 de dezembro, o jovem intelectual maranhense iniciou afirmando que pesavam sobre a ré os mais veementes indícios, "tendentes todos a considerá-la incursa nas penas do art. 193 do Código Criminal", que rezava sobre o crime de homicídio.[83] Celso Magalhães alardeou também na introdução a "exaltação desvairada da linguagem" utilizada pelo advogado da ré na confecção das alegações da defesa, e seu tom ofensivo contra os que estiveram envolvidos na montagem da denúncia e do processo. Defendeu a credibilidade dos médicos que participaram do primeiro exame de corpo de delito, descreditados por Paula Duarte, afirmando que houve respeito aos ritos obrigatórios, inclusive com o cuidado de retirar o povo que tentava acompanhar de perto os trabalhos, fechando os portões do cemitério diante do vozerio, dos clamores e da intensa curiosidade pública. Ao legitimar as conclusões da primeira autópsia, o promotor considerou o segundo exame de corpo de delito uma "peça da defesa", com índices bastante suspeitos e polêmicos que indicavam a hipoemia intertropical como peça-chave, apesar de todas as lacerações, ferimentos e copiosas marcas de castigos encontrados no corpo de menino.

Celso Magalhães enumerou indícios da autoria do crime, citando a recusa de Ana Rosa em permitir que a avó pudesse ver os netos sob seu domínio, somadas às posteriores ações da senhora na tentativa de afastar Inocêncio já moribundo de sua casa, seguidas de detalhes sobre as circunstâncias do trancamento do caixão, dentre outros pontos, que denotavam os estratagemas da matrona em esconder o resultado de sua violenta conduta doméstica. Nesse sentido, mencionou também o testemunho de Simplícia, que ouviu da senhora que se quisesse ver seu neto (Jacintho) fosse até o cemitério, em nítida manifestação de desprezo pela criança morta e pelos sentimentos da avó, que vinha lutando para

proteger seus netos mesmo à distância. Todos esses indícios nitidamente demonstravam a "criminalidade da acusada, sujeita por
isso à sanção penal conveniente".[84]

Sobre as evasivas de Ana Rosa no desenrolar do processo, o
promotor colocou em dúvida a moléstia que supostamente a estava
incapacitando de comparecer aos chamados da Justiça. Afirmou que
em certa ocasião, ao longo da fase de formação de culpa, foi solicitado ao dr. Amâncio Alves de Oliveira Azedo que fornecesse à senhora um atestado indicando seu estado de saúde incapacitante. Ao
contrário do esperado, o médico asseverou que a senhora não tinha
moléstia alguma que a impossibilitasse de sair. Carlos Fernando, ao
saber dos arrazoados do colega, comunicou que haviam sido administradas "medicações enérgicas" na sua esposa. Contudo, tal informação não mudou substancialmente o entendimento de Oliveira
Azedo, que emitiu atestado com validade de apenas um dia, assinado no dia 13 de dezembro, reafirmando seu juízo sobre a ausência
de doença que impedisse a ré de sair de casa. Cumpre notar que
tal documento não chegou nem mesmo a ser utilizado pela defesa
de Ana Rosa, que preferiu fazer uso de outro atestado, feito no dia
seguinte pelo dr. José Maria Faria de Matos. Diferente do primeiro,
este asseverou a existência de beribéri e hepatite subaguda, fornecendo argumentos mais robustos para justificar a impossibilidade
de Ana Rosa sair às ruas, requerendo que o auto de qualificação e
interrogatório fosse feito no sobrado.

Tal contraofensiva da promotoria foi uma das últimas movimentações daquela primeira etapa judicial do processo. A cidade
continuava acompanhando o desenrolar dos acontecimentos pelos
jornais, sempre à espreita das informações mais quentes, que corriam de boca em boca e se espalhavam rapidamente. Foi nesse contexto que as alegações da acusação redigidas por Celso Magalhães
foram publicadas na íntegra no *Diário do Maranhão*, em 3 de janeiro
de 1877, poucos dias após sua conclusão. A virada de ano não foi capaz de mudar o tema principal da curiosidade pública, que persistia

ciosa em saber mais detalhes sobre o andamento do processo, que a essa altura se aproximava de um primeiro desfecho. Além de conferir o teor dos argumentos do promotor, a audiência da folha estava informada dos trâmites do caso, cujos documentos naquele momento seriam "remetidos ao Sr. Dr. Torquato Viana, donde terão de seguir para o sr. Dr. José Manoel de Freitas, juiz do 3º Distrito Criminal, para proferir sua sentença".[85] Dois dias depois desse registro, o jornal voltou novamente a informar sobre a movimentação do processo, indicando o envio do conjunto de documentos ao magistrado responsável pelo julgamento.[86]

Ao chegar às mãos do juiz José Manoel de Freitas, este iniciou o estudo dos autos. Sua primeira diligência foi solicitar a convocação de uma junta médica revisora do caso, com a condição de que todos fossem isentos de participação na elaboração dos laudos emitidos sobre a morte de Inocêncio. O objetivo do magistrado era obter resposta objetiva para a seguinte questão: "Em face do corpo de delito e exame, se pode determinar precisamente a causa imediata da morte de Inocêncio e qual seja ela?".[87] Foram notificados a comparecer à sala de audiências seis médicos, João Francisco Correia Leal, Amâncio Alves de Oliveira Azedo, Francisco de Paula Guimarães, Antônio Eduardo de Berredo, Tarquínio Brasileiro Lopes e Francisco Joaquim Ferreira Nina. Dos seis convocados, cinco se negaram a comparecer, somente João Francisco Correia Leal aceitou. Nenhum dos declinantes justificou claramente os porquês da recusa. Sabemos, no entanto, que todos eram colegas de Carlos Fernando e que atuavam em São Luís, muitas vezes atendendo demandas da distinta clientela de senhores e senhoras escravistas. Opinar objetivamente sobre a morte de um pequeno cativo poderia mexer com os brios da freguesia. Além disso, ainda eram comentadas as polêmicas posturas do dr. Santos Jacintho no caso, debatidas nos jornais, amplamente rechaçadas.

Àquela altura, encaravam uma situação duplamente delicada, pois, se lançassem mão de qualquer posição que afiançasse os castigos físicos como *causa mortis*, poderiam se complicar com importante ramo da clientela urbana, vira e mexe implicada em casos semelhantes. Por outro lado, se corroborassem abertamente com os argumentos da defesa de Ana Rosa, poderiam ter suas reputações achincalhadas publicamente, vide a sorte do dr. Ancilóstomos.[88] A maioria preferiu o silêncio, o que invariavelmente favorecia a defesa da proprietária.[89]

O juiz passou a analisar os autos dando ênfase ao resultado dos exames, mesmo sem contar com o apoio dos médicos. Revisou detidamente as autópsias, observando as respostas dadas pelos legistas para as perguntas dos investigadores, pois considerava os corpos de delito a "base fundamental do procedimento criminal", fontes que objetivamente podiam (ou não) atestar culpa. O magistrado não levou em consideração diversas nuances imbricadas no processo, não mencionando depoimentos, caminhos da acareação, circunstâncias do debate público, se atendo exclusivamente aos resultados da apreciação dos médicos sobre o pequeno cadáver de Inocêncio. Nesse contexto, o ruído causado pelo segundo exame de corpo de delito, solicitado pelo advogado de defesa da ré, teve efeitos bastante importantes na instalação da dúvida sobre a *causa mortis* do menino. No final das contas, apesar da forte carga de críticas públicas à versão aventada por Ana Rosa, o magistrado não titubeou em asseverar que "a morte de Inocêncio foi natural, devida à hipoemia intertropical, moléstia que por si só é suficiente para matar, e que as contusões encontradas no cadáver eram insuficientes para determiná-la".[90] A denúncia contra a proprietária, portanto, foi considerada improcedente.

O veredito do juiz do 3º Distrito Criminal saiu em 23 de janeiro de 1877. Ao saber da impronúncia, Celso Magalhães iniciou movimentações para recorrer da decisão do magistrado no Superior Tribunal da Relação. No dia seguinte, começou a organizar o recurso, pedindo vista dos autos com atenção aos prazos e ritos legais. A partir desse momento, o promotor começou finalmente a se destacar mais na trama, travando ferrenhos debates e enfrentando a defesa da acusada, que possuía perigosa artilharia. O processo passou a ser revisado, e o recurso apreciado. As páginas seguintes dessa história atravessariam os caminhos do promotor e marcariam fortemente sua vida pessoal e sua trajetória no Judiciário maranhense.

Razões e contrarrazões

Celso Magalhães assinou os arrazoados recursais em 29 de janeiro de 1877. A peça do promotor pediu a revisão da decisão da impronúncia, abrindo carga contra o olhar estrito do julgador sobre as repostas dos exames de corpo de delito, considerando que estes não poderiam ser apreciados solitariamente nem de maneira absoluta. A estratégia estava assentada na chamada de atenção do Tribunal da Relação para o conjunto de circunstâncias "anteriores, concomitantes e posteriores", que agregavam índices analíticos fundamentais ao processo, e que foram desconsiderados na decisão judicial. Para reforçar sua argumentação, Magalhães solicitou o auxílio de quatro médicos, quais sejam Francisco de Paula Guimarães, Augusto Teixeira Belfort Roxo, José Ricardo Jauffret e Manoel José Ribeiro da Cunha, os dois últimos participantes diretos do segundo exame, que concordaram em apreciar algumas questões elaboradas pela promotoria. Diferente do ocorrido na chamada feita pelo juiz José Manoel de Freitas, que também convocou uma junta médica com fim semelhante e teve sua solicitação declinada pela maioria, o promotor obteve sucesso em sua investida, recebendo a devolutiva dos médicos instados a agregar informações ao recurso.

> [...] oferecemos a este egrégio Tribunal as respostas de quatro médicos que, a pedido desta promotoria, deram o seu parecer sobre o corpo de delito e o exame do cadáver de Inocêncio, e que todos são concordes em afirmar que a causa da morte foram

as sevícias. Os nomes dos signatários desses pareceres, o bom conceito em que são tidos e a fama de que justamente gozam, dispensam esta promotoria da análise de suas respostas, apresentando-as com toda a força de suas conclusões a este venerando Tribunal, as quais arrastam fatalmente a uma convicção segura e vigorosa.[91]

O interesse de Celso Magalhães era asseverar que respostas não taxativas indicadas pelos médicos, que utilizaram termos como "provavelmente", "talvez" e "pode ser" para referendar a existência dos castigos e torturas, não poderiam ser desacreditadas, pois abalizavam indícios veementes da existência do crime, com extenso detalhamento. Os médicos referendaram os argumentos do promotor em documentos anexados ao recurso, adensando mais detalhes da interpretação sobre o estado do corpo de Inocêncio, respondendo positivamente sobre a existência das diversas lacerações e a conexão dessas com maus-tratos e com a morte do menino. Destacam-se, entre as respostas, a contundência do dr. Belfort Roxo, que já vinha travando ferrenhos debates nos jornais de São Luís, criticando diretamente as conclusões que afiançavam que Inocêncio havia tido uma morte natural.[92]

O uso das respostas dos doutores emprestou robustez à argumentação do promotor, posto que seria temerário não considerar a apreciação de médicos, especialistas na matéria. O golpe atingia aqueles que consideravam o conteúdo dos corpos de delito como única prova "positiva" da existência do crime, vide o caso de Paula Duarte. Seria difícil ignorar as novas assertivas dos médicos sobre as sevícias e lacerações, indicadas como determinantes para a morte do menino, e que divergiam diretamente dos arrazoados da sentença de impronúncia. Tal contestação atacava os argumentos centrais da defesa de Ana Rosa, agarrada à morte natural como explicação fatal. A postura dos médicos convocados por Magalhães entrou em rota de colisão com o clã da matrona, que tinha nítida influência dentro da classe, sobretudo pela parte de Carlos Fernando Ribeiro.

Além de adensar mais referências comprobatórias dos castigos e maus-tratos no caso específico de Inocêncio, Celso Magalhães também chamou atenção para o histórico violento da conduta doméstica de Ana Rosa. Tal ponto não havia sido considerado na apreciação do magistrado que proferiu a impronúncia, embora referências sobre o passado da ré estivessem fartamente contemplados na investigação, marcando presença em diversos depoimentos que denotavam outros casos de violência contra escravizados e escravizadas. O promotor justificou em sua argumentação a necessidade de se atentar ao passado da acusada para conhecer mais elementos de seu caráter, temperamento e costumes, de modo a verificar se havia persistência de comportamentos que denotassem a reincidência de "tal ou qual perversidade, com as circunstâncias da maldade que acompanharam esse fato".[93] Ao desencravar pistas sobre a conduta da acusada, bastante conhecida por atos de violência contra escravizados, o promotor abriu um novo flanco para embasar os indicativos da prática do crime de homicídio.

Celso Magalhães rememorou na peça recursal o caso da jovem Ignez, que em 1872 escapou do sobradão e pediu socorro a uma autoridade policial para fugir dos castigos e maus-tratos de sua senhora, Ana Rosa. O promotor anexou o termo de responsabilidade lavrado à época que obrigou a matrona a se comprometer em não mais castigar sua cativa imoderadamente. Indicou, ainda, que as torturas persistiram, e que a jovem Ignez teve que ser retirada da cidade, conduzida para Alcântara, para ficar fora do alcance de sua senhora. Deixava nítido em seus argumentos que quem detinha "semelhantes precedentes, provados por certidões públicas, não pode exibir uma inocência tão altaneira, nem uma intangibilidade tão absoluta perante a opinião".[94] O promotor reforçava que não restava dúvida, diante dos indícios elencados, que havia sinais veementes, incluídos os de outros casos, que se agregavam às provas da prática delituosa contra Inocêncio.

Não tardou até os arrazoados de Celso Magalhães ganharem as páginas dos jornais. Logo no dia seguinte, em 30 de janeiro de 1877, o conteúdo do recurso já estava circulando na imprensa, estampado na íntegra na primeira página do *O Paiz* e também no *Diário do Maranhão*, preenchendo diversas colunas e alimentando a curiosidade pública, ciosa em ler o "bem elaborado trabalho do Sr. Dr. promotor, para o qual chamamos a atenção de nossos leitores".[95] O debate continuava na rua, seguia na boca do povo, com detalhes da contenda entre Magalhães, Paula Duarte e, por extensão, a família Viana Ribeiro, furiosa com a insistência da promotoria em acusar Ana Rosa. Restava ao advogado de defesa afiar mais uma contraofensiva suficientemente bem fundamentada para manter sua cliente a salvo da prisão.

Paula Duarte protocolou suas *contrarrazões* em seguida e insistiu na lógica argumentativa da "perfeita convicção do crime", alegando que não havia provas objetivas que gerassem uma certeza absoluta da culpa. Para reforçar sua convicção, em sintonia com a sentença de impronúncia, afirmou que os exames de corpo de delito eram as únicas fontes possíveis para gerar convicção "segura e inabalável" da existência do homicídio, descartando qualquer outra linha comprobatória. Tal assertiva calhava muito bem dentro do estratagema programado desde o pedido da exumação do corpo do pequeno Inocêncio, cujo exame inseriu em termos objetivos o alegado vício de comer terra, fator explicativo principal da pretensa morte natural do menino, que jogava na penumbra todos os sinais de castigos. Resguardada tal informação "positiva", de resto Paula Duarte considerava os exames (sobretudo o primeiro) "peça médico-legal incompleta, deficiente, contraditória e puramente conjectural".[96] Todos esses adjetivos eram atribuídos especificamente à parte dos arrazoados que denotavam a existências de feridas, contusões e lacerações por todo o corpo do menino, que não passavam, nessa perspectiva, de ilações. Até mesmo as resoluções dos médicos convidados por Magalhães, que afirmaram positivamente a contundência das sevícias, foram classificadas como "meros documentos extrajudiciais".[97] O advogado descreditou a validade das respostas dos médicos, colocando-os na berlinda, sobretudo os drs. Jauffret e Ribeiro da Cunha, que participaram da confecção do segundo exame de corpo de delito, e naquela nova ocasião, instados pela promotoria, trataram a possibilidade da morte violenta como factível. A intenção era continuar semeando a dúvida sobre os ferimentos, iluminando apenas o dado pretensamente objetivo da morte em decorrência da hipoemia intertropical. Como efeito da imprecisão, animada pelo advogado, o julgador deveria "pender a favor do acusada", que não poderia ser pronunciada devido a detalhes não totalmente esclarecidos.[98] Afinal de contas, "onde não há crime, não há criminoso", e com a falta da plena comprovação do delito a acusação perdia sentido.[99] Com esse argumento, Paula Duarte também tentou rebater o caso apresentando o recurso sobre o termo de responsabilidade assinado por Ana Rosa em 1872, se comprometendo a não mais castigar violentamente a jovem Ignez. O advogado acrescentou em suas alegações referências do direito senhorial, afirmando que a polícia, com esse ato, invadiu terreno alheio, intervindo na vida privada da senhora sem provas contundentes, sem investigação, numa ação que atentava contra o seu direito de propriedade.

> Sê-lo-á, também o pretenso precedente criado por uma inexplicável violência da polícia, que compelira a acusada a assinar um termo de segurança para garantia de uma escrava de sua propriedade sob a ameaça da violação a mais altamente iníqua, qual a de alhear o domínio sem o consentimento ou mandato do senhor ou detentor da coisa?
>
> Senhor, se a propriedade e a violência ao direito constituem indícios veemente de culpa contra a vítima, é tempo de rasgar os códigos e com eles a veneranda toga que tão pura tendes vestido sempre e que como

um sagrado penhor de vossa impertérrita justiça, asilou até agora em suas dobras a inocência vilipendiada e amparou contra os golpes da perseguição o direito daqueles que a lei confiou à sábia jurisdição deste conspícuo tribunal.[100]

Ao reforçar a legitimidade do poder dominial, o advogado se alinhava a toda a poderosa rede de proteção do clã de Ana Rosa, imbuída dos mesmos interesses e também implicada historicamente em casos de violência contra trabalhadores escravizados. Paula Duarte certamente confiava no elitismo do Judiciário maranhense, cujos representantes eram também oriundos de ramos de famílias aristocráticas assemelhados aos da ré. Não por acaso, o defensor da matrona afirmou que não era apenas a sua cliente que passava por apuros e esperava a confirmação da impronúncia. Segundo o advogado, "a sociedade inteira que espera de vós (magistrado) a confirmação da luminosa sentença recorrida".[101]

A imprensa seguia acompanhando a movimentação do processo. Em 6 de fevereiro de 1877, o *Diário do Maranhão* publicou uma pequena nota sobre os arrazoados do advogado, deixando os leitores cientes do encaminhamento das contra-argumentações ao recurso.[102] Dois dias depois, o mesmo jornal publicou informação sobre a distribuição dos autos no Tribunal da Relação, destinados ao desembargador Antônio Augusto da Silva.[103] Ainda na mesma folha, no dia 9 de fevereiro, foram estampadas "perguntas inocentes", assinadas pelo pseudônimo "Ignez". A nota deixava o juiz responsável pela sentença anterior de impronúncia em maus lençóis diante da opinião pública. Entre as irônicas indagações constava: "Quem foi que mandou publicar a sentença do Sr. Dr. José Manuel de Freitas julgando improcedente o processo de Felix do Bacanga, que meteu um pequeno no cofo, e tocou fogo produzindo queimaduras de 3º grau?". E seguia: "quem foi que mandou publicar a sentença do mesmo juiz julgando improcedente o processo contra d. Ana Rosa

Viana Ribeiro por ter feito castigos repetidos e sevícias no pequeno Inocêncio; as quais apressaram-lhe a morte, e isto antes de ser publicada a sentença em mão do escrivão?".[104] Ao fazer uso de perguntas irônicas, a nota punha em pauta a atuação do juiz em casos de violência contra crianças à época. Tudo isso assinado por uma personagem anônima cujo pseudônimo era Ignez, o mesmo nome da jovem escravizada e torturada por Ana Rosa anos antes.

Os jornais ajudavam a aumentar ainda mais o clima de apreensão à medida que se aproximava a decisão do Tribunal da Relação. Os pratos da balança nitidamente pendiam na direção da revisão da sentença. Contudo, o jogo continuava sendo disputado acirradamente entre as partes. De um lado, a presunção da inocência de Ana Rosa sustentada por Paula Duarte, descreditando o recurso da promotoria com indicativos que colocavam em dúvida a existência dos castigos e asseveravam a morte por causas naturais; de outro, os argumentos balizados por Celso Magalhães, que atacavam o eixo central da estratégia da defesa da acusada, revisando detalhes dos corpos de delitos e o próprio passado de Ana Rosa, montando um mosaico de evidências cuja imagem era bastante elucidativa da violência dispensada ao menino, inserida como mais um caso dentro da conduta doméstica turbulenta da matrona.

No dia 13 de fevereiro de 1877, finalmente foi assinado o acórdão do Tribunal da Relação. O desembargador Antônio Augusto da Silva deu provimento ao recurso da promotoria, reformando o despacho anterior, considerando Ana Rosa Viana Ribeiro incursa nas penas do art. 193 do Código Criminal, pelo crime de homicídio. Na revisão da sentença, o desembargador considerou que o "exame e confrontação das diversas peças nos autos e dos depoimentos das testemunhas resultam veementes indícios de haver a mesma denunciada praticado sevícias que, ainda quando provado fosse o estado mórbido do paciente, não podiam deixar de produzir ou pelo menos apressar-lhe a morte".[105] Celso Magalhães, naquela instância, havia triunfado sobre Paula Duarte. Com efeito imediato, o nome da proprietária foi anotado no rol dos culpados, sujeitando-a à prisão. Aguardaria encarcerada até seu destino ser decidido em julgamento do Tribunal do Júri.

O 13 de fevereiro de 1877, dia da autuação de Ana Rosa, era terça-feira de Carnaval. São Luís vinha se agitando entre bailes de mascarados, passeatas festivas de clubes carnavalescos, além das cheganças ao som dos tambores da arraia-miúda, com danças (muitas vezes condenadas) da gente preta que sustentava o Maranhão sobre os ombros. Enquanto a capital avançava no último dia de festejos, talvez assistindo à passagem de "vistosos carros, ornados elegantemente de festões de flores, bandeirolas, precedidos de banda de música", com público animado vestido com adereços de renda, cetim, luvas e barretes, portando cabacinhas d'água para jogar em outros foliões, Ana Rosa estava em seu sobrado recebendo a notícia de sua prisão.[106] Enquanto a cidade ardia, a senhora escravista se preparava para adentrar a cadeia, onde aguardaria novo julgamento. No Carnaval, como de costume, o mundo virava de ponta-cabeça. Uma representante da alta aristocracia ia ser encarcerada e o povo estava na rua, ao som dos tambores, momentaneamente livre.

5

GEMINIANA, DE MÃE ENLUTADA A PERIGOSA PAJÉ

> [...] *indagando da causa de seu*
> *pranto, esta lhe disse que o fazia pela*
> *morte de seu filho Inocêncio.*
>
> AUTOS CRIMES, FALA DE SIMPLÍCIA
> SOBRE SUA FILHA GEMINIANA

Logo cedo, como de costume, Geminiana começava a organizar a labuta do dia. As pacavas verdes,[1] ainda não sazonadas, aguardavam a vez de entrar na pilha do tabuleiro. Enquanto cuidava de seu bebê pequeno, dava um jeito de arrumar as frutas maduras permitidas nos pregões das ruas.[2] Mesmo diante do cansaço e do horror que vinha enfrentando, não era possível esmorecer. Sua lida como vendeira cobrava esforços diários na busca de freguesia. Um dia sem trabalho podia significar um dia sem o sustento, numa sobrevivência lavrada com poucos recursos. Como outras tantas mulheres de sua condição, tinha que atravessar a cidade com todo o cuidado, ao alcance dos fregueses, mas tentando passar despercebida, sobretudo por aqueles afrontados por seu luto.

Devia ser tensa a descida da ladeira da rua do Mocambo, ainda mais agora. Enlaçada ao seu filho ou filha, caminhava em direção ao Largo da Fonte das Pedras, ponto de encontro de trabalhadores das ruas, que muito cedo se espalhavam para dar cabo dos mais diversos afazeres, reacendendo o movimento urbano. Dentro de seus circuitos habituais estava também o Largo de São João, local de frequência das vendeiras de São Luís, defronte ao templo, de onde fatalmente tinha que encarar o sobradão soturno. A lembrança dos filhos mortos inevitavelmente atravessava os caminhos rotineiros de trabalho de Geminiana, misturando luto e labuta.

Já haviam se passado quase três meses desde a irrupção do escândalo. Era 13 de fevereiro de 1877 e a cidade estava enebriada pelas últimas comemorações do Carnaval. Na mesma data, Ana Rosa foi considerada incursa no crime de homicídio. Os jornais do dia não noticiaram a prisão, tratando de outros assuntos, destacando eventos carnavalescos ocorridos no final de semana, ressaltando a alegria de corteses mascarados em clubes familiares, que contrastavam com a "barbaridade do entrudo" formado por "gente da mais baixa esfera".[3] Talvez, Geminiana, sem ainda saber da notícia, estivesse em sua rota de ganhos pelas ruas, aproveitando o dia festivo para vender algum quitute e suas pacavas na saída do baile do recreio familiar, sediado na rua da Palma. Seus presumíveis fregueses, senhoras e cavalheiros de fina estirpe, que estavam aproveitando a terça-feira de Carnaval "muito em ordem", seguiam absortos em suas brincadeiras naquele derradeiro dia de festa.[4]

As ruas que diariamente viam Geminiana mercadejar sob o peso de seu luto iriam saber em pouco tempo que Ana Rosa estava presa. A matrona foi conduzida ao cárcere no mesmo dia em que saiu a decisão do Tribunal da Relação. O clima festivo não impediu que o chefe da Polícia, José Mariano da Costa, incumbisse ao delegado, Antonio José da Silva Sá, a tarefa de executar a diligência.

Cumpre notar que aquela não era a primeira vez que Silva Sá se envolvia no caso. Foi por suas mãos que teve início a investigação sobre a morte de Inocêncio meses antes. Sua atuação foi central e estruturou toda a primeira fase da acareação, alardeada grandemente nos jornais. Através de suas ações, 26 pessoas, entre testemunhas e informantes, foram convocadas e interrogadas.

Sob seus auspícios, foi solicitado o primeiro exame de corpo de delito. Seu papel foi crucial na produção de subsídios para a formalização da denúncia, impetrada pelo promotor adjunto Gonçalves de Abreu. Ao servir de instrumento para o cumprimento da decisão do acórdão do Tribunal da Relação, Silva Sá mexeu num vespeiro. Ao chegar no sobrado para prender a proprietária, deve ter encarado Carlos Fernando Ribeiro. Frente a frente com o rico fazendeiro de Alcântara, afamado como implacável com seus oponentes, o delegado deu voz de prisão a Ana Rosa. Na sequência, o marido deve ter visto sua esposa conduzida por mãos estranhas rumo à prisão. Tal afronta não passaria incólume.

Além de Silva Sá, seguiram na diligência os oficiais de Justiça, Joaquim Ferreira Pontes e Raimundo Joaquim da Silveira, as testemunhas, José Cordeiro e Luíz Gaspar Tribusy, juntamente com o escrivão, Péricles Antonio Ribeiro.[5] Não há no processo referências sobre as condições e a ocasião da condução da senhora à prisão. Sabe-se, apenas, que Ana Rosa foi inicialmente presa em um quarto no prédio do 5º Batalhão de Infantaria. Nada há sobre as circunstâncias do aprisionamento da senhora escravista. Teria seguido acompanhada também do marido? Contou com apoio de algum criado? Foi conduzida a pé, em carruagem ou em algum palanquim cortinado para protegê-la da possível devassa das ruas? Nenhuma dessas perguntas pode ser respondida por intermédio das pistas deixadas no processo. Mas tendo em conta sua condição de mulher abastada, é provável que tenha sido conduzida com máxima discrição. Tanto é que nos jornais, sempre ciosos em noticiar novidades do caso, não foi publicada nenhuma indicação das circunstâncias da prisão, algo que dificilmente escaparia aos editoriais se tivesse ocorrido sob os olhos do público.

Somente dois dias depois do ocorrido, em 15 de fevereiro, apareceu no *Diário do Maranhão* a transcrição do acórdão do tribunal, seguida de uma pequena nota sobre a prisão, sem maiores informações.

Acórdão da Relação

Abaixo damos o acórdão da relação, proferido em sessão do 13 de corrente, pelo qual se vê as razões dadas por aquele tribunal para pronunciar d. Ana Rosa Viana Ribeiro no art. 193 do cód. crim.

"Acórdão da Relação, independentemente de sorteio, por haver número certo de juízes, e depois de relatados os autos e discutida a matéria que dão provimento ao recurso, para o fim de reformarem, como reformam, o despacho recorrido e pronunciarem a denunciada no art. 193 do código penal; por quanto, do exame e confrontação das diversas peças dos autos e dos depoimentos das testemunhas resultam veementes indícios de haver a mesma denunciada praticado sevícias que, ainda quando provado fosse o estado mórbido do paciente, não podiam deixar de produzir ou pelo menos apressar-lhe a morte; e assim julgando, a sujeitam a prisão e livramento, lançando-se seu nome no rol dos culpados. Custas à recorrida. Maranhão, 13 de fevereiro de 1877".

Prisão por pronúncia

Foi anteontem, intimada a D. Ana Rosa Viana Ribeiro o acórdão de pronúncia do tribunal da relação, nos autos do processo Inocêncio (sic), que era escravo daquela sra; e por isso ela foi recolhida, acompanhada pelo sr. delegado da capital, ao estado maior do 5º Batalhão de Infantaria.[6]

Era dia de entrudos e de bailes de mascarados. Não consta que no caminho a comitiva capitaneada por Silva Sá tenha se deparado com gente indo ou voltando das festividades. É crível que o delegado tenha evitado ruas movimentadas, deslocando-se a salvo da curiosidade pública, sobretudo longe dos olhos do povo – carregadores, lavadeiras, vendeiras –, gente que já havia levantado a voz meses antes na porta do cemitério, personagens enxotados (pelo próprio delegado) na ocasião dos exames feitos no corpo de Inocêncio. Ana Rosa diante desse público não passaria despercebida. Até mesmo para o delegado, principal responsável pela organização da investigação do caso, seria temerário deparar-se com "gente da mais baixa esfera" naquelas circunstâncias. Ciente dos locais onde ocorriam os brinquedos, que àquela altura só eram permitidos com prévia licença municipal, pode ter desviado das danças de "caboclo, bumba, chegança e outros folguedos populares da mesma espécie".[7]

Camuflada, escondida, com passos sorrateiros e rosto coberto, fugindo de olhares curiosos, Ana Rosa deve ter seguido até sua acomodação no quartel, onde passaria a primeira noite à disposição da Justiça. Naquela mesma ocasião, não muito distante dali a mãe de Inocêncio circulava livremente em sua rotina sob as vistas de todos. Atarefada com seu trabalho, talvez Geminiana nem imaginasse que a senhora estivesse atravessando a cidade rumo à prisão.

Nessas condições, a ordem escravocrata forçosamente virava (temporariamente) de ponta-cabeça. A senhora branca caminhava para o cárcere e a preta vendeira denunciante, em seus pregões pelas ruas, livre. A estadia da matrona no 5º Batalhão de Infantaria foi passageira. No dia seguinte, 14 de fevereiro, o chefe da Polícia, José Mariano da Costa, deu ordens para transferir Ana Rosa para a cadeia pública. O *Diário do Maranhão* publicou a notícia somente dois dias depois, mais uma vez com atraso e sem indicar nenhuma referência sobre as circunstâncias da condução da rica matrona à prisão.

Sobre a dita ocasião, o jornal cedeu espaço em seu noticiário apenas para a reprodução de um ofício no qual o chefe da Polícia pedia a transferência alegando que já havia "cessado o motivo" de haver recolhido Ana Rosa no quartel do Campo do Ourique, sem, contudo, explicitar quais seriam tais motivos. O clima de discrição sobre a manobra, inclusive, se confirmava para além do conteúdo do documento, manifesto também no próprio atraso na divulgação. Proposital? Em combinação com a matrona? Por pressão da família poderosa? São perguntas que ficam. Isso, mais uma vez, colocava a chefia de polícia na berlinda, que desde a primeira fase da investigação era referenciada em possíveis favorecimentos da parte implicada criminalmente.[8] José Mariano da Costa incumbiu novamente o delegado Silva Sá para capitanear a diligência de transferência, não participando diretamente da ação, enfatizando o "zelo, dedicação, circunspecção e energia" do colega.[9]

Era Quarta-Feira de Cinzas quando a proprietária foi deslocada para a cadeia pública. Em São Luís era dia de missas que marcavam o início dos jejuns da quaresma, com prédicas graves e concorridas. O *Diário do Maranhão* publicou em seu noticiário uma nota sobre os rituais cristãos que marcavam a data. A coluna lembrava que aquele era um dia de penitência pública, de reflexão sobre os pecados. No passado, os mais fervorosos atendiam ao chamado da igreja vestidos de luto, de pés descalços, tudo para demonstrar arrependimento e confessar suas falhas. Fiéis recebiam as cinzas na testa administradas pelo sacerdote, que, sobre a fronte de cada um fazia uma cruz, dizendo: "Lembra-te homem, que és pó e ao pó há de voltar".[10]

Ana Rosa, benemérita e devota cristã, pode ter recebido a visita de um padre para cumprir tal rito. Haveria algum cura disposto a responder ao chamado da matrona? Ao consciencioso padre caberia encarar uma senhora rica com reputação gravemente maculada aos olhos do público, que se encontrava em condições totalmente atípicas, instalada numa prisão. Se houve tal sacerdote, este seguramente não foi o padre Antonio Rodrigues Sudré, relacionado no processo como confidente de Ana Rosa.[11] Segundo uma testemunha da fase inquisitorial, o padre Sudré havia acompanhado o enterro de Jacintho. A certa altura do cortejo, em conversa reservada com Ana Rosa, esta teria segredado ao sacerdote que mesmo trancafiando os meninos, "botando-os numa gaiola de jabutis", não estava conseguindo impedir o "vício" dos irmãos de comer terra, afirmando a convicção de que o mais velho também morreria em pouco tempo.[12] Como previsto, o vaticínio se cumpriu. Sudré não preservou sua confidente, declinando o caso ao sacristão, talvez em segredo, e este deu com a língua nos dentes e comentou com um terceiro, Valério Sigisnando, que, por sua vez, foi convocado como testemunha e apresentou tais detalhes ao delegado Silva Sá na primeira fase do processo.

Para além da possibilidade da visita de um padre para administrar as cinzas, o tempo vivido por Ana Rosa na cadeia é coberto de mistério. O silêncio dos jornais sobre as circunstâncias de sua condução, prisão e estadia no cárcere perduraram durante todo o período em que permaneceu detenta, do dia 13 até 22 de fevereiro de 1877, instalada inicialmente no quartel do Campo do Ourique e depois na cadeia pública. Contudo, à medida que se aproximava o julgamento do Tribunal do Júri, tudo começou a esquentar novamente. A estratégia da defesa da matrona passou a organizar ataques aos dois personagens envolvidos mais diretamente na trama da acusação àquela altura, o delegado Silva Sá, principal mentor da investigação, logo após o estouro do escândalo, e o promotor Celso Magalhães, que chegou mais tarde e deu seguimento ao trabalho da promotoria já afinada por Gonçalves de Abreu. A virulência partiu de notas anônimas publicadas em editoriais do jornal O Paiz e Liberal, o último, inclusive, tinha entre seus articulistas nada menos que o advogado Paula Duarte.[13]

Com a proximidade do julgamento, veio a lume em 18 de fevereiro, na edição de domingo do O Paiz, uma coluna assinada por alguém intitulado "A Moralidade", que acusava Celso Magalhães de não cumprir suas atribuições na promotoria, influenciado por suas posições políticas ligadas a matizes do Partido Conservador. A nota foi rebatida na terça-feira no *Diário do Maranhão*, em réplica subscrita por "A justiça", que asseverou aos leitores que "se alguma coisa há por parte daquele funcionário, é sem dúvida de acordo com a lei, o sr. promotor sabe dos deveres de seu cargo e disso tem dado eloquentes provas".[14] Os ataques persistiram em *O Paiz*, ao que consta, investindo no tom que colocava em dúvida a credibilidade do promotor por supostas motivações políticas, tendo sabidamente em conta o pertencimento de sua família às fileiras conservadoras, contrárias ao grupo de Carlos Fernando Ribeiro. A resposta veio em seguida, na edição de quarta-feira do *Diário do Maranhão*, assinada por "um do fôro", que atribuiu os insultos a um conhecido "testa-de-ferro" defensor dos interesses de Ana Rosa, ou seja, seu advogado.[15]

A carga dos ataques teve ainda mais peso quando o alvo foi Silva Sá. O clima de tensão fervilhava desde que o delegado havia sido laureado como protagonista determinante na deflagração da investigação e na montagem da trama que levou a senhora à prisão, o que lhe valeu a liderança da diligência que encarcerou Ana Rosa. Se por um lado o reconhecimento público elevava seu prestígio, por outro, suas ações aumentavam a repulsa e a fúria da família da senhora, perigosamente guarnecida por correligionários e extensas redes de poder. Silva Sá teve que escrever uma defesa publicada no *Diário do Maranhão* em 22 de fevereiro, com o intuito de responder aos ataques detonados no jornal *Liberal* da véspera. No texto, retrucou ponto a ponto ataques que o acusavam de ter malversado bens de um casal do qual presumidamente era inventariante. O delegado anexou certidões emitidas pelo cartório envolvido no caso, que o inocentavam das injúrias. Antes de dispor os documentos comprobatórios, escreveu uma réplica destinada ao advogado da matrona, responsabilizando-o pelos ataques, classificando a ação de Paula Duarte como uma "assalariada agressão".[16]

Na sequência, e na mesma página, foi disposta uma outra coluna dedicada ao caso, dessa vez assinada por "Ignez", pseudônimo já diversas vezes utilizado por críticos de Ana Rosa. Sob o título

"Processo Inocêncio", a nota nomeou todos os editores do *Liberal*, incluindo Paula Duarte, destacando que estes estavam desvirtuando o periódico como "órgão de um partido", transformando-o em veículo "do crime e de insultos à magistratura e aos funcionários públicos". "Ignez" atacou também os argumentos da "Moralidade" (pseudônimo que vinha afrontando Celso Magalhães, em *O Paiz*), rechaçando a suposta condução política do processo que havia sustentado a acusação contra Ana Rosa até aquele momento. A coluna rememorou alguns dos casos conhecidos na cidade que envolveram o nome da matrona em tramas de violência contra trabalhadores escravizados, sublinhando que nenhuma das ocorrências anteriores foi associada pela opinião pública a qualquer tipo de conotação política. Todas tiveram desfecho favorável à senhora, acobertada pelos irmãos e pelo marido. Ao fazer uso de palavras em itálico, sublinhava *quem* era a verdadeira autora dos crimes.

Processo Inocêncio

Ressuscitou ontem o jornal *Liberal*, não mais órgão das ideias políticas de um partido, mas do crime e de insultos à magistratura e aos funcionários públicos desta capital! ...] Delegado, chefe de polícia, promotor, presidente, tribunal da relação, todos são envolvidos numa rede de baixos e torpes insultos; ninguém escapou, nem mesmo o tribunal que ainda terá talvez de julgar o processo! Mas o que faz pasmar tudo é o arvorar-se em processo político *a morte* por sevícias do pretinho Inocêncio de 10 ou 12 anos de idade! Não houve quem lembrasse de tal coisa quando acusado de crime de morte por *surra* o sr. José Viana, irmão da atual ré. Não houve quem lembrasse de tal coisa quando há bem pouco tempo foi acusado por crime de surra (*metodicamente dada a pau e corda*), o sr. Raimundo Viana, irmão da ré. Foram julgados inocentes e inocentes eram, porque todos bem sabiam *quem* havia praticado esses crimes.[17]

Além de declinar mais uma vez a autoria dos crimes, "Ignez" detalhou na sequência as estratégias de defesa acionadas pelo lado de Ana Rosa, que ora fazia uso do "pedido baixo", articulando conchavos nos bastidores, ora investia em "torpe calúnia", atacando quem acusava a matrona (ou os seus), numa guerra entre notas publicadas anonimamente, elaboradas por seus "altos protetores". Cumpre notar que os escritos de "Ignez" sempre atribuíam os estratagemas da defesa a parentes ou apaniguados da ré, como seu marido, seu advogado ou seus irmãos, sem levar em consideração que no caso da morte dos filhos de Geminiana o cerne das alegações favoráveis foi arranjado pela própria acusada. Desde antes do falecimento dos dois meninos, quando ainda estava solitária no sobradão, ao iniciar a rotina de contumazes torturas e maus-tratos, a proprietária deliberadamente começou a divulgar que Jacintho e Inocêncio tinham o "vício" de comer terra. Tal argumento deu base para sua defesa ao longo de toda a investigação, convergindo com uma perspectiva que publicamente enxergava a prática alegadamente viciosa como imunda e execrável, passível de punição. Isso, inadvertidamente, aos olhos de uma sociedade escravocrata, legitimava seu direito e conduta como senhora dos "escravinhos". Portanto, para além de "altos protetores", Ana Rosa também contou consigo mesma, em sua engenhosa e maléfica trajetória no processo.

Somavam-se à presumível articulação da matrona pistas disponíveis em outra nota na mesma edição do *Diário do Maranhão*. Dessa vez, a coluna assinada pelo pseudônimo "O Jury" alertava a audiência sobre a grave responsabilidade do tribunal no julgamento do caso Inocêncio. Em tom crítico, o texto afirmava que o júri não poderia ser "formado por manequins aos caprichos dos potentados", exaltando a importância de uma decisão isenta e alheia aos interesses dos envolvidos. O alerta ganhava ressonância porque a pretendida neutralidade não se encontrava a salvo diante das investidas de pessoas interessadas em influenciar os jurados para favorecer Ana Rosa. Segundo a coluna, entre as intervenções indesejadas, havia a atuação de "comissões de senhoras, inexperientes, a pedir favor, por obséquio que se iluda a justiça, se zombe das leis do país".[18] Tudo leva a crer que, pelos termos empregados, tratava-se de mulheres da alta sociedade de São Luís, cúmplices da acusada, ciosas em defender a reputação de Ana Rosa. Na cadeia, ao receber eventuais visitas, teria a matrona articulado para tentar influenciar o júri com suas amigas e parentas? Para além da breve menção feita na coluna, não há outras referências que possam pormenorizar a atuação da "comissão de senhoras", que veio muito a calhar justamente nas vésperas no julgamento.

Ainda na mesma edição do *Diário do Maranhão*, outra nota continuou fazendo coro às evidências de favorecimento da proprietária na sessão que ocorreria no mesmo dia. Dessa vez, num pequeno texto assinado por "Herodes", o juiz da 1ª vara e presidente do Tribunal do Júri, Umbelino Moreira d'Oliveira Lima, foi apontado como um "amigo dedicado da família". Segundo consta, o magistrado havia se declarado "suspeito" para julgar a justificação do dr. Tavares Belfort contra o major Nunes Paes, personagem que atuou como testemunha abertamente partidária da versão dos fatos defendida por Ana Rosa. Nunes Paes era vizinho do sobradão e pessoa de confiança da matrona, afinado com a articulação de toda a estratégia da defesa desde o começo, auxiliando na tentativa de acobertamento do crime. "Herodes" abriu para os leitores do jornal, portanto, uma visada de bastidor. Havia ligação entre o juiz e um personagem francamente favorável à Ana Rosa, deixando entrever que o próprio Umbelino também era alguém com ligações com a família. Ao declinar tal detalhe, o autor da nota deixava mais uma linha de suspeição no ar, que implicava diretamente o magistrado que conduziria o julgamento.

O dia 22 de fevereiro havia chegado. Mais um capítulo da trama viria à tona. Ana Rosa seria levada novamente à presença de um juiz, presumivelmente um "amigo dedicado da família". A tensão que havia tomado os jornais também dava o tom da ocasião que se aproximava. Logo na abertura dos trabalhos foram chamados os 48 jurados que já haviam sido listados no processo, todos homens, moradores de diversas freguesias de São Luís.[19] Desse total, com apenas um faltoso, foram sorteados doze nomes para compor o júri de sentença.[20] Da parte da promotoria, já havia sido interposto o libelo acusatório elaborado por Celso Magalhães, organizado em quatro postulados estruturados a partir da apreciação dos elementos da investigação, que seguiam reforçando os argumentos que levaram a matrona à prisão após recurso no Tribunal da Relação. O libelo, mais tarde, após recepção e análise do magistrado, deveria ser contemplado diretamente na elaboração dos quesitos a serem respondidos pelos jurados.

1º Provará que, tendo a ré comprado aos padeiros Silva & Ferreira, em 9 de agosto do ano passado, um escravinho de nome Inocêncio, infligiu-lhe, desde então até o dia 13 de novembro do mesmo ano, isto é, nesse espaço de tempo, castigos, sevícias e maus-tratos, usando para isso de cordas, chicote e instrumentos contundentes, dos quais resultaram para o paciente os ferimentos e ofensas físicas descritas no corpo de delito a fl. 10, 11, e 12.

2º Provará que, atento o estado mórbido do dito escravinho, esses castigos e maus-tratos repetidos produziram-lhe a morte, que teve lugar no dia 13 de novembro do referido ano.

3º Provará que a ré cometeu o delito com premeditação, isto é, decorrendo mais de 24 horas entre o desígnio e a ação, visto como os castigos aludidos

foram repetidamente feitos, com uma intenção/
que denota insistência continua em praticá-los.
4° Provará que, na prática do delito, aumentara a ré a
aflição do aflito.[21]

Depois de mais de três meses de idas e vindas do processo, com
jogadas e estratagemas diversos e cruentos debates, chegava à ocasião de saber se o júri confirmaria ou não a sentença que levou a
matrona à prisão. Da cadeia pública, a proprietária se dirigiu à presença do magistrado na sala de audiências. Segundo consta no *Diário do Maranhão*, foi ao tribunal vestida de preto dos pés à cabeça,
com rosto coberto de véu. Afinada com a estratégia de sua defesa,
talvez estivesse trajando sua melhor cambraia, demarcando sua posição social e seu desgosto em estar presa. Ana Rosa queria se mostrar enlutada, afrontada. A cidade estava em suspenso. Os dados já
haviam sido jogados, o resultado não tardaria a ser conhecido.

O julgamento

Eram 11h da manhã de uma quinta-feira quando foi iniciada a sessão
que julgaria mais uma fase do processo. No prédio do tribunal, perto do Largo do Palácio, o povo se acotovelava para não perder nenhum lance dos acontecimentos. A sala de audiências fervilhava de
gente.[22] A proximidade do ápice do calor do meio-dia não impediu
que o recinto rapidamente ficasse lotado. Na parte de fora, curiosos
espiavam o movimento. Homens sisudos entravam e saíam. Quem
passava na rua podia ouvir as conversas e especulações sobre o
caso. Nada escapava das vistas do público. Todos estavam à espreita das movimentações do dia.

Não tardou até a chegada de Ana Rosa. Nenhum detalhe sobre
sua escolha foi revelado nas fontes. Desde a saída da cadeia pública
até o prédio do tribunal teriam conseguido camuflar sua passagem

pelas ruas? Seu deslocamento não deve ter escapado do olhar de curiosos, atentos à sequência dos acontecimentos. A própria matrona sabia disso e maquinou sua aparição diante do público, apresentando-se na chegada do tribunal coberta por um rigoroso luto. Quem a visse identificaria a mensagem. Dona Ana Rosa, a injustiçada. Todos aguardavam o julgamento, anunciado e debatido nos jornais renhidamente nos últimos dias. Acompanhada do marido, do advogado, das autoridades policiais, talvez pajeada por criados, com rosto coberto de véu, sua *persona* aristocrática passaria por mais uma situação de exposição pública.[23] Seja através do olhar buliçoso da "gente da mais baixa esfera", seja através de comentários gerais sobre sua sorte naquele dia, sua figura voltava a monopolizar o falatório da cidade.

O nome de Ana Rosa continuava na boca do povo. Mas se o detalhamento do traslado da ré não foi alvo dos jornais, a movimentação de um grupo peculiar de cúmplices e defensoras da proprietária foi digna de menção. No dia do julgamento, a presença de uma comitiva de quinze aparatosas senhoras, "parentas da acusada", obteve destacada atenção.[24] Eram personagens que vinham se dedicando em investidas para influenciar a decisão do júri, alvo de críticas da já mencionada coluna anônima do *Diário do Maranhão*.[25] Essas mulheres vinham atuando por trás das cortinas em conversas particulares com gente poderosa, pedindo favores em prol de Ana Rosa. Na data da sessão do júri ultrapassaram o domínio dos bastidores, extrapolando a fronteira das salas privativas dos sobrados, das varandas, dos diálogos cordiais com as boas famílias da terra, saindo do recesso íntimo de seus lares para comparecer no julgamento, acomodando-se entre o público no tribunal. De suas poltronas podiam observar os presentes, em combinação com sua protegida, fitando a gente amiga dos convescotes de véspera, talvez aguardando o cumprimento das promessas, todas juntas ajudando a compor o cenário de pressão sobre os jurados.

Além das matronas ludovicenses, outras personagens centrais tomaram lugar na ocasião. A performance das fidalgas teve como contraponto as incômodas e renitentes presenças de Geminiana e Simplícia. A mãe e avó também estavam lá. Estas foram convocadas a comparecer no julgamento, juntamente com as demais testemunhas e informantes arroladas no processo. Na listagem, elas aparecem nas últimas linhas do documento, ao lado dos nomes dos demais informantes, entre a gente liberta e escravizada. Lá estavam Primo, Anísio, Geraldo, João, Sebastião, Zuraida e Gregória Rosa Salustiana. Todos e todas foram supostamente recolhidos "numa sala reservada d'onde não podiam ouvir os debates e nem as respostas uns dos outros".[26]

Entretanto, segundo consta nos termos da apelação elaborados por Celso Magalhães,[27] os informantes nem chegaram a adentrar o recinto. Diferente do que está descrito no processo, esses ficaram pelas escadas, na entrada, diante da porta da sala de audiências, numa clara tentativa de invisibilizar sua presença. Mas, ao contrário do esperado, a localização pode ter destacado seu comparecimento, sobretudo de Geminiana e Simplícia. Às 11h da manhã, tendo saído cedo para cumprir suas tarefas, certamente foram encaradas pelo público munidas de seus apetrechos de trabalho: Geminiana empunhando seu tabuleiro de frutas e quitutes, com o filho pequeno enlaçado ao seu corpo, e Simplícia, jornaleira idosa, com seu tabuleiro ou balaio com trouxa de roupas lavadas. Quem entrava e saía do tribunal ou quem estava perto da porta especulando e comentando sobre o caso talvez tenha divisado as duas paradas na frente do templo do Judiciário. Duas mulheres libertas corajosamente presentes diante do tribunal, talvez silenciosamente retrucando o olhar inquisidor dos passantes, em postura mais contundente que todas as boas intenções da Justiça maranhense.

A presença da mãe e da avó dos pequenos falecidos encarnava o cerne do rechaço público contra Ana Rosa. Postadas na entrada, devem ter sido vistas também pela comissão de senhoras cúmplices da ré. A própria acusada, em algum momento, pode ter cruzado olhares com Geminiana e Simplícia em sua chegada. O certo é que as condições haviam mudado muito desde a última vez que a proprietária tinha visto as mulheres da família de Inocêncio e Jacintho. Antes, Ana Rosa, solitária no comando de seu sobrado, mandava bater com a porta na cara de Simplícia e de Geminiana. Agora, a matrona estava se dirigindo ao banco dos réus, depois de uma breve temporada na cadeia. Se houve o encontro, uma visão rápida, um olhar que seja, este deve ter sido fulminante. Mesmo vulneráveis, a mãe e a avó enlutadas estiveram presentes, invariavelmente reforçando a afronta.

Com todas as peças posicionadas, o magistrado Umbelino Moreira d'Oliveira Lima passou a interrogar a acusada perante o júri sorteado e juramentado. Quando perguntada sobre nome, naturalidade, estado civil e residência, a ré repetiu todas as informações já prestadas nas outras etapas do processo, salvo por um detalhe, quando respondeu ao juiz que residia na cidade de Alcântara. Isso, talvez, já revelando o desfecho do julgamento e seu destino imediato após a absolvição, exilada na fazenda da família para esperar a poeira baixar. Quando perguntada se conhecia algum motivo que justificasse a acusação contra ela, respondeu que "atribuía a inimigos seus e do seu marido", sem maiores detalhes. Quando perguntada se castigou alguma vez Inocêncio ou se mandou castigá-lo, respondeu que nunca havia castigado nem mandado castigar. Quando perguntada sobre os ferimentos descritos nos exames de corpo de delito, retorquiu que o "escravinho sofria de corubas que o obrigava a coçar-se ferindo-se de tal forma", além disso, acrescentou que havia um ferimento no braço do menino, resultado de uma queimadura, e que este havia caído no quintal "d'onde saiu naturalmente ferido".[28]

A ré seguiu rigorosamente o roteiro arquitetado por sua defesa. Mas é importante sublinhar que o interrogatório poupou a senhora de questões sobre sua histórica conduta como proprietária de escravizados, ponto alentado pela promotoria que teve bastante peso na fase anterior do processo. Além disso, referências ao libelo elaborado por Celso Magalhães foram pouco contempladas nas indagações do magistrado, que não fez nenhuma menção à possibilidade de premeditação do crime, nem detalhamento das sevícias, o que permitiu que Ana Rosa reafirmasse que os ferimentos eram simplesmente decorrentes de "corubas", algo frontalmente contrário às evidências de tortura sobejamente detalhadas desde o início da investigação. A partir de nota publicada no *Diário do Maranhão* no dia seguinte ao julgamento, é possível apreciar um maior detalhamento da ocasião sob o ponto de vista de um espectador da cena, no caso, um correspondente do próprio jornal. Sob o viés desse interlocutor, cruzando-se com as referências do processo, nota-se a gravidade da cena, "a causa importante" que estava em jogo. O jornalista acompanhou tudo até o horário de fechamento da edição do dia, encerrando seu relato junto com o término do interrogatório de Ana Rosa, que avançou pela tarde. Ao final, deixou um recado aos leitores, afirmando que o julgamento teria prosseguimento e que "a hora em que entra nosso jornal no prelo continuam os trabalhos, quando só amanhã, quando talvez eles terminem, daremos o resultado".[29]

Na edição do dia seguinte, o jornalista (que não se identificou na matéria) continuou o detalhamento no noticiário. Afirmou que "desde às 4h até às 7h da noite, o Sr. Dr. Celso Magalhães, na qualidade de promotor público, dividiu sua acusação em três partes principais, a existência do delito, a autoria e as circunstâncias".[30] Asseverou que o promotor fez menção aos exames periciais, cruzando-os com referências de depoimentos, de modo a afiançar mais uma vez que não havia dúvidas quanto à autoria do crime. Magalhães fez novamente menção aos antecedentes da ré como agente contumaz de castigos imoderados, rememorando a assinatura do termo de segurança no caso da jovem Ignez, torturada pela proprietária, cujo nome vinha sendo utilizado como mote para notas críticas à Ana Rosa no mesmo jornal. O espectador da cena ouviu ainda o promotor encaminhar argumentos justificatórios da premeditação do crime, considerando que Ana Rosa esteve sempre ciente das consequências de seus atos ao comandar uma rotina de suplícios corporais e de maus-tratos, que se desdobraram no óbito da criança.[31]

No prosseguimento da acusação, Celso Magalhães solicitou a presença de algumas testemunhas, quais sejam os drs. Santos Jacintho, Ribeiro da Cunha e José Ricardo Jauffret, médicos que tiveram participação em diferentes etapas do caso. Ao descrever a ocasião, o espectador deu ênfase a alguns detalhes da fala do dr. Santos Jacintho, que, segundo consta, insistiu na tese da morte natural, afirmando a fatalidade da "marcha da moléstia hipoemia, ou vício de comer terra". Na cena, como uma espécie de desagravo, lembrou do seu receituário de um "tratamento reconstituinte", que poderia ter atrasado a morte de Inocêncio. Em suma, o médico reafirmou perante o júri que o presumido "vício" explicava a *causa mortis*. Findado o relato, o espectador afirmou que não foi possível ouvir os demais testemunhos, já que as falas dos outros se misturaram ao "grande sussurro" que se seguiu à fala do dr. Santos Jacintho. Anotou que devido ao ajuntamento (de pessoas e de vozes?) não foi possível distinguir perfeitamente o resto dos interrogatórios.[32] Assim, é provável que a fala do médico, mais uma vez, tenha gerado comoção do público que se fazia presente no tribunal. Ocasiões de vozerio não eram necessariamente uma novidade na trajetória do processo. Os ecos do alvoroço das mulheres de balaio na cabeça continuavam ressoando diante do rechaço ao depoimento do médico no templo da Justiça maranhense.

Sobre tal ocasião paira uma questão fundamental. Por que Celso Magalhães, responsável pela acusação, chamou para falar aos jurados uma testemunha francamente favorável à defesa de Ana Rosa? Embora não tenhamos maiores subsídios sobre como se deu a condução do interrogatório, fica nítido pelo relato do jornalista que o testemunho de Santos Jacintho esteve abertamente comprometido com a estratégia de defesa da matrona. Outro detalhe significativo é que o espectador do jornal que acompanhou a cena não fez nenhuma menção ao papel do promotor questionando ou retorquindo o médico. Na oportunidade desfilaram argumentos já bastante batidos pela defesa da acusada, que repetia *ad nauseam* que a morte estava atrelada aos supostos maus hábitos do menino, estratégia arquitetada por Ana Rosa e seus apaniguados desde o falecimento de Jacintho. Celso Magalhães seguiu interrogando os demais médicos e o informante Sebastião,[33] mas o teor dessas falas não foi descrito pelo jornalista, que alegou não ter conseguido ouvir ou anotar nenhum detalhe, devido ao grande "sussurro" no tribunal. O conteúdo dos testemunhos também não foi publicado nos autos, como já era previsto, deixando essa ocasião-chave na penumbra, sem registro pormenorizado da discussão, sem perguntas e sem respostas.

Na sequência, foi a vez do advogado Paula Duarte tecer seus arrazoados diante do júri. O defensor de Ana Rosa, segundo o espectador, fez um "pequeno, porém, eloquente discurso", ressaltando o direito senhorial de "infligir castigos aos seus escravos, reprimir-lhes os vícios e defeitos".[34] A carga da crítica recaía grandemente sobre a atuação da polícia, que estaria avançando em terreno alheio à sua alçada, ou seja, adentrando inconvenientemente assuntos de domínio doméstico, ligados à relação entre senhores e escravizados. Reforçou seu argumento censurando também o trabalho da promotoria, já que considerava ilegítima a denúncia implicando a morte de um escravizado, que não poderia ser considerado "pessoa miserável", mas propriedade, não cabendo, portanto, qualquer intervenção.[35] Para exemplificar sua posição, fez menção a um caso de defloramento feito por um senhor à sua escravizada, cuja investigação e denúncia chegaram às barras dos tribunais, mas sem nenhuma represália ao senhor, que pela lei deveria casar-se ou transmitir algum dote à ofendida. Nada disso foi feito em favor da jovem abusada, segundo sugeriu o advogado, em respeito à ordem senhorial.

Declarando-se um homem "liberal e democrata por convicção", buscou justificar a importância das estruturas escravistas no Império, especialmente nas províncias do Norte.[36] O advogado, num esforço de contextualização de sua posição, citou as dificuldades em arregimentar colonos livres, deixando entrever que parecia distante o projeto de abolir a escravidão em tais condições.

O defensor de Ana Rosa arrematou sua argumentação ressaltando a necessidade de conservar escravizados estritamente na órbita de seus senhores. Como exemplo, mencionou os Estados Unidos, que, diga-se de passagem, já haviam oficialmente abolido a escravidão há mais de uma década, afirmando que a nação da América do Norte tinha respeitado "sempre as condições entre o senhor e o escravo", não constando em qualquer tempo "processo algum contra senhor que castigou seu escravo".[37] Fica nítido o esforço de naturalização da violência como condição precípua de manutenção da autoridade e controle sobre a população escravizada. Uma mostra muito nítida do pânico diante da escalada da perda do poder dominial, que estrebuchava através da hedionda defesa do advogado. Parecia uma espécie de alerta aos jurados sobre a abertura de possíveis precedentes caso houvesse a culpabilização de Ana Rosa na Justiça, sob o risco de tolher o mando senhorial, de enfraquecer vínculos de servidão vistos ainda como basilares no Maranhão na década de 1870.

Mesmo negando a existência de torturas ou maus-tratos contra o pequeno Inocêncio, a defesa de Paula Duarte alinhavou arrazoados que tentaram validar castigos corporais como meio legítimo de impor respeito, de ajustar maus hábitos e rechaçar insolências de escravizados. Apresentou pancadas como medidas corretivas e, portanto, não suscetíveis a intervenções externas, de modo a garantir a conservação do mando exclusivo de proprietários sobre a sorte de seus servos. Assim, deixava entrever que não era legítima a imagem violenta que recobria sua cliente, publicamente exagerada por interesses de inimigos de sua família, que estavam se metendo em assunto privado, alegadamente não passível de escrutínio da sociedade. Paula Duarte modulou seus argumentos afinando-os a um ideário geral de conservação do *status quo* escravocrata, o que provavelmente alcançava alto consenso da sociedade branca local. Além disso, diluía ou escamoteava as especificidades da trajetória violenta de sua cliente, que sob tal ótica saía do lugar de algoz para se tornar mártir diante dos abusos de autoridades desaforadas, talvez até ressentidas da alta posição da ré. A ação investigativa da polícia, a severidade dos interrogatórios, a consecução da denúncia, tudo não passava de perseguição, meio de afrontar a altaneira família da proprietária.

Não por acaso, o advogado fez questão de ressaltar que na investigação deveriam ter levado em consideração a posição, a moralidade e as condições de Ana Rosa, avaliando como um abuso a transferência de sua cliente das acomodações do quartel do Campo do Ourique para a cadeia pública, algo absurdo por se tratar da "esposa de um bacharel em direito e Dr. em medicina".[38] Essa indicação captada pela pena do jornalista do *Diário do Maranhão* revelava uma interessante pista sobre as misteriosas decisões em torno do encarceramento da matrona, que alegadamente deveria gozar de "regalias que os títulos de seu esposo lhe garantiam".[39]

Como se sabe, a acusada foi acomodada primeiramente em um quarto dentro do dito quartel, um cômodo mais confortável se comparado a uma cela de cadeia. Pelo que Paula Duarte deixou entrever, essa seria a localização mais adequada para a senhora aguardar o julgamento. Entretanto, a demanda pelo quarto só foi atendida parcialmente, apenas no primeiro dia de prisão, logo em seguida a acusada foi encaminhada para a cadeia pública, onde permaneceu presa até o dia da sessão do júri. A mudança foi tratada pelo advogado como um acinte, mais um índice explicativo da afronta e da perseguição contra a alta posição de sua cliente, uma mulher casada e de fina linhagem. Arrematou sua argumentação sublinhando a condição delicada da ré, ressaltando "a elevada posição que a mulher ocupa na sociedade – como mãe educadora dos filhos, como esposa, companheira e amiga".[40] Apresentou Ana Rosa como mãe de dois filhos ausentes, dos quais ela sentia falta, finalizando com um apelo aos jurados tratando da relação da matrona com Carlos Fernando, para que estes "a restituíssem ao seu honrado esposo ali presente".[41]

Após a conclusão da defesa feita por Paula Duarte, foi franqueada a palavra ao promotor Celso Magalhães, que dispensou o direito à réplica alegando estar exausto, afirmando não ser necessário estender o debate por considerar que o advogado da matrona não havia "destruído os pontos da acusação".[42] Depois disso, o júri da sentença finalmente adentrou a sala secreta para se reunir e decidir sobre o desfecho do julgamento. Eram 10h da noite quando os jurados iniciaram a reunião presumidamente a portas fechadas. Foi nessa ocasião que o jornalista correspondente do *Diário do Maranhão* anotou o detalhe sobre o vestido e o véu de Ana Rosa, que derramava um "rigoroso luto" no tribunal, diga-se de passagem, combinando perfeitamente com o estratagema do advogado.[43] A mensagem era a seguinte: uma mãe de dois filhos ausentes, herdeira da fina flor da sociedade maranhense, casada com homem de alta posição, estava sendo alvo de calúnias e perseguições, algo que colocava em perigo não só sua reputação individualmente, mas a segurança e a autoridade das boas famílias escravistas. Após a comovida defesa do poder senhorial feita por Paula Duarte, o júri finalmente se reuniu para responder objetivamente a seis quesitos encaminhados pelo juiz Umbelino Moreira d'Oliveira Lima. Estes, é importante salientar, não contemplaram a integralidade do libelo acusatório elaborado por Celso Magalhães.

> 1º A ré d. Ana Rosa Viana Ribeiro no espaço de tempo de 9 de agosto no ano último A 13 de novembro do mesmo, infligiu castigos, sevícias e maus-tratos em seu escravinho de nome Inocêncio, resultando de tal fato os ferimentos que narra o libelo?
>
> 2º Estes ferimentos produziram no paciente grave incômodo de saúde?
>
> 3º Estes ferimentos produziram a morte de Inocêncio em 13 de novembro de 1876?
>
> 4º O crime foi cometido com premeditação, tendo decorrido entre o desígnio e a execução em mais de 24 horas?

5º Pelo crime foi aumentada a aflição do aflito?
6º Existem circunstâncias atenuantes em favor da ré?[44]

O resultado saiu duas horas depois, por volta da meia-noite. Não houve dissenso entre as respostas. O júri foi unânime ao considerar Ana Rosa inocente. Nem precisaram sopesar a totalidade dos itens, pois, ao negar a existência de castigos, anularam o entendimento sobre as práticas de violência como preponderantes na morte da criança. Mesmo com a grande quantidade de indícios contrários, triunfaram os argumentos da defesa. No início da madrugada, Ana Rosa recebeu seu alvará de soltura e pôde voltar para casa. Com seu nome riscado do rol dos culpados, deixou o tribunal ao lado do marido e do advogado, talvez também pajeada pelas parentas e amigas que compareceram ao julgamento. Àquela altura dos acontecimentos, depois de tantas idas e vindas, ficava nítido que pelos caminhos da Justiça maranhense qualquer condenação seria improvável.

Celso Magalhães, logo após o anúncio do resultado, declarou que desejava apelar da decisão no superior Tribunal da Relação, requerendo que fosse registrado seu pedido nos autos. De acordo com o correspondente do *Diário do Maranhão*, foram "ouvidos das galerias diversos aplausos, e cumprimentado o Sr. Dr. Promotor, à sua saída, por grande número de cavalheiros".[45] As saudações diante da insistência do acusador em levar à frente o escrutínio do caso indicavam que o resultado não havia sido bem recebido por parte significativa dos que acompanharam a sessão. Contudo, os aplausos não parecem ter se convertido em debate na arena pública dos impressos. Após a descrição pormenorizada do julgamento, publicada na edição do *Diário do Maranhão* de 24 de fevereiro de 1877, não foi disposta na sequência nenhuma outra nota ou coluna no jornal que tratasse do julgamento ou emitisse qualquer juízo quanto ao desfecho do caso. Um silêncio incomum em se tratando da crônica jornalística que vinha acompanhando as repercussões da morte do menino Inocêncio desde o mês de novembro do ano anterior.

Tal tendência permaneceu nas edições seguintes, que seguiram sem fazer nenhuma referência ao resultado da sessão do júri.

Somente no dia 2 de março apareceu uma pequena publicação solicitando a divulgação de alguns registros estenográficos tomados no julgamento. A técnica era nova em São Luís, e consistia na aplicação de uma codificação que buscava abreviar e dar celeridade ao registro de depoimentos e discursos de autoridades, facilitando o trabalho de quem fosse incumbido de tomar nota. O professor Sebastião Mestrinho, famoso por disseminar a técnica em várias praças do Império, estava na cidade e havia obtido autorização para se posicionar entre o público e anotar as falas durante a sessão do júri.[46] Não por acaso, veio à tona no *Diário do Maranhão* um texto assinado por "Os assistentes", endereçado ao mesmo Sebastião Mestrinho. É provável que a curiosidade sobre o conteúdo registrado tenha nascido da ausência de transcrições do processo daquela fase. Não se tratava de uma falha deliberada dos escrivães ou decisão capciosa do juiz, já que costumeiramente não eram feitos registros pormenorizados dos debates ocorridos ao longo da sessão. Por não constar, por exemplo, a reprodução da fala da acusação proferida por Celso Magalhães, tampouco da defesa da ré feita por Paula Duarte, muitos ficaram curiosos sobre o conteúdo discutido, que foi apenas descrito brevemente na imprensa. O mesmo pode ser dito sobre o conteúdo das respostas das testemunhas chamadas pelo promotor, os médicos Ribeiro da Cunha, Ricardo Jauffret e Santos Jacintho, e também do informante Sebastião, convocado a depor pela promotoria no dia do julgamento. Considerando que até àquela altura nada do que foi estenografado havia sido divulgado, "Os assistentes" fizeram um apelo ao Sr. Sebastião Mestrinho, ressaltando que "a ansiedade pública, sem limites, pede-lhe [que] haja de nos dizer o que pretende fazer a respeito".[47]

Para quem tivesse curiosidade ou buscasse fontes para arrazoar as mais de doze horas de duração da sessão restavam apenas as sucintas (mas significativas) menções dispostas na imprensa, como a já mencionada coluna do correspondente do *Diário do Maranhão*. Referências mais específicas e detalhadas sobre o debate entre o promotor e o advogado, assim como outros índices de manifestações das partes, foram aludidas nos autos do processo sem transcrição de falas. Portanto, faltavam subsídios mais pormenorizados aos que desejavam tecer comentários sobre o desfecho da sessão do júri.

Tal situação se distanciava muito das outras etapas do processo, sobretudo do período inicial da investigação, cuja primeira rodada de depoimentos foi transcrita e depois publicada na íntegra nos jornais. O silêncio na arena da imprensa era um indício de que a publicidade do processo naquela ocasião tinha perdido espaço, mas não por falta de interesse dos eventuais comentadores e críticos do caso.

A provocação ao estenógrafo não tardou a ser respondida. No dia 3 de março, o próprio Sebastião Mestrinho veio a público nas páginas do *Diário do Maranhão* e publicou sua réplica. Achou por bem justificar que sua ação no tribunal não teve ligação com nenhuma das partes, ressaltando que seu trabalho partiu de sua "livre e espontânea vontade". Dito isso, se afirmou desobrigado a divulgar qualquer referência dos registros, salvo se solicitado pelo "Ilmo. Sr. Dr. Juiz de direito". Mestrinho sublinhou que sua presença na sessão do júri havia sido consentida pelo magistrado, deixando entrever seus diálogos prévios com Umbelino Moreira d'Oliveira Lima.

Não por acaso, fiando-se na figura de autoridade do juiz, o congratulado professor respondeu ao pedido de divulgação feito no *Diário do Maranhão* num tom provocativo, afirmando que aqueles que "se julgavam prejudicados pela demora ou falta de publicidade das peças por que não me procuram na rua dos barqueiros, nº 6? Onde resido e pode ser visto o trabalho".[48] Deixou divisar ainda que no momento estava conduzindo a decodificação do reclamado registro e recebendo honorários (sem dizer de quem), "já que não se poderia viver unicamente da graça de Deus".[49] Mencionou que assim respondia ao trabalho da "acusação", referindo-se ao tom inquiridor da nota de "Os assistentes", asseverando que o registro somente seria conhecido, nas palavras de Mestrinho, "quando e como convir-me".[50] Por fim, deixou mais uma vez manifesta sua insatisfação com a cobrança pública feita no jornal, afirmando "dispensar a honra" de ter que tomar parte nos impressos para dar respostas ou explicações, "por ter (o) que fazer e custar-lhe elas dinheiro".[51]

A réplica de Mestrinho não teve tréplica, e novamente vieram dias de silêncio sobre o caso da morte de Inocêncio nos jornais. Pairam dúvidas sobre os sentidos da anuência do juiz Umbelino Moreira d'Oliveira Lima ao trabalho do professor na sessão do júri. Qual seria o motivo do consentimento do magistrado ao permitir no tribunal uma espécie de escrivão não oficial? E sendo tolerado, por que este não foi referenciado, nem divulgado? Para quem o professor estava preparando o registro? Essas perguntas ficam sem respostas precisas. O certo é que após o desfecho do julgamento, depois de confirmada a retirada do nome de Ana Rosa do rol dos culpados, as notas estenografadas passaram a interessar muito mais à acusação e aos críticos da matrona do que à sua defesa. Talvez por isso (ao que consta) nunca vieram à tona.

Menos de um mês após o julgamento, em 16 de março de 1877, o juiz esteve ao lado de Mestrinho numa pomposa cerimônia de aplicação dos exames do curso de estenografia ofertado na cidade. O magistrado compareceu na condição de secretário do governo da província. Na ocasião, fez coro à congratulação das boas iniciativas do ilustre professor, assinando "o livro dos trabalhos e provas de arte organizados por 35 alunos".[52] Em meio aos discursos efusivos e felicitações, festejado por autoridades e gente da classe escravista ludovicense, Mestrinho reforçou sua notoriedade na sociedade local sob os auspícios e cumprimentos do juiz. Após as efusivas homenagens, o professor não tardou muito em São Luís, deixou a cidade poucos dias depois da formação da turma, em 20 de março, justificando sua retirada para o Ceará para se tratar do beribéri que supostamente lhe afligia, deixando seu "saudoso adeus e voto de sincera gratidão do hóspede reconhecido".[53]

Enquanto Mestrinho se despedia e Umbelino Moreira d'Oliveira Lima se ocupava em homenagens corteses, em paralelo corriam os esforços da apelação impetrada por Celso Magalhães. O promotor começou a preparar suas "razões" logo após ter seus argumentos derrotados pela decisão do júri. Além dos esforços para rearranjar sua estratégia, se viu remando contra a maré diante do silêncio sobre o resultado do julgamento na imprensa. Nesse sentido, as questões se multiplicam. Quais seriam os motivos da virada de página e do silenciamento repentino do tema que vinha há meses aguçando a "ansiedade pública"? Estariam realmente faltando subsídios mais qualificados (vide os não divulgados por Mestrinho) para tecer comentários críticos sobre o desfecho do julgamento? Teriam os comentadores percebido que seria inócuo (e perigoso) enfrentar ou tecer críticas sobre os conchavos da família da ré com o Judiciário? Não há respostas certeiras para essas questões, mas o certo é que Celso Magalhães não contou com a ambiência crítica presente nas fases anteriores do processo. Parece que toda São Luís havia recebido um cala-boca.

As razões da apelação

Se nas vésperas do julgamento houve fogo cruzado entre as partes, após o conhecimento do resultado somente a acusação continuou investindo no debate público, na esperança de reverter a derrota. A defesa da proprietária, certamente convencida da irreversibilidade da decisão da Justiça, começou a jogar sem grandes movimentos, pelos menos aos olhos do público. O promotor, por seu turno, insistiu no ataque. Contudo, os aplausos recebidos pelo acusador na saída do tribunal, quando se dispôs a apelar contra a sentença, parecem não ter se convertido em fortalecimento de sua posição na disputa.[54] O que nos leva a inferir sobre quem aplaudiu a iniciativa do promotor, provavelmente a gente pobre, liberta e escravizada, a mesma gente que Magalhães, diga-se de passagem, considerava racialmente inferior. Mulheres como Geminiana e Simplícia, que nem mesmo puderam entrar no recinto, que observaram as movimentações a partir da calçada e da rua e só souberam da decisão sobre a apelação de Celso Magalhães na saída do prédio.

O documento da apelação foi assinado no dia 26 de fevereiro de 1877. Dirigindo-se à "Majestade Imperial", o promotor asseverou que o julgamento havia sido eivado de nulidades. Celso Magalhães se ateve às especificidades da sessão do júri, apontando falhas na condução do escrutínio no tribunal, que teria atentado contra o regramento legal vigente. Iniciou sua argumentação indicando a incongruência entre os tópicos do libelo acusatório, apresentado pela promotoria, e os quesitos questionados ao júri, disponibilizados pelo juiz. Isso por si só, segundo sua argumentação, teria força para conspurcar a sessão, posto que o magistrado deveria obrigatoriamente ter levado em consideração os encaminhamentos da acusação para elaborar as perguntas dispostas aos jurados. O promotor exemplificou, nesse sentido, que o primeiro quesito destinado ao júri de sentença já intentava desarmar a estratégia da acusação, questionando se teriam de fato sido infligidos castigos, sevícias e maus-tratos, abrindo a possibilidade de estes serem negados logo na primeira indagação, descreditando automaticamente os demais itens. Uma vez negadas as torturas, não faria sentido analisar se estas teriam produzido "grave incômodo de saúde" ou a morte do paciente (2º e 3º itens), ou mesmo se o crime foi cometido com premeditação (4º item), se aumentou a aflição do aflito (5º item), ou se haveria alguma circunstância atenuante em favor da ré (6º item). Com a resposta negativa à primeira pergunta, as demais perdiam envergadura. Celso Magalhães dispôs em sua apelação vários casos conhecidos de julgamentos anulados diante de semelhantes razões.[55]

Além do desacordo entre o libelo e as capciosas questões elaboradas pelo magistrado, o promotor discorreu sobre outro ponto capaz de sugerir a nulidade do julgamento. Afirmou que as testemunhas não ficaram reservadas numa sala a salvo do contato com o público, podendo conversar francamente com os espectadores e ouvir o que se passava no tribunal. Nessas condições, suas respostas podem ter sofrido influência dos desdobramentos do debate, seja por via da escuta das falas proferidas, seja por receberem orientações repassadas por algum indivíduo interessado em favorecer a parte da acusada.

Celso Magalhães afiançou que os próprios jurados também não seguiram à risca a regra da incomunicabilidade, afirmada no processo. Segundo consta na apelação, ao contrário do que foi declarado nos autos, os jurados não teriam permanecido intangíveis diante do público, não se encontrando resguardados de possíveis contatos e diálogos. Sob tal perspectiva, o debate entre as partes pode ter chegado aos ouvidos do júri da sentença, que sem conservar nenhum isolamento pode ter conversado com os presentes, antes mesmo de analisar os quesitos sobre o caso em questão. A apresentação desse ponto de nulidade colocava na berlinda toda a organização do julgamento. Como se tratava da instância do Tribunal do Júri, com resultado diretamente vinculado à apreciação dos quesitos dispostos pelo magistrado ao corpo de jurados convocado e sorteado, qualquer intervenção no ajuizamento dos elementos do processo poderia levar ao anulamento da decisão. Para completar sua argumentação crítica sobre a composição e o comportamento do júri, o apelante afirmou ainda que havia no grupo um indivíduo com menos de 25 anos de idade, o que não era permitido por lei.[56]

Ainda no que se refere à detecção de irregularidades, Celso Magalhães apresentou referências sobre diálogos entre Ana Rosa e seu advogado durante o interrogatório. A ré teria consultado Paula Duarte por diversas vezes para responder às perguntas, recebendo indicações e sendo sugestionada sobre como proceder em suas devolutivas ao juiz. A prática atentava contra a espontaneidade das respostas, que assim perdiam validade "moral e jurídica", não devendo ser sopesadas como prova. Sob as vistas de toda a audiência que assistia ao julgamento, incluindo-se o próprio promotor e o magistrado, chama atenção que tal conduta da interrogada e do seu advogado não tenha sido censurada imediatamente. Por quais motivos teriam feito vista grossa? Talvez houvesse o entendimento tácito de que a alta posição da ré poderia lhe franquear tal regalia, reforçada a partir dos argumentos da defesa, que a apresentou como esposa amorosa de um nobilitado bacharel e mãe extremosa de dois filhos ausentes. Segundo deixou entrever o promotor, o esquema da defesa sob a supervisão ferina do advogado conduziu as respostas mitigando qualquer tipo contradição provocada pelo rito do interrogatório. Importante lembrar ainda que, para além do papel de Paula Duarte, a acusada estava bem sintonizada com as artimanhas da defesa, sendo inclusive autora de parte fundamental do estratagema que buscou desviar o foco das torturas e maus-tratos desde o início da trama.

Após encaminhar as "razões da apelação", Celso Magalhães deu prosseguimento à justificação de sua tratativa, organizada em duas partes, ambas encaminhadas ao juiz da 2ª Vara Cível, Joaquim da Costa Barradas. Na primeira, "a bem dos interesses da Justiça", reafirmou a nulidade do processo, lembrando os diálogos travados entre Ana Rosa e o seu advogado. Sobre esse tópico, adensou mais uma informação; um indicativo de que o marido da acusada também havia influenciado na cena. Carlos Fernando teria chamado a atenção de Paula Duarte durante a condução do interrogatório. O promotor não pormenorizou se este teria censurado ou orientado o defensor de sua esposa diante do público.[57] Como meio de tentar endossar as alegações encaminhadas ao juiz, indicou quatro testemunhas que haviam tomado parte no julgamento, convocadas para o consequente interrogatório.

A inquirição ocorreu no dia 23 de março, sob os auspícios do juiz e do promotor. O primeiro arguido foi João da Cruz Pereira da Fonseca, um caixeiro de trinta anos, que havia tomado parte no tribunal entre os jurados. Este confirmou a existência de diálogos entre Ana Rosa e Paula Duarte, afirmando que antes de responder às perguntas a ré se dirigia ao advogado para consultá-lo. Por se encontrar distante dos dois, sublinhou que não foi possível escutar o conteúdo da conversa, não podendo afiançar se continha alguma "insinuação" sobre o que deveria ser declarado ao juiz. Além disso, no que se refere ao ponto de nulidade ligado à não preservação da incomunicabilidade do júri da sentença, disse que em virtude da lotação da sala realmente não houve isolamento, declarando que os espectadores estiveram em contato com os jurados.[58]

O segundo interrogado foi Viriato Joaquim das Chagas, outro caixeiro de trinta anos, que participou da sessão entre o público. Disse que se encontrava em local "fronteiro" a Ana Rosa e também confirmou que "pareceu-lhe ver por algumas vezes conversação desta com seu advogado, não só durante o interrogatório como depois".[59] Também assentiu que o júri havia tido franco contato com os espectadores, declinando inclusive o nome de um dos jurados "de facto" – sorteado para apreciar os quesitos que orientaram a sentença –, que esteve em diálogo com componente da plateia à vista de todos. Tratava-se de Moraes Rego, empregado da capatazia, que estava junto de seu irmão (não sorteado para o júri de sentença) dentro do tribunal.

O terceiro interrogado foi Francisco Caetano de Asevedo Campos, empregado público de trinta anos. Este não titubeou ao admitir que a acusada teve sim contato com Paula Duarte durante a inquirição, detalhando um lance significativo dessa cena. Sob os olhos de todos no tribunal quando o juiz dirigia perguntas à ré, esta "se debruçava sobre a tribuna e falava com seu advogado".[60] Contudo, não deu certeza de que as conferências aconteciam "por solicitação do marido da mesma senhora". A visão dos movimentos da acusada indicava a existência dos diálogos, mas sem confirmar objetivamente se as conversas serviram para orientar suas respostas. Já sobre a problemática do júri, seguiu o coro dos demais convocados que o precederam e disse que os sorteados não guardaram o isolamento "em razão da grande concorrência" no recinto.

O quarto e último convocado a testemunhar na primeira justificação foi o "proprietário" Miguel de Sousa Marques, de 27 anos. Além de confirmar o quesito referente à ocorrência de conversas entre Ana Rosa e Paula Duarte, mencionou que após ouvir as perguntas a acusada se dirigia ao seu advogado "e que depois disso era que respondia", deixando subentendido que houve orientação das devolutivas ao magistrado, sem, contudo, saber declinar o conteúdo "por estar ele testemunha um pouco distante".[61] Sobre o outro ponto problemático levantado pela promotoria, declarou ser "verdade que o júri da sentença não esteve separado dos espectadores, mas sim em próximo contato, fazendo-se notar que até alguns dos juízes de fato conversavam livremente com os espectadores".[62]

Como se vê, as testemunhas convocadas para referenciar a primeira justificação confirmaram em parte os pontos de nulidade apresentados pela promotoria nas razões da apelação. Através dos seus breves depoimentos, observam-se interessantes elementos da ambiência do julgamento, com detalhes que permitem entrever até mesmo a performance da matrona, com informações sobre seus movimentos e posturas, debruçada na tribuna para consultar Paula Duarte e responder às perguntas do magistrado. Entretanto, cumpre notar que entre as respostas não houve menção à alentada intervenção de Carlos Fernando, que teria, segundo a promotoria, falado com o advogado no curso da sessão. Sobre a questão do júri, nem todos foram explícitos sobre a existência ou não de conversas com o público, embora tenham sublinhado a lotação do recinto, o que permite reconstituir a posição dos selecionados como "juízes de fato", que se encontravam envoltos pelos muitos curiosos que acompanharam o desenrolar do julgamento. As testemunhas, nesse sentido, corroboraram com o que já havia sido resumido pelo correspondente do *Diário do Maranhão*, que divulgou diversos detalhes-chave da sessão.[63]

A segunda justificação seguiu roteiro semelhante, salvo pelo detalhe de Celso Magalhães dispor entre os quesitos um outro ponto a ser apreciado, qual seja a verificação de "que os informantes, escravos na maior parte, nem subiram para o edifício em que funciona o júri e ficaram embaixo, pelas escadas e porta de entrada".[64] Em tal posição os convocados não chegaram a entrar no tribunal, ficando expostos tanto ao contato com o público quanto ao olhar inquisitivo de quem entrava e saía da sessão. Assim, somente puderam assistir ao movimento na calçada ou nas escadas da entrada do prédio – nas quais deviam estar Geminiana e Simplícia, impassíveis.

Para a aferir a dita justificação foram interrogadas cinco pessoas, entre as quais alguns dos médicos que haviam tido participação em episódios determinantes da investigação do escândalo. Compareceram Manoel Ribeiro da Cunha, Francisco de Paula Oliveira Guimarães, Antônio dos Santos Jacintho, José Ricardo Jauffret e o negociante Pompeu Quirino da Cunha. Quando perguntados sobre a localização dos informantes foram unânimes em afirmar que "nada sabiam". Um deles apenas acrescentou que "assegurava" que não se encontravam na sala de testemunhas, na qual estavam presentes os interrogados daquela justificação.[65] Nenhum deles viu os libertos e os escravizados dentro do tribunal, embora todos tenham sido igualmente convocados a comparecer sob os rigores da lei. Certamente, como em outras ocasiões em que foram chamados pela Justiça ao longo das fases anteriores da investigação, tiveram que sacrificar o dia de trabalho para comparecer na sessão, mas dessa vez ficaram do lado de fora, misturados à paisagem das ruas, como parte da cidade que assistia, das margens, ao desenrolar do processo.

Esse é um ponto bastante elucidativo da observância dos papéis dos libertos e dos escravizados no escrutínio do caso da morte de Inocêncio. Mesmo tendo corroborado com pistas centrais ao longo da investigação, com peso no que concerne à incriminação de Ana Rosa, com detalhamento de vários acontecimentos luminosos para a recomposição da trama, vide os fortes relatos de Simplícia e de Geminiana, eles não puderam nem mesmo entrar no tribunal. Suas posições sociais estavam atreladas ao tratamento desimportante que a Justiça lhes dispensava.

Ainda sobre a segunda justificação, se por um lado houve demonstração de desconhecimento (ou desinteresse) dos convocados sobre os informantes, por outro, as questões ligadas aos pontos de nulidade que envolviam as testemunhas e o júri de sentença receberam maior atenção e detalhamento. Nesse sentido, o primeiro interrogado, dr. Ribeiro da Cunha, de 26 anos, confirmou a posição de franco contato das testemunhas diante do público, declarando que não havia isolamento. Já sobre os jurados, disse que não pôde observar como estavam dispostos no espaço do tribunal, sublinhando apenas que "havia grande afluência de espectadores, de tal modo que era difícil a passagem até a bancada onde se sentavam os juízes de fato".[66]

Na sequência foi a vez do dr. Oliveira Rodrigues, de 24 anos, que declinou mais detalhes sobre a posição das testemunhas na sessão. Disse que "achavam-se em uma sala cuja entrada era livre aos espectadores", e que ele mesmo havia travado diálogos com vários dos presentes, incluindo-se o próprio dr. Ribeiro da Cunha, e mais o dr. Faria de Mattos e o dr. Jaufrett, acrescentando ainda que a sala estava "cheia de pessoas estranhas".[67] Quanto ao júri, afirmou que havia contato direto com o público, devido à grande quantidade de pessoas que se acotovelavam na sala, mas que ele não "presenciou haver comunicação entre eles".[68]

Depois foi interrogado o negociante Pompeu Quirino da Cunha, de 36 anos, que também declinou o nome de testemunhas que estavam tecendo francos diálogos durante a sessão, "entre as quais se lembra dos doutores Santos Jacintho, Ribeiro da Cunha, Jauffret e o senhor Thomas Lima em uma sala próxima do tribunal conversando com os espectadores e com os jurados". Declarou ainda que ele mesmo havia conversado com o dr. Jauffret e também com o dr. Tavares Belfort, que estavam circundados por "outras muitas pessoas". Especificamente sobre o júri de sentença, manifestou que estavam em pleno contato com o público, "de tal modo que se poderia temer que fosse [o júri] incomodado por algum empurrão".[69] O quarto interrogado foi o dr. Santos Jacintho, que corroborou a versão de seus colegas sobre a posição das testemunhas. Todavia, acrescentou curiosamente que as ditas "não podiam ouvir nada do que se dizia no tribunal". A boa-fé do médico o levou a declarar ao promotor e ao juiz que "entravam muitas pessoas que conversavam sobre diversos assuntos", encerrando sua declaração de modo lacônico, sem maiores detalhes sobre a temática dos colóquios. Mesmo diante das reticências do doutor, não fica difícil imaginar qual tema monopolizava os "diversos assuntos". Quanto ao ponto de nulidade alentado pela promotoria sobre o júri, o médico foi ainda mais econômico, afirmando somente que não sabia se "os espectadores se comunicavam com os juízes de fato", podendo apenas sublinhar que "estavam contíguos", ou seja, lado a lado dentro da sala.[70]

O último a ser inquirido foi o dr. Jauffret, de 54 anos, que fez coro às informações sobre os diálogos abertos com o público em geral, detalhando que a sala reservada "não estava fechada, que era franca a entrada de quem quisesse, que com efeito muita gente nela entrava e entretinha conversações com as testemunhas sobre diversos assuntos".[71] Mais uma vez, o conteúdo das confabulações não foi declinado. Declarou ainda que não sabia dizer se algum dos convocados havia se aproximado da sala do tribunal para ouvir a discussão do julgamento, mas disse que de onde estavam não se ouvia coisa alguma, seguindo o mesmo roteiro das respostas de Santos Jacintho. Sobre a situação do júri da sentença foi igualmente reticente, afirmando que havia "considerável aglomeração de espectadores" ao redor dos jurados, mas não podia asseverar se houve ou não algum tipo de troca de ideias e diálogos com o público.[72]

O tom lacunar dos médicos foi ao encontro da postura protetiva dos interesses de Ana Rosa, sobretudo no caso de Santos

Jacintho. Com suas respostas, despistaram os argumentos da justificação sobre os pontos centrais de nulidade alegados nas razões da apelação. Isso sem negar a "grande concorrência" do público dentro do tribunal, referência inequívoca, que não poderia ser contrariada por ser do conhecimento de todos que participaram ou sabiam do desfecho do caso em São Luís. Mas, por outro lado, não declinaram objetivamente se houve confabulações sobre o tema do julgamento entre as testemunhas e os demais presentes, nem entre o júri contíguo ao público, o que daria força à estratégia acusatória, atentando contra os interesses da ré.

Diante do material levantado pela apelação e do resultado das referidas inquirições, Paula Duarte não se deu ao trabalho de se estender muito em suas contrarrazões. Confiante no sucesso de sua estratégia de defesa, e talvez conhecedor do conteúdo das respostas dos convocados nas justificações, foi bastante econômico em sua réplica oficial. Em poucas palavras, em documento assinado no dia 11 de abril, afiançou que a apelação da promotoria não tinha "nenhuma razão jurídica", atinando ao resultado absolutório de sua cliente na sessão do júri, "sancionado pela própria assinatura do apelante".[73] Assim, segundo o advogado de Ana Rosa, a contestação da promotoria carecia de provas sólidas, que objetivamente pudessem comprovar as alegações de nulidade que conspurcassem o rito do julgamento e a avaliação do caso feito pelo júri da sentença. Paula Duarte avaliou como débeis as razões da apelação, que não havia contado nem mesmo com a audiência da parte interessada. Arrematou suas contrarrazões dirigindo-se ao magistrado que acompanhava aquela fase do caso, declarando que "no tocante às nulidades relativas aos quesitos do meritíssimo juiz de direito, o simples bom senso está indicando que nenhuma razão assiste ao apelante".[74]

O movimento da defesa refletia o entendimento da irreversibilidade da decisão do Tribunal do Júri. Mesmo com todas as ponderações da promotoria, que trouxe elementos bastante reveladores de irregularidades, em parte avalizadas pelos convocados nas justificações, nenhuma referência foi apreciada ou rebatida por Paula Duarte. O advogado simplesmente descreditou os esforços de seu adversário em juízo, postura já esperada do ardiloso advogado da proprietária.

O representante legal de Ana Rosa não se preocupou em pormenorizar suas contrarrazões, conduzindo argumentos que recorriam à simples razoabilidade (intitulado de "bom senso") do juiz sobre o assunto. Não tardaria até que todos conhecessem o resultado da contenda. Mas, para além do que era visível, do que aparecia na superfície do registro dos autos do processo, estava em curso a deflagração de um revide que se desdobraria para além do terreno da justiça. Àquela altura, havia peças do tabuleiro se mexendo nas sombras.

O alvorecer da vingança

Depois de sopesar as razões da apelação da promotoria, o delineamento das justificações e as contrarrazões do advogado de Ana Rosa, o desembargador Antonio de Barros Vasconcelos confirmou em 7 agosto de 1877 a absolvição da ré.[75] Entre a solicitação da revisão da decisão e o resultado do escrutínio do Superior Tribunal da Relação se passaram quase sete meses. O acórdão marcou o triunfo da estratégia da defesa, revelando uma das páginas mais vergonhosas da história do judiciário brasileiro. Os interesses senhoriais venceram mesmo diante de veementes provas do crime levantadas ao longo da investigação. As irregularidades apontadas pela acusação sobre o julgamento do Tribunal do Júri não tiveram efeito para mudar o veredito. Tudo ocorreu sem grandes reviravoltas, sem graves contrariedades alardeadas na arena da imprensa, sem letrados maranhenses cerrando fileiras em defesa da confirmação da punição da senhora torturadora. A morte de Inocêncio agora parecia uma página virada, e a esposa de Carlos Fernando Ribeiro estava sendo reconduzida à sua altaneira posição na sociedade local. Contudo, só a absolvição não era suficiente para lavar a honra da poderosa família.

Desmanchada a culpa na Justiça, ficava a memória da afronta pública. Afinal de contas, a exposição do nome de Ana Rosa nos jornais, as críticas à sua conduta doméstica, o falatório sobre seu histórico violento, as vozes de protesto das mulheres do povo, não puderam ser silenciadas com o resultado do julgamento oficial, não puderam ser negadas, tampouco apagadas sumariamente da História. A conclusão do júri não foi suficiente para aplacar a lembrança da intervenção insolente de autoridades em assuntos supostamente exclusivos da família.

O resultado havia consagrado as artimanhas de Paula Duarte, mas no tecido da memória restavam diversas nódoas, que maculavam a reputação de Ana Rosa, que mesmo lendariamente conhecida por sua crueldade, jamais havia sofrido um rechaço público tão contundente como o ocorrido após o assassinato de Inocêncio. O brilho da linhagem e a afirmação de poder do clã precisavam ser defendidos. A exemplo do que fez o advogado ao longo do processo, era preciso continuar defendendo de maneira enérgica o poder dominial ameaçado, alardeando o perigo de proteger a sorte de escravizados, gente de baixa moral e costumes condenáveis, que deveriam ser conduzidos sob a mão firme de seus proprietários como assunto de cunho privado. Nesse ponto, Ana Rosa foi especialmente afrontada, com detalhes sobre a sua rotina doméstica escancarados ao público. Era preciso responder ao ultraje vigorosamente. A degola estava a caminho.

Com a subida dos liberais ao poder, Carlos Fernando Ribeiro tomou assento interinamente na direção do governo da província em 1878.[76] O marido de Ana Rosa, que vinha apurando ódios contra os acusadores de sua esposa, logo que sentou na cadeira da presidência começou a assinar demissões de diversos desafetos. Mesmo considerando que tal prática era costumeira na alternância de poder entre os partidos maranhenses, as medidas administrativas tomadas pelo presidente interino foram sobremaneira um recado proferido em alto e bom som à sociedade ludovicense, que se destinava aos que sustentaram a acusação ou que contribuíram de algum modo com o estouro do diz-que-diz sobre a morte de Inocêncio. A mensagem se projetava como demonstração de poder aos que se atrevessem a ofender os interesses de sua família.

No relatório apresentado por Carlos Fernando Ribeiro, foram dispostas inúmeras demissões e exonerações que se espraiavam em várias áreas da administração pública do Maranhão. A virada de mesa foi geral. Houve também remanejamento de cargos na capital e em diversas localidades do interior, com profissionais transferidos ou realocados. Entre os nomes de funcionários públicos demitidos estava o do chefe da Polícia, José Mariano da Costa, que acabou encampando a investigação da morte de Inocêncio, chancelando o levantamento de indícios do crime e a convocação de testemunhas logo após a irrupção do escândalo.

À época, especialmente quando foi solicitado o segundo exame de corpo de delito, muitos levantaram suspeitas sobre sua conduta. Foi sob seus auspícios que se deflagrou a segunda necrópsia, que, ao fim e ao cabo, serviu para afinar a linha de argumentação que defendia que Inocêncio havia falecido em decorrência da verminose. Como se sabe, o segundo exame de corpo de delito teve a atuação preponderante de Santos Jacintho, médico que referendou que a criança havia tido morte natural. Embora tal conclusão tenha sido considerada esdrúxula, inclusive por outros médicos de São Luís, seu resultado foi incluído nas investigações pelo chefe da Polícia, e isso o posicionou no alvo dos que criticavam e denunciavam os movimentos da defesa de Ana Rosa. Mas, ao que consta, mesmo tendo talvez anuído em algum nível uma jogada particularmente favorável à acusada, no desenrolar do processo, o referido chefe não se colocou como uma peça inteiramente cúmplice dos interesses da ré.

De modo ambíguo, sua atuação acabou sendo determinante na constituição da trama acusatória. Além disso, foi sob suas ordens que Ana Rosa teve a prisão executada, uma injúria inominável para a fidalguia da ré. Não bastasse isso, o chefe da Polícia ainda elogiou publicamente o responsável direto pela condução do encarceramento, o delegado Silva Sá.[77] Tais ações certamente cultivaram a repulsa dos Viana Ribeiro, que, sentindo-se gravemente afrontados, já aguardavam o momento do revide. Imediatamente após Carlos Fernando Ribeiro ascender temporariamente à presidência, ele fez uso de seu poder de maneira arbitrária para demitir sumariamente o chefe da Polícia da capital. A demissão de José Mariano da Costa foi assinada por decreto em 23 de março de 1878.[78]

Outro alvo da refrega foi o delegado Antonio José da Silva Sá, responsável direto pelo início da investigação na fase inquisitorial. Se o delegado por tais circunstâncias já era considerado um desafeto, após os acontecimentos envoltos no deslocamento da ré até a cadeia pública, ele entrou na lista dos odiados pela família da acusada. Conforme já exposto, Silva Sá passou a ser atacado diversas vezes no jornal *Liberal*, impresso que apoiava abertamente a causa dos Viana Ribeiro e que tinha entre os seus articulistas nada menos que próprio advogado da ré. É preciso lembrar ainda que a condução da senhora de seu sobrado até o cárcere foi objeto de grande preocupação por parte da família, ciosa em resguardar sua posição diante dos olhos do público. Queriam preservar ao máximo a discrição da operação para não correr o risco de encarar a galhofa das ruas, ainda mais considerando que o dia da prisão ocorrera em plena terça-feira de Carnaval.

Ao que consta, o delegado assentiu aos pedidos e coordenou os trabalhos conforme o decoro prescrito, salvaguardando a posição social da acusada. Mesmo assim, considerando o retrospecto de ações da autoridade policial, não é de admirar que Silva Sá também tenha entrado no alvo do temporário dirigente da província. Ao delegado impunha-se um dos piores agravantes, o de ter sido o responsável direto pela condução de Ana Rosa à prisão. Por isso, o graúdo político do Partido Liberal talvez visse em Silva Sá um dos seus piores desafetos. O congratulado bacharel, fazendeiro e médico de São Luís deve ter experimentado maus bocados ao ter que forçosamente permitir que sua esposa fosse conduzida à prisão sob a tutela de um homem estranho, alguém alheio aos seus círculos de poder. Logo que tomou posse na presidência da província, conforme consta no noticiário de *O Paiz* de 30 de março de 1878, Carlos Fernando não titubeou e demitiu Silva Sá "a bem do serviço público".[79] Sem nenhuma cerimônia, a degola avançava.

Mergulhado nesse contexto, o promotor público da capital, Celso Magalhães, foi mais um entre os que caíram diante da sanha persecutória do marido de Ana Rosa. Embora tenha entrado no caso quando a primeira fase de investigação já estava estruturada, época em que a morte de Inocêncio já era tema de jornais até de fora da província, o promotor teve importante parcela de participação na sequência dos acontecimentos. Sua atuação foi chave na fase judicial, sustentando a acusação que levou Ana Rosa temporariamente à prisão. Magalhães confrontou de modo contundente o advogado da ré, seu adversário direto em juízo, buscando articular argumentos que descreditassem as artimanhas da defesa. Mesmo derrotado depois do veredito do Tribunal do Júri, manteve a acusação durante os vários meses da fase de apelação, o que deve ter atiçado ainda mais a ira da família da ré, que àquela altura já não se movimentava de modo aparente no contra-ataque. O clã esperou o momento certo de se vingar, aguardando a subida ao poder. Quando o assunto já estava frio, inseriu o nome do promotor no extenso grupo de defenestrados da administração pública. Celso Magalhães foi mais um demitido também "a bem do serviço público" por portaria de 29 de março de 1878, assinada por Carlos Fernando Ribeiro.[80]

Entre os personagens centrais da acusação o único fora da lista de demitidos foi Antônio Gonçalves de Abreu, que na fase inicial da investigação conduziu de forma determinante o trabalho da promotoria na condição de adjunto, acompanhando de perto as investidas da polícia. É possível inferir que seu nome não entrou na listagem da degola tão somente porque não fazia parte dos quadros permanentes da promotoria. Ao que consta nos registros dos impressos, nunca alcançou um cargo efetivo, atuando episodicamente quando nomeado como substituto.[81] Mesmo ocupando provisoriamente a posição, foi responsável pela elaboração e formalização da denúncia contra Ana Rosa, organizando as principais linhas da acusação, retomadas e aproveitadas posteriormente pelo promotor titular. A exemplo dos demais participantes da trama acusatória, também deve ter entrado no alvo dos Viana Ribeiro, tanto que continuou sem auferir encarreiramento certo. Mesmo assim, sustentando sua posição, em outra oportunidade apareceu como curador de um grupo de mulheres escravizadas e libertas, que curiosamente incluía a própria Geminiana, contrariando novamente interesses da poderosa família da matrona.[82] Bater de frente com um dos mais abastados clãs das terras maranhenses se provava bastante perigoso, com risco de retaliação, especialmente diante das redes de influência acionadas pelos que se sentiam prejudicados e ansiavam o revide.

Diante desse quadro, cumpre acrescentar que as ações arbitrárias de Carlos Fernando Ribeiro eram apenas uma das camadas de sentido da vingança. Na verdade, o marido da matrona articulou um contragolpe previsível, bem familiar para quem conhecia as dinâmicas internas das tramas políticas do Maranhão oitocentista, eivadas de ferrenhas disputas entre velhos grupos de elite, que agiam violentamente na defesa de seus interesses socioeconômicos e posições de poder. Para além desse viés, tudo leva a crer que houve ainda uma outra faceta da vingança, que se articulou de modo sub-reptício, que não teve como alvo a gente letrada que escrevia nos jornais, personagens com cargos importantes ou intelectuais que se pronunciavam nos púlpitos e convescotes ludovicenses.

No retorno ao comando de sua casa, Ana Rosa pode ter começado a arquitetar outra página do revide, com reforço de seus apaniguados.

Da janela do andar superior de seu sobrado, após ter retornado de seu exílio provisório em Alcântara, pôde voltar a acompanhar com o olhar as mulheres de balaio na mão, vendeiras com tabuleiros entoando seus pregões nas proximidades de sua residência. Justamente as personagens das ruas que marcaram os protestos contra o assassinato de Inocêncio. As mulheres trabalhadoras podiam ser observadas da casa de Ana Rosa por qualquer uma das janelas da sala da frente, situada no andar de cima, de onde se podia ver facilmente o Largo da Igreja de São João, ponto de comércio de rua de São Luís frequentado pelas ganhadeiras. Bem sentada na sua cadeira de palhinha, tomando a fresca enquanto retomava o comando dos afazeres rotineiros da casa, não deve ter sido difícil contemplar ao longe a figura de Geminiana, costumeiramente saída de sua casa à rua do Mocambo em busca de fregueses em seus dias de labuta.

Ao mercadejar por São Luís, caminhando e fazendo seus pregões todos os dias, a mãe dos finados meninos andava ameaçadoramente empunhando seu luto. Por mais que Ana Rosa já tivesse sido absolvida, restava esse rasgo no tecido de sua reputação. A imagem da mãe preta enlutada persistia incólume e tinha como contrária a figura da senhora escravista branca e cruel. Paula Duarte, ao longo do processo, tentou virar essa equação de maneira ardilosa, apresentando Ana Rosa como pobre mãe de dois filhos ausentes, cobrindo sua cliente com um manto protetor de maternidade, como virtuosa e comiserada esposa de um dos maiorais da terra. Mas, se tal estratégia funcionou no terreno do Judiciário, o mesmo não pode ser dito para o terreno das ruas. Geminiana ainda estava lá, reconhecida como mãe de dois filhos assassinados.

As lágrimas de Geminiana, reveladas por Simplícia em um de seus depoimentos durante o processo, foram acompanhadas e talvez compartilhadas por quem passava na frente do cemitério no fatídico dia. A avó dos meninos, ao ser questionada sobre o encontro com sua filha, respondeu no interrogatório que "indagando da causa de seu pranto, esta lhe disse que o fazia pela morte de seu filho

Inocêncio".[83] Mesmo quem não presenciou a dor da mãe duplamente enlutada, a apreendeu em forma de notícia, já que de boca em boca o assunto passou rapidamente a monopolizar a atenção de todos na cidade. Passados vários meses desde a concatenação dessa trágica cena, após a absolvição de Ana Rosa, com ânimos mais frios, chegava a hora de dar a volta no parafuso para o lado contrário. O mundo que estava de ponta-cabeça precisava ser desvirado, reconduzido ao seu lugar habitual.

O contexto da década de 1870 foi especialmente propício no que tange ao enquadramento dos costumes da população pobre de São Luís, sobretudo dos escravizados e da crescente camada social de trabalhadores e trabalhadoras pretas libertas, como Geminiana. Havia pressão pelo reforço da disciplinarização e segregação dos hábitos e da conduta de homens e mulheres que labutavam. A esse respeito, o Código de Posturas de São Luís de 1866 era bastante contundente no tolhimento do dia a dia dos trabalhadores, referendando regras já consagradas pela sociedade senhorial, como a proibição da circulação de pessoas escravizadas após as 10h da noite sem autorização de seus senhores (art. 30) ou a interdição de empreendimentos comerciais de escravizados sem a chancela dos seus proprietários (art. 31). Vendeiras que quisessem mercadejar nas praças deveriam se sujeitar à "arrumação" de fiscais, que organizavam a disposição do comércio a despeito das trabalhadoras (art. 52). Além da vigilância da lida rotineira, também eram tolhidos os "batuques ou danças de preto" sem prévia autorização e justificativa, sob pena de multa ou seis dias de cadeia.[84]

Para cada hora de labuta ou diversão havia um regramento e medidas de disciplinarização. A desobediência aos ditames da governança da cidade influía diretamente no reforço da pecha negativa que recaía sobre a gente preta, indígena e mestiça, historicamente subjugada, vista sob um ideário de perigo e selvageria. Dentro do conjunto de regras desabonadoras e persecutórias, nada pesava tão negativamente aos olhos do público quanto as práticas da religiosidade popular, que subsistiam numa São Luís bem diferente da mítica Atenas Brasileira. Na década de 1870, houve cerrada perseguição à chamada *pajelança*, que consistia, no geral, em rituais imbuídos em trabalhos de cura, que objetivavam a retirada de doenças e malefícios do corpo de consulentes com auxílio de orações, danças, receituário de ervas, sintonizados com a intervenção de potências extracorpóreas.[85] Embora pajés fossem também buscados na surdina pela gente abastada para dar cabo de seus problemas e desafetos, os potentados locais torciam o nariz para a prática, apresentada nos jornais com dizeres sempre depreciativos.

A lista de batidas policiais e perseguição de pajés é longa, com diversos casos descritos e comentados nos impressos da terra.[86] Na década de 1870, a mais famosa ocorrência de caça a homens e mulheres que eram pajés havia acometido uma personagem conhecida como "Rainha da Pajelança", uma mulher recentemente liberta chamada Amélia Rosa, sempre referenciada com os mais desabonadores adjetivos pelos bem-pensantes à época. A célebre pajé havia sido presa quando ainda era escravizada, em outubro de 1876, juntamente com doze parceiras e um homem. Toda a trama foi apresentada do modo mais infamante possível, revelando parte do substrato do pensamento que enquadrava a população negra como permanentemente passível de vigilância e de correção (violenta) de seus costumes.

Se Geminiana seguia pisando com cuidado em seus caminhos de trabalho, se esquivando de possíveis armadilhas plantadas pela sua antiga senhora, poderosa contraria, dificilmente poderia desviar de um ataque furtivo e sorrateiro que aproveitasse sua condição de mulher preta para associá-la diretamente ao universo da pajelança. Se as suas condições de vida já eram ruins, em jornadas entremeadas entre o luto e a labuta, pioraram muito mais depois que se viu implicada de rompante numa trama altamente incriminatória. Em novembro de 1877, foi acusada de participar de uma sessão de torturas contra uma jovem escravizada de nome Joana, sendo, portanto, diretamente ligada ao grupo de seguidoras de Amélia Rosa. Segundo a denúncia, diga-se de passagem, ratificada pelo promotor Celso Magalhães (à época ainda não demitido), a mãe de Inocêncio e Jacintho foi apontada como uma das mulheres que haviam seviciado cruelmente a jovem Joana sob o comando da "feiticeira e adivinha".[87] Tudo aconteceu muito rápido. Em pouco tempo, Geminiana estava presa na mesma cadeia pública em que Ana Rosa foi encarcerada. De mãe enlutada, passou a encarar a pecha de perigosa e violenta pajé.

6

QUEM FOI SUPLICIADA NA PAJELANÇA? GEMINIANA NO RITUAL DA VINGANÇA

Respondeu que não sabe nada dessa vida [...].

AUTO DE PERGUNTAS FEITAS À LIBERTA GEMINIANA

No dia 15 de novembro de 1877, São Luís foi novamente sacudida de sua letargia usual pelo estouro de um novo episódio violento e passional. Nessa data, a morte de Inocêncio completava um ano e dois dias, e faziam exatamente 365 dias da abertura do inquérito relativo à morte da criança, iniciado com a realização do corpo de delito pelos peritos médicos militares, segundo cirurgiões-tenentes Augusto José de Lemos e Raimundo José Pereira de Castro Júnior. Eis que na travessa dos Barqueiros, localizada nos baixos do Palácio do Governo, na Barreira, lá pelas 2h30 da tarde, o subdelegado do primeiro distrito, Raimundo José Cesar, juntamente com o inspetor do quarteirão, acompanhado por testemunhas especialmente convidadas, invadiu a casa da famosa pajé Amélia Rosa.[1] O objetivo era colher provas a respeito da curandeira e de seu círculo de curadoras ou auxiliares, acusadas de manter em cativeiro e supliciar a escravizada Joana, durante diversos dias.[2] O caso ganhou repercussão na cidade, alimentou ódios e paixões dos populares, desaguando em manifestações de hostilidade aberta do povo contra a pajé, que não escapou de apupos, motejos e pancadas.[3]

Conta o escrivão da polícia que compunha o grupo encarregado da busca que, chegando na residência de Amélia Rosa e a mando do subdelegado, bateu vigorosamente na porta da casa. Em vez de franquear a entrada da força, as portas e as janelas foram fechadas com violência, gritando que "não abria a porta, pois que aí não havia criminoso algum". Sem nenhuma hesitação, o subdelegado ordenou ao cabo Machado que arrombasse a porta. Ao penetrar na casa, já não acharam Amélia, que, por meio de uma passagem interna, havia se transferido à casa contígua, de João de Almeida Azevedo, proprietário do imóvel.

Vasculhando a moradia, que era composta de diversos cômodos, anotaram a existência de uma sala com uma banca, contendo lamparinas de cera e de azeite, em número de três, 32 quadros de santos, algumas imagens de madeira, um corpete de homem (que mais tarde foi identificado com uma camisa de baixo de Joana) embrulhado em uma toalha limpa, exalando cheiro de bálsamo e uma cesta de flores secas. No processo, ao lado da descrição desses objetos encontra-se a anotação "instrumentos de martírio de Joana". Mais tarde, as testemunhas da invasão adicionaram alguns poucos elementos a esse quadro, como a presença de cozidos de ervas, sem particularizar se era apenas uma descrição diferente da já notada cesta de flores secas. Declarou ainda o escrivão que, ao percorrer a moradia, nada mais de notável havia sido encontrado.[4]

Muito sumário, o auto de busca nos oferece apenas uma visão limitada dos elementos que compunham a moradia e caracterizavam a vida da curadora e de sua mãe Herculana, que também aí residia. Fica-se sem saber como estavam compostos os outros cômodos, se existiam ali objetos de culto e quais seriam, se havia locais reservados para a realização de rituais, ou se era apenas uma casa quase comum de gente pobre e liberta como eram Amélia e sua mãe. Morando nos baixos do antigo Hotel Boa Vista, que havia sido fracionado em moradias diversas, residindo ainda em cômodos "místicos" à casa principal, as duas mulheres não aparentavam possuir nada de particular. Afinal, lamparinas, imagens de santos, roupa suja, flores secas e ervas poderiam ser confundidos com elementos usuais a qualquer residência modesta, ainda mais se considerando que Herculana, que se apresentou como lavadeira, podia usar ervas como sabão. No entanto, sabemos que não era este o caso, já que Amélia Rosa era uma curadora mais do que conhecida na cidade, sendo inclusive cognominada como a "Rainha da Pajelança".[5]

Imediatamente após a inspeção da casa, teve lugar a inquirição da mãe da indiciada, peça que foi considerada como fundamental na posterior definição jurídica do crime de lesões corporais graves atribuído tanto à pajé quanto ao círculo de mulheres apontadas como cúmplices do "suplício" sofrido por Joana. A mãe de Amélia apresentou-se como Herculana Maria da Conceição Viveiros e relatou que a escravizada Joana havia comparecido à sua casa em busca de Amélia na sexta-feira à noite, portanto, no dia 8 de novembro, com quem confabulou. Voltou no sábado às 5h da manhã, "já berrando feito bode", e por mais que sua filha tentasse curá-la, dando-lhe defumadores e purgantes, Joana não se acalmava. Na quarta-feira, dia anterior à busca, portanto 14 de novembro, contou a mãe da pajé que Joana pedira para que lhe cortassem o cabelo e que, ao se defumar, entornou as brasas sobre si mesma e se queimou. Havia sido naquela ocasião que Joana declarou que tinha ido para lá, a mando do dr. Paula Duarte – advogado de defesa de Ana Rosa no processo de Inocêncio –, para matar Amélia Rosa, trabalho pelo qual serviria três contos de réis.

Nessa ocasião, a jovem escravizada em tratamento ainda havia contado que o homem que a alugava morava por coincidência – ou não – na rua São João (onde residia a mesma Ana Rosa), e do qual nem Herculana, nem ninguém no processo, revelou o nome, lhe prometera uma casa de presente caso ela se desincumbisse da tarefa.[6] Ressalte-se que embora a casa da rua São João tenha sido localizada por testemunha posterior em quarteirão diferente daquele do sobrado onde foram assassinados Jacintho e Inocêncio, coincidentemente – ou não –, a senhora que alugava a escravizada Joana, e em cuja residência se encontravam seus pertences, se chamava dona Rosa. Chama também a atenção o fato de que as autoridades não tenham se interessado em colher os depoimentos dos senhores originais e dos que alugavam a escravizada Joana, embora tal procedimento pudesse ter esclarecido diversas pontas soltas, fatos nebulosos e afirmações contraditórias que permearam o processo.[7]

Outro detalhe marcante é a identidade dos proprietários de Joana. A escravizada declara, e é também referida no processo, como pertencente à dona Ana Trindade ou Ana Araújo Trindade. Tal afirmação, embora não de todo falsa, é problemática, pois esconde o nome do cabeça do casal, legalmente o verdadeiro proprietário da escravizada. Joana pertencia à casa de Eduardo Araújo Andrade, marido de Ana Trindade. Não consta nenhuma explicação a respeito dos motivos que levaram a esposa a se apresentar com outro sobrenome – supõe-se que o de solteira, mas podendo ser apenas uma referência à praia onde ela e sua família residiam –, elidindo a identificação do marido e, de maneira pouco usual, assumindo a propriedade da escravizada Joana individualmente. No entanto, por coincidência – ou não – sabe-se que Zaira, filha de Geminiana, era também de propriedade de Eduardo Andrade. O fato de a escravizada "supliciada" Joana e Zaira conviverem na mesma casa foi notado apenas por uma pessoa, mais especificamente por uma das acusadas de infligir os maus-tratos em Joana. Isto é, por Geminiana, sem que tal coincidência tenha levantado, por parte das autoridades policiais ou judiciárias, qualquer questionamento.[8] Afinal, haveria alguma ligação, disputa ou vingança que justificaria a suposta participação de Geminiana nos maus-tratos a Joana ou seria esse fato apenas mais uma das estranhas coincidências que permeiam o caso?

Como afirmou Herculana em seu interrogatório inicial, ao ser informada das intenções de Joana de, a mando de terceiros, matar sua filha com veneno, a pajé tomou umas cordas e a castigou. Em seguida, a própria depoente teria apresentado às autoridades a prova do crime, descrita inicialmente como cordas de embira de duas pontas de sustentar redes. Testemunha posterior, uma das autoridades presentes, mencionou, entretanto, que a corda utilizada para castigar Joana era composta de quatro pontas. Outra ainda, um cabo do corpo da polícia que compusera a força que invadira a casa da pajé, afirmou que na busca haviam sido encontradas a corda e uma faca, a qual, por sinal, ninguém mais mencionou. Como, surpreendentemente, a corda não foi apreendida como prova, nada pôde ser comprovado.[9] Notamos ainda que esses itens não constam no rol de objetos apreendidos na busca inicial à casa de Amélia Rosa, embora se saiba que houve apreensão de tais provas.

Feita a partir de partes de um cipó fibroso, muito utilizado pela população indígena ou cabocla do interior, a corda de embira poderia – ou não – fazer parte dos objetos rituais de uma pajé. De qualquer forma, a afirmação claramente incriminava a curadora. Ao final, perguntada se sua filha curava, Herculana não retrocedeu e respondeu taxativamente que sim e que seu nome era Leopoldina, a Rainha da Pajelança.

Certamente Herculana, quando assim procedeu, se achava sob forte pressão; para compreender a situação basta imaginar o estado em que se encontrava essa senhora, uma lavadeira liberta, pobre e idosa, e mãe de uma pajé constantemente perseguida, vendo sua casa arrombada, com autoridades invadindo os cômodos, exigindo a presença de sua filha e obrigando-a a depor no calor da hora. Ainda assim, causa espanto o fato de Herculana ter admitido que sua filha estivesse ativa na pajelança – atividade fortemente reprimida pela polícia –, que tivesse castigado a consulente e que tenha apresentado as cordas à polícia.[10] Resta perguntar se essa cena realmente aconteceu ou foi criada de forma a oferecer às autoridades provas materiais de um crime que, de outra forma, poderia soar impalpável. Ou se realmente a própria mãe da pajé a delatou.

Da moradia de Amélia, o subdelegado exigiu que os vizinhos, em cuja casa a pajé se escondera, expulsassem Amélia Rosa. Com a curadora em suas mãos, a autoridade lhe dirigiu um primeiro interrogatório, no qual Amélia declarou chamar-se Leopoldina, ter 46 anos e viver de suas costuras e vendas. Ao se categorizar como costureira e vendeira, ela procurava afastar de si a pecha de pajé.

Uma pajé na cidade

Mas o que era uma pajé no contexto urbano de São Luís? Amélia Rosa era certamente uma curandeira que usava meios heterodoxos para atender à demanda de seus clientes, que apresentavam as mais diversas aflições: doenças, dores amorosas e problemas financeiros.[11] Utilizando-se de ervas, remédios de farmácia, rituais de cura de diferentes origens, banhos, defumações e benzimentos – Amélia podia lançar mão de muitas estratégias, uma vez que o que definia sua atuação era a demanda de seu cliente, o arsenal da pajé era variado, refletindo crenças diversas. As rezas, os santos e as invocações estavam igualmente incorporadas em seu repertório, como aparece descrito no auto de busca de sua residência. Os rituais de pajelança costumavam ser acompanhados por cantorias e bater de palmas, mas não por tambores.

Para curar Joana, Amélia declarou que usara rezas e bençãos à Nossa Senhora, purgante comprado em farmácia, banhos de pacova cozida com folhas de cajá – cuja árvore sagrada assenta a Casa das Minas, "Querebentã do Zomadonu"[12] – e mostarda, defumadores de chifre queimado e incenso. As cortadelas de navalha, constantes do auto de corpo de delito, não foram jamais mencionadas nos depoimentos da pajé. Já as queimaduras com vela, essas sim foram comentadas e assumidas por Amélia. Segundo ela, Joana pedia que lhe tapassem o ouvido com vela quente, pois não parava de ouvir barulhos dentro da cabeça.[13]

Mas essa não fora a primeira prisão de Amélia. Na ocasião da primeira detenção da pajé, ocorrida um ano antes, a polícia registrou a presença de uma lata de alfazema, uma tigela com aguardente e diversos rosários de contas brancas e pretas, que serviam de suporte para que a pajé pudesse receber suas "profecias", e assim predizer o futuro dos seus clientes.[14] A utilização de objetos e rituais de origens diversas sugere a realização de cerimônias de cura afroderivados, como o tambor de mina, o apelo a rituais indígenas vulgarizados pela população cabocla, como as defumações, e feitiçaria indicam o vocabulário dos serviços oferecidos.[15] Além disso, a possível existência de transes múltiplos de entidades da encantaria, citados no processo, como a presença de Leopoldina, a Rainha de Toba, o Anjo da Vitória e rei Sebastião, caracterizavam os ritos da pajelança.[16] Se havia algo que definia sua atuação, era o fato de Amélia dançar e cantar, sem se utilizar de instrumentos. Tanto era assim, que uma das testemunhas, ao procurar inocentar a pajé, declarou que "nunca a havia visto cantar nestas práticas".[17]

No ano anterior, isto é, em 1876, Amélia Rosa havia sido ruidosamente presa em flagrante. Nessa ocasião, a pajé havia sido surpreendida em meio a uma cerimônia, executando danças e cantorias e com o corpo coberto com o que as autoridades descreveram como cinzas, no sobrado nº 23, nos baixos do Palácio do Governo. Embora o uso das cinzas em rituais de limpeza e para cura de doenças fosse bem conhecido, pode ser que Amélia estivesse coberta de pemba, já que esse giz era utilizado em outros rituais, sempre com um sentido altamente ritualizado.[18]

Assim, enquanto recebia a ajuda de seu auxiliar do ritual, o escravizado Rodrigo, e tinha a companhia de diversas escravizadas, em meio à prática de rituais de pajelança, a curadora havia sido presa e, posteriormente, castigada com palmatoadas. Além do mais, havia sido hostilizada por uma multidão, temerosa de seus poderes e feitiços. Para pôr fim aos seus castigos, Amélia havia prometido à polícia nunca mais curar ninguém. Episódio significativo, a primeira prisão de Amélia Rosa, embora apenas sucintamente descrita em duas colunas dos jornais locais, categorizava com clareza suas atividades no âmbito das práticas mágicas de cura ou pajelança, que inundavam as ruas da cidade naquele período.[19]

Embora espetaculosa, a prisão da curadora aparentemente não se desdobrou em inquérito policial, nem foi enquadrada formalmente como quebra de postura municipal, embora pudesse sê-lo.[20] As autoridades mantiveram Amélia e seu grupo presos por alguns dias, expondo-os à fúria pública, tendo castigado a pajé com a palmatória para logo depois libertá-la.[21] Diferente de outras cidades, como Codó, que desde 1848 proibiu a atuação de curadores e pajés, em São Luís, o Código de Posturas tardou em estabelecer interdições contra curadores, feiticeiros e pajés. O de 1866, por exemplo, embora buscasse disciplinar os comportamentos de escravizados, proibindo ajuntamentos nas quitandas e casas comerciais, não permitindo batuques e danças e reprimindo o ato de fumar "diamba" em local público, se calava com relação ao exercício de atividades de cura ou pajelança.[22] O que não significa que as autoridades não se mantivessem alertas para reprimir feiticeiros e curadores, que estavam sempre na mira das autoridades.

No entanto, em agosto de 1876, apenas poucos meses antes da primeira detenção de Amélia Rosa e seu grupo, uma lei municipal determinou a proibição da estadia de doentes contagiosos em "casas de curandeiras", sugerindo que essa seria uma situação tão usual que merecia ser controlada. Note-se que o texto da lei mencionava especificamente curandeiras, no feminino. Além disso, a mesma lei determinou, mais uma vez, a proibição de realização de diversas danças sem autorização competente das autoridades, e as nomeava. Congo, caboclo, bumba, chegança, entre outras, ficavam assim banidas das ruas da cidade, a não ser que as autoridades as permitissem. Interessante notar que a proibição de batuques e outras danças já estava interditada pela postura de 1866, apenas aqui foram especificamente nomeadas outras que talvez fossem tão populares que seriam difíceis de serem proibidas.[23]

A prisão de Amélia Rosa, realizada dentro de sua casa ou no interior da casa de sua mãe, portanto em espaço privado, em outubro de 1876, deve ter sido justificada a partir dessa nova postura municipal. Embora a lei mencione apenas doentes contagiosos, uma interpretação alargada da determinação poderia justificar a invasão de um ritual de cura, iniciação ou limpeza, pelo fato de a pajé poder estar com pacientes doentes em busca de cura e realizando danças interditadas, embora elas não estivessem sendo feitas em espaço público. No entanto, a prisão não redundou em procedimento legal. O que realmente havia escandalizado as autoridades e os colunistas dos jornais que divulgavam a aparatosa prisão era que o ritual barbárico estivesse ocorrendo a poucos passos do próprio Palácio do Governo. O subtexto era de que a feitiçaria e a ignorância estavam prestes a engolfar a sede da administração da província.[24]

Já a segunda prisão de Amélia ficou bem caracterizada como infratora do artigo primeiro da lei, que proibia a recepção de doentes em casas de "curandeiras". Segundo afirmou Joana em seu interrogatório inicial, foi o fato de estar sofrendo de umas "tontices" que havia justificado sua ida à casa da pajé. Mais tarde, provavelmente tentando salvar as aparências, a própria Joana mudou sua versão, afirmando que buscara a curandeira porque sentia dores pelo corpo.[25] Já uma das testemunhas-chave do inquérito, o Comandante da Esquadra de Pedestres encarregado da busca na moradia da travessa dos Barqueiros, declarou que a vítima buscara ajuda da pajé por sentir dores no estômago e vertigens. Por seu turno, os jornais replicaram a versão do comandante, afirmando que, em verdade, Joana sofria do estômago, já que suas "tontices", obviamente, colocavam em dúvida a veracidade de suas acusações contra o círculo de curadoras.[26]

Ressalte-se, em sua primeira detenção, quando foi presa com estardalhaço pela polícia, que, com espanto, reprovava a ousadia da curadora, que realizava suas "feitiçarias" quase à vista das mais altas autoridades provinciais, a pajé, seu auxiliar e doze mulheres escravizadas que a circundavam, foram expostas nas ruas da cidade. Amélia em especial foi vaiada, xingada e mesmo agredida fisicamente, além de ter sido castigada pela polícia com a palmatória. Embora sua prisão tenha durado pouco tempo, sua liberação ocorreu apenas após prometer nunca mais curar ninguém.[27]

Nesse quadro de perseguição, castigos e hostilidade pública, um detalhe na trajetória da curadora chama a atenção e explica a mudança de nome assumida pela pajé. Surpreendentemente, poucos dias após a detenção, mais precisamente após doze dias, a pajé, que era escravizada, se alforriou.

> Carta de liberdade de Amélia, que foi escrava de João Antônio Coqueiro
>
> Declaro que nesta data, recebi da minha escrava Amélia, preta, crioula, de quarenta anos pouco mais ou menos de idade, a quantia de 700 mil réis, pela qual lhe dou plena liberdade, podendo d'ora avante gozar como se dela digo, como se de ventre livre tivesse nascido. Maranhão, dois de novembro de 1876.[28]

A carta de alforria passada em novembro de 1876 pelo dr. Coqueiro à sua escravizada crioula de quarenta e poucos anos se encaixa perfeitamente no perfil de Amélia. João Antônio Coqueiro, embora não se originasse de família dominante do Maranhão, foi figura carimbada dos altos círculos ludovicenses da segunda metade do século XIX, conquistando a mais alta estima da aristocrática Atenas maranhense. Matemático formado na Universidade de Paris e tendo feito doutorado na Universidade de Bruxelas, o dr. Coqueiro participou das tentativas de modernização da agricultura e da indústria locais. Em 1864, casou-se com Maria Isabel Corrêa de Viveiros, filha do barão de São Bento, de Alcântara.[29] Tal consórcio oferece algumas pistas para a confirmação da identidade da Amélia Rosa e de sua mãe. Em seu auto de inquirição inicial realizado após a invasão da residência da pajé, Herculana informou chamar-se Herculana Maria da Conceição Viveiros, e ambas, mãe e filha, se declararam como naturais de Alcântara. Pode-se inferir que Herculana e Amélia Rosa, cada uma a seu tempo, haviam sido escravizadas da família Viveiros, tendo a mãe se alforriado antes que a filha. Amélia, por seu turno, foi provavelmente doada como dote ao novo casal que se formava, tornando-se legalmente propriedade do marido, dr. Coqueiro. Em seu interrogatório inicial, Amélia declarou ser natural de Alcântara e filha de Virgílio, africano, já falecido, e Herculana. Portanto, a pajé seria, por parte de pai, a primeira geração nascida no Brasil.

Dunshee Abranches, em seu livro *O cativeiro*, recontou, de maneira romanceada, a biografia da curadora. Acrescentando toques imaginativos à vida de Amélia, o autor afirma que a pajé seria uma mestiça, filha de um escravizado e uma moça branca, que fora deixada por sua família na fazenda no interior da província no decorrer da revolta da Balaiada. Desemparada, fugira com seu irmão de leite negro e escravizado para se acoutar em algum quilombo sob o domínio do famoso negro Cosme. Desse encontro nascera Amélia. Findo o conflito, o casal é descoberto pelo fazendeiro, que manda executar, com requintes de crueldade, a filha e seu companheiro. Amélia, filha do casal teria sido salva pela mãe preta da jovem, que se apossa da criança e se passa para um dos quilombos das matas do Pindaré. Tendo sido criada por gente "baixa e feiticeira", Amélia, ainda na adolescência, teria se refugiado no Pará, onde aprendera magias e sortilégios. De volta a São Luís, se popularizara como pajé.[30]

A historieta narrada pelo memorialista, embora contada com toques sedutores de amores proibidos, guerra civil, quilombos, fugas mirabolantes, não tem qualquer indício de realidade. Em seus depoimentos, ambas as mulheres foram muito claras: eram naturais de Alcântara. Teriam sido, mais do que provavelmente, escravizadas da casa do barão de São Bento, e se alforriaram. Herculana declarou-se viúva, e Amélia informou que seu pai, Virgílio, africano (sem mencionar sua origem específica), já falecera. Apesar disso, resta ainda uma dúvida em relação à vida da pajé. Embora menos eletrizante do que a versão de Abranches, seu desvendamento poderia aclarar muita coisa nebulosa em um processo que certamente carregava altas doses de incerteza.

Fica a pergunta a respeito de como a escravizada, que há poucos dias havia sido fortemente apupada nas ruas e castigada pela polícia, levantou o valor de setecentos mil réis, com o qual adquiriu sua liberdade. Teriam a própria Amélia, sua mãe, ou ainda o círculo de mulheres auxiliares, descritas como escravizadas, pecúlio suficiente para livrá-la de um cativeiro que poderia ter se tornado ainda mais nefasto após ter sido ela publicamente qualificada como pajé? Teria o dr. Coqueiro ameaçado castigar exemplarmente ou mesmo vender para fora sua escravizada dada a "feitiçarias", justificando que sua mãe, suas auxiliares e suas consulentes levantassem os setecentos mil réis necessários para alforriá-la em tempo recorde? Senão elas, quem poderia ter fornecido tal quantia a Amélia? Teria Amélia recebido sua alforria de alguém fora de seu círculo, de um cliente de maiores posses interessado em seus serviços? Não se pode descartar essa possibilidade. A sugestão de que a pajé teria recebido sua alforria de presente após sua primeira prisão aparece sugerida em uma coluna satírica e enigmática do *Diário do Maranhão*.[31] O certo é que, após a alforria, Amélia Rosa decidiu chamar-se Leopoldina, passando a mencionar a si mesma e ser mencionada por vezes como a Rainha de Toba ou de Taba.[32]

Na sequência das perguntas feitas pela polícia a Leopoldina ou Amélia Rosa, a pajé reconstituiu os fatos que se deram no decorrer da estadia da consulente Joana em sua casa. Afirmou a curadora que a suposta vítima teria chegado no sábado às 5h da manhã em sua moradia, já apresentando uma linguagem "decujada" (provavelmente significando desusada) e berrando. Não se importando com isso, a pajé mandou que ela se acomodasse e beijasse Nossa Senhora, mas a paciente se mantinha desassossegada. Então, Amélia, que declarou ter uns repentes e "saber o que se passará", alegou que lhe veio ao juízo que Joana viera à sua casa para matá-la. Questionando a consulente, a própria Joana confirmou que, de fato, ali viera para envená-la e ainda deu os detalhes da trama. Afirmou que tinha vidros de veneno em sua casa, e de fato, mandando buscar tais provas, vieram dois vidros contendo substâncias. Fora a partir da comprovação das intenções da consulente que Amélia a teria castigado com as cordas, isso pelas 11h da manhã do dia 15 de novembro. Em ato contínuo, Amélia passou os dois objetos às mãos da autoridade.[33] Mais tarde, tais recipientes foram analisados pela polícia, que concluiu que eles continham apenas fécula de batata.[34]

Respondeu Amélia ainda que deu golpes e fez queimaduras com velas em Joana, por causa do "berrado" que esta fazia e porque era a própria Joana que assim solicitava, pois queria silenciar o barulho que tinha na cabeça. E que, além dos gritos, Joana se jogava contra ela. Acrescentou que, na segunda, terça e quarta-feira daquela semana, na tentativa de fazer a consulente sossegar, também defumou Joana com chifre queimado e incenso. Porém, tudo em vão, já que ela não deixava de urrar. Afirmou ainda que, desde que saíra da cadeia no ano anterior, nunca mais quisera curar ninguém. Foi exatamente isso que as autoridades registraram como depoimento da pajé.[35] No entanto, as afirmações geram dúvidas e questionamentos.

Em primeiro lugar, toda uma sequência de fatos fica aqui elidida. A partir dos depoimentos e autos de perguntas subsequentes, fica claro que Joana estivera diversos dias sob o teto da pajé, embora seu número exato seja tema de afirmações desencontradas. Para alguns, Joana chegou à residência de Amélia Rosa na quarta, para outros na quinta ou na sexta-feira, há ainda discrepâncias entre a visita inicial de Joana, que se encaixaria como consulta de planejamento, no qual Joana, como consulente, teria exposto seus males e ambas teriam concordado em realizar certos tratamentos ou uma iniciação antes da efetiva entrada na casa da pajé.[36] A própria Joana afirma ter entrado na moradia da curadora na quinta-feira e de lá só ter saído quando fugiu na quinta seguinte.[37] Há também desacordo com relação à data de saída ou fuga de Joana. Herculana localizou a retirada de Joana na quarta-feira, dia 14 de novembro, quando a filha fora jantar na casa vizinha, já Amélia e outras indiciadas, e também Joana, deram a quinta-feira como o dia da fuga. No entanto, o horário que tal escapada aconteceu foi também motivo de dissenso. Afirmou Amélia Rosa à polícia:

> [...] interrogando ela a Joana esta dissera ser certo que a vinha matar, e com veneno, perguntado por ela aonde estava esse veneno, Joana respondeu que estava em casa, ela respondente mandou à casa de Joana buscar e com efeito vieram dois vidros com veneno, [...] em vista disso castigou-a hoje às onze horas da manhã.[38]

Vejamos: Joana era uma escravizada alugada por alguém que não se sabe o nome, cuja esposa se chamava dona Rosa. O casal residia na rua São João, a menos de dois quarteirões do sobradão de dona Ana Rosa. Segundo os relatos, Joana decidira se tratar com a pajé na quarta, quinta ou sexta-feira da semana anterior, iniciara o tratamento na moradia da pajé na própria quinta-feira ou no sábado e teria fugido apenas na quarta ou quinta-feira daquela semana; portanto estava sumida há pelo menos cinco dias. Estando desaparecida há dias, o mais sensato seria considerar que os senhores que a alugavam e seus proprietários originais já deveriam ter dado o alarme de fuga e estarem ativamente à procura dela.[39] Porém, o que está registrado no processo é que na quinta-feira Amélia teria enviado alguém "à casa de Joana" para buscar o veneno, o que foi feito, tendo a pajé se apoderado de dois ou três vidros que continham a substância que ela, Amélia, afirmava ser veneno.

Estando Joana alugada, o texto sugere que "a casa de Joana" era a da rua São João, o que se confirma no depoimento da escravizada encarregada da busca dos pertences da suposta vítima dos castigos no sobrado da São João. Nessa moradia, localizada numa rua de sobrados azulejados onde morava a gente rica da cidade, alguém – que, por sinal, era uma escravizada – pôde ali se apresentar em nome da ausente Joana, penetrar na casa, ter acesso aos pertences de uma escravizada alugada e desaparecida há dias, tomar posse dos vidros e passá-los às mãos da pajé. Notemos que o recurso linguístico, "a casa de Joana", evitou a menção aos proprietários da morada, que seriam igualmente, segundo Herculana, um dos mandantes do crime que supostamente Joana estava encarregada de perpetrar.

Não custa muito perceber que a cena é de todo infactível: Joana não tinha casa, uma vez que o local onde ela trabalhava e dormia pertencia aos senhores que a alugavam. Uma vez que estava desaparecida, seus senhores já teriam dado parte à polícia para capturar a fujona. Como imaginar que alguém poderia se apresentar na casa desses senhores, localizada em uma rua exclusiva e, sem questionamentos, se apoderar de objetos de uma escravizada desaparecida? Mais tarde, a escravizada Catarina da Silva, apontada como a pessoa encarregada pela pajé para recolher os vidros de veneno, afirmou que ao apresentar-se à residência da rua São João, foi recebida por D. Rosa e teve sua entrada na casa fraqueada. Assim, pôde assistir à senhora abrir o baú de Joana e dali retirar diversos objetos, entre os quais os dois vidros de veneno.

Além do mais, os depoimentos da escravizada Catarina Silva, pertencente à D. Maria Ribeiro Silva, contestam a linha do tempo estabelecida. Segundo o que disseram Amélia Rosa no depoimento inicial e suas auxiliares em interrogatórios posteriores, afirmações que as autoridades policiais assumiram como verdade, Joana teria se evadido da casa de Amélia Rosa na quinta-feira, dia 15 de novembro, por volta das 11h da manhã, indo pedir socorro à sua senhora na Praia da Trindade, próxima à travessa dos Barqueiros, onde morava a pajé.

Ora, Catarina Silva, que se apresentou como costureira, porém doente, e que vivia, com autorização de sua senhora, por conta própria, afirmou, no entanto, que fora buscar os vidros de remédio e outros objetos por volta das 2h da tarde, quando, ao que afirma a polícia, Joana já teria sido castigada com as cordas, se evadido, e a senhora acionado a polícia, que chegou à casa da pajé às 2h30.

Catarina nega que tenha participado das sevícias infligidas à Joana e que tenha visto algo do gênero. Afirmou que passou pela rua ou travessa dos Barqueiros por volta das 2h da tarde daquele dia e encontrou Amélia na janela, que lhe pediu o favor de buscar os objetos, uma vez que a própria Joana, que já se retirara, havia solicitado esse obséquio. Foi ela então à casa de Joana. Dona Rosa recebeu-a e lhe facultou o acesso ao baú, do qual a própria senhora retirou uma lata com dois ou três vidros contendo pós brancos, um livro com folhas douradas e outros objetos.[40]

Ato contínuo, Amélia, que assistia ao interrogatório de Catarina, declarou que "[...] o melhor é confessar o que sabia visto que ela respondente esteve lá em casa dela, Amélia, e viu Joana assentada na sala[...]".[41] Catarina, entretanto, continuou negando que tivesse encontrado Joana em qualquer ocasião. É bem possível que ao assim declarar, Catarina buscasse se eximir de qualquer contato com a vítima. Além do mais, se Joana esteve sentada na sala de Amélia porque teria ela declarado que ficou presa no quarto todo o tempo que esteve na casa da pajé? É também verdade que Amélia não contestou a sequência de fatos e o horário expostos pela interrogada.

No entanto, como era de se esperar, as declarações da escravizada não foram confrontadas, não houve acareação entre as indiciadas, nem a polícia deu atenção às declarações de Catarina Silva. Preferiu ignorá-las solenemente, talvez porque elas contradissessem a versão que interessava à polícia. A quinta-feira às 11h parece ter sido o dia e horário acatados pela polícia como aquele em que Joana fora castigada e evadido logo em seguida. Assim, esse teria sido o dia em que o crime acontecera, não importando quantas contradições se pudesse levantar. Ora, coincidentemente ou não, nessa data o inquérito que levara d. Ana Rosa às barras do tribunal por assassinar o pequeno Inocêncio completava exatamente um ano!

Joana, a supliciada

A denúncia do "suplício" de Joana partira do inspetor de quarteirão que naquela manhã de 15 de novembro havia sido chamado pela senhora escravista, a suposta Ana Trindade ou Ana de Araújo Trindade – na verdade, Ana Araújo Andrade –, que residia na praia da Trindade, a pouca distância da casa da pajé. Contou a senhora ao inspetor de quarteirão (que assim narrou os fatos à polícia) que na manhã daquele dia aparecera em casa sua escravizada Joana toda machucada, afirmando ter sido seviciada na casa de Amélia Rosa. *Incontinenti*, chamara o quarteirão, que imediatamente fora dar queixa na delegacia. Expedindo as necessárias providências, o subdelegado, sem delongas, emitiu um mandado de busca e determinou a realização do corpo de delito na vítima. Se é verdade como declarou a maioria das mulheres do círculo de cura de Amélia Rosa que prestaram depoimento no processo – e foram, igualmente, acusadas de cúmplices do martírio da vítima – que Joana fugiu na quinta-feira por volta das 11h da manhã, pode-se concluir que a reação da polícia foi praticamente imediata. O auto de busca na moradia da Amélia se iniciara por volta de três horas depois da denúncia.

Concomitantemente à invasão da casa da pajé, o subdelegado expediu uma ordem para a realização do corpo de delito na vítima. Para tal, foram convocados os doutores Joaquim Dias Laranjeiras e Afonso Saulnier Pierrelevée. Ora, dr. Saulnier era, nada mais nada menos, filho do notório dr. Paulo Saulnier Pierrelevée, que, em 1856, havia assinado o atestado de óbito da escravizada Carolina, de propriedade do casal Carlos Fernando e Ana Rosa Viana Ribeiro.

Fato público, Carolina havia falecido devido às terríveis torturas a que fora continuamente submetida no sobrado da rua São João. No entanto, à época, o dr. Paulo havia salvado as aparências atestando que a jovem falecera em consequência de uma queda de uma escada que redundara do agravamento de uma fratura do joelho, que acarretara inflamação aguda de tétano.[42] Nessa nova ocasião, o filho, Afonso Pierrelevée, pode também ter servido mais aos interesses senhoriais do que à medicina.

O exame de corpo de delito deve ter se dado por volta das 4h da tarde. A essa hora, os curiosos já se amontoavam na porta da casa de Eduardo Andrade, tentando vislumbrar o mais perto possível o corpo dilacerado de Joana. Porém, se a voz geral garantia que a vítima havia sido duramente castigada, as testemunhas que viram Joana machucada foram menos assertivas.

Amâncio Antônio Botelho, cabo da esquadra encarregada do caso, afirmou que acompanhou o subdelegado à casa de Ana Trindade, mas não entrou na residência e, portanto, não conseguiu divisar o corpo da vítima, isso por causa do número de pessoas ali aglomeradas. Virgínio Marques da Costa, por seu turno, diz que, apesar do grande número de pessoas, pôde ver que Joana apenas apresentava arranhões no pescoço e vertia água pelo ouvido. No entanto, Olavo Marcos Bello, também testemunha, afirma que encontrou Joana em casa de sua senhora sentada no chão e toda embuçada em panos. Declara que presenciou o corpo de delito, mas mencionou a existência apenas de uma queimadura embaixo de um peito, várias cortadelas de navalha nas costas, e outros ferimentos (os quais ficaram sem especificação). Ao final, acrescentou, "lembrando-se agora de (ela) estar deitando pus pelos ouvidos".

Apenas o comandante da esquadra, José Mariano do Rosário Machado, que testemunhou ter presenciado o exame de corpo de delito, declarou ter observado que Joana apresentava a boca inchada, falava a custo, tinha o rosto, o pescoço e as partes baixas queimadas, com tumefação em toda a face, com área mais pronunciada no couro cabeludo e partes da face, produzida por arma ou instrumento contundente.

Os peritos médicos anotaram igualmente que a vítima apresentava escoriações por todo o corpo, causadas por pancadas violentas e queimaduras de primeiro grau. Observaram ainda que "em ambos os ouvidos há copioso corrimento de pus sanguinolento, em consequência de terem introduzido neles corpos estranhos, como pipos de cachimbo e etc.". Acrescentaram que encontraram nas costas da vítima cortes de pouca importância, uma queimadura abaixo da mama esquerda, que a paciente respirava com dificuldade e apresentava alguma hemoptise, devido ao fato de ter sofrido pancadas violentas sobre o tórax. Concluíram que a escravizada poderia ficar sessenta dias sem trabalhar, avaliando o dano causado em 250 mil réis.[43]

Conforme descrito no laudo, o estado de Joana seria motivo de grandes preocupações: os ouvidos supurados, expelindo pus e sangue, sugerem a presença de forte infecção; a hemoptise, isto é, a expectoração de sangue proveniente dos pulmões, também aponta para um diagnóstico pessimista, com a presença de pneumonia, tuberculose ou carcinoma. Em casos em que os sintomas decorrem de forte trauma, a hemorragia poderia ser causada por infarto pulmonar.[44] As duas condições, no contexto da segunda metade do século XIX, sugeriam iminente risco de vida.

Não bastando o prognóstico francamente desesperador acima descrito, uma semana mais tarde, o dr. Saulnier, que havia se recusado a assinar o primeiro corpo de delito, solicitou às autoridades a realização de um segundo exame. Alega o doutor que, na realidade, o quadro médico de Joana era muito mais grave do que aquele descrito originalmente.[45] A autoridade anuiu ao pedido e determinou a execução do segundo exame pelos mesmos médicos. O dr. Laranjeiras, que havia realizado o primeiro laudo, alegou, entretanto, não poder participar do segundo exame por estar febril. Em resposta, o subdelegado remarcou o laudo, exigindo a presença de ambos os médicos responsáveis.

Eis que, no dia 22 de novembro, os dois doutores realizaram novo exame de corpo de delito em Joana. Nesse, de fato, acrescentaram diversas lesões que, segundo dr. Saulnier, haviam sido negligenciadas no primeiro laudo. Entre os achados do novo exame, um deles surge como muito significativo. Além de todos os ferimentos, escoriações e queimaduras que já haviam sido observadas na supliciada Joana, foi registrado que:

> [...] nas circunvizinhanças do ânus há também duas chagas produzidas por queimaduras do mesmo grau (isto é, de primeiro grau); pelo ânus há um corrimento de pus pútrido e de má natureza, devido ao fato de haverem introduzido no reto da paciente corpos estranhos em estado de ignição [...][46]

Mais uma vez surge aqui uma notável coincidência com o lamentável estado encontrado pelos médicos na necrópsia do pequeno Inocêncio. A vítima da pajé e de suas auxiliares – supostamente, Geminiana, entre outras – apresentaria o ânus dilacerado pela introdução de objetos estranhos e incandescentes.

Joana, por seu turno, prestou depoimento à polícia em duas ocasiões; primeiro, no próprio dia 15 de novembro, no momento da realização do corpo de delito, e um segundo em 4 de janeiro de 1877.[47] Neste último, a vítima acrescentou às já cruéis agressões observadas nos dois laudos outros castigos e violações. Afirmou que durante sua estadia em casa de Amélia havia sido diariamente castigada e não apenas pela pajé, mas por todas as mulheres que faziam parte do círculo de curadoras, sublinhando especialmente a presença de Geminiana. Relatou ter sido amarrada pela cabeça, pelo pescoço e pelas pernas e imobilizada. Nessa situação, enquanto a pajé entornava espermacete quente de vela em seus ouvidos e olhos, outras derramavam-lhe água fria e papas de farinha quente pela cabeça. Uma deu-lhe dentadas na cabeça. Por vezes, todas as mulheres a queimavam ao mesmo tempo com velas quentes, metendo taquaris incandescentes pela boca, pelo ouvido, nariz e ânus. Tudo isso porque Amélia havia decidido que ela, Joana, era sua opositora. Em certa ocasião, a pajé lhe havia dito que era Deus e que, como tal, vinha dizer a verdade, isto é, que o dr. Paula Duarte a havia enviado ao encontro da pajé para matá-la em troca do pagamento de três contos de réis. Acrescentou a depoente que jamais havia encontrado tal senhor e que, assim, a acusação era totalmente falsa.[48]

Ora, como estaria Joana depois de sofrer tantas agressões? Chama a atenção sobretudo o relato de introdução de velas e taquaris quentes em todos os orifícios do corpo da vítima. Se apenas se levar em conta os relatos médicos, que atestam, no primeiro exame, a existência de corrimento de pus e sangue nos ouvidos, acrescentando a presença de pus pútrido no ânus no segundo laudo, conclui-se que, dificilmente, Joana estaria viva. Sofrendo de graves infecções, além do infarto pulmonar descrito pela hemoptise, a vítima teria já perecido ou, pelo menos, estaria cega e surda (devido ao derramamento de espermacete nos olhos e ouvidos) e sofreria gravíssimas infecções que a teriam, no mínimo, impedido de prestar depoimento apenas quinze dias após a constatação das sevícias. Porém, nenhuma dessas lesões parecia existir quando Joana apresentou seu segundo depoimento à polícia.

Além do mais, nenhuma das testemunhas pôde corroborar as acusações apresentadas por Joana em seus depoimentos à polícia. As que haviam visto Joana na casa de sua senhora no dia de sua pretensa fuga da casa da pajé afirmaram unanimemente em seus depoimentos que a vítima se referia às perpetradoras das lesões corporais sofridas como Amélia Rosa e outras, sem declinar nenhum outro nome. Apenas em seu depoimento à polícia, Joana teria apresentado o nome das cúmplices. No entanto, nada disso importou. O pretenso depoimento de Joana foi suficiente para incriminar e, posteriormente, condenar seis mulheres à prisão.

Não foi por outro motivo que o solicitador, o dr. Antônio Gonçalves de Abreu, curador de Amélia Rosa, sua mãe e de outras acusadas, inclusive de Geminiana, a 14 de janeiro daquele ano, ao apresentar a defesa, contestou o andamento de todo o processo, alegando a ocorrência de uma série de irregularidades na sua condução.[49] Entre outros tantos motivos, o solicitador afirmava que Joana, guiada pelo ódio, exagerava os transes que havia passado, "a ponto de dizer que sofreu a barbaridade de se lhe derramar nos ouvidos e sobre os olhos espermacete derretido, sem apresentar lesão alguma em nenhum desses órgãos, sem dúvida dos mais delicados da criatura".[50]

Como se deduz facilmente, Joana não sofreu todas as lesões constantes dos dois autos de corpo de delito e dos depoimentos da própria vítima. Entretanto, teria ela recebido parte das agressões descritas nos autos ou tudo não passou de encenação arquitetada por alguém com trânsito suficiente para obter laudos médicos falsificados ou, ao menos, exagerados? Ora, o real estado de saúde da "vítima" é aspecto nebuloso. Certamente, Joana poderia ter sido submetida a procedimentos vigorosos ou portadores de certo grau de violência no decorrer dos tratamentos ministrados por Amélia Rosa. Se Joana se hospedou na casa da pajé com vistas a realizar algum ritual iniciático, não seria despropositado debitar parte dos suplícios relatados como etapa necessária à consecução do rito, como já alertou Ferretti.[51] Não obstante, nada justificaria a presença de surras generalizadas, mordidas, queimaduras continuadas ou introdução de objetos incandescentes nos orifícios do corpo da paciente.

Notemos que o dr. Gonçalves Abreu não se caracterizava como um curador ou solicitador escolhido ao acaso ou ao sabor das circunstâncias. Havia ele, nada mais nada menos, atuado como promotor adjunto no processo relativo ao assassinato de Inocêncio, que levou às barras do tribunal a notória Ana Rosa Viana Ribeiro. Recém-nomeado ao cargo, que tomara posse poucos dias antes do estouro do assassinato de Inocêncio, foi sua condução sistemática e corajosa de toda a primeira fase do processo que promoveu a coleta de evidências suficientes para a sustentação da acusação.[52] Dessa feita, sua participação no processo de pajelança, como curador não apenas de Amélia e Herculana, mas também de outras rés, poderia significar que o dr. Abreu tinha algum compromisso moral com a defesa das acusadas nesse caleidoscópico processo, todo direcionado para condenar Amélia Rosa e suas auxiliares. É o que sugere o fato dele ter atuado igualmente como curador de Geminiana.

Certamente ao assim agir, o dr. Abreu chamava sobre si, mais uma vez, a hostilidade dos bem-nascidos de São Luís. Decididamente colhendo provas contra uma senhora das mais altas elites maranhenses e, em seguida, defendendo uma pajé, alvo de constantes perseguições policiais e tida como a própria imagem da barbárie, o dr. Abreu se expunha ao desprezo dos bem-postos, dos quais ele certamente dependia para atuar na praça da cidade. Acrescente-se que suas curateladas eram todas mulheres pobres, tendo ele atuado por nomeação. Se chegou a receber algum estipêndio, este foi muito modesto. Entretanto, do dr. Abreu não chegou ao final do caso. Faleceu após longa moléstia, como ressalta o *Diário do Maranhão*, depois do julgamento de Amélia e outras, mas antes da fase de apelação das condenações de suas curateladas, fato que gerou sérios prejuízos a todas as condenadas, principalmente à Geminiana.

Outras autoridades agiram de forma diferente, tentando fugir da condução dos autos ou manobrando para condenar as acusadas o mais rapidamente possível. Embora conste que Joana mencionou explicitamente uma lista de colaboradoras da pajé, em realidade foi o subdelegado que forneceu ao Comandante da Esquadra de Pedestres, encarregado da investigação, o rol das cúmplices da pajé.[53] A definição do juiz de inquérito – aquele que devia acompanhar a fase investigativa do fato – acabou, após jogo de empurra-empurra, nas mãos do terceiro suplente do juiz substituto, o que deixava claro que ninguém queria se responsabilizar pela condução das investigações, que, de antemão, já tinha uma direção bem definida.

Interessante também é acompanhar a atuação da promotoria: em quase todo o inquérito e processo-crime quem realmente se faz presente na condução do processo é o promotor adjunto, João Cândido Moraes Rego, que não se vexou de acolher e referendar as acusações, sem se preocupar com a verificação dos fatos.[54] Deixando bem explicitada a que perspectiva aderia, afirmava em sua vista ao processo que "o móvel do processo fora a vingança contra Joana", para "comprometer, como supunham, pessoas respeitáveis de quem Geminiana, desde a morte de seus dois filhos, conserva estranho rancor". A declaração é espantosa; a autoridade responsável pela acusação declarava, sem nenhuma prova material, que a mãe enlutada agira de forma criminal contra pessoas de bem para vingar a morte dos filhos. Nenhuma declaração poderia ter sido mais clara; apesar da completa ausência de indícios materiais de que Geminiana houvesse entrado na casa da pajé no correr dos dias que a suposta vítima ali estivera, o promotor adjunto a considerava culpada exatamente por ter perdido de maneira cruel seus dois filhos pequenos.

Amélia Rosa, Geminiana e outras seis mulheres acabaram condenadas pelo júri. O juiz de direito responsável, mais uma vez, não se acanhou e instituiu penas máximas para todas as condenadas. Mais ainda, apenas Catarina, escravizada, pôde contar com um advogado de apelação realmente atuante. Isso porque o juiz havia se enganado na definição da pena. Sendo ela escravizada, competia comutar os seus cinco anos e três meses de prisão em açoites, conforme rezava o art. 60 do Código Criminal vigente.[55]

Embora os esforços do advogado contratado pela senhora apontassem evidentes falhas do processo, com a ausência de provas materiais e várias contradições, solicitando revisão da sentença, a pena de Catarina foi apenas comutada em duzentos açoites e seis meses de ferro.[56] Por seu turno, para recorrer da sentença de Amélia Rosa, Geminiana e Rita Helena, o juiz nomeou o dr. Antônio Martiniano Lapemberg como curador. Interessante notar que ele, que constava da lista dos jurados, havia sido declinado pela defesa. Mais, ainda, por incrível que pareça, o dr. Lapemberg simplesmente não entregou recurso, roubando às condenadas o direito de apelação.[57]

O papel desempenhado por Celso Magalhães foi nesse episódio muito mais modesto do que no processo contra Ana Rosa, porém, ainda assim decisório. Embora fosse ele o promotor principal, pouco atuou na condução das investigações. Apesar disso, seu despacho foi decisivo para a definição dos rumos do processo. Em sua intervenção, a 22 de novembro daquele ano, o promotor aceitava a denúncia, sem colocar nenhum óbice à condução da investigação ou comprovação de fatos. Em seu despacho, a única observação de Celso Magalhães é que a peça deveria ser enviada ao juiz de direito, já que ele considerava que juízes substitutos não tinham competência para tomar conhecimento do mérito dos inquéritos. Por seu turno, o juiz que recebeu o caso imediatamente acatou a denúncia.[58] Em fevereiro de 1878, com a ascensão de Carlos Fernando Ribeiro ao cargo de governador interino da província, Celso Magalhães foi exonerado.

Quais motivos teriam levado Celso Magalhães a acolher sem nenhum questionamento um inquérito que acusava a mãe de Inocêncio, de maneira tão virulenta quanto pouco comprovada, de um crime grave que a levaria à cadeia? Certamente o promotor compartilhava, como as outras autoridades judiciárias que atuaram nesse e em outros processos e com os intelectuais da Atenas brasileira, ideias relativas à inferioridade dos africanos e seus descendentes. Ignorância, fetichismo, falta de controle das paixões, segundo a voz corrente dos bem-pensantes, marcavam a vida dos afrodescendentes, exigindo medidas civilizatórias, capazes de controlar o atavismo africano. E a feitiçaria surgia como um dos alvos preferenciais, ilustrando a necessidade de tutela e controle social dos racialmente configurados. Em seu estudo sobre a poesia popular brasileira, Magalhães externou claramente suas opiniões a respeito das raças que compunham o povo brasileiro. Dizia ele:

Para nós, em literatura como em política, a questão da raça é de grande importância, e é ela o princípio fundamental, a origem de toda a história literária de um povo, o critério que deve presidir ao estudo dessa mesma história.[59]

Se a raça era o princípio e a origem do povo, o brasileiro havia se saído muito mal. A partir de uma visão derivada do darwinismo social, Magalhães chegava a colocar em dúvida o princípio adâmico, pendendo para o poligenismo:[60]

> Brandem muito embora contra a matéria os discursadores e sermonistas crentes, em uma ladainha monótona e soporífera; falem dos gozos do paraíso os místicos e os ascetas, esbofem no ensinamento os professores pedantes e papa-missas, querendo provar a verdade da legenda adâmica, do ideal messiânico e outras mil baboseiras...[61]

Enfocando sempre a fraqueza das raças, toda a argumentação do autor vai no sentido de negar qualquer espírito criativo ao povo brasileiro. Ao analisar a contribuição dos africanos e seus descendentes, entretanto, Magalhães radicaliza, não reconhecendo qualquer possibilidade, ainda que remota, de redenção. Comparando o cativeiro mourisco, que aparece descrito como digno, corajoso e criativo, com a escravidão brasileira na constituição do cancioneiro popular, afirmava Celso Magalhães:

> Mas, entre nós, não se deu isso. Houve o fato, que se chamou escravidão... Aqui eram já as levas de Africanos embrutecidos, nos porões infectos e miasmáticos dos navios negreiros; era a ignorância do escravo, a falta de dignidade do negro, que sujeitava-se como um

animal, ao serviço pesado dos engenhos e das minas. A bestialização inoculava-se na população e o sentimento da personalidade perdia-se. O estado dessa raça era repulsivo então.[62]

Foi esse o defensor da mãe recém-liberta oprimida e do filho escravizado assassinado no processo contra Ana Rosa Viana Ribeiro? Foi exatamente o mesmo promotor que simplesmente desconheceu as muitas falhas e contradições do inquérito, quando Geminiana foi acusada de participar das sevícias infligidas à escravizada Joana. Qual o motivo da mudança radical da posição do promotor, que no primeiro processo surge combativo e ousado e simplesmente se cala e consente no segundo? Poderíamos aventar algumas possibilidades: ausência de engajamento político, proteção da reputação, já que defender pajés poderia empanar sua inserção nos círculos letrados, ou apenas falta de interesse. O processo que envolveu a pajé Amélia Rosa, Geminiana e Joana se desdobrava entre mulheres pobres, sobre as quais recaía o peso do desinteresse social, o preconceito e o desprezo aos seus direitos mínimos.

A encenação

Se Amélia Rosa e sua mãe, Herculana, foram os alvos iniciais da repressão, a sanha da polícia contra a pajelança não se esgotou aí. Imediatamente após a prisão de Amélia, as autoridades passaram a interrogar o círculo de vizinhas, parceiras de trabalho e de relações sociais da pajé, procurando indícios que permitissem responsabilizar criminalmente um maior número de mulheres. Descontextualizado, o comportamento dos policiais parecia carecer de objetividade. Antes que se pudesse suspeitar que Amélia tivesse atuado com a colaboração de companheiras, já as autoridades saíram à caça das participantes do círculo de cura. Mulheres pobres e trabalhadoras, escravizadas, livres e libertas, todas negras, foram rapidamente localizadas, inquiridas e duramente confrontadas pela polícia, que insistiu em comprovar a presença de diversas delas na casa de Amélia durante o "suplício da vítima". A precoce busca de cúmplices pode começar a ser mais bem compreendida a partir dos depoimentos de Joana, a vítima.

Em seu primeiro depoimento, Joana afirmou ter sido agredida por Amélia e as outras, sem declinar nenhum nome. Ecoando o interesse da polícia, Joana, em seu segundo depoimento, acusou um número expressivo de cúmplices. Segundo ela, Maria; Catarina Maria da Conceição; Maria, escravizada; Rita Helena e suas filhas, Simôa, Geralda e Brasilísia; Desidéria, tia da acusada; Theodora, "conhecida na casa de Amélia como o Anjo da Vitória"; e Aquilina também haviam estado presentes. Ora ajudando Amélia a mantê-la imóvel enquanto era espancada, ora entornando vela derretida em seus ouvidos, nariz, olhos e ânus, ora vigiando-a ou benzendo-a; o círculo de mulheres, sob a batuta da pajé, havia atuado em conjunto para supliciar Joana. Aquilina foi descrita como a única pessoa que presenciou os maus-tratos e se opôs a eles. Todas as citadas negaram sua participação, embora tenham reconhecido que tinham com Amélia algum grau de intimidade. Algumas eram vizinhas, outras lavavam a roupa da casa, outras ainda lá passavam para vender rendas ou somente visitar – entenda-se, consultar-se com a curadora.

Em apenas um dos casos, não foi possível aventar qualquer proximidade da acusada com o círculo de relações da pajé. Este foi o caso de Geminiana. Já em seu primeiro depoimento, Joana foi taxativa, afirmando que "Geminiana, a mãe dos pequenos que morreram em casa de dona Rosa Viana [...]" atuara como uma das principais colaboradoras da pajé.[63] O surpreendente é que as acusações da vítima não foram corroboradas por mais ninguém. Geminiana atravessa o processo como uma das principais acusadas, porém fantasmagoricamente. Nem Amélia Rosa, nem Herculana, nem nenhuma das mulheres acusadas declinou o nome da mãe de Inocêncio. Ninguém mencionou sua presença na casa da pajé e não constam detalhes a respeito do seu papel no círculo de cura. Em seus depoimentos, Geminiana parecia expressar um misto de perplexidade e resignação. O que poderia ela fazer para opor-se à polícia, aos promotores e juízes que haviam resolvido que ela, além de ser o braço direito da pajé Amélia, havia sido igualmente responsável pelas lesões corporais graves infligidas à vítima. Perguntada o que sabia sobre o estado em que se encontrava Joana, Geminiana respondeu com evidente desesperança:

> [...] que não sabe nada desta vida, que nem conhece
> Joana, se Joana a conhece é porque ela respondente
> tem uma filha na casa da Trindade, senhora de Joana.[64]

Embora Geminiana não conhecesse Joana, o fato de ela ser propriedade do mesmo senhor que Zaira é outra incrível coincidência – ou não – desse labiríntico processo, cheio de sincronias ou recados. O fato de Zaira estar nas mãos da família Andrade/Trindade, que também escravizava a vítima Joana, sugeriria que Geminiana estava novamente em um beco sem saída. Se de novo lutasse contra a família Viana, Zaira poderia ser a próxima vítima?

Geminiana, entretanto, não negou conhecer superficialmente a pajé Amélia Rosa, porém declarou que nada tinha a ver com a pajelança. Afirmou em juízo que havia passado cerca de dois meses antes do ocorrido na casa de Amélia vendendo pacova, e que mal a conhecia. Seria verdade? Nada sabemos de concreto. Tinha ou teria entretido Geminiana alguma relação com a pajé e seu círculo? Dentre aquelas mulheres de balaio na mão, que no outro dia 15 de novembro, o de 1876, na Capela de São João, quando se fazia a necrópsia no pequeno Inocêncio, protestavam veementemente contra as violências cometidas contra o menino, a ponto de serem expulsas do recinto e as portas do cemitério fechadas, estariam Amélia e suas parceiras? Teria Geminiana contado com a solidariedade das curadoras, o que teria despertado a fúria e o desejo de vingança dos Viana Ribeiro?

Embora tal informação não conste do processo, o juiz na conclusão do inquérito afirma que Geminiana era conhecida na pajelança como o rei Sebastião.[65] Na encantaria, onde seres de poderes especiais puderam vencer a morte, permanecendo vivos no mundo dos encantados, D. Sebastião reina como uma das uma das mais poderosas entidades.[66] De onde teria saído tal referência? A pergunta cabe porque, ao longo do processo, nenhuma testemunha ou acusada mencionou tal fato. Será que o juiz lançava mão da voz comum, do que se falava nas ruas da cidade, para incriminar a acusada? Se isso fosse verdade, poderíamos esperar que mais testemunhas tivessem mencionado tal fato, o que não foi o caso. No fim das contas, a possível participação de Geminiana na pajelança permanece como mais uma das muitas charadas constantes dos autos. No inquérito e processo, muito escorregadios, nada é o que parece ser.

Apesar da imaterialidade das provas incriminatórias, nenhuma das acusadas contestou o enquadramento de Geminiana como uma das principais auxiliares de Amélia Rosa nos castigos infligidos a Joana. Apesar da ausência de substância da acusação, baseada apenas no que declinou a suposta vítima à polícia, nenhum curador, solicitador ou advogado ousou apresentar qualquer contra-argumentação. Nem mesmo Gonçalves de Abreu conseguiu afrontar aquilo que já havia sido decidido desde a abertura do inquérito: a de que a pajé Amélia Rosa e Geminiana – e a liberta Rita Helena – eram as principais responsáveis pelo cometimento de um crime hediondo, produzido alegadamente pela "barbárie" e "ignorância" própria dos africanos e seus descendentes.

O discurso civilizatório aparece, assim, de maneira preponderante nos arrazoados dos promotores e juízes que atuaram no caso, ratificando a moldura preconceituosa e discriminatória que acompanhou o processo de emancipação gradual desencadeado a partir da Lei do Ventre Livre.[67] Anunciando a liberação do ventre, com a emergência da figura do ingênuo, a lei surgia como um ponto de inflexão entre a escravidão propriamente dita e a constituição de estratégias de tutela dos evadidos da senzala.

A liberdade dos africanos e seus descendentes era perigosa e inconveniente, só podendo ser socialmente aceitável quando vigiada sistematicamente e tutelada por uma classe de intelectuais e juristas iluminados.[68] A superação da escravidão e a implementação de uma sociedade liberal burguesa dependia do controle racializado daqueles que ainda eram incapazes de usufruir das benesses da cidadania. Era isso que afirmava o juiz de direito do 1º Distrito Criminal, Raimundo Joaquim César, quando apresentou seu arrazoado de conclusão dos autos, em 23 de novembro de 1877. Afirmava, contra as evidências, que o inquérito policial provava "evidentemente" que no dia 15 de novembro, na travessa dos Barqueiros, em casa de morada da preta liberta Amélia, Joana fora seviciada. A essa conclusão de todo discutível a partir da análise do próprio inquérito, concluía:

> Amélia... reputa-se cheia de razão tendo-a castigada, pois Joana queria a matar a ela Amélia com veneno, e a mordera em um dedo, como mostra (de) quer(er) suportar as consequências ao delito porque está cumprindo sua missão neste mundo. A vida de Amélia, muito conhecida nesta capital, tem sido um conjunto de loucuras, dizendo-se inspirada e arrastando consigo espíritos fracos persuadidos que por interseção dela, podem alcançar a felicidade.[69]

O discurso civilizatório racialmente configurado não aparece, no entanto, apenas na fala da Justiça. Os curadores e solicitadores das rés, que atuaram como advogados de defesa, lançaram mão dos mesmos argumentos preconceituosos, embora propusessem outra solução social para o problema da ignorância e do fetichismo dos africanos. Se para o juiz a vida da preta Amélia era um conjunto de loucuras que desencaminhava os fracos de mente, para o advogado de apelação de uma das rés condenadas – a escravizada Catarina, de Maria Ribeiro da Silva –, o culto de Amélia Rosa, embora bárbaro, merecia mais piedade do que repressão. A partir de uma abordagem igualmente atravessada pelo discurso civilizatório, a defesa invertia o argumento, sem contestar as bases da repressão aos cultos populares. Para essa autoridade, o fanatismo e as superstições só poderiam ser superados por meios dóceis e persuasórios, uma vez que a estratégia repressiva apenas alimentaria a resistência de suas vítimas.

> Não é, infelizmente, o cárcere, os grilhões, o cadafalso os meios próprios de punir o fanatismo das superstições, quanto mais se encarniça a sociedade contra ele mais valente e sereno resiste ao poder. A história está aí para confirmar esta triste e dolorosa verdade.[70]

Se o combate aos cultos populares, à feitiçaria, à pajelança e a outros ritos justificava perseguição da polícia e a atuação, ao mesmo tempo displicente e preconceituosa, do Judiciário, a acusação a Amélia Rosa, Geminiana e outras mulheres não pode ser compreendida sem que se leve em conta outros argumentos. Há no processo mais do que o mero descaso. Contradições entre testemunhas, ausência de provas, exames de corpo de delito inconsistentes, entre tantos outros detalhes, alertam para um concerto ensaiado, que carregava um desfecho definido. Um dos aspectos que permite vislumbrar o quanto o processo se caracterizava pela inconsistência encontra-se na maneira como o juiz definiu os motivos que teriam levado a pajé e suas curadoras a supliciar a vítima Joana. Aqui a falta de razoabilidade torna-se evidente.

Já em seus interrogatórios iniciais Amélia Rosa e sua mãe, Herculana, haviam declarado que o móvel dos maus-tratos infligidos a Joana surgira após a descoberta de que ela atuava em nome do dr. Paula Duarte, que havia contratado a vítima para matar a pajé. Herculana ainda complementara o motivo afirmando que os senhores que alugavam a escravizada Joana – isto é, D. Rosa que residia na rua São João – estavam também envolvidos na trama e haviam oferecido vantagens pecuniárias para a execução do plano.[71]

O juiz de direito, no entanto, afirma que a causa das sevícias se devia, em realidade, ao fato de ter sido Joana a responsável por delatar Amélia à polícia, fato que teria redundado na primeira prisão da pajé. Emendou em seguida que quem queria comprometer pessoas respeitáveis da sociedade era Geminiana, que alimentava "estranho rancor" dos poderosos:

> O móvel da combinação criminosa foi a vingança sobre Joana que, meses antes do crime, denunciara Amélia como autora de tais práticas e a intenção de obrigar a ofendida a declarar-se de morte para comprometer, como supunham, pessoas respeitáveis de quem Geminiana, desde a morte de seus dois filhos, parece conservar estranho rancor.[72]

Se Joana realmente fosse a causadora da primeira prisão da pajé, teria ela procurado Amélia e posto sua vida nas mãos de pessoa que manipulava poderes invisíveis e que poderia se vingar? É bem conhecido o respeito e medo que tais curadores despertam em seus clientes. Imaginar que uma escravizada delatora fosse à casa de sua vítima para tratar-se é argumento desprovido de qualquer lógica. A este acrescenta-se a tentativa de vingança de Geminiana contra o dr. Paula Duarte – e, por consequência, contra Ana Rosa e Carlos Fernando. Como se poderia imaginar que uma vendeira liberta agisse com tal ousadia? A realidade de uma mulher preta de tabuleiro pobre e liberta, precisando ganhar, todo os dias, o pão, e ainda tendo uma filha jovem escravizada na mesma casa que sua suposta vítima, parecia a anos-luz de distância de tal poder. O conjunto dos argumentos da autoridade conjuram apenas a inverdade e a instrumentalização da vingança por parte daqueles que, realmente, dispunham dessa possibilidade.

O círculo de mulheres

Chamadas a depor, as acusadas, todas mulheres pobres e trabalhadoras; escravizadas, libertas ou livres, costureiras, lavadeiras ou vendeiras tiveram que enfrentar delongadas inquirições, apresentar-se seguidamente à Justiça para acompanhar depoimentos, atravessar meses de insegurança, para acabarem em sua maioria, presas e julgadas pelo júri popular.

Catarina, escravizada por dona Maria Ribeiro da Silva, costureira; Catarina Maria da Conceição, de serviços domésticos e moradora da casa contígua à da pajé; Maria, escravizada por Antônio Nina, lavadeira; a liberta Rita Helena, viúva e lavadeira, juntamente com suas filhas, Simôa dos Anjos Pereira, vendeira; Geralda Maria das Mercês e Brasilísia Maria dos Santos, ambas costureiras, foram as apontadas como colaboradoras no suplício de Joana, e como tal foram chamadas a depor e, em seguida, indiciadas.[73] A mulata Aquilina foi interrogada mas não indiciada. Sendo alfabetizada, Aquilina parece ter sido menos maleável do que as outras mulheres. Estando adoentada, com um tumor nas pernas, é provável que estivesse em tratamento com a pajé. Interrogada, no entanto, negou ter estado na casa da curadora no período ou presenciado qualquer castigo administrado em Joana. Mais tarde, quando convocava pela segunda vez para prestar depoimento, Aquilina desapareceu da cidade, sendo a polícia informada que ela havia contraído beribéri e ido para o campo.[74] Já Desidéria e Theodora, o Anjo da Vitória, ficaram de fora sem maiores explicações.

Como se poderia esperar, nenhuma dessas mulheres admitiu por livre e espontânea vontade ter participado dos maus-tratos à vítima. Maria, de Antônio Nina, por exemplo, quando perguntada o que sabia a respeito dos ferimentos feitos na escravizada Joana, respondeu logo que nada podia declarar. Afirmou ela que estivera no sábado à noite em casa de Amélia para buscar roupa suja para lavar, portanto, antes da entrada de Joana, sem que nada de especial tivesse notado. Declarou ainda que, na quinta-feira, 15 de novembro, dia da fuga de Joana e da prisão de Amélia, estivera logo cedo na praia para comprar peixe. Ali fora avisada por alguém, cujo nome não se recordava, de que na casa de Amélia se encontrava Joana cheia de queimaduras. Então, ela:

> [...] aproveitando-se o não ter chegado ainda as canoas de peixe, foi à casa de Amélia, entrou pelo corredor, falou com a mãe de Amélia, entrou no quarto, viu Joana de pé junto de um baú, vestida de camisa, chegou-se junto dela, viu o rosto queimado, e assim que a viu nesse estado ficou tão sucumbida, que não lhe disse palavra, saiu para a varanda onde estavam as outras.[75]

O depoimento de Maria é, como muitos outros, incompatível com o que fora estabelecido no processo. Ora, segundo a própria Joana – e a polícia –, ela estivera trancada e castigada em segredo por Amélia e seu círculo até quinta-feira às 11h da manhã, quando, por desatenção do grupo, conseguira fugir. No entanto, o que afirma Maria é que, no alvorecer daquele dia, na praia da Trindade, já corria a notícia que Joana estava "toda queimada" na casa da pajé. E que ela, ainda, entrou livremente na casa, pôde penetrar no quarto onde se encontrava Joana e de lá sair, sem nenhum problema.

Catarina Silva, escravizada, a que buscou os vidros de veneno na casa de D. Rosa, também negou ter entrado na casa da pajé durante a estadia da vítima. Simôa, Brasilísia e Geralda, jovens filhas da liberta Rita Helena, admitiram ter comparecido à casa de

Amélia, mas unanimemente negaram qualquer participação. Já a liberta Rita Helena, uma viúva lavadeira, surge como uma das mais próximas auxiliares da pajé. Embora tenha, em princípio, negado qualquer envolvimento, foi compelida a mudar sua versão após a própria Amélia acusá-la de cumplicidade.

> Neste ato, tendo sido declarado à respondente que Amélia dissera que ela respondente assistisse e ajudara o curativo de Joana, a respondente declarou que visto o que a mesma Amélia dizia, ela agora declarava que viu a Joana lá muito desassossegada dentro da rede, e ela respondente a esteve benzendo, estive lá na segunda-feira desta, digo segunda-feira da semana passada, também estive na quarta-feira desta semana e foi quando ela benzeu Joana, que ainda não estava queimada, na quinta, porém, a pedido de Joana, Amélia disse a ela respondente que queimasse Joana, ela, porém, não o quis fazer [...].[76]

A maneira como Amélia Rosa aponta à polícia as colaboradoras dos tratamentos aplicados à Joana suscita dúvidas. Certamente, a pajé tinha clara consciência das consequências advindas dessa atitude, já que ela própria já havia sofrido uma detenção violenta seguida de maus-tratos no caso da primeira prisão e estava, desde a invasão de seu domicílio, presa pela segunda vez. Os motivos que levaram, na primeira fase do inquérito, Amélia – com auxílio de Herculana – a delatar suas auxiliares, produzir provas contra si (no caso das cordas para surrar a vítima), admitir publicamente que Amélia era Leopoldina, Rainha de Toba e da Pajelança, são deveras nebulosos. Frente a essa charada, cabe perguntar até que ponto a própria pajé havia sido convencida a cooperar com a polícia em troca de alguma promessa de proteção, auxiliando na montagem da encenação dos suplícios de Joana.

Rita Helena, viúva, lavadeira e benzedeira, mãe de três filhas jovens também indiciadas, colaboradora da pajé e com livre trânsito na casa, deixou registrado no seu interrogatório a percepção de que algo estava errado com a presença de Joana em casa de Amélia. Afirmou ela que havia dito à pajé, "rapariga bota Joana para fora, porque ela está procurando justiça para sua casa, isto é para te comprometer".[77] Aparentemente, entretanto, Amélia não deu caso às palavras da amiga, pois a este dito "Amélia estava com a vela na mão foi queimando Joana, a pedido de Joana..."[78]

Declarou ainda que, de fato, a pedido de Amélia, ela, Rita Helena, havia benzido a cabeça de Joana com o "Magnificat", oração feminina de origem católica, muito popular no século XIX, por meio da qual Maria agradece a Deus pelas maravilhas recebidas e clama por justiça aos pequenos e frágeis[79]:

> O Poderoso fez em mim maravilhas,
> E santo é o seu nome!
> A minh'alma engrandece o Senhor,
> Exulta meu espírito em Deus, meu Salvador!
> Porque olhou para a humilde de sua serva,
> Doravante as gerações hão de chamar-me de
> bendita!
> O Poderoso fez em mim maravilhas,
> E Santo é o seu nome!
> Seu amor para sempre se estende
> Sobre aqueles que O tem!
> Manifesta o poder de seu braço
> Dispersa os soberbos;
> Derruba os poderosos de seus tronos
> E eleva os humildes; sacia de bens os famintos,
> Despede os ricos sem nada
> Acolhe Israel, seu servidor;
> Fiel ao seu amor,

Como havia prometido a nossos pais,
Em favor de Abraão e de seus filhos para sempre!
Glória ao Pai, ao Filho e ao Espírito Santo,
Como era no princípio, agora e sempre,
Amém![80]

O ponto de vista de Maria nessa oração, que fala pessoalmente com Deus, clamando pelos pobres e pequenos, e pelas mulheres, replicava a situação daquelas mulheres trabalhadoras, curandeiras e benzedeiras, no mundo dos poderosos. Parecia clamar também para que Joana aderisse a suas iguais, e não aos endinheirados!

Amélia e Herculana podiam estar sofrendo a mesma sedução dos poderosos que havia atraído Joana. Porém, se houve algum conluio ou colaboração da pajé e de sua mãe na primeira fase do processo, ela desapareceu no decorrer dos autos. A partir do indiciamento, Amélia mudou de atitude. Além de declarar ter sido a única responsável pelos tratamentos feitos à vítima, reafirmando que tais procedimentos haviam sido postos em prática a pedido da própria, que se encontrava fora de si, ouvindo ruídos em sua cabeça, passa a não mais responder aos interrogatórios.

Em mais de uma ocasião, Amélia deixou de declinar seu nome, entra em transe durante os depoimentos, negando-se peremptoriamente a responder qualquer questionamento das autoridades. Às vezes, respondia às autoridades como uma "linguagem misteriosa e desconhecida", tentando não se comprometer mais do que já estava no complicado enredo que se lhe apresentava. Seu advogado, alegando estar ela mentalmente incapacitada, solicita a realização de um auto de sanidade. Apesar da tentativa de salvá-la, o diagnóstico dos médicos encarregados, inviabiliza a estratégia da defesa, afirmando que a pajé estava simplesmente fingindo estar fora de si.[81]

O processo correu com especial celeridade. Em 15 de abril, quando todas as acusadas já estavam presas há mais de quatro meses, foram levadas a júri. Amélia foi condenada a nove anos e quatro meses de prisão; Geminiana, Catarina, escravizada, e Rita Helena, condenadas a cinco anos e três meses. Já Brasilísia, Herculana e Catarina, livre, a nove meses e dez dias de prisão. Apenas Simôa e Geralda, filhas menores de Rita Helena, foram absolvidas.[82] Somente a pena de Catarina, escravizada, foi objeto de apelação, com consequente comutação de seu tempo de prisão por duzentos açoites e ferros.[83] Todas as outras condenadas cumpriram toda a pena.

No contexto permissivo dos tribunais do júri no período, que normalmente absolviam os réus, sobretudo rés mulheres, e dificilmente condenavam livres ou escravizados a penas alargadas, seis mulheres cumpriram, somadas, uma pena de mais de vinte anos de prisão, devido ao cometimento de lesões corporais.

Certamente, a Justiça não era cega, basta lembrar o processo de Inocêncio, no qual nem a dimensão do crime, nem as provas e nem a batalha jurídica encarniçada havia sido suficiente para obter a condenação da ré, redundando na absolvição pelo júri de uma comprovada assassina. Mas para se compreender o que aconteceu com Amélia e seu círculo, não basta comparar a absolvição de Ana Rosa com a pena de Geminiana. Qualquer que seja o quadro, condenações draconianas como as sofridas por Amélia, Geminiana, Rita Helena e outras, se caracterizam como mais que excepcionais. Foram únicas!

Aqui o círculo da vingança se fechou.

A pajé na pajelança

Embora o processo contra Amélia Rosa alimente dúvidas sobre a veracidade dos fatos ali tratados, sobre a sequência temporal estabelecida e principalmente sobre os interesses escusos e as manipulações que se escondiam por trás dos autos, uma coisa é certa: Amélia Rosa era, de fato, uma pajé, e uma muito conhecida em São Luís. Aparentemente, frequentavam a casa da curandeira pobres, remediados e ricos. Pelo menos é isso que sugere a coluna "Folhe-tim do 1º. andar 203" do *Diário do Maranhão*, publicada poucos dias depois da segunda prisão de Amélia. Escrita em tom ao mesmo tempo, sério e jocoso, o colunista denunciava situações que nin-guém ousava comentar, a não ser à boca pequena:

> E como não bastasse vem a inspirada – D. Leopoldina rainha da pajelança, dar entrada na festança!!
> Na primeira notícia, que há uns meses demos de sua majestade, a cousa podia levar-se a rir porque o bur-lesco figurava na pajelança do princípio ao fim; agora, porém, não é burlesco, mas sim trágico e bem trágico o acontecido!
> Sua majestade por inspiração de Deus do averno o que pode ter e inspirar cólera, ira e vingança, foi fazendo--se de inquisidora e servindo-se da corda, da água, do ferro e do fogo!!
> Horror! Três vezes horror![84]

Do burlesco ao trágico, a majestade da pajelança passava de mera caricatura a encarnar o inferno, a Inquisição e a vingança. Vingança contra quem? Veremos!

> A polícia como espetáculo foi feito sem o visto dela e licença da câmara, não esteve pelos autos e ordenou que os outros atos fossem representados na cadeia.
> Lá vai sua majestade D. Leopoldina da Pajelança, através das ruas e das praças sem se lhe guardar con-sideração, para o palácio atrás dos Remédios, grande bastante, é verdade, mas pequeno, muito pequeno para tão alta personagem.
> O acompanhamento que teve, foi brilhante de apupa-das e arremessos das colegas e das freguesas![85]

Mais uma vez, a pajé é tratada entre o burlesco e o escabroso, porém, sem que o cronista deixe de ressaltar o ridículo das autoridades policiais e da câmara. O trecho, finalmente, não deixa de notar a hipocrisia de freguesas e colegas da curandeira, ontem próximas, hoje, algozes despeitados da poderosa majestade da pajelança.

> Agora gritam, quando talvez ontem a fossem consultar por conta própria ou por ordem de outrem, que os crentes nos pajés quer estes vistam saias ou calças, sejam reis ou rainhas, são muitos e de todas as categorias, sexos e idades![86]

Ora, não é que Amélia, embora se declare como uma pobre costureira e filha de lavadeira, atendia também os poderosos? Assim como o pai de santo Domingos Sodré da Salvador de 1860, Juca Rosa, feiticeiro sediado no Rio de Janeiro da década de 1870, e João de Camargo de Sorocaba (SP) dos finais do XIX e primeiras décadas do XX, entre tantos curadores, feiticeiros e sacerdotes, pais de santos e pajés, famosos por manipular o sobrenatural, granjearam respeito, foram amados e odiados por muitos, temerosos de seus poderes.[87]

Amélia, apesar de mulher, adquiriu reputação de curandeira na cidade, atendeu aos endinheirados e poderosos – assim como os pobres e remediados –, tornando-se figura notável e notória da sociedade ludovicense. Consultada discretamente pelos poderosos da cidade, Amélia poderia nutrir conexões inesperadas, que deveriam torná-la duplamente invejada e temida, tanto pelos poderes que possuía no trato do imaterial quanto por sua capacidade de manipular os bem-nascidos.

> Um chifre queimado, duas penas de galinha preta, um esporão de galo, um osso humano, um dente de cavalo, um pouco de erva qualquer seca e defumada, uma saia

ou uma ceroula, um pé de meia de homem, uma liga de mulher, sapos e trauiras secas, qualquer destes específicos tem mais valor que toda a ciência do médico e artilharia dos boticários!![88]

A parafernália de Amélia também não parece destoar de tantos outros pajés, benzedores, feiticeiros e mandingueiros, já que o que interessava ao cliente era sempre curar uma doença, ganhar dinheiro, arranjar ou manter o amante ou cônjuge, obter vingança e poder.

E os cruentes vivem nos palácios e por aí abaixo até os tugúrios mais humildes.

Respeitam os pajés, tanto os que não sabem nem A nem B, como os que passaram pela gramática e se habilitaram a entrar na lição do – faz, fazem –, que morreu meu pai!![89]

Se nos tugúrios humildes habitavam os pobres anônimos, quem vivia nos palácios e podia se vingar de quem o incomodava? Os Viana Ribeiro, os Paula Duarte, entre outros, podiam também lançar mão dos poderes da pajé para instrumentalizar seus planos. Afinal, o discurso civilizatório, a boa religião, a medicina, as belas letras da Atenas brasileira serviam para algumas coisas. A escravidão, o fetichismo dos feiticeiros, o abuso de poder e a manipulação da Justiça, serviam para outras coisas.

Na véspera da pajelança, talvez para alumiar o templo, lançaram o fogo ao fogo da sempre eterna Barreira! Talvez fossem os adeptos para honrarem com fogos exteriores os que no centro do templo ardiam, ainda que crestando a pele das vítimas![90]

Se Amélia e suas auxiliares puseram fogo na pele de Joana, quem pôs o fogo no fogo? Fica-se conjecturando sobre quem foram os verdadeiros lançadores de fogo da rua dos Barqueiros, Barreira, casa de Amélia Rosa.

> D. Leopoldina da pajelança, da outra vez, como prêmio teve a alforria, agora ganhará sem dúvida uma coroa de pedraria!![91]

Aqui fica claro, na primeira prisão, que Amélia ganhou o prêmio da alforria de algum cliente incomodado pela prisão da pajé, ou como pagamento por ter sido ela incomodada por algum inimigo do seu cliente. E na segunda? Nesta, o prêmio tardou ou nunca veio. A coroa de pedrarias era composta de uma pena inusitada.

> E viva o progresso!!
> A minha língua comprida pode-me dar na cabeça ...
> Se a gente do partido me conhecer, vão-me ao pelo e aí fico escovado, sem remissão de pecados, nem apelo para o Papa!
> Pelo sim, pelo não, é melhor meter a viola no saco e ir andando.
> É por isso que, por hoje, faço ponto.[92]

Ao final, o cronista, já trôpego e apavorado por declinar tamanhas indiscrições, resolveu guardar sua língua comprida e fazer ponto. Nós também fazemos ponto, esperando ter contado uma boa história. Às vezes a realidade parece ficção.

Com a vingança urdida realizada, a ordem senhorial pôde voltar a usufruir suas tardes suarentas sem maiores sobressaltos. O clã Viana Ribeiro havia mostrado que podia manter o controle sobre as instituições, a imprensa e o próprio aparato senhorial, impondo sua férrea proeminência. Dali para frente, ninguém haveria de afrontar a etiqueta senhorial. A ordem restabelecida alimentava a paz de espírito daqueles que, embora se preparassem para ficar sem escravizados, sabiam que não perderiam o poder dominial.

* * *

Em setembro de 1880, quando realizava a inspeção das cadeias de São Luís, o secretário de polícia se escandalizou.[93] Além de encontrar os edifícios em mau estado, se deparou com os presos fora das celas, alguns trabalhando e outros folgando. Mas o pior veio a seguir. A visita à cadeia de mulheres o deixou mais do que desgostoso.

Ao penetrar no recinto, encontrou Amélia e outras das suas cúmplices pajés, igualmente condenadas, perambulando pelo espaço do edifício, cozinhando e cuidando de seus filhos, que com elas residiam. Pior ainda, encontrou Amélia com flores no cabelo, comemorando seu aniversário com o círculo de mulheres que sempre a acompanhava. Geminiana deveria ali estar com seu filho mais novo, nascido às vésperas da morte de Inocêncio, que devia já ter quatro anos mais ou menos.

As mulheres pajés, com poderes nos mundos do trabalho dilatados das beiras de rio, cozinhas e quintais; as pajés do mundo do sobrenatural, com seus rosários, cinzas e ervas, encontravam-se naquele espaço, reconstituindo suas vidas. Fácil não devia ser, mas para elas o fácil deveria parecer inalcançável!

NOTAS

Introdução

1 Lei nº 2.040, de 28 de setembro de 1871. Disponível em <http://www.planalto. gov.br/ccivil_03/leis/lim/lim2040.htm>. Acesso em 2 jan 2022.

2 J. Montello, *Os tambores de São Luís*, [1975] 2015.

3 Conforme discutido por M. G. de Jesus, *Racismo e decadência: sociedade, cultura e intelectuais em São Luís do Maranhão*, 2015.

4 Entre obras literárias, crônicas de memorialistas e estudos acadêmicos destacam-se: D.de Abranches, *O cativeiro*, 1941; J. Montello, *Os tambores de São Luís*, [1975] 2015; J. E. F. de Almeida, *O crime da baronesa*, 2005; L. M. R., *Um crime contra escravo numa sociedade escravista: o caso da futura Baronesa de Grajaú (São Luís – 1876)*, 2012; L. C. B. F. de Freitas, "Mulheres: sombras tênues da História?", 2017, p. 55-84; Y. M. A. C., *Celso Magalhães e a Justiça infame: crime, escravidão e poder no Brasil do Império*, 2017.

5 Autos do processo-crime da Baronesa de Grajaú 1876-1877. Ministério Público do Estado do Maranhão. Documento original (digitalizado). 2 volumes. Disponível em: https://www.mpma.mp.br/autos-do-processo-crime-da-baronesa-degrajau-1876-1877/. Acesso em: janeiro a abril de 2020.

6 M. Ferretti (org.), *Pajelança no Maranhão. O processo de Amélia Rosa*, 2004.

7 Ver Y. M. A. Costa. *Celso Magalhães e a Justiça Infame: crime, escravidão e poder no Brasil do Império*, 2017, p. 278.

8 Entre a extensa bibliografia sobre os temas em torno de escravidão, raça e gênero, citamos como referência os trabalhos de Morgan, *Laboring Women. Reproduction and Gender in New World Slavery*, 2004; S. M. H. Camp, *Closer to Freedom. Enslaved Women and Everyday Resistance in the Plantation South*, 2004; K. Brown, *Good Wives, Nasty Wenchs, and Anxious Patriarchs. Gender, Race,*

and Power in Colonial Virginia, 1996; S. Hartman, *Scenes of Subjection. Terror, Slavery, and Self-Making in Nineteenth Century America*, 1997; C. Cowling, M. H. P. T. Machado; D. Paton; E. West (org.), *Slavery and Abolition. Special Issue: Mothering Slaves: Motherhood, Childlessness and the Care of Children in Atlantic Slaves Societies*, jun, 2017; C. Cowling, M. H. P. T. Machado, D. Paton, E. West (org.), *Women's History Review. Special Issue: Mothering Slaves: Motherhood, Childlessness and the Care of Children in Atlantic Slaves Societies*, ago, 2017. Disponível em: < https://www.tandfonline.com/doi/full/10.1080/09612025.2017.1336832>.

9 S. Hartman, "Venus in Two Acts". *Small Axe*, vol. 12, nº 2, 2008, p. 12-13.

10 Ibid., p.11.

11 M. Scheer. "Are Emotions a Kind of Practice (And is that what Makes them have a history)? A Bourdieuan Approach to Understanding Emotion", p. 193-220; S. Matt, "Current Emotion Research in History: or, Doing History from Inside Out", 2011, p. 117-124; S. Turner, "The Nameless and the Forgotten: Maternal Grief, Sacred Protection and the Archive of Slavery", *Slavery and Abolition. Special Issue*, vol. 38, nº 2, 2017, p. 232-250. Ver igualmente: Beth Wilson e Emily West. Special Issue: Slavery and Emotions in the Atlantic World. *Slavery and Abolition*, 45, 1, 2024.

12 D. Paton. "Gender History, Global History, and Atlantic Slavery. On racial capitalism and social reproduction", jun. 2022, p. 726-754.

13 M. H. P. T. Machado, L. Brito, I. Silva, F. Gomes. *Ventres Livres? Gênero, maternidade e legislação*, 2021.

1. A morte de Inocêncio

1 A reconstituição do episódio narrado a seguir está baseado em diferentes depoimentos presentes no documento "Autos Crimes da Baronesa, 1876-77". São Luiz: Ministério Público do Estado do Maranhão, 2009 (doravante ACB/MPE-MA), tais como depoimentos de Geminiana (p. 348-349); Sebastiana Nunes Paes (p. 248-250); Simplícia Maria da Conceição Tavares Belfort (p. 135-136 e 355-359).

2 C. de Lima, *Caminhos de São Luís (ruas, logradouros e prédios históricos)*, 2002, p. 153; J. Veiga. *Planta da cidade de São Luiz do Maranhão*. , 1858. 1 mapa, 44 x 54,5cm em 49,3 x 60,2cm. Escala: 1:4.342. Disponível em: <http://objdigital. bn.br/objdigital2/acervo_digital/div_cartografia/cart172840/cart172840.html>. Acesso em 2 maio 2023.

3 Conforme o censo de 1872, naquele ano, os escravizados perfaziam 20% da população. Recenseamento Geral do Brasil, 1872. Província do Maranhão. Disponível em: <https://biblioteca.ibge.gov.br/visualizacao/monografias/GEBIS%20-%20RJ/Recenseamento_do_Brazil_1872/Imperio%20do%20Brazil%201872. pdf>. Acesso em 18 abr 2020.

4   P. R. P. Câmara. *Trabalho e rua. Análise acerca do trabalho de rua em São Luís na passagem do século XIX ao XX*, 2008, p. 60-89.

5   Arquivo do Tribunal de Justiça do Maranhão (doravante ATJMA). Inventário dos bens do casal Maria Thereza Tavares Belfort Quadros e Luiz Miguel Quadros [1870]. Comarca de São Luís. Descrição dos bens, s/p.

6   C. A. Marques. *Dicionário histórico geográfico da Província do Maranhão*, 1870, p. 470.

7   Abranches, op. cit., p. 127-132; J. H. P. Borralho, *Uma Atenas Equinocial. A fundação de um Maranhão no Império Brasileiro*, 2009.

8   Lima, op. cit., p. 90-91; J. Veiga, op. cit...; Euges Lima, *Desvendando São Luís, a planta da cidade de 1858*, 5 dez. 2017. Disponível em: <https://ihgm1.blogspot.com/2017/12/desvendando-sao-luis-planta-da-cidade.html>. Acesso em 19 abr 2021.

9   C. A. M. Marques, op. cit., p. 470.

10   P. R. C. Câmara, op. cit., p. 65.

11   Sobre o enterramento de crianças ver: Vailati, *A morte menina. Infância e morte infantil no Brasil dos oitocentos (Rio de Janeiro e São Paulo)*, 2010.

12   ACB/MPEMA. Depoimentos de Geminiana, p. 111-112.

13   Adalgisa Arantes Campos chama a atenção para a necessidade de ritualização da morte na sociedade escravista, sublinhando que os escravizados também participavam de uma concepção de boa morte que exigia investimentos materiais e simbólicos, tema que não era estranho à classe senhorial, que concedia e tolerava ritos fúnebres elaborados e de seus cativos. Cf. A. A. Campos, "Notas sobre os rituais de morte na sociedade escravista", jul 1988, p. 117.

14   L. Vailati, op. cit., p. 105; J. J. Reis, *A morte é uma festa. Ritos fúnebres e revolta popular no Brasil do século XIX*, 1991, p. 137-170.

15   J. Wetherell, *Brasil: Apontamentos sobre a Bahia (1842-1857)*, 1972; D. Kidder, *Sketches of Residence and Travels in Brazil: Embracing Historical and Geographical Notices of the Empire and Its Several Provinces*, 1845. Disponível em: <https://digital.bbm.usp.br/handle/bbm/7778>. Acesso em 15 jun 2021; J. Arago, *Souvenirs d'un aveugle, Voyage autour du monde par J. Arago, ouvrage enrichi de soixante dessins et de notes scientifiques*, 1839-1840. Disponível em: <https://digital.bbm.usp.br/handle/bbm/7637>. Acesso em 15 jun 2021; J. Luccock, *Notas sobre o Rio de Janeiro e partes meridionais do Brasil*, 1942. Disponível em: <http://www.portalbarcosdobrasil.com.br/handle/01/636>. Acesso em 15 jun 2021; T. Ewbank, *Life in Brazil, or, A Journal of a Visit to the Land of the Cocoa and the Palm*, 1856. Disponível em: <https://digital.bbm.usp.br/view/?45000030053&bbm/7541#page/10/mode/2up>. Acesso em 15 jun 2021; F. Denis, *Brasil*, 1980.

16   Segundo Luiz Vailati, os carneiros "consistiam em salas quadrangulares, em geral dando para um pátio aberto, tendo em suas paredes compartimentos de largura tal a poder caber um esquife. Os corpos recebiam cal, o que favorecia a decomposição rápida da carne". Cf. L. Vailati, "Os funerais de 'anjinhos' na

literatura de viagem", 2002, p. 22-44. Disponível em: <https://www.scielo.br/j/rbh/a/fpJKsPBRkxGyc7RMktHRwNk/?lang=pt>. Acesso em 15 jun 2021.

17 J. J. Reis, op. cit., p. 137-141; L. Vailati, *A morte menina*..., p. 155-175.

18 C. Rodrigues, *Lugares dos mortos na cidade dos vivos*, 1997.

19 D. de Abranches, op. cit, p. 251.

20 A. J. H. Coe. *Nós, os ossos que aqui estamos, pelos vossos esperamos: a higiene e o fim dos sepultamentos eclesiásticos em São Luís*, 2008, p. 53-92.

21 D. de Abranches, op. cit, p. 251.

22 Consta do auto de corpo de delito a referência ao antigo cemitério da Santa Casa de Misericórdia como local de enterramento de Inocêncio. ACB/MPEMA, p. 155.

23 J. J. Reis, op. cit., , dedica parte de seu estudo ao processo de constituição do cemitério em Salvador nos anos 1830 e a reação popular ao processo.

24 L. Vailati, *A morte menina*..., p. 186-187.

25 Exemplo disso é a coleção de fotografias de crianças mortas feitas pelo fotógrafo Augusto Militão entre 1860 e 1880, existentes no Museu Paulista da Universidade de São Paulo.

26 D. S. M. da Vide, *Constituições primeiras do Arcebispado da Bahia*, 1853; P. L. B. de Lemos, *Ritual do Arcebispado da Bahia*, 1863. Ver também: L. Vailati, *A morte menina*..., p. 101-112.

27 R. Bluteau, *Dicionário português e latino*, 1712.

28 J. Chevalier, A. Gheerbrant, *Dictionnaire des symboles*, 1982.

29 Arquivo Público do Estado do Maranhão (doravante APEM). Setor de códices. Fundo: Arquidiocese do Maranhão. Série: Registros de óbitos. Livro 65 – Registro de Óbito da Freguesia de São João Batista da Capital (1857/1881), fl. 127v. Registrava o documento que: "Aos vinte sete de outubro de 1876 nesta freguesia de São João Baptista da capital do Maranhão faleceu de diarreia Jacintho, de 6 anos, filho natural de Geminiana Ribeiro, foi envolto no hábito branco, encomendado e acompanhado pelo coadjutor. Enviado ao Cemitério da Misericórdia para ser sepultado. Para constar faço este assento. O Vigário João Evangelista de Carvalho".

30 J. J. Reis, op. cit.; L. Vailati, *A morte menina*..., p. 163-168; D. A. S. Duarte. *Em vida inocente, na morte "anjinho". Morte, infância e significados da morte infantil em Minas Gerais (séculos XVIII-XIX)*, 2018, p. 204-211.

31 A. A. Campos, op. cit., p. 121,

32 J. B. Debret, *Viagem histórica e pitoresca ao Brasil*, vol. 2, , 1940, p. 185-186; Prancha 16, *Enterrement d'une femme nègre; Convoi funèbre d'un fils de roi nègre*, 1834-1839. Disponível em: <https://digitalcollections.nypl.org/items/510d47df-7b7b-a3d9-e040-e00a18064a99>. Acesso em 15 jun 2021.

33 A. J. H. Coe, op. cit., p. 38.

34 ACB/MPEMA, Depoimento de João Marcelino Romeu, p. 103. Luís Câmara Cascudo anota o uso de caixão azul para anjos. Cf. L. C. Cascudo, "Velório de Anjinho" 2002, p. 153-157.

35 "Trabalhar a jornal", termo da época e corresponde ao "que se dá pelo trabalho de um dia ao jornaleiro". (N.E.)

36 ACB/MPEMA, Depoimento de Jacintho Antonio da Silva, p. 81.

37 ACB/MPEMA, Depoimentos de Primo, Anísio, Geraldo e João, p. 17-110.

38 C. Rodrigues, op. cit., p. 195-2013; L. Vailati, *A morte menina...*, p. 127-154.

39 ACB/MPEMA, Depoimentos de Geminiana, p. 111-112.

40 ACB/MPEMA, 1º exame de corpo de delito, p. 155-157.

41 ACB/MPEMA, 2º auto de perguntas a Ana Rosa Ribeiro, p. 395.

42 APEM, Setor de avulsos. Fundo: Polícia Civil. Série: Autos de Perguntas/Interrogatórios instaurados nas Delegacias de Polícia (1844-1890) – Termos dos interrogatórios referentes à morte de uma escrava de nome Carolina pertencente ao dr. Carlos Ribeiro, 1856, s/p.

43 Catálogo MPEMA, Fontes para sua história. *Correspondência ativa dos promotores públicos do Império: introdução ao ciclo 1842-1871*. Ofícios de 1842-1849, 2008, p. 70.

44 ACB/MPEMA, Depoimento de Valério Sigisnando de Carvalho, p. 237.

45 Ambos os casos apresentam depoimentos no ACB/MPEMA, p. 504 e p. 113, respectivamente. Uma cópia do termo de responsabilidade encontra-se nas p. 633-635.

46 ACB/MPEMA, p. 107.

47 Hemeroteca Digital da Biblioteca Nacional (doravante HDBN), *Publicador Maranhense*, 10 mar. 1875, n. 56, p. 3; L. Nequete, *O escravo na jurisprudência brasileira*, 1988, p. 61-77.

48 BRASIL, Decreto nº 1695 de 15 de setembro de 1869. Art. 2º. Disponível em: <https://www2.camara.leg.br/legin/fed/decret/1824-1899/decreto-1695-15-setembro-1869-552474-publicacaooriginal-69771-pl.html>. Acesso em: 2 jan. 2022. BRASIL, Lei nº 2040 de 28 de setembro de 1871. Parágrafo 1º, alíneas 4 e 5. Disponível em: <http://www.planalto.gov.br/ccivil_03/leis/lim/lim2040.htm>. Acesso em 2 jan 2022.

49 H. Gutman, *The Black Family in Slavery and Freedom*, 1976.

50 M. B. A. Ariza, *O ofício da liberdade. Trabalhadores libertandos em São Paulo e Campinas, 1830-1888*, 2014.

51 E. Bertin, *Alforrias em São Paulo. Liberdade e dominação*, 2002; M. B. A. Ariza, op. cit.

52 Carlos de Lima. *História do Maranhão. A Monarquia*, 2008, p. 257.

53 ACB/MPEMA, Depoimentos de Carlos Augusto Nunes Paes, p. 244, e do dr. Antonio Santos Jacintho, p. 462.

54 ACB/MPEMA, Depoimento de Antonio do Quintero Ferreira, p. 272.

55 J. Viveiros. *Alcântara no seu passado econômico, social e político*, 1977, p. 113.

56 ACB/MPEMA, Depoimento de Ana Rosa Ribeiro, p. 179.

57 ACB/MPEMA, Depoimento de Geminiana, p. 199.

58 Depoimentos diversos atestam que Ribeiro propalava a todos de seu círculo que Inocêncio e Jacintho comiam terra. Ver, por exemplo, ACB/MPEMA, p. 204, 236, 265, entre outras.

59 A. M. G. R. Oda, "Escravidão e nostalgia no Brasil: o banzo", 2008, p. 735-761.

60 A. Goulart, *Da palmatória ao patíbulo. Castigos de escravos no Brasil*, 1971, p. 71 e 139.

61 F. Edler, "Opilação, Hipoemia ou Ancilostomíase? A sociologia de uma descoberta científica, 2004, p. 48-74; J. F. X. Sigaud, *Du Climat e des maladies du Bresil ou statistique médicale de cette Empire*, 1844, p. 130-132.

62 ACB/MPEMA, Depoimento de João Marcelino Romeu, p. 192-194.

63 ACB/MPEMA, Depoimento de Zuraida Guterres, p. 259-261.

64 Vinho quinado, isto é, vinho tipo Porto macerado com folhas de quina, é um remédio tradicional, que servia como antiemético, antipruriginoso, fortalecedor do estômago e fortificante. Cf. J. Costa, *Pharmacopea naval, e castrense*, 1819, p. 150.

65 ACB/MPEMA, Depoimento de Sebastiana Nunes Paes, p. 249-250.

66 Vinho curtido com limalha de ferro, tido como fortalecedor. Cf. A. J. S. Pinto. *Pharmacopéa chymica, médica e cirúrgica*, 1834, p. 155.

67 ACB/MPEMA, Depoimento do dr. Antonio dos Santos Jacintho, p. 462-469.

68 ACB/MPEMA, Depoimentos de Olímpia Francisca Ribeiro e do escravizado Sebastião dos Santos Jacintho, p. 115-119 e 156-159.

69 ACB/MPEMA, Depoimento de Gregória Rosa Salustiana, pp. 223.

70 ACB/MPEMA, Depoimento de Gregória Rosa Salustiana, pp.132.

71 ACB/MPEMA, Depoimento de Sebastião dos Santos Jacintho, p. 251, e do dr. Antonio dos Santos Jacintho, p. 465-466.

72 ACB/MPEMA, Interrogatório de Ana Rosa Viana Ribeiro, p. 181.

73 M. R. Assunção. *De caboclos a bem-te-vis. Formação do campesinato numa sociedade escravista: Maranhão, 1800-1850*, p. 361.

74 Y. M. A. Costa, op. cit., p. 169-180.

75 ACB/MPEMA, Depoimento de Antonio José da Silva Sá, p. 189-194.

76 ACB/MPEMA, Depoimento de Antonio José da Silva Sá, p. 193.

77 ACB/MPEMA, Depoimento de Primo, p. 193-195, e Termo de Acareação, p. 373-375.

78 ACB/MPEMA, Depoimento do tenente-coronel João Marcelino Romeu, p. 305-312.

79 Fundado em 1839, o Liceu era o principal colégio do Maranhão. Cf. C. A. M. Marques. op. cit., p. 336.

80 ACB/MPEMA, Depoimento do tenente-coronel João Marcelino Romeu, p. 305-331.

81 I. R. Mattos, *O tempo saquarema. A formação do Estado imperial*, 2011.

82 J. E. F. Almeida, op. cit., p. 53-54.

83 ACB/MPEMA, Depoimento do tenente-coronel João Marcelino Romeu, p. 309.

84 ACB/MPEMA, Depoimento do Alferes José Maria da Rocha Andrade, p. 342.

85 ACB/MPEMA, Depoimento do Alferes José Maria da Rocha Andrade, p. 342-345.

86 ACB/MPEMA, Auto de corpo de delito, p. 155-157.

87 ACB/MPEMA, Auto de exumação e Corpo de Delito, p. 441-443.

88 HDBN, "Opinião pública. Crime", *Diário do Maranhão*, 21 nov. 1876, p. 1.

89 ACB/MPEMA, Auto de exumação e corpo de delito, p. 436-443.

90 ACB/MPEMA, Depoimento do dr. Antônio dos Santos Jacintho, p. 331-332,

91 ACB/MPEMA, Depoimento do dr. Antônio dos Santos Jacintho, p. 227.

92 Como, por exemplo, quando dr. Roxo publica extensa resposta ao dr. Antônio dos Santos Jacintho em 14 dez. 1876, no *Diário do Maranhão*, p. 1.

93 ACB/MPEMA, Relatório do Inquérito policial, p. 285.

2. Uma senhora escravista no ocaso da escravidão

1 ACB/MPEMA, Auto de qualificação de Ana Rosa Viana Ribeiro, p. 89-90

2 HDBN, *Diário do Maranhão*, 24 nov. 1876, p.1.

3 As perguntas estão presentes tanto no processo como no *Diário do Maranhão*. O jornal acompanhou de perto os passos da investigação.

4 O Estado do Maranhão foi criado em 1621 sob os auspícios do Rei Felipe da Espanha à época da União Ibérica. O território do Grão-Pará foi agregado após a retomada da soberania lusitana, sendo intitulado Estado do Maranhão e Grão--Pará a partir de 1654, com capital na povoação de São Luís. No século XVIII, atendendo as reconfigurações das políticas ultramarinas sob a batuta de Sebastião José de Carvalho e Melo, o marquês de Pombal, a nomenclatura mudou para Estado do Grão-Pará e Maranhão, sendo Belém a capital a partir de 1751. Em 1772 seu domínio foi estendido até o Piauí. A unidade político-administrativa somente foi fundida à porção do Estado do Brasil, mais ao sul, em 1774, com capital na distante cidade do Rio de Janeiro. Para mais informações conferir: V. Salles, *O negro no Pará*, 1971; A. Cardoso, "A conquista do Maranhão e as disputas atlânticas na geopolítica da União Ibérica (1596-1626)", *Revista Brasileira de História*, São Paulo, v. 31, n. 61, 2011, p. 317-338; F. J. Santos, *Nos confins ocidentais da Amazônia portuguesa: mando metropolitano e a prática do poder régio na Capitania do Rio Negro no século XVIII*, 2012.

5 M. Coutinho, *Fidalgos e barões: uma história da nobiliarquia luso-maranhense*, 2015. p. 294.

6 A. S. Mota, *A dinâmica colonial portuguesa e as redes de poder local na Capitania do Maranhão*, 2007, p. 28.

7 Maria Tereza Lamagnère, Joana Maria Lamagnère, Ana Isabel Lamagnère, Arnaud Lamagnère, Rosa Helena Lamagnère, Maria Henriqueta e Pedro Miguel Lamagnère. Cf. A. S. Mota, op. cit, , p.173.

8 M. B. Costa, *Liberdades sertanias no Maranhão. Da América Portuguesa à Balaiada (1838-1841),*, 2018, p.114.

9 A. S. Mota, op. cit., p. 42. Sobre as sesmarias e o avanço colonial no rio Itapecuru, conferir: R. J. S. Gayozo, *Compêndio histórico-político dos princípios da lavoura no Maranhão*, 1818; Edição Fac-Simile: Coleção São Luís 1, 1970, p. 163-165.

10   O rio Parnaíba era margeado por tropeiros que começavam a avançar no sudoeste maranhense, descortinando a área dos Pastos Bons. Cf. C. Abreu, *Capítulos de História colonial*, 2008, p. 205.

11   R. Chambouleyron, "Escravos do Atlântico Equatorial: tráfico negreiro para o Estado do Maranhão e Pará (século XVII e início do século XVIII)", *Revista Brasileira de História*, vol. 26, n° 52, 2006, p. 95-96.

12   Cf. C. L. Dias; F. A. Bombarde, "O que dizem as licenças? Flexibilização da legislação de recrutamento particular de trabalhadores indígenas no Estado do Maranhão (1680-1755)", *Revista de História*, São Paulo, n. 175, jul./dez. 2016, p. 249-280; Patrícia M. M. Sampaio, *Espelhos partidos. Etnia, legislação e desigualdade na Colônia*, 2011; M. Harris, *Rebellion on the Amazon. The Cabanagem, Race, and Popular Culture in the North of Brazil, 1798-1840*, 2010.

13   A. S. Mota op. cit., pp. 70.

14   Cf. R. G. V. Cirino, *Pela boa ordem da Província e pela glória do Império. Famílias, estratégias e suas tramas na administração imperial do Maranhão (1750-1840)*, 2019.

15   A. S. Mota. op. cit., "Apêndice: Relação dos membros das famílias principais".

16   M. N. Dias, *Fomento e mercantilismo. A Companhia Geral do Grão-Pará e Maranhão (1755-1778)*, 1970. Na listagem de acionistas inclusa na obra aparece Lourenco Belfort na p. 232; A. Carreira. *A Companhia Geral do Grão-Pará e Maranhão. Volume 1. O comérco monopolista Portugal – África – Brasil na segunda metade do século XVIII*, 1988; D. C. Martins, *A Companhia Geral de Comércio do Grão-Pará e Maranhão e os grupos mercantis do Império Português (1755-1787)*, 2019.

17   M. N. Dias, op. cit., p. 399.

18   J. J. Andrade A., "O algodão brasileiro na época da revolução industrial", *América Latina en la historia económica*, México, vol. 23, n° 2, mai./ago. 2016.

19   A. S. Mota; D. S. Barroso, "Economia e demografia da escravidão no Maranhão e no Grão-Pará: uma análise comparativa da estrutura da posse de cativos (1785-1850)", *Revista de História*, n° 176, 2017.

20   C. R. Boxer, *O Império colonial português (1415-1825)*, 1981, p. 191-192.

21   W. Hawthorne, *From Africa to Brazil. Culture, Identity, and the Atlantic Slave Trade, 1600-1830*, 2010; R. S. Barroso Junior, *Nas rotas do Atlântico equatorial. Tráfico de escravos rizicultores da Alta Guiné para o Maranhão (1770-1800)*, 2009.

22   M. N. Dias, op. cit, p. 466; G. M. Hall, *Escravidão e etnias africanas nas Américas: restaurando os elos*, 2017.

23   M. C. Meirelles, "Braços para o trabalho! A Companhia Geral do Grão-Pará e o Maranhão, os escravos africanos e a inserção do Maranhão na rota das trocas internacionais na segunda metade do século XVIII", in M. M. G. Ferreira; N. O. Ferreras; C. C. Rocha, *Histórias sociais do trabalho. Usos da terra, controle e resistência*, 2015.

24   Cf. J. R. Caldeira, *O Maranhão na literatura dos viajantes do século XIX*, 1991.

25 H. Koster, *Viagens ao Nordeste do Brasil*, 1942, p. 234.

26 A. M. Santos, *O cotidiano da resistência escrava*. São Luís do Maranhão (década de 1830), 2018.

27 J. M. O. Reis, *Da Atenas brasileira à Jamaica brasileira. Reflexões sobre processos de construção de identidades culturais da capital maranhense*, 2012.

28 Filha de Pedro Miguel Lamagnère e Ana Rosa Araújo Cerveira.

29 A. S. Mota, op. cit., p. 51.

30 Ibid., p. 41.

31 M. Coutinho, op. cit., p. 295.

32 Cf. J. H. P. Borralho, *Uma Atenas Equinocial. A fundação de um Maranhão no Império Brasileiro*, 2009.

33 Sobre fluxos de exportações, quantitativos de gênero e preço, conferir tabelas em M. N. Dias, op. cit., p. 316-360.

34 M. R. Assunção, op. cit., 2014.

35 A. B. P. Lago. *Estatística histórico-geográfica da Província do Maranhão* (1821), 2001. p. 86-89.

36 M. Ahlert, *Cidade relicário. Uma etnografia sobre o terecô, precisão e Encantaria em Codó* (Maranhão), 2013.

37 P. P. Mury, *História de Gabriel Malagrida da Companhia de Jesus*, 1875, p. 25-32.

38 C. A. Marques. *Dicionário historico-Geographico da província do Maranhão*, 1870, p. 202.

39 C. A. M. Marques,op. cit., p. 185.

40 M. R. Assunção, op. cit.; R. H. M. Faria. *Mundos do trabalho no Maranhão oitocentista: os descaminhos da liberdade*, 2012.

41 R. H. M. Faria, op. cit.; M. D. Dantas (org.), *Revoltas, motins, revoluções. Homens livres pobres e libertos no Brasil do século XIX*, 2011; S. Chalhoub, *A força da escravidão. Ilegalidade e costume no Brasil oitocentista*, 2012; P. M. Beattie, *Tributo de sangue. Exército, honra, raça e nação no Brasil, 1864-1945*, 2009.

42 HDBN, *Chronica Maranhense*, 23 mar. 1839, p. 4.

43 D. G. Magalhães. *A revolução da Província do Maranhão desde 1839 até 1840*, 1858, p. 15

44 Ibid., p.69

45 M. B. Costa, op. cit., p. 409.

46 HDBN, *Publicador Maranhense*, 21 jan. 1857, p. 4. Há referência no jornal às lojas de Raimundo Gabriel Viana, com chamada para a aferição de pesos e medidas.

47 R. H. M. Faria. op. cit., p. 261-264.

48 C. A. M. Marques, op. cit., p. 447.

49 Cf. I. S. Viana; A. Ribeiro Neto; F. S. Gomes, "Escritos insubordinados entre escravos e libertos no Brasil", *Estudos Avançados*, São Paulo, vol. 33, nº 96, 2019, p. 155-177; F. S. Gomes; M. H. P. T. Machado, "Revoltas em três tempos: Rio de Janeiro, Maranhão, São Paulo (século XIX)", in: J.J. Reis; F. S. Gomes, *Revoltas escravas no Brasil*, 2021, p. 588-646.

50   HDBN, *Publicador Maranhense*, 22 jul. 1867, p. 2.

51   J. H,. P. Borralho, *Uma Atenas Equinocial. A fundação de um Maranhão no Império brasileiro*, 2009.

52   M. G. Jesus, pp. cit., 2015.

53   J. J. Pereira, *As representações da escravidão na imprensa jornalística do Maranhão na década 1880*, 2006. p. 126.

54   M. Coutinho, op. cit., p. 296-299.

55   M. G. Figueiredo; H. Varum; A. Costa, "Aspectos da arquitetura civil edificada no século XIX em São Luís do Maranhão, Brasil", *Conservar Património*, Lisboa, nº 15-16, dez. 2012, p. 43-68.

56   HDBN, *Publicador Maranhense*, 26 jun. 1856, p. 3.

57   Cf. A. A. Martins, *A mobilidade na ordem urbana: a reconstrução dos lugares da São Luís do século XIX*, 2005, p. 78.

58   Há informações interessantes sobre o nascimento do filho do casal, Carlos Fernando Viana Ribeiro, no seu testamento. Cf. Memorial Desembargador Lauro de Berredo Martins – Tribunal de Justiça do Maranhão. Livro de Testamentos (1892-1895). Testamento 29, fl. 89-92.

59   F. M. Costa, *Moradas da memória. O valor patrimonial dos lugares privados da antiga São Luís sob os olhares da literatura, da toponímia e da geografia humanista cultural*, 2014.

60   Uma discussão sobre os depoimentos e uma reflexão sobre o caso de Carolina podem ser lidos também em Y. M. A. Costa, op. cit., p. 68-69

61   APEM, Setor de avulsos. Fundo: Polícia Civil. Série: Autos de Perguntas/Interrogatórios instaurados nas Delegacias de Polícia (1844-1890) – Termo do interrogatório registrado na Secretaria de Polícia feito a Anna Raimunda acerca das circunstâncias da morte de uma escrava de nome Carolina, 29 set. 1856.

62   APEM, Setor de documentos avulsos. Fundo: Polícia Civil. Série: Autos de Perguntas/Interrogatórios instaurados nas Delegacias de Polícia (1844-1890) – Termo do interrogatório registrado na Secretaria de Polícia feito a Anna Raimunda acerca das circunstâncias da morte de uma escrava de nome Carolina, 29 set. 1856.

63   Cf. IPHAN. *Cidades históricas, inventário e pesquisa: São Luís*, 2006.

64   APEM, Setor de documentos avulsos. Fundo: Polícia Civil. Série: Autos de Perguntas/Interrogatórios instaurados nas Delegacias de Polícia (1844-1890) - Termo do interrogatório registrado na Secretaria de Polícia feito a Anna Raimunda acerca das circunstâncias da morte de uma escrava de nome Carolina, 29 set. 1856.

65   APEM, Setor de documentos avulsos. Fundo: Polícia Civil. Série: Autos de Perguntas/Interrogatórios instaurados nas Delegacias de Polícia (1844-1890) – Termo do interrogatório registrado na Secretaria de Polícia feito a Clara Maria da Conceição acerca das circunstâncias da morte de uma escrava de nome Carolina, 29 set. 1856.

66 APEM, Setor de documentos avulsos. Fundo: Polícia Civil. Série: Autos de Perguntas/Interrogatórios instaurados nas Delegacias de Polícia (1844-1890) – Termo do interrogatório registrado na Secretaria de Polícia feito a Sophia Rosa Gonçalves acerca das circunstâncias da morte de uma escrava de nome Carolina, 29 set. 1856.

67 HDBN, *Diário do Maranhão*, 17 out. 1855, p. 3; HDBN, *Diário do Maranhão*, 11 jul. 1856, p. 3.

68 APEM, Setor de documentos avulsos. Fundo: Polícia Civil. Série: Autos de Perguntas/Interrogatórios instaurados nas Delegacias de Polícia (1844-1890) – Termo do interrogatório registrado na Secretaria de Polícia feito a Silvestre Marques da Silva Ferrão acerca das circunstâncias da morte de uma escrava de nome Carolina, 18 out. 1856.

69 APEM, Setor de documentos avulsos. Fundo: Polícia Civil. Série: Autos de Perguntas/Interrogatórios instaurados nas Delegacias de Polícia (1844-1890) – Termo do interrogatório registrado na Secretaria de Polícia feito a Ermelinda Marques da Silva Ferrão acerca das circunstâncias da morte de uma escrava de nome Carolina, 20 out. 1856.

70 HDBN, *Publicador Maranhense*, 12 fev. 1854, p. 1.

71 APEM, Setor de documentos avulsos. Fundo: Polícia Civil. Série: Autos de Perguntas/Interrogatórios instaurados nas Delegacias de Polícia (1844-1890) – Termo do interrogatório registrado na Secretaria de Polícia feito a João Luís da Rocha Compasso acerca das circunstâncias da morte de uma escrava de nome Carolina, 20 out. 1856.

72 APEM, Setor de documentos avulsos. Fundo: Polícia Civil. Série: Autos de Perguntas/Interrogatórios instaurados nas Delegacias de Polícia (1844-1890) – Termo do interrogatório registrado na Secretaria de Polícia feito a Paulo Saulnier de Pierrelevée acerca das circunstâncias da morte de uma escrava de nome Carolina, 20 out. 1856.

73 HDBN, *Diário do Maranhão*, 31 out. 1856, p. 2.

74 HDBN, *A Imprensa*, 04 jun. 1857, nº 1, p. 3.

75 Catálogo MPEMA: Fontes para sua história. *Correspondência ativa dos promotores públicos do Império*: introdução ao ciclo 1842-1871. Ofícios de 1842-1849, 2008, p. 70.

76 HDBN, *Publicador Maranhense*, 26 mar. 1856, p. 1. Juiz substituto da 2ª Vara da Capital e lente de gramática latina do Liceu.

77 HDBN, *Publicador Maranhense*, 05 mai. 1862, p. 2.

78 HDBN, *Publicador Maranhense*, 28 mai. 1862, p. 2.

79 A classificação "cabra" é recorrentemente utilizada por autores de época para caracterizar a população pobre livre, sobretudo a sertaneja, referindo-se a trabalhadores mestiços, oriundos de relações familiares e processos de miscigenação de indígenas, brancos e negros no interior. Cf. D. Abranches, op. cit., 1941.

80 No total de 31.604 habitantes, os livres de cor, divididos entre pardos, pretos e caboclos, totalizavam 12.670 pessoas; os escravizados, divididos entre pretos e pardos, totalizavam 7.026; já os brancos eram 11.908. Do ponto de vista

percentual, pretos, pardos e caboclos, somando livres e escravizados, equivaliam a 62,3% da população total, e brancos a 37,7%. Cf. Recenseamento Geral do Brasil, 1872. Província do Maranhão. Disponível em: <https://biblioteca. ibge.gov.br/visualizacao/monografias/GEBIS%20-%20RJ/Recenseamento_do_ Brazil_1872/Imperio%20do%20Brazil%201872.pdf>. Acesso em: 18 abr. 2020.

81 HDBN, Passageiros saídos no dia 25 no vapor *Brunswick, Diário do Maranhão*, 25 abr. 1875,p. 2.

82 ACB/MPEMA, Depoimento de Carlos Augusto Nunes Paes, p. 153.

83 Memorial Desembargador Lauro de Berredo Martins – Tribunal de Justiça do Maranhão. Livro de Testamentos (1892-1895). Testamento 29, Carlos Fernando Viana Ribeiro, fl. 89-92.

84 ACB/MPEMA, Termo de Responsabilidade, p. 504.

85 ACB/MPEMA, Termo de Responsabilidade, p. 504.

86 ACB/MPEMA, Depoimento de José Maria do Rosário Machado, p. 113-114.

87 D. C. S. Lopes, *Direito e escravidão. Embates acerca da liberdade jurídica de escravos na Província do Maranhão (1860-1888)*, 2013, p. 35.

88 HDBN, *Publicador Maranhense*, 10 mar. 1875, p. 3.

89 ACB/MPEMA, Depoimento de Valério Sigisnando de Carvalho, p. 144; J. E. F. Almeida, op. cit., p. 28.

90 J. Moraes (org.), *Ana Jansen, rainha do Maranhão. Documentos maranhenses 18*, 1999.

91 HDBN, *Diário do Maranhão*, 21 abr. 1858, p. 4.

92 HDBN, *Publicador Maranhense*, 12 set. 1862, p. 4.

93 M. M. Leite, *A condição feminina no Rio de Janeiro no século XIX*, 1993.

94 Cf. R. J. Knight Mistresses, motherhood, and maternal exploitation in the Antebellum South, *Women's History Review*, Nova York, v. 27, n. 6, jun. 2017, p. 990-1005.

95 HDBN, *Publicador Maranhense*, 14 mai. 1875, p. 2.

96 Cf. J. Y. Mérien, *Aluísio Azevedo, vida e obra (1857-1913)*, 1988.

97 A. Azevedo, *O mulato,*, 2012, p. 23.

98 Ibid., p. 49.

99 D. Abranches, op. cit. p. 46.

100 HDBN, *O Publicador Maranhense*, 29 mar. 1843, p. 2.

101 HDBN, *O Publicador Maranhense*, 25 fev. 1843, p. 4.

102 HDBN, *O Publicador Maranhense*, 16 mar. 1843, p. 2.

103 HDBN, *O Publicador Maranhense*, 22 abr. 1843, p. 1.

104 HDBN, *O Publicador Maranhense*, 08 abr. 1846, p. 4.

105 HDBN, *O Publicador Maranhense*, 21 fev. 1846, p. 3.

106 Graham, *Diário de uma viagem ao Brasil*, 1990, p. 136. Suely Gomes Costa examina a passagem e comenta impressões de Maria Graham em sua estadia no Rio de Janeiro. Cf. S. G. Costa, "Entre práticas escravistas e caritativas, transformações da gestualidade feminina", *Revista Gênero*, vol. 1, nº 1, 2º sem. 2000, p. 57-63.

107 S. G. Costa,op. cit., p. 59.

108 Segundo estudo de Maria de Lourdes Monaco Janotti, entre as senhoras abastadas maranhenses havia também mulheres engajadas no ramo da educação e em certa reforma dos costumes violentos, com destaque para dona Marta Alonso Veado Alvarez de Castros Abranches, educadora espanhola, fundadora do Colégio N. S. da Glória em 1844, e dona Emília Pinto Magalhães Branco, comerciante e fazendeira, mãe do escritor Aluísio Azevedo. A autora ainda trata da trajetória de Anna Joaquina Jansen Pereira, rica proprietária de escravizados e afamada pela coleção de inimigos e relatos sobre sua conduta brutal com escravizados. Cumpre notar que a fonte primordial do estudo de Janotti é a obra de Dunshee de Abranches, *O cativeiro*, na qual o autor discorre sobre memórias e acontecimentos diversos do Maranhão oitocentista, com foco na trajetória de seus antepassados e em suas agências políticas, que aparecem fundamentalmente na fala de dona Emília Branco em longas descrições de diálogos dispostos no texto. Cf. M. L. M. Janotti, "Três mulheres da elite maranhense", *Revista Brasileira de História*, v. 16, n. 31 e 32, 1996, p. 225-248; D. Abranches, op. cit..

109 E. S. Abrantes; S. R. R. Santos, "Ana Jansen: a mulher e o mito". In: Y. Costa; M. C. Galves (orgs.), *Maranhão. Ensaios de biografia e história*, 2011.

110 J. Viveiros, "A rainha do Maranhão". In: J. Moraes (org.), op. cit., p. 30-35.

111 E. S. Sampaio, *Um estudo sobre gênero no Brasil do século XIX. O caso Ana Jansen, a Rainha do Maranhão*, 2015, p. 78.

112 D. Abranches, op. cit., p. 76-85.

113 APEM, Fundo Secretaria de Governo. Livro nº 1701. Primeiro caderno de recenseamento da cidade de São Luís do Maranhão, 1855, p. 69.

114 J. Viveiros, op. cit., p. 44-50.

115 M. J. B. Ribeiro, "Maranhão de outrora (1819-1924): memórias de uma época". In: J. Moraes (org.), op. cit., p. 74. Na obra, a autora atribui à Ana Jansen o pseudônimo de Amélia Jardim para narrar ocorrências de sua conduta na São Luís oitocentista.

116 J. Moraes (org.), op. cit., p. 79-80.

117 O caso das jovens Eduarda e Joana foi discutido na obra da historiadora Camillia Cowling, que incluiu em sua investigação a problemática do gênero e da violência de senhoras brancas contra mulheres escravizadas na década da abolição no Brasil e em Cuba. Cf. C. Cowling, *Conceiving Freedom: Women of Color, Gender, and the Abolition of Slavery in Havana and Rio de Janeiro*, 2013, p. 118.

118 Com o título de "Crime de Botafogo", foram publicados transcrições, comentários e detalhes do processo criminal contra Francisca da Silva Castro no jornal *Gazeta da Tarde*, entre várias edições ao longo dos meses de março e outubro de 1886.

119 HDBN, *Gazeta da tarde*, 12 mar. 1886, p. 1.

120 HDBN, *Gazeta da tarde*, 25 out. 1886, p. 2.

121 Milson Coutinho, baseado em informações do testamento do pai da senhora escravista, afirma o seguinte sobre a idade de Ana Rosa: "Quando Ana Rosa foi

interrogada, na presença do promotor Celso Magalhães, em 19/11/1876, na sua própria casa, à rua São João, declarou que tinha "quarenta e poucos anos", que nasceu na fazenda Quebra Anzóis, comarca de Codó, sendo filha do Comendador Raimundo Gabriel Viana e Francisca Isabel Lamagnère. A fidalga não disse a verdade. De fato, 1876, ano do interrogatório, tinha 52 anos de idade, porque essa foi a ordem de nascimento de seus irmãos, na tresidela de Codó: Raimundo Gabriel Viana, seu pai, casou-se em 1818. O primeiro filho, José Antônio, nasceu em 1819; o segundo, Pedro, nasceu em 1820; o terceiro José, nasceu em 1821; o quarto, Joaquim José, nasceu em 1822 e a quinta, Ana Rosa Viana, nasceu em 1823." M. Coutinho, op. cit., p.295.

122 M. Coutinho, op. cit., p. 298.

3. Geminiana e seus filhos nas malhas da escravidão

1. Sacramento Blake, *Dicionário bibliográfico brasileiro*, 1899, p. 438. Por exemplo, no verbete dedicado a Luiz Miguel Quadros, o livro apenas declina o nome do pai do biografado, dedicando-se sobretudo a ressaltar suas múltiplas atividades.

2. A defesa da honra e da fortuna da família Quadros aparece como tema central do artigo da pena do próprio Luiz Miguel Quadros no *Publicador Maranhense* de 28 mai. 1860, p. 3.

3. Em 6 de setembro de 1862, nas páginas do mesmo *Publicador Maranhense*, Luiz Miguel Quadros, pai, é criticado por sua atuação como inspetor do tesouro.

4. HDBN, *Publicador Maranhense*, 28 mai. 1860, p. 3.

5. Graça Aranha, *Meu próprio romance*, 2018, p. 52.

6. M. Coutinho, op. cit., , 2005, p. 97-101; A. K. Costa, *Uma Casa Irlandesa no Maranhão. Estudo da trajetória da família Belfort, 1736-1808*, 2013.

7. W. Hawthorne, *From Africa to Brazil. Culture, Identity, and Atlantic Slave Trade, 1600-1830*, 2010.

8. Ibid., p. 137-172.

9. M. Coutinho, op. cit.,, p. 97-102; A. K. Costa, op. cit.

10. ATJMA, Inventário dos bens do casal comendador José Joaquim Teixeira Vieira Belfort e Rita Tavares da Silva Belfort [1875], 2 volumes. Comarca de São Luís. Auto de arrolamento dos bens, s/p.

11. R. J. S. Gaioso, *Compêndio histórico-político dos princípios da lavoura do Maranhão*, 2011; A. W. B. Almeida, *A ideologia da decadência. Leitura antropológica a uma história da agricultura no Maranhão*, , 2008, p. 61-78.

12. ATJMA, Inventário dos bens do casal comendador José Joaquim Teixeira Vieira Belfort e Rita Tavares da Silva Belfort [1875]. 2 volumes. Comarca de São Luís. Auto de Arrolamento dos Bens, s/p.

13 O edifício hoje conhecido sob a denominação de Palácio Cristo Rei e é sede da reitoria da Universidade Federal do Maranhão. Sobre o solar ver: J. A. V. Lopes (coord.). *São Luís, Ilha do Maranhão, e Alcântara. Guia de arquitetura e paisagem. Edição bilíngue.*, 2008, p. 222-223.

14 Ibid., p. 124-125.O sobrado da rua do Sol não consta da avaliação de bens de raiz do inventário do casal do comendador José Joaquim Belfort. Notamos, porém, que falta uma página no segundo volume desse documento, referente ao espólio complementar, realizado após a morte do mesmo comendador em 1877. Aparece, no entanto, o valor dos aluguéis do imóvel, atestando-o como sua propriedade.

15 Os inventários do comendador e de Rita Belfort ilustram o dinamismo econômico da família, documentando a existência de transações bancárias, pagamento e recebimento de letras e dívidas.

16 R. J. Gaioso, op. cit., ; A. W. B. Almeida, op. cit..

17 O comendador possuía em sua fazenda uma colônia de homens livres. Em 24 de fevereiro de 1874, no *Diário do Maranhão*, encontra-se artigo rebatendo acusações de maltrato contra os colonos do Engenho Recurso. A colônia de homens livres possuía um diretor independente, provavelmente uma espécie de capataz, encarregado da administração desses trabalhadores livres. Nesse período, o Maranhão já estava recebendo levas de migrantes vindos de províncias vizinhas, como Ceará e Piauí, à procura de trabalho. Ver: R. H. M. Faria, *Mundos do trabalho no Maranhão oitocentista*, 2021, p. 229-271.

18 O monte do inventário do casal do comendador Belfort e de sua mulher foi avaliado em mais de 173 contos de réis em 1877. ATJMA, Inventário dos bens do casal comendador José Joaquim Teixeira Vieira Belfort e Rita Tavares da Silva Belfort [1875], 2 volumes. Comarca de São Luís.

19 ATJMA, Inventário dos bens do casal Maria Thereza Tavares Belfort Quadros e Luiz Miguel Quadros [1870]. Comarca de São Luís

20 ATJMA, Inventário dos bens do casal comendador José Joaquim Teixeira Vieira Belfort e Rita Tavares da Silva Belfort [1875], 2 volumes. Comarca de São Luís. Lista de matrícula de 1872, s/p. Obviamente, as idades registradas são meramente aproximativas.

21 ACB/MPEMA, Depoimento do dr. José Joaquim Tavares Belfort, p. 209.

22 Auto de qualificação de Geminiana. M. Ferretti (org.), *Pajelança no Maranhão no século XXI. O processo de Amélia Rosa*, 2004, p. 98.

23 ATJMA, Inventário dos bens do casal comendador José Joaquim Teixeira Vieira Belfort e Rita Tavares da Silva Belfort [1875], 2 volumes. Comarca de São Luís. Lista de matrícula de 1872, s/p.

24 ACB/MPEMA, Depoimento da informante Simplícia, p. 354.

25 M. B. A. Ariza, "Ventres, seios, coração: maternidade e infância em disputas simbólicas em torno da Lei do Ventre Livre (1870-1880)", in: M. H. P. T. Machado; L. Brito; I. Viana; F. S. Gomes (orgs.), op. cit., 2021, p. 19-40.

26 S. Blake, op. cit.,, p. 438; C. A. Castro, "O ensino agrícola no Maranhão Imperial", *Revista HISTEDBR On-line*, vol. 12, nº 48, 2012, p. 28.

27 O *Publicador Maranhense*, entre 1860 e 1868, apresentou mais de cem menções a Luiz Miguel Quadros. Para as menções ver respectivamente, 17 jun. 1863, p. 4; 20 jul. 1863, p. 4; 17 out. 1865, p. 3; 16 jun. 1862, p. 4; 02 ago. 1865, pp 4; 05 set. 1866, p. 3.

28 HDBN, *Publicador Maranhense*, 28 mai. 1860, p. 3

29 O termo significar "terceiro barãozinho", numa descrição jocosa no vocabulário do XIX.(N.E.)

30 HDBN, *Publicador Maranhense*, 02 set. 1862, p. 2.

31 S. Blake, op. cit., p. 434.

32 J. L. Bonsucesso, *Das modificações que a prenhez pode ocasionar na inteligência da mulher*, 1858, p. 57.

33 M. M. L. Freire, *Mulheres, mães e médicos: discurso maternalista no Brasil*, 2009, p. 97-146.

34 M. H. P. T. Machado, "Mulher, corpo e maternidade". In: L. Schwarcz; F. S. Gomes (org.), *Dicionário da escravidão e da liberdade*, 2018, p. 335-336.

35 L. Vailati, *A morte menina...*, 1989, p. 265-288.

36 L. F. S. Telles. *Teresa Benguela e Felipa Crioula estavam grávidas: maternidade, escravidão e cotidiano no Rio de Janeiro*, capítulo 4, no prelo.

37 ATJMA, Inventário dos bens do casal Maria Thereza Tavares Belfort Quadros e Luiz Miguel Quadros [1870]. Comarca de São Luís. Notícia sobre o falecimento do recém-nascido Manoel aparece no *Publicador Maranhense*, 16 jun. 1866, p. 2.

38 M. H. P. T. Machado, "Between two Beneditos: enslaved wet-nurses amid slavery's decline in southeast Brazil", *Slavery and Abolition*, Nova York, vol. 38, n° 2, abr. 2017, p. 322.

39 M. E. R. Carneiro, *Procura-se uma "preta com muito bom leite, prendada e carinhosa": uma cartografia das amas de leite na sociedade carioca, 1850–1888,*, 2006, especialmente capítulos 2 e 3.

40 M. H. P. T. Machado, op. cit., p. 320-332. Ver também: C. Cowling; M. H. P. T. Machado; D. Paton; E. West (org.). *Motherhood, Childlessness and the Care of Children in Atlantic Slave Societies*, 2020, p. 1-12.

41 M. H. P. T. Machado, op. cit., p. 320-332.

42 ATJMA, Inventário dos bens do casal Maria Thereza Tavares Belfort Quadros e Luiz Miguel Quadros [1870]. Comarca de São Luís. Petição de 19 set. 1873.

43 ACB/MPEMA, Depoimento de Antonio Quintero Ferreira, p. 128; Depoimento de Geminiana, p. 351; e Autos de corpo de delito, p. 153-161.

44 M. Ferretti (org.), op. cit.

45 HDBN, *Publicador Maranhense*, 31 dez. 1866, p. 1.

46 HDBN, *Publicador Maranhense*, 15 jan. 1868, p. 2.

47 APEM, Setor de códices. Fundo: Arquidiocese do Maranhão. Série: Registros de óbitos. Livro 65 – Registro de Óbito da Freguesia de São João Batista da Capital (1857/1881), fl. 75..

48 HDBN, *Publicador Maranhense*, 20 mai. 1869, p. 3,

49 ATJMA, Inventário dos bens do casal Maria Thereza Tavares Belfort Quadros e Luiz Miguel Quadros [1870]. Comarca de São Luís. Petição de 23 de nov. 1870.

50 ATJMA, Inventário dos bens do casal Maria Thereza Tavares Belfort Quadros e Luiz Miguel Quadros [1870]. Comarca de São Luís. Laudo de 21 jun. 1873.

51 HDBN, *Diário do Maranhão*, 15 dez. 1875, p. 2.

52 HDBN, *Diário do Maranhão*, 04 jun. 1875, p. 2.

53 ACB/MPEMA, Depoimento do dr. José Joaquim Tavares Belfort, p. 213.

54 ACB/MPEMA, Carta de Alforria de Geminiana. Inventário de Maria Thereza Belfort e Luiz Miguel Quadros.

55 E. Bertin, *Alforrias na São Paulo do século XIX. Liberdade e dominação*, 2004.

56 M. B. A. Ariza, O *ofício da liberdade...*, 2014.

57 Brasil, Decreto nº 1695 de 15 de setembro de 1869. Disponível em: <https://www2.camara.leg.br/legin/fed/decret/1824-1899/decreto-1695-15-setembro-1869-552474-publicacaooriginal-69771-pl.html>. Acesso em 2 jan 2022. Brasil, Lei nº 2040 de 28 de setembro de 1871. Disponível em: <http://www.planalto.gov.br/ccivil_03/leis/lim/lim2040.htm>. Acesso em 2 jan 2022.

58 M. A. C. R. Papali, *Escravos, libertos e órfãos. A construção da liberdade em Taubaté, 1871-1895*, 2003, p. 28-29; M. C. Haack, *Sobre silhuetas negras: experiências e agências de mulheres escravizadas* (*Cachoeira do Sul, c. 1850-1888*), 2019, p. 112-131.

59 A lei estabelecia que os ingênuos permaneceriam sob o poder do senhor de suas mães até a idade de 21 anos. A única exceção era: "§ 4º Se a mulher escrava obtiver liberdade, os filhos menores de oito anos, que estejam em poder do senhor dela por virtude do § 1º, lhe serão entregues, exceto se preferir deixá-los, e o senhor anuir a ficar com eles". Brasil, Lei nº 2040 de 28 de setembro de 1871. Disponível em: <http://www.planalto.gov.br/ccivil_03/leis/lim/lim2040.htm>. Acesso em 2 jan 2022.

60 Ver, por exemplo, E. Bertin, op. cit.

61 M. B. A. Ariza, *Mães infames...*, 2020, p. 43-108.

62 ACB/MPEMA, Depoimento do dr. José Joaquim Tavares Belfort, p. 209.

63 ACB/MPEMA, Depoimento do dr. José Joaquim Tavares Belfort, p. 211.

64 ATJMA, Inventário dos bens do casal Maria Thereza Tavares Belfort Quadros e Luiz Miguel Quadros [1870]. Comarca de São Luís. Petição do inventariante em nome da escrava Brígida em 21 nov. 1876.

65 ACB/MPEMA, Depoimento do dr. José Joaquim Tavares Belfort, p. 212.

66 HDBN, *Diário do Maranhão*, 06 dez. 1896, p. 2.

67 ATJMA, Inventário dos bens do casal Maria Thereza Tavares Belfort Quadros e Luiz Miguel Quadros [1870]. Comarca de São Luís. Petição do comendador ao juiz de órfãos em 6 jul. 1876.

68 M. Ferreti (org.), op. cit., p. 52.

69 ACB/MPEMA, Depoimento de Antônio Quintero Ferreira, p. 314.

70 Sobre esses temas, ver capítulo 2.

71 HDBN, *Diário do Maranhão*, 29 ago. 1876, p. 2.

72 Variação de sarna. Curuba. In: Dicionário Online de Português. Disponível em: <https://www.dicio.com.br/curuba/>. Acesso em: 2 jan. 2022.

73 ACB/MPEMA, Depoimento do dr. José Joaquim Tavares Belfort, p. 213.

74 ACB/MPEMA, Depoimento de Thomaz Figueredo Lima, p. 324-325.

75 ACB/MPEMA, Depoimento de Carlos Augusto Nunes Paes, p. 247.

76 ACB/MPEMA, Depoimento de Carlos Augusto Nunes Paes, p. 248.

77 ACB/MPEMA, Depoimento da testemunha informante Geminiana, p. 351.

78 ACB/MPEMA, Depoimento de Sebastiana Nunes Paes, p. 249-250, entre outros.

79 ACB/MPEMA, Depoimento de Carlos Augusto Nunes Paes, p. 248.

80 J. M. C. Jobim, *Discurso sobre as moléstias que mais afligem as classes pobres do Rio de Janeiro*, 1835, p. 11 e 28-29.

81 Dr. Julio Rodrigues de Moura, "Da hipoemia intertropical considerada como uma moléstia verminosa", *Revista Médica do Rio de Janeiro*, Rio de Janeiro, ano II, nº 10, 31 dez. 1874, p. 106-107.

82 ACB/MPEMA, Depoimento de Antonio Quintero Ferreira, p. 218.

83 M. G. Jesus, "Dialética do feitor", *Novos Estudos do Cebrap*, São Paulo, vol. 40, nº 3, 2021, p. 533-572.

84 M. H. P. T. Machado, *Crime e escravidão. Trabalho, luta e resistência nas lavouras paulistas (1830-1888)*, 2014, p. 67-88.

85 ACB/MPEMA, Relatório do Subdelegado de Polícia, p. 260.

86 ACB/MPEMA, Depoimento de Carlos Augusto Nunes Paes, p. 246-247.

87 ACB/MPEMA, Depoimento de Carlos Augusto Nunes Paes, p. 246-247.

88 Dunshee de Abranches apresenta a mesma hipótese em O *cativeiro*, p. 142.

89 M. Coutinho, op. cit., p. 119.

90 APEM, Setor de códices. Fundo: Arquidiocese do Maranhão. Série: Registros de óbitos. Livro 65 – Registro de Óbito da Freguesia de São João Batista da Capital (1857/1881), fl. 127v.

91 J. B. A. Imbert, *Manual do fazendeiro ou tratado doméstico sobre a enfermidade dos negros*, 1830; P. L. N. Chernoviz, *Dicionário de medicina popular*, , 1890; A. J. S. Pinto, op. cit., , 1834.

92 ACB/MPEMA, Relatório do Inquérito Policial, p. 262.

93 ACB/MPEMA, 1º exame de corpo de delito, p. 157.

94 ACB/MPEMA, Depoimento de Valério Sigisnando de Carvalho, p. 237.

95 ACB/MPEMA, Depoimento do dr. Antonio dos Santos Jacintho e de Olímpia Francisca Ribeiro, respectivamente, p. 329 e 471-472.

96 ACB/MPEMA, Depoimento de Olímpia Francisca Ribeiro, p. 206.

97 ACB/MPEMA, Interrogatório de Ana Rosa Viana Ribeiro, p. 179.

98 ACB/MPEMA, Depoimento de David Freire da Silva, p. 243-244.

99 ACB/MPEMA, Depoimento do dr. José Mariano da Costa, p. 455-458.

100 ACB/MPEMA, Depoimento do dr. José Joaquim Tavares Belfort, p. 213.

101 ACB/MPEMA, Depoimento de David Freire da Silva, p. 237.

102 ACB/MPEMA, Depoimento da informante Simplícia, p. 354-355.

103 ACB/MPEMA, Depoimento da informante Simplícia, p. 356.

104 ACB/MPEMA, Depoimento da informante Simplícia, p. 357.

4. Aos olhos do público, na boca do povo

1   HDBN, *Diário do Maranhão*, 12 nov. 1876, p. 4; *O Paiz*, 12 nov. 1876, p. 3.

2   Segundo registros coligidos nos jornais *Publicador Maranhense*, *Diário do Maranhão* e *O Paiz* (HDBN), as celebrações organizadas pela Irmandade do Bom Jesus Redentor das Almas ocorriam durante sete noites seguidas, com procissões e missas dedicadas aos mortos. De acordo com o *Almanak administrativo, mercantil e industrial do Maranhão*, a organização possuía mesa de administração, mordomos e mordomas, que zelavam pela manutenção das celebrações. Conforme assevera Ribeiro, a irmandade geria ainda a Associação de Socorros Mútuos Santa Cruz, fundada em 1862. Cf. E.m S. Ribeiro, *Igreja católica e modernidade no Maranhão*, 2003, p. 131. No geral, sobre as irmandades religiosas em São Luís, ver A. J. H. Coe, "As irmandades religiosas em São Luís do Maranhão e sua missão salvacionista", *Revista de História e Estudos Culturais*, Fortaleza, vol. 4, ano IV, nº 3, jul-set 2007, p. 1-12.

3   HDBN, *Publicador Maranhense*, 13 nov. 1844, p. 4. Na edição consta o roteiro costumeiro da procissão da Irmandade de Bom Jesus Redentor das Almas. As chamadas para o cortejo em sufrágio das Santas Almas do purgatório aparecem em diversos anúncios, encontradas no periódico sempre em meados dos meses de novembro ao longo do século XIX.

4   Cf. Monique Augras, *A segunda-feira é das almas*, 2012.

5   Conforme consta em editoriais do *Diário do Maranhão*, antes do final de novembro de 1876, Antonio José da Silva Sá já aparece como o "delegado de polícia", e na sequência da investigação, em fevereiro de 1877, figura como "delegado de polícia da comarca da capital". Cf. HDBN, *Diário do Maranhão*, 26 nov. 1876, p. 1; 11 fev. 1877, p. 3. Isso também pode ser conferido através da leitura do processo, especialmente na fase judicial, que avançou pelo ano de 1877.

6   ACB/MPEMA, Denúncia, p. 50.

7   C. P. S. Jacinto, "Fazendeiros, negociantes e escravos: dinâmica e funcionamento do tráfico interprovincial de escravos no Maranhão (1846-1885)". In: M. C. Galves; Y. M. P. Costa (org.), *O Maranhão oitocentista*, 2015.

8   Cf. J. S. Ignotos, *Sessenta anos de jornalismo. A imprensa no Maranhão (1820-1880)*, 1883.

9   HDBN, *Diário do Maranhão*. 16 nov. 1876, p. 3.

10   Cf. J. S. Ignotos, op. cit.

11   J. J. Pereira, *As representações da escravidão na imprensa jornalística do Maranhão na década 1880*, p. 99-100.

12   HDBN, *O Paiz*, 16 nov. 1876, p. 3.

13   Cf. J. S. Ignotos, op. cit.

14   HDBN, *O Apreciável*, 18 nov. 1876, p. 4.

15   HDBN, *O Paiz*, 17 nov. 1876, p. 3.

16 HDBN, *Diário do Maranhão*, 18 nov. 1876, p. 1-2.

17 HDBN, *Diário do Maranhão*, 18 nov. 1876, p. 2. Na mesma passagem do jornal, foi mencionada uma lista de testemunhas contatadas pela defesa, que perfilava os médicos José Mariano da Costa e Antonio dos Santos Jacintho, a trabalhadora alugada Olímpia, o caixeiro Luiz Travassos da Rosa, o major Carlos Nunes Paes e o lente da Faculdade de Direito do Recife, José Joaquim Tavares Belfort, que representava a antiga família proprietária das crianças. A despeito das intenções do advogado, o último convocado não participou e contrariou argumentos da justificação, negando veementemente em seu depoimento que Jacintho e Inocêncio tivessem sido castigados quando estavam sob responsabilidade de seu clã no passado, quando viviam na fazenda em Rosário. Cf. ACB/ MPEMA, Depoimento do dr. José Joaquim Tavares Belfort, p. 120-125.

18 HDBN, *Diário do Maranhão*, 18 nov. 1876, p. 1.

19 HDBN, *Diário do Maranhão*, 18 nov. 1876, p. 1.

20 Cf. J. E. F. Almeida, *O crime do desembargador Pontos Visgueiro*, 2018.

21 HDBN, *Diário do Maranhão*, 21 nov. 1876, p. 1.

22 ACB/MPEMA, Termos dos depoimentos, p. 85. "Proceda-se o inquérito policial sobre o fato constante do corpo de delito para o que sejam notificados Joaquim Marques Rodrigues, João Marcelino Romeo, José Mariano do Rozário Machado, Dr. Jozé Joaquim Tavares Belfort, Antonio Gonçalves da Silva, Antonio do Quinteiro Ferreira, Francisco João Gonçaves da Silveira, Miguel Gomes de Asevedo Junior, Gregório Rosa Salustiana, Dr. Antônio dos Santos Jacintho, Alexandre Colares Moreira, Dr. José Ricardo Jauffret, Tenente Valério Segisnando de Carvalho, Alferes Jozé Maria da Richa Andrade, David Freire da Silva, Carlos Augusto Nunes Paes, Salustiana Nunes Paes, Sebastião dos Santos Jacinto, Olympia Francisca Ribeiro, a mãe a avó do paciente e os quatro pretos que carregavam o caixão para serem notificados digo para serem inquiridas amanhã e nos seguintes dias úteis pelas 11h da manhã na casa das audiências e a todas sob as penas da lei, cite-se ao Sr. Promotor Público para assistir e requerer o que for a bem da Justiça. Maranhão, 19 de novembro de 1876".

23 HDBN, *Diário do Maranhão*, 24 nov. 1876, p. 1-6.

24 HDBN, *Diário do Maranhão*, 25 nov. 1876, p. 1.

25 No caminhar da investigação, que contou com a contundente atuação delegado, este foi acusado de ter pactuado com inimigos da família Viana Ribeiro para reforçar a acusação, deixando suspeitas sobre sua ascensão na polícia de São Luís. O ataque partiu da defesa da acusada, nomeadamente o advogado Paula Duarte, que escrevia nos editoriais do jornal *O Liberal*. Mas, ao contrário do esperado, o defensor da acusada foi alvo de rechaço e comentários críticos advindos de colunas de outros jornais, que defendiam a atuação de Silva Sá. Tal clima de encarniçadas contendas se pronunciou de modo mais veemente na fase em que Ana Rosa esteve presa, no aguardo do julgamento do tribunal do júri, em fevereiro de 1877. Mais detalhes serão discutidos no capítulo 5.

26   HDBN, *Diário do Maranhão*, 26 nov. 1876, p. 1.

27   HDBN, O *Paiz*, 02 dez. 1876, p. 1.

28   Sobre tensões do "mundo da casa" senhorial, conferir: I. R. Mattos, op. cit., 2011.

29   Concernente aos "crimes contra a segurança da pessoa e vida", previstos no Código Criminal de 1830, o art. 193 autuava réus implicados em homicídios não revestidos em circunstâncias agravantes, apontadas no mesmo dispositivo em seu art. 16. A pena era "de galés perpétuas no grão máximo; de prisão com trabalho por doze anos no médio; e por seis no mínimo". Brasil, Lei de 16 de dezembro de 1830. Disponível em: <http://www.planalto.gov.br/ccivil_03/leis/lim/lim-16-12-1830.htm>. Acesso em 2 jan 2022.

30   ACB/MPEMA, Denúncia, p. 50

31   HDBN, O *Cearense*, 06 dez. 1876, p. 2.

32   HDBN, *Diário do Rio de Janeiro*, 20 dez. 1876, p. 2.

33   Cf. HDBN, *Jornal do Amazonas*, 07 mar. 1877, p. 1; *Jornal do Recife*, 08 jan. 1877, p. 1; *Diário de Belém*, 06 jan. 1877, p. 1-2; *A Imprensa* (*Teresina*), 07 abr. 1877, p. 4.

34   Cf. J. Moraes (org.), *Livro do sesquicentenário de Celso Magalhães* (*1849-1999*), 1999.

35   Sobre a representações de escravizados na literatura brasileira, conferir: R. Sayers, *The Negro in Brazilian Literature*, 1956. p.73-77.

36   Celso Magalhães, *Os calhambolas*. In: J. Moraes (org.), op. cit., p. 49-111.

37   Y. M. P.Costa, "A união dos opostos: abolicionismo e racismo na obra literária de Celso Magalhães" *Caderno Pesquisa do* CDHIS, Uberlândia, vol. 30, nº 2, jul./dez. 2017, p. 77-106.

38   Celso Magalhães, *A poesia popular brasileira*, 1873, p. 19-20. Disponível em: <https://www.literaturabrasileira.ufsc.br/documentos/?action=download&id=44748>. Acesso em 2 jan 2022.

39   Sobre as posições antiescravidão e antiescravo, Cf. D. T Haberly, "Abolitionism in Brazil: Anti-Slavery and Anti-Slave", *Luso-Brazilian Review*, Madison, vol. 9, nº 2, 1972, p. 30-46.

40   C. Magalhães, *A poesia popular brasileira*, p. 12.

41   C. Magalhães, op. cit., p. 19.

42   Sobre o debate da geração de intelectuais da década de 1870 e a discussão sobre raças, ver Roberto Ventura *Estilo tropical. História cultural e polêmicas literárias no Brasil*, 2000; L. M. Schwarcz, *O espetáculo das raças. Cientistas, instituições e questão racial no Brasil*, 1993.

43   HDBN, *Diário do Maranhão*, 30 out. 1874. p. 3. Cf. Y. M. P. Costa, *A flor vermelha. Ensaio biográfico sobre Celso Magalhães*, 2018, p. 162.

44   HDBN, *Diário do Maranhão*, 29 ago. 1874, p. 2.

45   HDBN, *Diário do Maranhão*, 30 ago. 1874, p. 2.

46   Cf. Y. M. P. Costa, *A flor vermelha...*, p. 200-202; L. Nequete, op. cit., 1988, p. 72-74.

47   Nessa perspectiva, sobre a negativa da interpretação da vítima como "pessoa miserável", consta em Lenine Nequete: "Estas condições de legitimidade da

queixa da Promotoria não se dão quando o ofendido é escravo. Em primeiro lugar, não tem o escravo o direito de queixa e perseguição contra o seu ofensor; este é um direito que compete ao senhor pelo Art. 72 do Código do Processo. Assim, evidente é que a Promotoria Pública não pode queixar-se por ele, substituindo-o no exercício de uma faculdade que a lei não lhe concede, e de que não lhe é, por isso, lícito usar. Nem é pelas circunstâncias em que se acha que o escravo não pode perseguir o seu ofensor, e sim porque carece desse direito; e sua condição, que não é uma circunstância, o coloca sob o poder de outro, que tem sobre ele o domínio, e a quem cabe defendê-lo e perseguir aqueles que o ofenderam". Cf. L. Nequete, op. cit., p. 73.

48 HDBN, *Diário do Maranhão*, 18 fev. 1875, p. 3.

49 Cf. J. E. F. Almeida, op. cit.; Y. M. P. Costa, *A flor vermelha...*

50 HDBN, *Diário do Maranhão*, 14 nov. 1876, p. 2; *O Paiz*, 22 nov. 1876, p. 1.

51 J. Moraes (org.), op. cit., p. 14. Sobre as origens do posicionamento anticlerical do promotor, conferir Y. M. P. Costa, *A união dos opostos...*

52 "Resposta ao Dr. Celso Magalhães", publicada com diferentes tópicos entre 8 e 19 de novembro no *Diário do Maranhão*.

53 "Passageiros entrados no dia 8 no *Vapor Itapecuru* [...] Do Arary: Dr. Celso Magalhães, Capitão Francisco de A. Campos, Benedicto R. Lopes, Leocádio Zeferino Bogea; Cristina, Julia, Filomeno e Thomaz, escravos a entregar". HDBN, *Diário do Maranhão*, 10 dez. 1876, p. 3.

54 Antes da entrada de Celso Magalhães no processo, já haviam sido colhidos setes depoimentos na fase judicial preliminar. 1. João Marcelino Romeu, armador, buscado de madrugada para fazer o caixão do menino morto; 2. Antonio do Quintero Ferreiro, padeiro, ex-proprietário de Inocêncio e Jacinto; 3. Miguel Gomes de Azevedo Júnior, uma das testemunhas que acompanhou a trama no cemitério; 4. Antonio Gonçalves da Silva, armador, presente no saimento do féretro improvisado; 5. Thomas de Figueiredo Lima, negociante que deixou de vender anteriormente dois meninos para dona Ana Rosa, a pedido do próprio irmão da dita; 6. Antônio dos Santos Jacintho, médico que consultou Inocêncio em seus estertores finais e participou do segundo exame de corpo de delito; 7. Joaquim Mariano Marques, testemunha que acompanhou o desenrolar do enterramento e exumação do corpo de Inocêncio. ACB/MPEMA, p. 205-237.

55 ACB/MPEMA, Depoimento de José Maria da Rocha Andrade, p. 240.

56 HDBN, *Diário do Maranhão*, 12 dez. 1876, p. 3.

57 ACB/MPEMA, Termo de acareação, p. 266-267.

58 ACB/MPEMA, Depoimentos das 1ª e 2ª "Informantes referidas" – Anísio e Geraldo, p. 270-271.

59 HDBN, *O Paiz*, 15 dez. 1876, p. 1.

60 Desde o início de dezembro estava ancorado no porto o vapor inglês *Brunswick*, cuja data da partida e chamada de passageiros fora registrada nos jornais. "Vapor para a Europa – Hoje á duas horas da tarde tem de seguir

viagem para Lisboa e Liverpool o vapor inglês Brunswick". HDBN, *Diário do Maranhão*, 12 dez. 1876, pp. 3.

61 HDBN, *O Paiz*, 15 dez. 1876, p. 1. Grifos no original.

62 HDBN, "Passageiros saídos no dia 25 no vapor *Brunswick*", *Diário do Maranhão*, 25 abr. 1875, p. 2.

63 Tratava-se de João Pedro Ribeiro, que, segundo estudo de Isabella Alves Silva, vinha do poderoso ramo da família Ribeiro de Alcântara, mesmo de Carlos Fernando, com forte influência política no Partido Liberal no Maranhão. Além dos passageiros, a embarcação trazia para São Luís gêneros importados. Entre outras mercadorias, "presuntos ingleses, queijos londrinos e flamengos empelicados, manteiga em lata, caixas de doces cristalizados, vidros com tâmaras e outros muitos artigos próprios para mimos de festas". Cf. HDBN, "Pelo Brunswick", *Diário do Maranhão*, 01 jan. 1874, p. 4; I. A. Silva, *Casamentos mistos no bispado do Maranhão (1863-1886)*, 2016, p. 96.

64 ACB/MPEMA, Atestado médico, p. 275. "Certifico que a Exma. Sra. D. Ana Rosa Viana Ribeiro, por mim observada sofre de Beribéri e hepatite subaguda, pelo que se acha em uso dos remédios receitados pelo seu médico assistente e impossibilitada de sair de casa. O que juro sincero e verdadeiro. Maranhão, 14 de dezembro de 1876. Dr. José Maria Faria de Matos."

65 Ao que consta, Raimundo Nonato Barroso Souza passou a atuar como escrivão do tribunal do júri, que estava apreciando outro processo, e assim saiu temporariamente do caso Inocêncio. Conferir nota HDBN, "Escrivão do crime" *Diário do Maranhão*, 16 dez. 1876, p. 3.

66 "Tenho a informar a V. Sª. que não há mais escrivães do civil e crime, visto que todos já prestaram suas informações, por isso apresente a V. Sª os presentes autos para tomar a devida consideração a supradita informação. Maranhão, 14 de dezembro de 1876; O Escrivão Raimundo Nonato Barroso Souza". ACB/MPEMA, p. 276-277.

67 Chama atenção o sobrenome Ribeiro do escrivão, o mesmo da família do marido da acusada, Carlos Fernando Ribeiro. Não foram encontrados indícios de parentesco entre ambos, mas isso não seria improvável, tendo em conta a estreiteza das dinâmicas familiares e seus arranjos protetivos bastante presentes na província.

68 HDBN, *Diário do Maranhão*, 16 dez. 1876, p. 3.

69 ACB/MPEMA, Auto de qualificação e interrogatório, p. 285.

70 HDBN, "Última reposta ao Ilmo.. Dr. Roxo", *O Paiz*, 15 dez. 1876, p. 2.

71 ACB/MPEMA, Auto de qualificação e interrogatório, p. 283-289.

72 ACB/MPEMA, Auto de qualificação e interrogatório, p. 290. "Aos dezoito dias do mês de dezembro de mil oitocentos e setenta e seis, nesta cidade do Maranhão, e no meu cartório me foi entregue pelo senhor doutor Francisco de Paula Belfort Duarte, uma defesa de dona Ana Rosa Viana Ribeiro, indiciada neste processo, com dez documentos que adiante segue-se, do que para constar faço este termo. Eu, Péricles Antonio Ribeiro, escrivão que escrevi".

73 ACB/MPEMA, Alegações finais da defesa, p. 295.

74 ACB/MPEMA, Alegações finais da defesa, p. 297.

75 ACB/MPEMA, Alegações finais da defesa, p. 300.

76 ACB/MPEMA Alegações finais da defesa, p. 305.

77 ACB/MPEMA, Alegações finais da defesa, p. 306.

78 ACB/MPEMA, Alegações finais da defesa, p. 309.

79 ACB/MPEMA, Alegações finais da defesa, p. 310.

80 ACB/MPEMA, Pedido de prisão e decisão judicial, p. 377.

81 ACB/MPEMA, Pedido de prisão e decisão judicial, p. 378.

82 HDBN, *Diário do Maranhão*, 27 dez. 1876, p. 2.

83 ACB/MPEMA, Alegações finais da acusação, p. 387.

84 ACB/MPEMA, Alegações finais da acusação, p. 390.

85 HDBN, *Diário do Maranhão*, 03 jan. 1877, p. 1.

86 HDBN, *Diário do Maranhão*, 05 jan. 1877, p. 2.

87 ACB/MPEMA, Anexo às alegações finais, p. 401.

88 Mesmo distanciado do caso, Santos Jacintho continuava a receber críticas ferrenhas. Cf. HDBN, *Diário do Maranhão*, 16 jan. 1877, p. 1.

89 Cf. M. H. P. T. Machado; A. A. I. Cardoso, "Saberes médicos diante do poder dominial: colaborações e confrontos. São Luís – Maranhão, século XIX". In: F. S. Gomes; T. Pimenta (org.), *Corpos africanos. Medicina e raça*, [no prelo].

90 ACB/MPEMA, Sentença de Impronúncia, p. 435.

91 ACB/MPEMA, Razões do recurso, p. 461.

92 ACB/MPEMA, Requerimento e declarações, p. 495-496.

93 ACB/MPEMA, Razões do recurso, p. 463.

94 ACB/MPEMA, Razões do recurso, p. 464.

95 HDBN, *O Paiz*, 30 jan. 1877, p. 1; *Diário do Maranhão*, 30 jan. 1877, p. 1.

96 ACB/MPEMA, Contrarrazões, p. 513.

97 ACB/MPEMA, Contrarrazões, p. 514.

98 ACB/MPEMA, Contrarrazões, p. 517.

99 ACB/MPEMA, Contrarrazões, p. 519.

100 ACB/MPEMA, Contrarrazões, p. 519.

101 ACB/MPEMA, Contrarrazões, p. 520.

102 HDBN, *Diário do Maranhão*, 06 fev. 1877, p. 3.

103 HDBN, *Diário do Maranhão*, 08 fev. 1877, p. 2.

104 HDBN, *Diário do Maranhão*, 09 fev. 1877, p. 1.

105 ACB/MPEMA, Acórdão do Superior Tribunal da Relação, p. 531.

106 Informações sobre Carnaval em São Luís podem ser lido em anúncios de clubes carnavalescos, de armazéns e lojas que vendiam adereços para a confecção de máscaras e demais acessórios para os foliões. Cf. HDBN, *Diário do Maranhão*, 11 fev. 1877, p. 4.

5. Geminiana, de mãe enlutada à perigosa pajé

1   Banana da terra in natura ou cozida.

2   J. F. Selbach, *Código de Posturas de São Luís* (MA), 2010, p. 45-88. "Art. 179: Fica proibida a venda a retalho de frutas não sazonadas. Aos contraventores a multa de dez mil réis, e a fruta não sazonada, que estiver exposta à venda será inutilizada pelo respectivo fiscal."

3   HDBN, *Diário do Maranhão*, 13 fev. 1877, p. 2.

4   "Baile de Máscaras – Na terça-feira efetuou-se o segundo baile de máscaras do sr. Neves, dado nos salões da sociedade – recreio familiar – à rua da Palma. Foi grande a concorrência e embora tivesse muitas senhoras, dançando-se nas três grandes salas, o número de cavalheiros era superior, tendo também bastantes [sic] máscaras. A função correu muito em ordem, divertindo-se os circunstantes que se retiraram satisfeitos." HDBN, *Diário do Maranhão*, 15 fev. 1877, p. 3.

5   ACB/MPEMA, Auto de prisão, p. 545.

6   HDBN, *Diário do Maranhão*, 15 fev. 1877, p. 2

7   HDBN, *Diário do Maranhão*, 25 ago. 1876, p. 2.

8   HDBN, "Opinião pública. Crime", *Diário do Maranhão*, 21 nov. 1876, p. 1.

9   HDBN, *Diário do Maranhão*, 16 fev. 1877. p. 2.

10 HDBN, *Diário do Maranhão*, 14 fev. 1877, p. 1.

11 HDBN, *Almanak administrativo da Provincia do Maranhão* (MA), 1875, p. 26.

12 ACB/MPEMA, Depoimento de Valério Sigisnando de Carvalho, p. 144.

13 A menção aos ataques aparece em respostas de Silva Sá no *Diário do Maranhão*, referindo-se a publicações do jornal *Liberal*, em cuja coleção disponível na Hemeroteca Digital da Biblioteca Nacional, não constam os números de fevereiro de 1877 – nos quais foram publicados os impropérios contra Silva Sá.

14 HDBN, *Diário do Maranhão*, 20 fev. 1877, nº 1063, p. 2. A referência à crítica presente no jornal *O Paiz* foi mencionada a partir da citação encontrada no *Diário do Maranhão*. A edição de *O Paiz* comentada não se encontra disponível na Hemeroteca Digital da Biblioteca Nacional.

15 HDBN, *Diário do Maranhão*, 21 fev. 1877, p. 2.

16 HDBN, *Diário do Maranhão*, 22 fev. 1877, p. 2.

17 HDBN, *Diário do Maranhão*, 22 fev. 1877, p. 2. Os grifos em itálico são nossos.

18 HDBN, *Diário do Maranhão*, 22 fev. 1877, p. 2.

19 ACB/MPEMA, Termo de abertura de sessão de julgamento, p. 582-583.

20 Os nomes sorteados foram: Antonio Silvério Ribeiro da Silva, Leopoldo Alberto de Moraes Rego, Joaquim José Alves Júnior, Leonel Militão de Brito, Ricardo Rodrigues Sudré, Francisco Antonio Correia, Maximino Manoel Briones, José Joaquim da Costa Machado, José João de Mattos, João Thomás de Mello, José Maria Honorato Fernandes, Bernardino do Rego Barros. ACB/MPEMA, Termo do sorteio do júri de sentença, p. 587-588.

21 ACB/MPEMA, Libelo-crime acusatório, p. 555.

22 HDBN, *Diário do Maranhão*, 23 fev. 1877, p. 2.

23 HDBN, *Diário do Maranhão*, 24 fev. 1877, p. 3.

24 HDBN, *Diário do Maranhão*, 23 fev. 1877, p. 2.

25 HDBN, *Diário do Maranhão*, 22 fev. 1877, p. 2.

26 ACB/MPEMA, Termo de comparecimento das partes e testemunhas, p. 584.

27 ACB/MPEMA, Anexo à apelação: justificação II, p. 666.

28 ACB/MPEMA, Interrogatório da ré, p. 594.

29 HDBN, *Diário do Maranhão*, 23 fev. 1877, p. 2.

30 HDBN, *Diário do Maranhão*, 24 fev. 1877, p. 2.

31 HDBN, *Diário do Maranhão*, 24 fev. 1877, p. 2.

32 HDBN, *Diário do Maranhão*, 24 fev. 1877, p. 2.

33 ACB/MPEMA, Inquirição das testemunhas de acusação, p. 603.

34 HDBN. *Diário do Maranhão*, 24 fev. 1877, p. 2.

35 Sobre a questão da defesa de "pessoa miserável", conferir exemplo apresentado por L. Nequete op. cit., p. 73.

36 HDBN, *Diário do Maranhão*, 24 fev. 1877, p. 2.

37 HDBN, *Diário do Maranhão*, 24 fev. 1877, p. 2.

38 HDBN, *Diário do Maranhão*, 24 fev. 1877, p. 2.

39 HDBN, *Diário do Maranhão*, 24 fev. 1877, p. 2.

40 HDBN, *Diário do Maranhão*, 24 fev. 1877, p. 2.

41 HDBN, *Diário do Maranhão*, 24 fev. 1877, p. 2.

42 ACB/MPEMA, Ata da sessão de julgamento, p. 627.

43 HDBN, *Diário do Maranhão*, 24 fev. 1877, p. 3.

44 HDBN, *Diário do Maranhão*, 24 fev. 1877, p. 3.

45 HDBN, *Diário do Maranhão*, 24 fev. 1877, p. 3.

46 Segundo consta em homenagem publicada no *Diário do Maranhão*, 19 jul. 1876, p. 2: "Sebastião Mestrinho; É este o nome do talentoso brasileiro, atualmente na Paraíba, e que já esteve nas províncias do Amazonas e do Pará, e na capital desta última redigiu por algum tempo o *Diário de Belém*. Tem-se aplicado ao ensino da arte taquigráfica, a que, em Pernambuco, tem dado grande desenvolvimento. Os seus discípulos dali mandaram litografar o seu retrato em ponto grande, e embaixo gravar a seguinte honrosa inscrição: 'A Sebastião Mestrinho, propagador da taquigrafia no Império do Brasil, os discípulos agradecidos. Recife, 10 de abril de 1876'".

47 HDBN, *Diário do Maranhão*, 02 mar. 1877, p. 2.

48 HDBN, *Diário do Maranhão*, 03 mar. 1877, p. 1.

49 HDBN, *Diário do Maranhão*, 03 mar. 1877, p. 1.

50 HDBN, *Diário do Maranhão*, 03 mar. 1877, p. 1.

51 HDBN, *Diário do Maranhão*, 03 mar. 1877, p. 1.

52 HDBN, *Diário do Maranhão*, 20 mar. 1877, p. 2.

53 HDBN, *Diário do Maranhão*, 20 mar. 1877, p. 3.

54 Sobre a movimentação do processo na fase da apelação, há uma pequena nota registrada no *Diário do Maranhão*, 9 mar. 1877, p. 2. Cumpre notar que o acervo do jornal *O Paiz*, outro importante órgão da imprensa maranhense que comentava o caso, está incompleto para o ano de 1877 na Hemeroteca Digital da Biblioteca Nacional, não sendo, portanto, possível consultá-lo em sua totalidade.

55 "Diversos Acórdãos têm decretadas nulidades fundadas em circunstâncias idênticas e, entre outros, aponta o apelante as seguintes: – Acc. da Relação de São Paulo, de 5 de maio de 1874, Direito, vol. 4º, p. 253 (sobre incongruência de respostas aos quesitos); Acc. da Relação de Ouro Preto, de 12 de novembro de 1874, Direito, vol. 6º, p. 131, (sobre contradição de respostas); Acc. da Relação de Porto Alegre de 12 de maio de 1876, vol. 11 do Direito (sobre o mesmo facto); Acc. da Relação de São Paulo, de 7 de abril de 1876, vol. 12 do Direito (sobre a inclusão de dois factos distintos num só quesito); e Acc. da Relação do Ceará, de 10 de março de 1876, (sobre irregularidade dos quesitos)". ACB/MPEMA, Razões da Apelação, p. 640-664.

56 ACB/MPEMA, Razões da apelação, p. 643.

57 ACB/MPEMA, Razões da apelação, p. 656.

58 ACB/MPEMA, Anexo à apelação: justificação I, p. 659.

59 ACB/MPEMA, Anexo à apelação: justificação I, p. 659.

60 ACB/MPEMA, Anexo à apelação: justificação I, p. 660.

61 ACB/MPEMA, Anexo à apelação: justificação I, p. 661.

62 ACB/MPEMA, Anexo à apelação: justificação I, p. 661.

63 HDBN, *Diário do Maranhão*, 24 fev. 1877, p. 2-3.

64 ACB/MPEMA, Anexo à apelação: justificação I, p. 666.

65 ACB/MPEMA, Anexo à apelação: justificação II, p. 669-673.

66 ACB/MPEMA, Anexo à apelação: justificação II, p. 669.

67 ACB/MPEMA, Anexo à apelação: justificação II, p. 670.

68 ACB/MPEMA, Anexo à apelação: justificação II, p. 670.

69 ACB/MPEMA, Anexo à apelação: justificação II, p. 671.

70 ACB/MPEMA, Anexo à apelação: justificação II, p. 672.

71 ACB/MPEMA, Anexo à apelação: justificação II, p. 673.

72 ACB/MPEMA, Anexo à apelação: justificação II, p. 673.

73 ACB/MPEMA, Contrarrazões, p. 679.

74 ACB/MPEMA, Contrarrazões, p. 679.

75 ACB/MPEMA, Acórdão em relação, p. 690.

76 Sobre a assunção interina de Carlos Fernando Ribeiro à direção da Província do Maranhão, conferir Y. M. A. Costa, *Celso Magalhães e a Justiça infame....*

77 HDBN, *Diário do Maranhão*, 16 fev. 1877, p. 2.

78 Center for Research Libraries (CRL), Provincial Presidential Reports: Maranhão. Relatório com que o exm. sr. vice-presidente da província, dr. Carlos Fernando Ribeiro, instalou no dia 9 de maio de 1878 a Assembleia Legislativa Provincial, p 6. Disponível em: <http://ddsnext.crl.edu/titles/169#?c=0&m=91&s=0&cv=3&r=0&xywh=381%2C194%2C1265%2C892>. Acesso em 21 jul 2022.

79 HDBN, *O Paiz*, 30 mar. 1878, p. 2.

80 Center for Research Libraries (CRL), Provincial Presidential Reports: Maranhão. Relatório com que o exm. sr. vice-presidente da província, dr. Carlos Fernando Ribeiro, instalou no dia 9 de maio de 1878 a Assembleia Legislativa Provincial, p 7. Disponível em: <http://ddsnext.crl.edu/titles/169#?c=0&m=91&s=0&cv=4&r=0&xywh=-1201%2C0%2C4113%2C2901>. Acesso em: 21 jul. 2022.

81 Antes de atuar como adjunto na promotoria, o nome de Gonçalves de Abreu aparece numa nomeação para suplência do cargo de subdelegado de polícia da capital, cf. HDBN, *Almanak administrativo da Provincia do Maranhão* (MA), 1874, p. 113. Posteriormente, aparece apenas como curador e defensor de um grupo de mulheres acusadas de infligir castigos físicos contra uma escravizada de nome Joana, caso que implicou inclusive Geminiana, mãe de Inocêncio. A referida trama será o objeto de discussão central do próximo capítulo. Sobre o caso, cf. Ferretti, op. cit., , 2004.

82 O caso se refere à prisão da pajé Amélia Rosa e de suas parceiras, objeto de discussão do próximo capítulo.

83 ACB/MPEMA, Depoimento de Simplícia (4ª informante), p. 251.

84 J. F. Selbach, op. cit., p. 45-88.

85 M. Ahlert, op. cit., 2013. Sobre outros vieses da pajelança e da encantaria, ver também: R. H. Maués, *Padres, pajés, santos e festas. Catolicismo e controle eclesiástico*, 1995; C. Slater, *Dance of the Dolphin: Transformation and Disenchantment in the Amazonian Imagination*, 1994.

86 Cf. M. Ferretti, Mundicarmo, *Um caso de polícia! Pajelanças e religiões afro-brasileiras no Maranhão* (1876-1977), 2015.

87 Ibid., p. 67-68.

6. Quem foi supliciada na pajelança?
Geminiana no ritual da vingança

1 Este capítulo tem como base o processo criminal que implicou a pajé Amélia Rosa e suas companheiras, publicado em M. Ferretti, op. cit., 2004. A análise do processo segue as linhas interpretativas já esboçados pela autora em seu ensaio ao citado livro, intitulado *O processo crime de Amélia Rosa* (1877-1878): *comentários e interpretações* (p. 31-59), aprofundando essa abordagem. A análise sistematizada do processo criminal referente ao assassinato de Inocêncio, aliada à leitura detalhada do processo em tela, pode fornecer um quadro circunstanciado a respeito da construção do processo, linha argumentativa e contradições nele existentes. Tal panorama poderá oferecer uma visão mais completa de como se construiu e se condenou Amélia Rosa e seu suposto grupo de colaboradoras.

2 M. Ferretti, op. cit., p. 71.

3   M. Ferretti, ibid., p. 129-130.
4   Toda a descrição acima consta do auto de busca. Ibid.
5   Ibid., p. 72.
6   Ibid., p. 72 e 84.
7   Ibid., p. 133.
8   Por exemplo, Ibid., p. 70 e 114.
9   Ibid., p. 110, 114 e 130.
10 Ibid., p. 72.
11 M. R. Assunção, "Quilombos maranhenses". In: J. J. Reis; F. S. Gomes (org.), *Liberdade por um fio. História dos quilombos no Brasil*, 1996, p. 457.
12 S. F. Ferretti, *Querebentan do Zomadonu. Etnografia da Casa das Minas*, 1985, p. 200.
13 M. Ferretti, op. cit., p. 72-73 e 76-79.
14 HDBN, *Diário do Maranhão*, 14 out 1876, p. 4.
15 R. Prandi, "Introdução", in: R. Prandi (org.), *Encantaria brasileira. O livro dos mestres, caboclos e encantados*, 2001, p. 7-9; G. B. F. Pacheco, *Brinquedo de cura. Um estudo sobre a pajelança maranhense*, 2004, p. 45-46.
16 G. B. F. Pacheco, op. cit., p. 3-4; M. Ferretti, *Desceu na Guma*, 1996; M. Ferretti, "Brinquedo de cura em terreiro de Mina", *Revista do IEB*, São Paulo, nº 59, dez. 2014, p. 57-78; N. Parés, "Apropriações e transformações crioulas da pajelança cabocla no Maranhão", in: M. R. de Carvalho; E. Reesink; J. Cavignac (org.), *Negros no mundo dos índios. Imagens, reflexos e altetridades*, 2011.
17 M. Ferretti (org.), *Pajelança no Maranhão...*, p. 123.
18 Sobre uso das cinzas, ver N. Pereira, *A Casa das Minas*, 1979, p. 51; S. F. Ferretti, op. cit., p. 205. Pemba, do quimbundo, ou chope, é calcário margoso, utilizado em rituais. Pemba. *Infopédia – Dicionários Porto Editora*. Disponível em: <https://www.infopedia.pt/dicionarios/lingua-portuguesa/pemba>. Acesso em 2 maio 2022.
19 HDBN, *Diário do Maranhão*, 14 out. 1876, p. 4 e 15 out. 1876, p. 4.
20 Isso porque o Código Penal de 1830, então em vigor, não criminalizava o curandeirismo, o charlatanismo, nem a prática ilegal da medicina.
21 Embora não se tenha localizado nenhum documento relativo à primeira prisão de Amélia, a rapidez com que ela foi solta sugere a ausência de formalização de quebra de postura municipal, que redundaria em processo em inquérito e processo criminal. Além disso, há referências que Amélia apenas "prometeu" desistir das atividades de cura. Não há referência que ela tenha legalmente se comprometido a não mais exercer a pajelança, como seria o caso se ela tivesse assinado um auto de bem viver.
22 Acervo Digital da Biblioteca Pública Benedito Leite. Maranhão, Índice das leis provinciais da Assembleia do Maranhão. Lei nº 241 de 13 de setembro de 1848 da Câmara Municipal de Codó, p. 11. Disponível em: <http://casas.cultura.ma. gov.br/portal/sgc/modulos/sgc_bpbl/acervo_digital/arq_ad/201408272225211 409189121_72671409189121_7267.pdf>. Acesso em 2 mai 2022; J. F. Selbach, op. cit., p. 45-88

23 Postura Municipal. Lei 1.138 de 21 de agosto de 1876. *Diário do Maranhão*, 25 ago. 1876.

24 M. Ferretti, *Pajelança no Maranhão...*, p. 108; HDBN, *Diário do Maranhão*, 14 out. 1876, p. 4.

25 M. Ferretti, *Pajelança no Maranhão...*, p. 73 e 114.

26 HDBN, *Diário do Maranhão*, 17 nov. 1878, p. 2-3.

27 HDBN, *Diário do Maranhão*, 14 out. 1876, p. 4 e 15 out. 1876, p. 4.

28 Carta de liberdade de Amélia, que foi escrava de João Antônio Coqueiro. Livro de lançamento nº 15. Cartório Tito Soares, fl. 84v.

29 E. Coqueiro, *A vida e a obra de João Antônio Coqueiro*, 1942, p. 19-71.

30 D. Abranches, op. cit., p. 137-138.

31 Folhetim do 1º andar 203. HDBN, *Diário do Maranhão*, 18 nov 1877, p. 1-2.

32 M. Ferretti, *Pajelança no Maranhão...*, p. 90.

33 Auto de perguntas feitas à Amélia, que se diz chamar hoje Leopoldina. M. Ferretti. *Pajelança no Maranhão...*, p. 72-73.

34 Ibid., p. 89-90.

35 Auto de perguntas feitas à Amélia, que se diz chamar hoje Leopoldina. Ibid., p. 72-73.

36 Cf. Auto de perguntas feitas à Amélia, que se diz chamar hoje Leopoldina, p. 76. Para Herculana, Joana teria aparecido na sexta-feira à noite e retornado à casa de Amélia Rosa no sábado às 5h da manhã e saíra na quarta-feira (Auto de perguntas feitas à Herculana Maria da Conceição Viveiros, mãe de Amélia, p. 71). Já Joana afirma que entrara na casa de Amélia Rosa na quinta-feira e já começara a ser castigada (Auto de perguntas feitas à preta Joana, escrava de dona Ana Araújo Trindade, p. 73-74), já Amélia Rosa e a própria vítima afirmam que a saída havia se dado na quinta-feira (nos mesmos interrogatórios acima citados). Todos em Ibid.

37 Ibid., p. 73.

38 Ibid., p. 73.

39 Na introdução de M. Ferretti. *Pajelança no Maranhão...*, p. 45, a organizadora já chamava a atenção sobre essa circunstância inusitada.

40 Interrogatório à ré Catarina, escrava de dona Maria Ribeiro Silva. M. Ferretti. *Pajelança no Maranhão...*, p. 132-133.

41 Ibid., p. 84.

42 M. H. P. T. Machado; A. A. I. Cardoso, "Saberes médicos diante do poder dominial: colaborações e confrontos. São Luís – Maranhão, século XIX". In: F. S. Gomes; T. Pimenta (org.), *Corpos africanos. Medicina e raça* [no prelo].

43 Auto de exame de corpo de delito. M. Ferretti, *Pajelança no Maranhão...*, p. 69-70.

44 R. A. Brandão Neto, Hemoptise. Medicina NET". Disponível em: <https://www.medicinanet.com.br/conteudos/revisoes/7298/hemoptise.htm> Acesso em 3 jul 2024.

45 M. Ferretti, *Pajelança no Maranhão...*, p. 86.

46 2º Auto de corpo de delito, Ibid., p. 88-89.

47 Ibid., p. 73-74 e 114-116.

48 Ibid., p. 114-116.

49 Ibid., p.128-130.

50 Ibid., p. 129.

51 Ibid., pp. 47.

52 Sobre a atuação do dr. Antônio Gonçalves de Abreu, ver capítulo 4. O *Diário do Maranhão* (HDBN) anunciou a nomeação do dr. Abreu no dia 7 de novembro de 1876. Em 17 de maio de 1878, o mesmo *Diário do Maranhão* anunciava o passamento do advogado.

53 Ibid., p. 108-109.

54 Ibid., p. 145.

55 Ibid., p. 145.

56 Ibid., p. 196-207.

57 Ibid., p. 167 e 203-207.

58 Ibid., p. 94.

59 C. Magalhães, op. cit.,, 1873, pp. 12. Disponível em: <https://www.literatura brasileira.ufsc.br/documentos/?action=download&id=44748>. Acesso em 2 jan 2022.

60 Ver: Maria Helena P. T. Machado. *Raça, Ciência e Viagem no século XIX*. São Paulo: Intermeios, 2018, pp. 133-156; Lilia Moritz Schwarcz. *O espetáculo das raças. Cientistas, instituições e questão racial no Brasil*. São Paulo: Companhia das Letras, 1993, p. 43-66.

61 C. Magalhães, op. cit., p. 12.

62 Ibid., p. 51.

63 M. Ferretti, *Pajelança no Maranhão...*, p. 74.

64 Ibid., p. 82.

65 Ibid., pp. 91.

66 M. J. F. Pereira, "A encantaria e os filhos do rei Sebastião na ilha de Lençóis". In: R. H. Maués; G. M. Villacorte (orgs.). *Pajelança e religiões africanas na Amazônia*, 2008, p. 152-153.

67 M. H. P. T. Machado; L. Brito; I. Viana; F.S S. Gomes (org.), op. cit.,, 2022, p. 9-18.

68 Sobre o conceito de um abolicionismo paternalista humanitário, ver M. H. P. T. Machado, "From slave rebels to strike-breakers: the Quilombo do Jabaquara and the problem of citizenship in late Nineteenth Century Brazil", *Hispanic American Historical Review*, Durham, vol. 86, n° 12, 2006, p. 247-274. Sobre o mesmo processo no contexto do Maranhão, ver M. G. Jesus, op. cit., p. 16-58.

69 M. Ferretti, *Pajelança no Maranhão...*, p. 91.

70 Ibid., p. 201.

71 Ibid., p. 72 e 77.

72 Ibid., p. 145.

73 Ibid., p. 126-138.

74 Ibid., p. 120-121.

75 Ibid., p. 81.

76 Ibid., p. 83.

77 Ibid., p. 83.

78 Ibid., pp. 83.

79 J. Dupont, "Le Mágnificat comme discours sur Dieu", *Nouvelle Revue Théologique*, Bruxelas, vol. 10, n° 3, 1980, p. 321-343. Disponível em: <https://www.nrt.be/fr/articles/le-magnificat-comme-discours-sur-dieu-1004>. Acesso em: 10 jul. 2022.

80 Liturgia. Oração Magnificat. Equipes de Nossa Senhora. Disponível em: <https://www.ens.org.br/liturgia/oracao-magnificat>. Acesso em: 10 jul. 2022.

81 M. Ferretti, *Pajelança no Maranhão...*, p. 140-141.

82 Ibid., p. 188.

83 O art. 60 do Código Criminal do Império impunha penas de açoites, ferros e galés como punição aos crimes praticados por escravizados. Cabia ao juiz comutar a pena estabelecida em anos de prisão pelas penas próprias aos escravizados. Ver: Brasil, *Código Criminal do Império*, 2003, p. 95.

84 HDBN, *Diário do Maranhão*, 18 nov. 1877, p. 1-2.

85 HDBN, *Diário do Maranhão*, 18 nov. 1877, p. 1-2.

86 HDBN, *Diário do Maranhão*, 18 nov. 1877, p. 1-2.

87 Ver G. R. Sampaio, *Jucá Rosa. Um feiticeiro na corte imperial*, 2009; J. J. Reis, *Domingos Sodré, um sacerdote africano*, 2008; C. Campos; A. Fritoli, *João de Camargo. O nascimento de uma religião*, 1999.

88 HDBN, *Diário do Maranhão*, 18 nov. 1877, p. 1-2.

89 HDBN. *Diário do Maranhão*. 18 nov. 1877, pp. 1-2.

90 HDBN, *Diário do Maranhão*, 18 nov. 1877, p. 1-2.

91 HDBN, *Diário do Maranhão*, 18 nov. 1877, p. 1-2.

92 HDBN, *Diário do Maranhão*, 18 nov. 1877, p. 1-2.

93 HDBN, O *Tempo*, 13 set. 1880, p. 2-3.

FONTES DOCUMENTAIS

Arquivo do Tribunal de Justiça do Maranhão
(Arquivo Judiciário Desembargador Milson de Souza Coutinho)

Arquivo do Tribunal de Justiça do Maranhão (ATJMA). Inventário de Pedro Miguel Lamagnère [1862]. Comarca de São Luís.

Inventário de Raimundo Gabriel Viana [1852]. Comarca de São Luís.

Inventário dos bens do casal comendador José Joaquim Teixeira Vieira Belfort e Rita Tavares da Silva Belfort [1875]. 2 volumes. Comarca de São Luís.

Inventário dos bens do casal Maria Thereza Tavares Belfort Quadros e Luiz Miguel Quadros [1870]. Comarca de São Luís.

Arquivo público do Estado do Maranhão

Setor de avulsos. Fundo: Polícia Civil. Série: Autos de Perguntas/Interrogatórios instaurados nas Delegacias de Polícia (1844-1890).

Setor de avulsos. Fundo: Polícia Civil. Série: Correspondência dos subdelegados de diversos municípios. Ofício/ Partes do Dia/ Pedestres. Comandante da Esquadra de Pedestres / Chefe de Polícia (1877-1878).

Setor de códices. Fundo: Arquidiocese do Maranhão. Série: Registros de óbitos. Livro 65 - Registro de Óbito da Freguesia de São João Batista da Capital (1857/1881).

Setor de códices. Fundo: Polícia Civil. Série: Secretaria de Polícia. Livro 2113 - Registro de crimes e fatos notáveis (1873-1881).

Setor de avulsos. Fundo: Polícia Civil. Série: Secretaria de Polícia. Partes do dia da cadeia pública de São Luís.

Biblioteca pública Benedito Leite

Índice das leis provinciais da Assembleia do Maranhão. Lei nº 241 de 13 de setembro de 1848 da Câmara Municipal de Codó. Acervo digital. Disponível em <http://casas.cultura.ma.gov.br/portal/sgc/modulos/sgc_bpbl/acervo_digital/arq_ad/20140 8272225211409189121_72671409189121_7267.pdf>. Acessado em 10 mar 2022.

Museu do Tribunal de Justiça do Maranhão
(Museu Desembargador Lauro de Berredo Martins)

Testamento de Carlos Fernando Vianna Ribeiro. Livro 1892-1895. Fl. 89-92.

Testamento de Maria Thereza Teixeira Belfort. Livro 1859-1860. Fl. 74v-76.

Testamento de Raimundo Gabriel Viana. Livro 1851-1854. Fl. 36-37v.

Cartório Celso Coutinho
(Cartório do 2º ofício de notas de São Luís)

Livro de notas nº 5. Ano: 1864.

Livro de notas nº 4. Ano: 1871.

Livro de notas s/n. Ano: 1876.

Livro de notas nº 5. Ano: 1877.

Cartório Tito Soares
(Cartório do 1º tabelionato de notas de São Luís)

Livro de lançamentos. Nº 15.

Biblioteca pública Benedito Leite

Autos do processo-crime da Baronesa de Grajaú 1876-1877. Ministério Público do Estado do Maranhão. Documento original (digitalizado). 2 volumes. Disponível em <https://www.mpma.mp.br/autos-do-processo-crime-da-baronesa-de-grajau-1876-1877/>. Acesso em: jan-abr de 2020.

Jornais

Hemeroteca Digital da Biblioteca Nacional (HDBN). *A Imprensa*. (São Luís - MA)

A Imprensa. (Teresina - PI).

Chronica Maranhense. (São Luís - MA)

Diário de Belém. (Belém - PA)

Diário do Maranhão. (São Luís - MA)

Diário do Rio de Janeiro. (Rio de Janeiro - RJ)

Gazeta da Tarde. (Rio de Janeiro - RJ)

Jornal do Amazonas. (Manaus - AM)

Jornal do Recife. (Recife - PE)

O Apreciável. (São Luís - MA)

O Cearense. (Fortaleza - CE)

O Paiz. (São Luís - MA)

O Tempo. (São Luís - MA)

Publicador Maranhense. (São Luís - MA)

BIBLIOGRAFIA

ABRANCHES, Dunshee. *O cativeiro*. Rio de Janeiro: editora desconhecida, 1941.

ABRANTES, Elizabeth Sousa; SANTOS, Sandra Regina Rodrigues dos. "Ana Jansen: a mulher e o mito", in: COSTA, Yuri; GALVES, Marcelo Cherche (org.). *Maranhão. Ensaios de Biografia e História*. São Luís: Café e Lápis/Editora UEMA, 2011.

ABREU, Capistrano de. *Capítulos de História Colonial*. Brasília: Conselho Editorial do Senado Federal, 2008.

AHLERT, Martina. *Cidade relicário*. Uma etnografia sobre o terecô, precisão e Encantaria em Codó (Maranhão). Tese de doutorado, Departamento de Antropologia, Brasília, 2013.

ALMEIDA, Alfredo Wagner Berno de. *A Ideologia da Decadência*. Leitura antropológica a uma história da agricultura no Maranhão. Rio de Janeiro: Editora Casa 8/FUA, 2008.

ALMEIDA, José Eulálio Figueiredo de. *O Crime da Baronesa*. São Luís: Lithograf, 2005.

ALMEIDA, José Eulálio Figueiredo de. *O Crime do Desembargador Pontos Visgueiro*. São Luís: Ponto a Ponto Gráfica Digital, 2018.

ARAGO, Jacques. *Souvenirs d'un aveugle, Voyage autour du monde par J. Arago, ouvrage enrichi de soixante dessins et de notes scientifiques*. Paris: Horset et Ozanne, [1839-1840].

ARANHA, Graça. *Meu próprio romance*. São Luís: EDUFMA, 2018.

ARIZA, Marília Bueno de A. *Mães Infames, Filhos Venturosos*. Trabalho, pobreza, escravidão e emancipação no cotidiano de São Paulo, século XIX. São Paulo: Alameda, 2020.

ARIZA, Marília Bueno de A. *O ofício da liberdade*. Trabalhadores libertandos em São Paulo e Campinas, 1830-1888. São Paulo: Alameda, 2014.

ARIZA, Marília Bueno de A. "Ventres, seios, coração: maternidade e infância em disputas simbólicas em torno da lei do Ventre Livre (1870-1880)", in MACHADO, Maria Helena P. T.; BRITO, Luciana; VIANA, Imara; GOMES, Flávio dos Santos (org.). *Ventres Livres?* Gênero, maternidade e legislação. São Paulo: Editora Unesp, 2021.

ARRUDA, José Jobson de Andrade. *O algodão brasileiro na época da revolução industrial*. América Latina en la historia económica, México, vol. 23, nº 2, mai-ago, 2016.

ASSUNÇÃO, Mathias Rohrig. *De Caboclos a Bem-Te-Vis*. Formação do Campesinato numa Sociedade Escravista: Maranhão, 1800-1850. São Paulo: Annablume, 2015.

ASSUNÇÃO, Mathias Rohrig. "Quilombos Maranhenses", in REIS, João José; GOMES, Flávio dos Santos (org.). *Liberdade por um Fio*. História dos Quilombos no Brasil. São Paulo: Companhia das Letras, 1996.

AUGRAS, Monique. *A Segunda-feira é das almas*. Rio de Janeiro: Pallas Editora, 2012.

AZEVEDO, Aluísio. *O Mulato*. São Paulo: Ática, 2012.

BARROSO JÚNIOR, Reinaldo dos Santos. *Nas rotas do atlântico equatorial*. Tráfico de escravos rizicultores da Alta Guiné para o Maranhão (1770-1800). Dissertação de mestrado, Departamento de História, Salvador, 2009.

BEATTIE, Peter M. *Tributo de Sangue*. Exército, Honra, Raça e Nação no Brasil, 1864-1945. São Paulo: Edusp, 2009.

BERTIN, Enidelce. *Alforrias na São Paulo do Século XIX*. Liberdade e Dominação. São Paulo: Humanitas, 2004.

BLAKE, Sacramento. *Dicionário Bibliográfico Brasileiro*. Rio de Janeiro: Imprensa Nacional, 1899.

BLUTEAU, Raphael. *Dicionário Português e Latino*. Coimbra: Colégio das Artes da Companhia de Jesus, 1712.

BONSUCESSO, Joaquim Luís do. *Das modificações que a prenhez pode ocasionar na inteligência da mulher*. Tese apresenta à Faculdade de Medicina do Rio de Janeiro. Rio de Janeiro: Tipografia Francisco Paula Brito, 1858.

BORRALHO, Henrique de Paula. *Uma Atenas Equinocial*. A Fundação de um Maranhão no Império Brasileiro. Tese de doutorado, Departamento de História, Niterói, 2009.

BOXER, Charles R. *O Império Colonial Português (1415-1825)*. Lisboa: Edições 70, 1981.

BROWN, Kathleen. *Good Wives, Nasty Wenchs, and Anxious Patriarchs*. Gender, Race, and Power in Colonial Virginia. Chapel Hill: The University of North Carolina Press, 1996.

CALDEIRA, José Ribamar. *O Maranhão na literatura dos viajantes do século XIX*. São Luís: Academia Maranhense de Letras/Sioge, 1991.

CÂMARA, Paulo Roberto Pereira. *Trabalho e Rua*. Análise acerca do trabalho de rua em São Luís na passagem do século XIX ao XX. Dissertação de mestrado, Centro de Ciências Sociais, São Luís, 2008.

CAMP, Stephanie M. H. Closer to Freedom. *Enslaved Women and Everyday Resistance in the Plantation South*. Chapel Hill: The University of North Carolina Press, 2004.

CAMPOS, Adalgiza Arantes. "Notas sobre os rituais de morte na sociedade escravista", *Revista Departamento de História*, nº 6, 1988.

CAMPOS, Carlos de; FRITOLI, Adolfo. João de Camargo. *O nascimento de uma religião*. São Paulo: Sesc, 1999.

CARDOSO, Alírio. "A conquista do Maranhão e as disputas atlânticas na geopolítica da União Ibérica (1596-1626)", *Revista Brasileira de História*, vol. 31, nº 61, 2011, p. 317-338.

CARNEIRO, Maria Elizabeth Ribeiro. *Procura-se "preta com muito bom leite, prendada e carinhosa"*: uma cartografia das amas-de-leite na sociedade carioca, 1850 - 1888. Tese de doutorado, Departamento de História, Brasília, 2006.

CARREIRA, Antônio. *A Companhia Geral do Grão-Pará e Maranhão*. Volume 1. O comércio monopolista Portugal – África – Brasil na segunda metade do século XVIII. São Paulo: Editora Nacional, 1988.

CASCUDO, Luís Câmara. "Velório de Anjinho", in CASCUDO, Luís Câmara. *Superstição do Brasil*. Rio de Janeiro: Global. 2002.

CHALHOUB, Sidney. *A força da escravidão*. Ilegalidade e costume no Brasil oitocentista. São Paulo: Companhia das Letras, 2012.

CHAMBOULEYRON, Rafael. "Escravos do Atlântico Equatorial: tráfico negreiro para o Estado do Maranhão e Pará (século XVII e início do século XVIII)", *Revista Brasileira de História*, vol. 26, nº 52, 2006.

CHERNOVIZ, Pedro Luiz Napoleão. *Dicionário de Medicina Popular*. Paris: A. Roger e F. Chernoviz, 1890.

CHEVALIER, Jean; GHEERBRANT, Allain. *Dictionnaire des Symboles*. Paris: Editions Robert Laffont/Jupiter, 1982.

CIRINO, Raissa Gabrielle Vieira. *Pela boa ordem da Província e pela glória do Império*. Famílias, estratégias e suas tramas na administração imperial do Maranhão (1750-1840). Tese de doutorado, Departamento de História, Juiz de Fora, 2019.

COE, Agostinho Junior Holanda. "As irmandades religiosas em São Luís do Maranhão e sua missão salvacionista", *Revista de História e Estudos Culturais*, Fortaleza, vol. 4, ano IV, nº 3, jul-set, 2007.

COE, Agostinho Junior Holanda. *Nós, os ossos que aqui estamos, pelos vossos esperamos*: a higiene e o fim dos sepultamentos eclesiásticos em São Luís. Dissertação de mestrado, Departamento de História, Fortaleza, 2008.

COQUEIRO, Edmundo. *A vida e a obra de João Antônio Coqueiro*. Rio de Janeiro: Magalhães, Corrêa e Cia., 1942.

COSTA, Ariadne Ketini. *Uma Casa Irlandesa no Maranhão*. Estudo da trajetória da família Belfort, 1736-1808. Dissertação de mestrado, Departamento de História, Niterói, 2013.

COSTA, Flaviano Menezes da. *Moradas da Memória*. O valor patrimonial dos lugares privados da antiga São Luís sob os olhares da literatura, da toponímia e da geografia humanista cultural. Dissertação de mestrado, Centro de Ciências Humanas, São Luís, 2014.

COSTA, Jacinto. *Pharmacopea Naval e Castrense*. Lisboa: Impressão Régia, 1819.

COSTA, Maria Bertolina. *Liberdades sertanias no Maranhão*. Da América Portuguesa à Balaiada (1838-1841). Tese de doutorado, Departamento de História, Estudos Europeus, Arqueologia e Artes, Coimbra, 2018.

COSTA, Suely Gomes. "Entre práticas escravistas e caritativas, transformações da gestualidade feminina", *Revista Gênero*, Niterói, vol. 1, nº 1, 2000.

COSTA, Yuri Michael Pereira. *A Flor Vermelha*. Ensaio biográfico sobre Celso Magalhães. São Luís: Café e Lápis, 2018.

COSTA, Yuri Michael Pereira. "A união dos opostos: abolicionismo e racismo na obra literária de Celso Magalhães", *Caderno Pesquisa do Cdhis*, vol. 30, n° 2, jul-dez, 2017, p. 77-106.

COSTA, Yuri Michael Pereira. *Celso Magalhães e a Justiça Infame*: crime, escravidão e poder no Brasil do Império. Tese de doutorado, Departamento de História, São Leopoldo, 2017.

COUTINHO, Milson. *Fidalgos e Barões: uma História da Nobiliarquia Luso-Maranhense*. São Luís: Editora do Instituto Geia, 2015.

COUTINHO, Milson. *História do Tribunal de Justiça do Maranhão*. São Luís: Lithograf, 1999.

COWLING, Camillia Cowling; MACHADO, Maria Helena P. T; PATON, Diana; WEST, Emily (org.). *Women's History Review*. Special Issue: Mothering Slaves: Motherhood, Childlessness and the Care of Children in Atlantic Slaves Societies, online, agosto de 2017.

COWLING, Camillia. *Conceiving freedom*: women of color, gender, and the abolition of slavery in Havana and Rio de Janeiro. Chapel Hill: The University of North Caroline Press, 2013.

COWLING, Camillig; MACHADO, Maria Helena P. T.; PATON, Diana; WEST, Emily (org.). Special Issue: Mothering Slaves: Motherhood, Childlessness and the Care of Children in Atlantic Slaves Societies, *Slavery and Abolition*, vol. 38, n° 2, junho de 2017.

DANTAS, Mônica Duarte (org.). *Revoltas, motins, revoluções*. Homens livres pobres e libertos no Brasil do século XIX. São Paulo: Alameda, 2011.

DEBRET, Jean Baptiste. *Viagem Histórica e Pitoresca ao Brasil*, vol. 2. São Paulo: Martins Fontes, 1940.

DENIS, Ferdinand. *Brasil*. Belo Horizonte: Itatiaia, 1980.

DIAS, Camila Loureiro; BOMBARDE, Fernanda Aires. "O que dizem as licenças? Flexibilização da legislação de recrutamento particular de trabalhadores indígenas no Estado do Maranhão (1680-1755)", *Revista de História*, n° 175, jul-dez, 2016, p. 249-280.

DIAS, Manuel Nunes. *Fomento e Mercantilismo*. A Companhia Geral do Grão-Pará e Maranhão (1755-1778). Belém: Universidade Federal do Pará, 1970.

DUARTE, Denise Aparecida Sousa. *Em vida inocente, na morte "anjinho"*. Morte, infância e significados da morte infantil em Minas Gerais (séculos XVIII-XIX). 2018. Tese de doutorado, Departamento de História, Belo Horizonte, 2018.

DUPONT, Jacques. Le Mágnificat comme discours sur Dieu, *Nouvelle Revue Théologique*, vol. 10, n° 3, 1980.

EDLER, Flávio. "Opilação, Hipoemia ou Ancilostomíase? A sociologia de uma descoberta científica". *Varia História*, n° 32, 2004.

EWBANK, Thomas. *Life in Brazil, or, A journal of a visit to the land of the cocoa and the palm*. New York: Harper and Brothers, 1856.

FARIAS, Regina Helena Martins de. *Mundos do Trabalho no Maranhão Oitocentista*. São Luís: EDUFMA, 2021.

FERRETTI, Mundicarmo (org.). *Pajelança no Maranhão no século XXI. O processo de Amélia Rosa*. São Luís: CMF/FAPEMA, 2004.

FERRETTI, Mundicarmo (org.). *Um caso de polícia!* Pajelanças e religiões afro-brasileiras no Maranhão (1876-1977). São Luís: EDUFMA, 2015.

FERRETTI, Mundicarmo. Brinquedo de Cura em Terreiro de Mina. *Revista do IEB*, nº 59, dez, 2014, p. 57-78.

FERRETTI, Sérgio. *Querebentan do Zomadonu*. Etnografia da Casa das Minas. São Luís: EDUFMA, 1985.

FIGUEIREDO, Margareth Gomes de; VARUM, Humberto; COSTA, Aníbal. "Aspectos da arquitetura civil edificada no século XIX em São Luís do Maranhão, Brasil", *Conservar Património Lisboa*, nº 15-16, 2012.

FREIRE, Maria Martha Luna de. *Mulheres, mães e médicos: discurso maternalista no Brasil*. Rio de Janeiro: Editora da FGV, 2009.

FREITAS, Lenna Castelo Branco Ferreira de. "Mulheres: sombras tênues da História?", *Revista do Instituto Histórico de Goiás*, nº 28, 2017, p. 58-84.

GAIOSO, Raimundo José de Sousa. *Compêndio Histórico-Político dos Princípios da Lavoura do Maranhão*. São Luís: Editora do Instituto Geia, 2011.

GAYOSO, Raymundo Jozé de Sousa. *Compêndio Histórico-Político dos princípios da lavoura no Maranhão*. Paris: Oficina de P. N. Rougeiron, 1818; EDIÇÃO FAC-SÍMILE: Coleção São Luís, 1970.

GOMES, Flávio dos Santos; MACHADO, Maria Helena P. T. "Revoltas em Três Tempos: Rio de Janeiro, Maranhão, São Paulo (século XIX)", in REIS, João José; GOMES Flávio dos Santos (org.). *Revoltas Escravas no Brasil*. São Paulo: Companhia das Letras,, 2021.

GOULART, Alípio. *Da palmatória ao patíbulo*. Castigos de escravos no Brasil. Rio de Janeiro: Editora Conquista, 1971.

GRAHAM, Maria. *Diário de uma viagem ao Brasil*. São Paulo: EDUSP, 1990.

HAAK, Marina Camilo. *Sobre silhuetas negras*: experiências e agências de mulheres escravizadas (Cachoeira do Sul, c. 1850-1888). Dissertação de mestrado, Departamento ode História, São Leopoldo, 2019.

HABERLY, David. T. "Abolitionism in Brazil: Anti-slavery and Anti-slave", *Luso-Brazilian Review*, vol. 9, nº 2, 1972, p. 30-46.

HALL, Gwendolyn Midlo. *Escravidão e etnias africanas nas Américas*: restaurando os elos. Petrópolis: Vozes, 2017.

HARRIS, Mark. *Rebellion on the Amazon*. The Cabanagem, Race, and Popular Culture in the North of Brazil, 1798-1840. Cambridge: Cambridge University Press, 2010.

HARTMAN, Saidiya. "Venus in Two Acts". *Small Axe*, vol. 12, nº 2, 2008.

HARTMAN, Saidyia. *Scenes of Subjection*. Terror, Slavery, and Self-Making in Nineteenth Century America. Oxford: Oxford University Press, 1997.

HAWTHORNE, Walter. *From Africa to Brazil*. Culture, Identity, and the Atlantic Slave Trade, 1600-1830. Cambridge: Cambridge University Press, 2010.

IMBERT, Jean Baptiste A. Imbert. *Manual do Fazendeiro ou Tratado Doméstico sobre a Enfermidade dos Negros*. Rio de Janeiro: Tipografia Nacional, 1830.

JACINTO, Cristiane Pinheiro dos Santos. "Fazendeiros, negociantes e escravos: dinâmica e funcionamento do tráfico interprovincial de escravos no Maranhão (1846-1885)"., in GALVES, Marcelo Cheche Galves; COSTA, Yuri Michael Pereira (org.). *O Maranhão oitocentista*. São Luís: Café & Lápis; Editora UEMA, 2015.

JANOTTI, Maria de Lourdes Monaco. "Três mulheres da elite maranhense". *Revista Brasileira de História*, São Paulo, v. 16, nº 31 e 32, 1996, p. 225-248.

JESUS, Matheus Gato de. Dialética do Feitor. *Novos Estudos do Cebrap*, São Paulo, v. 40, nº 3, 2021.

JESUS, Matheus Gato de. *Racismo e decadência*: sociedade, cultura e intelectuais em São Luís do Maranhão. Tese de doutorado, Departamento de Sociologia, São Paulo, 2015.

JOBIM, José Martins da Cruz. *Discurso sobre as moléstias que mais afligem as classes pobres do Rio de Janeiro*. Rio de Janeiro: Tipografia Fluminense de Brito, 1835.

KIDDER, Daniel. *Sketches of Residence and Travels in Brazil: Embracing Historical and Geographical Notices of the Empire and Its Several Provinces*, vol. 1. London: Wiley & Putnam, 1845.

KNIGHT, Rosie J. "Mistresses, motherhood, and maternal exploitation in the Antebellum South", *Women's History Review*, vol. 27, nº 6, jun, 2017..

KOSTER, Henry. *Viagens ao Nordeste do Brasil*. Rio de Janeiro: Companhia Editora Nacional, 1942.

LAGO, Antônio Bernardino Pereira do. *Estatística histórico-geográfica da Província do Maranhão (1821)*. São Paulo: Siciliano, 2001.

LEITE, Miriam Moreira. *A condição feminina no Rio de Janeiro no século XIX*. São Paulo: EDUSP, 1993.

LEMOS, Padre Lourenço Borges de. *Ritual do Arcebispado da Bahia*. Bahia: Tipografia de Camilo de Lelis Marron, 1863.

LIMA, Carlos de. *História do Maranhão*. A Monarquia. São Luís: Instituto Géia, 2008.

LIMA, Carlos de. *Caminhos de São Luís* (ruas, logradouros e prédios históricos). São Paulo: Siciliano, 2002.

LOPES, Daylane Cristina da Silva. *Direito e escravidão*. Embates acerca da liberdade jurídica de escravos na Província do Maranhão (1860-1888). Dissertação de mestrado, Departamento de História, São Luís, 2013.

LOPES, José Antônio Viana (org.). *São Luís, Ilha do Maranhão, e Alcântara. Guia de arquitetura e paisagem*. Sevilha: Consejeria de Obras Públicas y Transportes, 2008.

LUCCOCK, John. *Notas sobre o Rio de Janeiro e partes meridionais do Brasil*. São Paulo: Martins Fontes, 1942.

MACHADO, Maria Helena P. T; BRITO, Luciana; SILVA, Iamara; GOMES, Flávio. *Ventres Livres?* Gênero, maternidade e legislação. São Paulo: Editora Unesp, 2021.

MACHADO, Maria Helena P. T. "Between two Beneditos: enslaved wet-nurses amid slavery's decline in southeast Brazil",. *Slavery and Abolition*, vol. 38, nº 2, abr, 2017.

MACHADO, Maria Helena P. T. *Crime e Escravidão*. Trabalho, Luta e Resistência nas Lavouras Paulistas (1830-1888). São Paulo: Edusp, 2014.

MACHADO, Maria Helena P. T. "From slave rebels to strike-breakers: the Quilombo do Jabaquara and the problem of citizenship in late Nineteenth Century Brazil", *Hispanic American Historical Review*, vol. 86, nº 12, 2006, p. 247-274.

MACHADO, Maria Helena P. T. Machado; CARDOSO, Antonio Alexandre Isidio. "Saberes médicos diante do poder dominial: colaborações e confrontos. São Luís – Maranhão, século XIX", In: GOMES, Flávio dos Santos; PIMENTA, Tânia (org.). *Corpos Africanos. Medicina e Raça*. São Paulo: Hucitec, 2024 [no prelo].

MACHADO, Maria Helena P. T. Mulher, corpo e maternidade, in SCHWARCZ, Lilia; GOMES, Flávio dos Santos (org.). Flávio dos Santos Gomes (orgs.). *Dicionário da Escravidão e da Liberdade*. São Paulo: Companhia das Letras, 2018.

MACHADO, Maria Helena P. T. *Raça, Ciência e Viagem no século XIX*. São Paulo: Intermeios, 2018.

MAGALHÃES, Celso. *A poesia popular brasileira*. Recife: O Trabalho, 1873.

MAGALHÃES, Domingos Gonçalves de. *A Revolução da Província do Maranhão desde 1839 até 1840*. São Luís: Impresso por B. de Matos, 1858.

MARQUES, Cesar Augusto. *Dicionário Histórico Geográfico da Província do Maranhão*. São Luís: Tipografia dos Frias, 1870.

MARTINS, Ananias Alves. *A mobilidade na ordem urbana: a reconstrução dos lugares da São Luís do século XIX*. Dissertação de mestrado, Departamento de História, Santa Catarina, 2005.

MARTINS, Diego Cambraia. *A Companhia Geral de Comércio do Grão-Pará e Maranhão e os grupos mercantis do Império Português (1755-1787)*. Tese de doutorado, Departamento de História, São Paulo, 2019..

MATT, Susan. "Current Emotion Research in History: or, Doing History from Inside Out", *Emotion Review*, vol. 3, nº 1, 2011, p. 117-124.

MATTOS, Ilmar Rohloff de. *O Tempo Saquarema*. A formação do Estado Imperial. São Paulo: Hucitec, 2011.

MAUÉS, Raymundo Heraldo. *Padres, Pajés, Santos e Festas*. Catolicismo e Controle Eclesiástico. Belém: Edição CEJUP, 1995.

MEIRELLES, Marinelma Costa. "Braços para o trabalho! A Companhia Geral do Grão-Pará e o Maranhão, os escravos africanos e a inserção do Maranhão na rota das trocas internacionais na segunda metade do século XVIII", in: FERREIRA, Márcia Milena Galdez; FERRERAS, Norberto O.; ROCHA, Cristiana Costa da. *Histórias Sociais do Trabalho*. Usos da terra, controle e resistência. São Luís: Café& Lápis, Editora UEMA, 2015.

MÉRIEN, Jean-Yves. *Aluísio Azevedo, vida e obra (1857-1913)*. Rio de Janeiro: Espaço e Tempo, 1988.

MONTELLO, Josué. *Os Tambores de São Luís*. Rio de Janeiro: Lacerda, [1975] 2015.

MORAES, Jomar (org.). *Ana Jansen, Rainha do Maranhão*. Documentos Maranhenses 18. São Luís: AML/ALUMAR, 1999.

MORAES, Jomar (org.). *Livro do Sesquicentenário de Celso Magalhães (1849-1999)*. São Luís: Ministério Público do Estado do Maranhão e Academia Maranhense de Letras, 1999.

MORGAN, Jennifer. *Laboring Women*. Reproduction and Gender in New World Slavery. Philadelphia: University of Pennsylvania Press, 2004.

MOTA, Antônia da Silva; BARROSO, Daniel Souza. "Economia e Demografia da escravidão no Maranhão e no Grão-Pará: uma análise comparativa da estrutura da posse de cativos (1785-1850)", *Revista de História*, São Paulo, n⁰ 176, 2017.

MOTA, Antônia da Silva. *A dinâmica colonial portuguesa e as redes de poder local na Capitania do Maranhão*. Tese de doutorado, Departamento de História, Recife, 2007.

MOURA, Julio Rodrigues de. "Da hipoemia intertropical considerada como uma moléstia verminosa", *Revista Médica do Rio de Janeiro*, Rio de Janeiro, ano II, n⁰ 10, 1874.

MURY, Padre Paulo. *História de Gabriel Malagrida da Companhia de Jesus*. Lisboa: Livraria Editora de Matos Moreira e Companhia, 1875.

NEQUETE, Lenine. *O Escravo na Jurisprudência Brasileira*. Porto Alegre: Diretoria da Revista de Jurisprudência e Outros Impressos do Tribunal de Justiça, 1988.

ODA, Ana Maria Galdini Raimundo. "Escravidão e nostalgia no Brasil: o banzo". *Revista Latinoamericana de Psicopatologia Fundamental*, São Paulo, v. 2, n⁰ 4, 2008, p. 735-761.

PACHECO, Gustavo de Britto Freire. *Brinquedo de Cura*. Um estudo sobre a pajelança maranhense. Tese de doutorado, Departamento de Antropologia Social, Rio de Janeiro, 2004.

PAPALI, Maria Aparecida C. R. *Escravos, Libertos e Órfãos*. A construção da liberdade em Taubaté, 1871-1895. São Paulo: Annablume, 2003.

PARÉS, Nicolau. "Apropriações e Transformações Crioulas da Pajelança Cabocla no Maranhão", in CARVALHO, Maria Rosário de; REESINK, Edwin; CAVIGNAC, Julie (org.). *Negros no Mundo dos Índios*. Imagens, Reflexos e Aletridades. Natal: EDUFRN, 2011.

PATON, Diana. "Gender History, Global History, and Atlantic Slavery. On racial capitalism and social reproduction", *American Historical Review*, jun, 2022, p. 726-754.

PEREIRA, Josenildo de Jesus. *As representações da escravidão na imprensa jornalística do Maranhão na década 1880*. Tese de doutorado, Departamento de História, São Paulo, 2006.

PEREIRA, Mandian de Jesus Frazão. "A encantaria e os filhos do rei Sebastião na ilha de Lençóis", in MAUÉS, Raymundo Heraldo; VILLACORTE, Gisela Macambira (org.). *Pajelança e Religiões Africanas na Amazônia*. Belém: EDUFPA, 2008.

PEREIRA, Nunes. *A Casa das Minas*. Petrópolis: Vozes, 1979.

PINTO, Antônio José de Sousa. *Pharmacopéa Chimica, Médica e Cirúrgica*. Ouro Preto: Tipografia Silva, 1834.

PRANDI, Reginaldo (org.). *Encantaria Brasileira*. O livro dos mestres, Caboclos e Encantados. Rio de Janeiro: Pallas, 2001.

REIS, João José. *A morte é uma festa*. Ritos fúnebres e revolta popular no Brasil do século XIX. São Paulo: Companhia das Letras, 1991.

REIS, João José. *Domingos Sodré, um sacerdote africano*. São Paulo: Companhia das Letras, 2008.

REIS, Jovelina Maria Oliveira dos. *Da Atenas Brasileira à Jamaica Brasileira*. Reflexões sobre processos de construção de identidades culturais da capital maranhense. Tese de doutorado, Instituto de Psicologia, Rio de Janeiro, 2012.

REIS, Luciana Meireles. *Um crime contra escravo numa sociedade escravista: o caso da futura Baronesa de Grajaú (São Luís – 1876)*. Dissertação de mestrado, Departamento de Sociologia e Antropologia, São Luís, 2012.

RIBEIRO, Emanuela Sousa. *Igreja Católica e Modernidade no Maranhão*. Dissertação de mestrado, Departamento de História, Recife, 2003.

RODRIGUES, Claudia. *Lugares dos mortos na cidade dos vivos*. Rio de Janeiro: Prefeitura Municipal do Rio de Janeiro, 1997.

SAMPAIO, Eliane Silva. *Um estudo sobre gênero no Brasil do século XIX*. O caso Ana Jansen, a Rainha do Maranhão. Dissertação de mestrado, Escola de Economia e Gestão, Braga, 2015.

SAMPAIO, Gabriela Reis. *Jucá Rosa*. Um feiticeiro na corte imperial. Rio de Janeiro: Arquivo Nacional, 2009.

SAMPAIO, Patrícia Melo. *Espelhos Partidos*. Etnia, legislação e desigualdade na Colônia. Manaus: Editora da Universidade Federal do Amazonas, 2011.

SANTOS, Adriana Monteiro. *O cotidiano da resistência escrava*. São Luís do Maranhão (década de 1830). Dissertação de mestrado, Departamento de História, São Luís, 2018.

SANTOS, Francisco Jorge dos. *Nos Confins Ocidentais da Amazônia Portuguesa*: mando metropolitano e a prática do poder régio na Capitania do Rio Negro no século XVIII. Tese de doutorado, Departamento de História, São Luís, 2012.

SAYERS, Raymond. *The negro in Brazilian literature*. New York: Hispanic Institute in the United States, 1956.

SCHEER, Monique. "Are Emotions a Kind of Practice (And is that what Makes them have a history)? A Bourdieian Approach to Understanding Emotion, *History and Theory*, vol. 51, n° 2, 2012, p. 193-220.

SCHWARCZ, Lilia Moritz. *O espetáculo das raças*. Cientistas, instituições e questão racial no Brasil. São Paulo: Companhia das Letras, 1993.

SELBACH, Jefferson Francisco. *Código de Posturas de São Luís (MA)*. São Luís: UFMA, 2010.

SERRA, Joaquim. *Sessenta anos de jornalismo*. A imprensa no Maranhão (1820-1880). Rio de Janeiro: Faro e Lino Editores, 1883.

SIGAUD, José Francisco Xavier. *Du Climat e des Maladies du Bresil ou Statistique Médicale de cette Empire*. Paris: Chez Fortin, 1844.

SLATER, Candace. *Dance of the Dolphin: transformation and disenchantment in the Amazonian imagination*. Chicago: The University of Chicago Press, 1994.

TELLES, Lorena Ferrés da Silva. *Teresa Benguela e Felipa Crioula estavam grávidas: maternidade, escravidão e cotidiano no Rio de Janeiro*. São Paulo: Editora da Unifesp, 2022.

TURNER, Sasha. "The Nameless and the Forgotten: Maternal Grief, Sacred Protection and the Archive of Slavery." *Slavery and Abolition*, vol. 38, n° 2, 2017, p. 232-250.

VAILATI, Luiz. *A morte menina*. Infância e morte infantil no Brasil dos oitocentos (Rio de Janeiro e São Paulo). São Paulo: Alameda, 2010.

VAILATI, Luiz. "Os funerais de 'anjinhos' na literatura de viagem", *Revista Brasileira de História*, São Paulo, 2002, p. 22-44.

VENTURA, Roberto. *Estilo Tropical*. História cultural e polêmicas literárias no Brasil. São Paulo: Companhia das Letras, 2000.

VIANA, Iamara da Silva; RIBEIRO NETO, Alexandre; GOMES, Flávio dos Santos. "Escritos insubordinados entre escravos e libertos no Brasil", *Estudos Avançados*, São Paulo, v. 33, n° 96, 2019.

Vicente Salles. *O negro no Pará*. Rio de Janeiro: Fundação Getúlio Vargas/ Universidade Federal do Pará, 1971.

VIDE, D. Sebastião Monteiro da. *Constituições Primeiras do Arcebispado da Bahia*. São Paulo: Tipografia Dois de Dezembro, 1853.

VIVEIROS, Jerônimo de. *Alcântara no seu passado econômico, social e político*. São Luís: Fundação Cultural do Maranhão, 1977.

WETHERREL, James. *Brasil: Apontamentos sobre a Bahia (1842-1857)*. Salvador: Banco da Bahia, 1972.

AGRADECIMENTOS

Maria Helena P. T. Machado agradece às seguintes agências de financiamento pelo suporte oferecido no decorrer da redação deste livro: Conselho Nacional de Desenvolvimento Científico e Tecnológico (CNPq) – Produtividade em Pesquisa – e Leverhulme Trust Visiting Professor (Universidade de Reading), em 2022.

No decorrer dos anos de 2020, 2021 e 2022, partes do livro foram discutidas nos seguintes seminários, colaborando para o aprimoramento do trabalho:

Currents Trends in Brazilian Slavery (Universidade de Bonn/Bonn Center for Slavery and Dependency Studies), 2020; Congresso da Brazilian Studies Association (Universidade de Georgetown), 2022; Congresso European Early American Studies Association (EEASA), Universidade de Poitiers, 2021; Gender and Sexualities Seminar (Universidade de Edinburgo), 2022; Centre of Feminist Studies and History Research Seminar (Universidade de Warwick), 2022; Slavery and Emotion in the Atlantic World Seminar (Universidade de Reading), 2022; Centre for the Study of International Slavery (Universidade de Liverpool), 2022; e Centre for Health Humanities (Universidade de Reading), 2022.

Antonio Alexandre Isidio Cardoso, no âmbito da Universidade Federal do Maranhão (UFMA), agradece o apoio de docentes e discentes do Centro de Ciências de Codó (CCCO). Ainda nesse ensejo, importante destacar os esforços de estudantes de iniciação científica da licenciatura em Ciências Humanas/História (LCHH-CCCO), bolsistas da Fundação de Amparo à Pesquisa e ao Desenvolvimento Científico e Tecnológico do Maranhão (Fapema), da UFMA e do CNPq, participantes do Grupo de Estudos e Pesquisas em História Social dos Sertões (GEPHSertões), que tomaram parte nas jornadas de investigação dos jornais e obras de época maranhenses em acalorados debates nas disciplinas de História do Brasil e do Maranhão Imperial.

Nos caminhos da pesquisa, algumas instituições foram cruciais no levantamento de fontes e intercâmbio de informações. Somos gratos aos funcionários e colaboradores da Biblioteca Pública Benedito Leite, do Museu Desembargador Lauro Berredo Martins, do Museu Histórico e Artístico do Maranhão, do Arquivo do Tribunal de Justiça do Maranhão, do Arquivo Público do Estado do Maranhão, da Procuradoria Geral de Justiça do Maranhão, do Cartório Celso Coutinho (2º Tabelionato de Notas) e do Cartório Tito Soares (1º Tabelionato de Notas).

Os autores deste livro contaram com o estímulo, a ajuda e a amizade de muitas pessoas, sem as quais nem poderiam ter escrito este livro.

Alba Pessoa, Alex de Sousa Lima, Amélia de Jesus Cunha, Álvaro Machado Dias, Antonia Araújo de Sousa, Antonia da Silva Mota, Barbara Weinstein, Berenice Bento, Beth Wilson, Caio Matheus Lima da Silva, Camillia Cowling, Carlos E. Nicolette, Caroline Mariano, Caroline Passarini Sousa, Christofferson Melo Cunha Oliveira, Cristiana Costa da Rocha, Crystal Kraupp Auzmann, Dannielle Miranda Maciel, Davi Avelino Leal, Diana Paton, Dida Toledo Machado,

Francisco Diego Oliveira, Emily West, Flávio Gomes, Francis Reis da Silva Patrícia, Grupo de Estudos Gênero, Escravidão e Maternidade (USP), Grupo de Estudos e Pesquisas em História Social dos Sertões (GEPHSertões, da UFMA), Iamara Viana, José Carlos Aragão Silva, Karoline Carula, Laura Sandy, Letícia Gregório Canellas, Lígia Ferreira, Lilia Schwarcz, Lorena Telles, Luciana Brito, Luiz Alberto Couceiro, Marcia Milena Galdez Ferreira, Magda Carneiro Sampaio, Maria Clara Carneiro Sampaio, Mariana Dias Paes, Marília Bueno de Araújo Ariza, Matheus Gato de Jesus, Natália Gomes de Andrade Silva, Pamela Lorena Silva Machado, Paulo Cruz Terra, Poliana dos Santos, Roberto Hofmeister, Selina Patel Nascimento, Stephan Conermann, Suly Rose Pereira Pinheiro, Thomas Machado Monteiro e Vilma Teixeira.

Cabe um agradecimento especial ao pesquisador Victor Hugo Enes Ribeiro, que teve importante papel no levantamento de parte significativa das fontes utilizadas no livro, oriundas das instituições de guarda da documentação ludovicense.

Este livro foi editado pela Bazar do Tempo, na cidade de
São Sebastião do Rio de Janeiro, em outubro de 2024.
Ele foi composto com as tipografias AGP Grotesque e
Freight Text Pro, e impresso em papel Pólen Bold 70 g/m²
na gráfica Rotaplan.